大国通史丛书

总主编 钱乘旦

# 英国通史

## A History of England

钱乘旦 主编

【第二卷】

**封建时代**

——从诺曼征服到玫瑰战争

孟广林 黄春高 著

江苏人民出版社

图书在版编目(CIP)数据

英国通史.第二卷,封建时代:从诺曼征服到玫瑰
战争/孟广林,黄春高著.--南京:江苏人民出版社,
2016.9(2025.8重印)

ISBN 978-7-214-17543-4

Ⅰ.①英… Ⅱ.①孟… ②黄… Ⅲ.①英国-历史-
中世纪 Ⅳ.①K561.0

中国版本图书馆 CIP 数据核字(2016)第 174210 号

书　　　名 英国通史·第二卷　封建时代:从诺曼征服到玫瑰战争
主　　　编 钱乘旦
著　　　者 孟广林　黄春高
策　　　划 王保顶
责 任 编 辑 徐　海
装 帧 设 计 刘葶葶
出 版 发 行 江苏人民出版社
地　　　址 南京市湖南路 1 号 A 楼,邮编:210009
照　　　排 江苏凤凰制版有限公司
印　　　刷 江苏凤凰新华印务集团有限公司
开　　　本 652 毫米×960 毫米　1/16
印　　　张 186.25　插页 24
字　　　数 2 480 千字
版　　　次 2016 年 9 月第 1 版
印　　　次 2025 年 8 月第 5 次印刷
标 准 书 号 ISBN 978-7-214-17543-4
定　　　价 660.00 元(全 6 卷)

(江苏人民出版社图书凡印装错误可向承印厂调换)

# 目　录

前　言　*1*

## 第一篇　英国封建主义

第一章　封建主义的形成与演变　*3*

第二章　封建王权的建立　*25*

第三章　封建王权的发展　*38*

## 第二篇　议会君主制统治

第一章　议会君主制的形成　*67*

第二章　王国统治机制　*78*

第三章　中世纪议会发展　*106*

第四章　战争与农民起义　*123*

第五章　苏格兰、爱尔兰、威尔士　*149*

## 第三篇　乡村与城市

第一章　庄园与村庄、领主与农民　*163*

第二章　乡村社会经济变迁　*184*

第三章　城市的兴起　*202*

第四章　城市的发展　*212*

## 第四篇　社会生活

第一章　宗教生活　*241*

第二章　物质生活　*269*

第三章　婚姻　*298*

第四章　家庭　*315*

## 第五篇　思想、文化与教育

第一章　中世纪政治思想　*337*

第二章　学校教育与"异端"思想　*359*

第三章　语言与英语文学　*370*

## 附录

一　地图　*383*

二　大事年表　*389*

三　参考书目　*393*

四　译名对照与索引　*400*

后　记　*411*

# 前　言

从 1066 年诺曼征服到 1485 年"红白玫瑰战争"结束的四百余年间，英王国的疆域处于变动不居状态，最终固定在英格兰。这一变动主要是英、法两国之间的封建关系以及英国王室与大陆封建诸侯乃至王室之间的联姻所致。1066 年，作为法国君主之难以羁服之封臣、其父辈曾经与英王有姻亲关系的的诺曼底公爵——征服者威廉跨海征服英格兰，即位为威廉一世，并将英格兰和大陆诺曼底公爵领地整合为一体，实行跨海而治，与法国王权相抗衡。1154 年，作为法国君主另一强大封臣的安茹伯爵之子亨利，在英国内战结束后以其英王亨利一世外孙之资格继承英国王位，是为亨利二世。在此之前，安茹伯爵已经兼并了大陆诸多诸侯的领地，因而亨利二世即位后空前扩大的英王国跨海而治的统治范围，被称为"安茹帝国"。此后，英、法两国间的领土之争更趋激烈，至 1337 年"百年战争"爆发达到高潮。这场持续至 1453 年的战争，最终使英国放弃大陆之领地，将其王国疆域最终划定下来，同时也最终去掉了作为法王封臣的旧有名分。另一方面，在这四百余年间，英国时断时续地对威尔士、苏格兰、爱尔兰地区进行军事征服，并在不同时期不同程度地实施过政治统治权，但最终仍未能将它们吞并进王国疆域之内。

在这一时期，英王国的封建政治体制，经历了一个从封建王权到封建议会君主制建构、演进的历史过程。借助于强有力的军事征服,威廉一世将大陆诺曼封建制度与英国本土的盎格鲁-撒克逊王国公共政治遗产作一有机调适与整合,融封建宗主权与国家君主权为一体,确立了封建君主的政治权威。在此后百余年中,英王借助于基督教"王权神授"的理念与公权力,不断削弱封建贵族的特权而进行政治集权,渐次建构起中央官僚政府机构和地方分郡制,凸显其一国之君的公共政治权威。然而,由于日耳曼原始军事民主制因素的残存和封建习惯的限制,由于国家公共政治体制基础的薄弱,英王与贵族的权力争夺时隐时现。1215 年约翰王在与贵族的冲突中失利,被迫签订了旨在恢复封建习惯、限制王权的《大宪章》。此后,国王与贵族冲突不断,并在冲突之中形成政治力量的"平衡"与"均势",进而将中小贵族与城市市民的势力纳入其中,最终自 1295 年开始形成"议会君主制",由君主与教、俗贵族及地方等级代表组成议会协商为政。议会的地位与作用在 14 世纪逐渐凸显,不仅形成上议院和下议院,而且下议院逐渐产生"议长",逐渐拥有税收批准权和立法权。这一时期的议会虽对王权形成某种限制,但它从根本上说是从属于王权、支持王权的,而国王的意志对议会有着很大有时甚至是决定性的影响。

封建制度的确立和发展,使教、俗贵族成为这一时期英国王权的政治基础。教会贵族虽然因宗教信仰与神权组织的特性而与罗马教廷建立并保持联系,并一度伸张教权自主,但在大多数情况下对本国王权仍予以大力支持,并积极参与王国政务。世俗贵族构成了王国中的主要政治势力。他们既支持王权,在王国的政治、军事、司法等要务中扮演重要角色,但同时他们又试图限制王权,反对君主集权危害自己的封建特权,因而时常与王权发生冲突。到了 14、15 世纪,随着"变态封建主义"的兴起,大贵族通过以货币支付为纽带的庇护制而大大拓展实力,由此而对王国政治的走向产生重大影响,不仅促成了 1327 年的王位交替与 1399 年的王朝鼎革,而且在 15 世纪中后期酝酿起争夺王位的玫瑰战争。

封建时代城乡经济的发展对英王国的历史发展深有影响。诺曼征服后的一段时期,各级教、俗领主奴役维兰(农奴)以及自由农民的封建庄园经济一度盛行。自 12、13 世纪开始,随着农业、手工业的发展,商品经济逐渐勃发。在此基础上,一方面,随着劳役地租、实物地租向货币地租乃至"赎买"人身自由的渐次交替,农奴逐渐获得解放,但之后又面临着国家的重税和商人高利贷的盘剥,大规模的农民起义不可避免。此外,在这一过程中,不少中小贵族通过缴纳免役金(盾牌钱)远离军事,专事经济活动并使用雇工,形成乡绅阶层,而少数自由农民因经营有方而跻身富有的约曼阶层,成为乡绅阶层的重要补充来源。每郡选出的参与议会的"骑士",就是这个阶层的代表。另一方面,城市化也随之展开,城市数量和规模日益扩大。在向王权以及领主争取特权的运动中,相继出现了自由城市,城市市民获得了人身、土地占有、司法、贸易等各种自由特权;有的进而形成自治城市,即获得自主选举市议会和城市长官而实现自主行政管理的自治特权。在议会兴起后,很多城市作为"议会城市"又获得选举代表参与议会的权利。市民和乡绅阶层选出作为地方等级的代表参与议会下议院,推动了议会君主制的建构与发展。

这一时期,英王国的思想文化经历了一个不断积淀、流变的过程,而世俗教育摆脱神学枷锁的兴起,尤其是牛津、剑桥等高等学府的形成与发展,更为思想文化嬗变提供了深厚的知识温床。基督教的"王权神授"主张在诺曼征服后广泛传播,到索尔兹伯里的约翰那里又得到充分的理论阐发,由此而推动了王权的神化与强化。但另一方面,源远流长的"王在法下"的传统虽然难免有些许"神法"光环,但其主要从残存的原始民主观念的习惯出发,聚焦在君权运作的边界与规范上。这一传统有时以限制王权为主旨,有时则以挺立王权为内蕴,它的扩展,在消解"神本"政治观念与规范君权运作上很有意义。几经演绎,它最终酝酿出福特斯鸠的"有限君权"学说。这一时期,异端思想也萌发传播。罗吉尔·培根等人的"唯名论"对经院哲学的正统观予以反叛。到了 14 世纪,异端思想逐渐转向对现实政治的不同角度的批判。约翰·保尔借助于阐发原始基督教的平等观念来发动农民反抗封建压迫。威克里夫创造性地抒发市民异端的"神恩"论思想,否定了罗马教会神权的权威,勾画出建构民族教会的未来蓝图,影响深远。

民族语言的形成和与之相应的民族文学创造的勃发,构成了这一时期英王国在文化领域中的另一道亮丽的历史风景线。诺曼征服后,诺曼底的法语为诺曼贵族所用,拉丁语则为教会、征服与学术所通用,本地英国人特别是底层社会仍说本地英语。随着历史的变迁,英语逐渐吸收了法语的诸多词汇,越来越成为各阶层人们共同的口语,并为官方公告、文书所采用,用英语创作文学作品和学校授课陆续出现。与之相应,文学创作逐渐从书写宗教说教转向世俗生活,进而从描绘骑士传奇转向丰富的社会现实,产生了有关亚瑟王、罗宾汉传说的小说、戏剧与《坎特伯雷故事集》《农夫皮尔斯》那样的优秀作品。作为民族语言的英语,也在文学创作过程中日臻成熟。

如果说诺曼征服后的英王国还是一个疆域不确定、统治方式粗陋、庄园经济盛行、文化"空白"而又语言运用混杂的封建政治共同体,那么经过一段时期的发展,到了15世纪末,它已经发展成拥有固定的疆域、共同的民族语言、议会君主制日臻成型、商品经济勃兴、思想文化颇有建树的封建国家。这些都为英国近代民族国家的崛起打下了深厚的传统基础,为其近代资产阶级君主立宪制的建构提供了充足的历史源泉。

本卷主持人　孟广林

# 第一篇
## 英国封建主义

# 第一章　封建主义的形成与演变

　　1066 年主显节（即 1 月 5 日）前夕，英王忏悔者爱德华（the Confessor Edward，1042—1066 年在位）去世。此时，有资格继承王位者甚多，有克努特国王（King Canute，1016—1035 年在位）的后代，有原英国国王埃塞尔雷德二世（Ethelrect，978—1016 年在位）及其儿子勇敢者埃德蒙（Edmund，1016 年在位）的后代埃德加王子，有国王爱德华的姐姐高达的后代，有英国贵族戈德温家族的哈罗德（Harold of Godwin），当然还有诺曼底公爵威廉。爱德华去世后，哈罗德抢占先机，被英国贤人会议（witan）推举为国王。不过，反对者也随之而起。先是哈罗德的弟弟托斯蒂格伯爵带兵进犯，随后有挪威国王哈德拉达与托斯蒂格合兵一处来攻约克。1066 年 9 月 24 日，在斯坦福桥战役中，哈罗德的军队击败了挪威联军。与此同时，威廉公爵所率领的军队已经在英国南部海岸登陆。哈罗德在战胜挪威军队后迅速朝南部行军，在黑斯廷斯与威廉的军队遭遇。1066 年 10 月 14 日，双方展开激战，最终哈罗德战死，英国军队溃败。随后，威廉公爵乘胜先后征服了德文、坎特伯雷、南沃克等地，迫使伦敦教俗贵族集体献城纳降。1066 年圣诞节，威廉公爵在威斯敏斯特教堂加冕为英国国王。此为著名的诺曼征服（Norman Conquest），英国历史上的诺曼王朝因威廉的胜利而开始。①

但威廉的征服不是一蹴而就的,那是一个持续的进程。在 1066—1071 年之间,英国各地持续发生反对威廉的叛乱,威廉则进行残酷的镇压,据史料记载,1070 年 2 月,"威廉的军营绵延一百英里,无数的反叛者倒在他的复仇之剑下,他推倒他们的掩体,摧毁农田,焚烧房屋和储备。……亨伯河北部区域被掠夺得片瓦不存。随之而来的严重饥荒降临英格兰,可怕的饥荒落在可怜而无助的人们头上,逾十万的基督民众无论男女老幼皆因饥饿而死亡"②。

威廉一世通过征服消灭了许多英国大贵族,大量土地落入国王之手。威廉将没收的土地分给自己的亲属,以及他最信任的朋友和盟友。③正因为拥有大量土地,国王能够以土地来换取依附者的军事服役。对此,《盎格鲁-撒克逊编年史》有一句简单的记载:"1067 年……国王回国以后,他封赠出每一块给予部下的土地。"④普瓦提埃的威廉的记载较为简略,不过却有所褒贬。"(1067 年)威廉把从法国带来的那些有资格的管家们安置在城堡里,随之一起的还有大量的骑兵和步兵,他信任他们的忠诚不下于他们的能力。他在他们中间分封大量的封土,作为回报,他们愿意承担艰难和危险。然而,对于非法国人则没有给予任何不公正地从英国人那里掠夺而来的东西。"⑤维塔里斯的著作中对此的描述则相当细致,将一些重要的人物都一一列出:"正如我所说的,国王威廉挫败

---

① R. Allen Brown, *The Norman Conquest*, London：Edward Arnold, 1984, pp. 15 – 40. Frank Barlow, Norman Conquest and Beyond, p. 131.

② Ordericus Vitalis, *The Ecclesiastical History of Orderic Vitalis*, Vol. Ⅱ, Oxford, 1968, pp. 230 – 233.

③ J. H. Baker, An Introduction to English Legal History, London, Butterworths, 1979, p. 195. K. E. Digby, An Introduction to the History of the Law of Real Property with Original Authorities, London, 1897, p. 32. David Luscombe and Jonathan Riley-Smith, eds., *The New Cambridge Medieval History*, Volume Ⅳ c. 1024—1198, part Ⅱ, Cambridge：Cambridge University Press, 2004 p. 200.

④《盎格鲁-撒克逊编年史》,寿纪瑜译,商务印书馆,2004 年,第 222 页。

⑤ Allen Brown, *Origins of English Feudalism*, p. 125.

了那些大伯爵们——麦西亚伯爵埃德温挫败濒临死亡,默卡尔伯爵深陷囚牢——之后,他在其追随者中间分封英格兰的主要地区,而且从甚至最底层的诺曼依附者中间提拔出最富裕的保民官和百户长……包括威廉·费兹·奥斯本,沃尔特·德·拉奇,阿弗兰齐斯的休格,蒙格默里的罗杰尔,沃尔特·吉法尔德,威廉·德·瓦伦内,休格·德·格朗德默斯尼尔,亨利·德·费瑞尔斯,巴约主教奥多,库唐奇主教乔弗里,等等。布诺尼伯爵优斯塔奇,默尔坦的罗伯特,伊弗罗斯的威廉,厄优的罗伯特,以及蒙塔涅的罗特鲁的儿子乔弗里,与其他伯爵和大量难以名之的显贵们一起从国王威廉那里接受了巨大的财富和在英格兰的封土……威廉还以同样的方式分封土地给骑士,安排他们应付紧急情形。"[1]

从这些文献可以看出,自威廉一世那里获得土地者,既有高级贵族,也有来自底层的国王的依附者;既有世俗贵族,也有教会人士。英国历史学家弗兰克·巴洛认为,威廉一世创造了区别很大的两类封土:一是在王国的边疆建立起紧凑的边区伯爵领地圈,他们的目的就是护卫王国使其免于外敌入侵及内部骚乱。一是在环状领地之内,授予给小贵族的封土。这些人的领地不是连在一起的,而是被分散在各个郡。于是,威廉的政策创造了一批外来贵族,他们为大量的依附者所支持。仅有 11 人得到了非常大的地产,约 100 人获得了后来被视为男爵的封土地产。[2]到 1086 年,根据《末日审判书》记载,约有 1 500 名外国人获得分封土地。如果算上妇女孩子,则此时大概有 5 000—1 万的外国人在英国拥有封土。以此时英国总人口约 100 万—200 万,则外国人所占比例为 1%—2%。[3]

从国王那里获得封土的人被称为国王的直属封臣(tenant's in chief,tenant in capite,又译为总佃户或者总封臣)。如果从土地保有的角度来

---

[1] Allen Brown, *Origins of English Feudalism*, pp. 126 - 127. Ordericus Vitalis, *The Ecclesiastical History of Orderic Vitalis*, Vol. Ⅱ, Oxford, 1968, pp. 260 - 268.

[2] Frank Barlow, *Norman Conquest and Beyond*, London, 1983, p. 133.

[3] Frank Barlow, *Norman Conquest and Beyond*, p. 134. A. D. Hargreaves, *An Introduction to the Principles of Land Law*, London, 1963, p. 8.

看,这些人就是承租国王土地的佃户。将其译为封臣,既有政治上的考量,更因为获得土地的人同时也是国王的依附者。其中许多人早在诺曼底就已经成为国王的封臣,有些则是在征服之后建立起依附关系。依附关系的结成有一套特定的仪式,例如,史料中提到 1051 年哈罗德出使诺曼底的时候曾经向威廉宣誓效忠,最后成为威廉的封臣,这一仪式就是以"手和嘴将自己委身于威廉"。[①] 它包括最具有象征意味的合掌礼和效忠礼,合掌礼是封臣将双手置于封君手中,意味着"我已经成为你的人"。[②] 16 世纪英国法学家利特尔顿认为,行臣服礼时通常封君坐着,封臣则要下跪、脱帽、解下所佩带的武器。[③] 合掌之后就是宣誓效忠,即效忠礼(Fealty, fidelitas),封臣常常这样说:"我成为你的人了,我自你那里持有该土地,终我一生都将忠诚于你。"这就是指以"嘴"的仪式来臣服。此外,"嘴"的仪式中可能还包括双方的亲吻。仪式是习俗社会中的法律,是公开宣布一种关系的缔结。一旦举行了从合掌到宣誓的礼仪,就表明双方的关系已经公开,为社会所承认和关注。通过此类臣服仪式,大量依附关系结成。最终,形成了人皆有其主的现象。

威廉国王将土地分封给直属封臣,赋予后者以土地上的各种权利,主要是希望后者能够为其提供军事服役。例如,约 1072 年威廉国王发敕令给伊夫舍姆修道院院长埃塞维格(Aethelwig Abbot of Evesham),命令院长召集其辖制的所有骑士,让他们在圣灵降临节第八天前去克拉伦敦面见国王。院长本人则带领修道院应该派出的 5 名全副武装的骑士直接于当天来见国王。[④] 据维塔里斯的说法:"威廉还以同样的方式分

① Allen Brown, *The Norman Conquest of England : Sources and Documents*, Boydell and Brewer Ltd, 1995, p. 24.

② David Luscombe and Jonathan Riley-Smith, eds. , *The New Cambridge Medieval History*, Volume Ⅳ c. 1024—1198, part Ⅰ, Cambridge: Cambridge University Press, 2004, p. 160.

③ Thomas Littleton, *Tenure*, English New Edition Corrected, London: Law Booksellers and Publishers, 1845, pp. 34 – 35.

④ J. H. Round, *Feudal England*, London, 1979, p. 304. A. Brown, *Origins of English Feudalism*, p. 137 – 138. Allen Brown, *The Norman Conquest of England : Sources and Documents*, Boydell and Brewer Ltd, 1995, p. 148.

配土地给骑士,安排他们应付紧急情形,因此,整个英格兰应该总有6万骑士处于预备状态,一旦有必要他们就能立即响应国王的命令。"①这一数字显然有夸大之嫌,但至少从中可以看出此时骑士役的集中兴起。

国王直属封臣们又有各自的封臣,后者参与到军事征服和领土的保卫之中,也需要土地和财富。于是直属封臣们以同样的方式将其占有的土地分封下去,以获取下级封臣们提供的军事服役和各种杂费。例如,国王威廉一世的骑士彼得,在得到国王允许及修士的同意后以臣服礼(cevemony homage,manibus junctis)成为贝里圣埃德蒙兹(Bury St. Edmunds)修道院和院长鲍尔德温的封臣(feodalis homo)。为此,彼得免费获得封土(fee,feodum);作为回报,他要自费带着3名或4名骑士为修道院和院长履行军事服役。②该事例可简单表述为,修道院赐予彼得土地,彼得回报以军事服役。此种为了军事服役等条件而从土地赐予者那里获取土地,成为封臣的方式,被称为次分封(subinfeudation)。梅特兰对此的概括是:A可能从B处保有土地,B则从C处保有,C又来自于D,如此直到Z,Z直接自国王那里保有土地,是直属封臣。③次分封进程是持续的,是土地分封在国王之外的继续与扩散。它将土地分封模式覆盖到整个英国社会,尤其是统治阶层都参与到了土地分封之中,从而在英国创造了从国王到实际土地占有者之间的辐射状的保有链条。此后,绝对的自主地几乎完全消失,改变成了封土。④同时,也在英国建立起骑士役体系。

英国封土最通常的存在,往往表述为骑士领(knight's fee)。一个骑士领为一个标准的服军役单位。一般而言,一个骑士领地的面积约5海德。该封土的保有者应该为其封君提供5名作战骑士,时间一般为每年

① *Ordericus Vitalis*, *The Ecclesiastical History of Orderic Vitalis*, Vol. Ⅱ, Oxford, 1968, pp. 266 - 267. 编者契布诺认为,这一数字是夸大的。

② Allen Brown, *Origins of English Feudalism*, part Ⅱ, document 48, p. 138.

③ F. Maitland, *The Constitutional History of England*, Cambridge:Cambridge University Press, first edition, 1908, reprint 1946, p. 24.

④ Frank Barlow, *Norman Conquest and Beyond*, pp. 137 - 138,138.

40 天。在此期限之内,封臣的战斗所需的武器人员装备,粮饷草秣都是封臣自己花费。除了本人之外,大的封建主还要带上其所属封臣,所带骑士的数量视该封建主受封土地的大小而定。除了作战,军役还包括守卫城堡、看守庄园、护卫封君出巡等内容。即使是教会领主,一旦他们与世俗领主结成封建关系,也必须履行军事服役,例如,作为威廉一世的直接封臣,彼得伯勒(Peterborough)和格拉斯通伯里(Glastonbury)两修道院各自应该承担 60 个骑士役的份额,伊利(Ely )和贝里圣埃德蒙兹(Bury St. Edmunds)的份额则都是 40 个骑士役,而阿宾顿(Abingdon)修道院的份额是 30 个骑士役。数量的变化可能跟地理环境及军事位置有关。[1] 在 13 世纪马修·帕里斯的编年史中,对此也有记载:"在我主1070 年,国王威廉也将所有迄今为止都免于世俗服役的主教区和修道院都置于军事服役之下,前述的那些主教区和修道院按照国王的意愿,即他希望每个主教区和修道院在战时应该提供多少骑士,进行了登记。"[2]世俗领主更是如此。亨利二世及其妻子爱莉诺都曾经向马姆斯伯里亚(Malmesburia)修道院发出过令状,要求他们履行其传承自祖先的义务。其习惯性的表达就是"为了臣服及其义务"(pro homagio et servicio suo),并且,该术语一再出现于英国国王颁发的特许状中。[3]

英国封建主义的兴起,最直观的标志是大量城堡的兴建。在征服之初,威廉一世"建造长方形的石堡宫,以震慑征服的英格兰"。1066 年,遵照国王威廉的命令,巴约主教奥多和赫里福德伯爵建造城堡范围遍及

---

[1] David Luscombe and Jonathan Riley-Smith, eds. , *The New Cambridge Medieval History*, Volume Ⅳ c. 1024—1198, part Ⅱ, Cambridge: Cambridge University Press, 2004, pp. 200 – 201.

[2] A. Brown, *Origins of English Feudalism*, p. 130. David Luscombe and Jonathan Riley-Smith, eds. , *The New Cambridge Medieval History*, Volume Ⅳ c. 1024—1198, part Ⅱ, Cambridge: Cambridge University Press, 2004, p. 200.

[3] Hubert Hall, ed. , *A Formula Book of English Official Historical Documents Volume 1: Diplomatic Documents*. 本书初版于 1908 年,此处引自 2010 年出版的电子版,pp. 30,36,38.

全国,"使可怜的百姓深受其苦"。① 1076 年国王威廉在诺丁汉、约克和林肯等地建造城堡。为建筑城堡,在林肯有 166 座房屋被拆毁,在诺里奇拆毁 98 座。② 到 1087 年威廉去世,国王共建造城堡 23 座。国王如此行事,其他大小贵族也积极兴建城堡。威廉·菲兹·奥斯本(William Fitz Osbern)是除国王外当时最大的城堡建筑者,他在蒙茅斯郡有 3 座城堡,汉普郡、格洛斯特郡和赫里福郡各有 1 座城堡。蒙哥马利的罗杰尔(Roger of Montgomery)在苏塞克斯海岸的奇切斯特(Chichester)和阿伦德尔(Arundel)建造了雄伟的城堡,其子小罗杰尔则在兰开斯特郡的克利瑟罗(Clitheroe)和彭沃瑟姆(Penwortham)建起同样壮观的城堡。莫尔坦的罗伯特(Robert of Mortain)伯爵则以蒙特卡特(Montacute)城堡、朗斯顿(Launceston)城堡以及伯克翰姆斯特(Berkhamstead)而闻名。③ 到 1100 年,英格兰各地约有 500 座诺曼人的城堡。

土地分封、依附关系、骑士及骑士役,还有城堡在诺曼征服后英国的存在与发展,是有史可证的。从政治法律的视角来看,英国封建主义的兴起是诺曼征服的直接产物。没有诺曼征服,就没有英国的封建主义。

上面的讨论,主要围绕狭义封建主义的有关内容,即封建的土地和人身关系而展开的。这些都属于自由人之列,除了少数属于劳动阶层之外,其中的绝大多数都是上层统治阶级,或者说,封土与封臣所呈现的是统治阶级内部的权利和义务关系,正如西方学者苏珊·雷诺兹所指出的,它将百分之九十以上的民众排除在封建体系之外。有鉴于此,马克·布洛赫将依附农民纳入到封建主义体系之中的努力,就显得特别可贵。遗憾的是,布洛赫并没有将此努力深入,而是有所保留。鉴于此,我

---

① 《盎格鲁-撒克逊编年史》,寿纪瑜译,商务印书馆,2004 年,第 218—219 页。Ordericus Vitalis, *The Ecclesiastical History of Orderic Vitalis*,Vol. Ⅱ,Oxford,1968,pp. 194 – 196.

② Susan Reynolds,*An Introduction to the History of English Medieval Towns*,Oxford,1977,p. 43.

③ 迈克尔·亚历山大:《英国早期历史中的三次危机》,林达丰译,北京大学出版社,2008 年,第 40—41 页。

们从更宽泛的意义尤其是社会经济的视角来讨论封建主义的建立。[1]

首先,应该从更宽泛的角度来理解封土与封臣制度。封臣关系以及封土制度是英国封建的大土地所有制形成中的重要构成部分。甚至可以说,大土地所有制才是封建主义的根本所在。在盎格鲁-撒克逊时期,国王、教会以及世俗贵族都属于大土地所有者。其中教会和一些世俗贵族还以书田的方式从国王处获得了具有封土特征的土地,尽管此土地不具有所有权性质,但随着土地逐渐世袭,也可以称其为所有权性质的土地。诺曼征服后的土地分封,虽然是统治阶级内部利益分配的体现,但也可以说它是封建土地所有制的反映。正如马克垚和齐思和研究所揭示的,封土制度与封建土地所有制之间是有内在关联的。[2] 具体而言,经过土地的层层封赐,形成了名义上具有土地保有权实际上具有土地所有权的土地所有者阶级。他们从最高的国王到地方的领主,身份等级不一,土地规模不一,但都是土地的所有者。尤其是当分封的土地逐渐演变为世袭土地,大土地所有制特征就愈发明显。例如,1086 年的牛津郡,国王在此拥有 6 个巨大的庄园,共有 215 架犁耕作。王室庄园上的耕作者有 323 个维兰、202 个边农、78 个奴隶,另外还有 17 个市民和 5 个骑士。王田年收入为 481 英镑。国王之下,有林肯主教和巴约主教等 6 大封建主占据全郡耕地的 1/2、犁队的 1/2、农户的 1/2 和奴隶的 1/2。其下还有第三等和第四等的封建主。所有 92 户封建主中,有 42 户占有全部犁队的 93%。[3]因此,从封建土地所有制的形成来看,封土与封臣制度不仅是其催化剂,而且完成了土地在统治阶级内部的重组。

其次,下层民众属于依附者,他们与领主之间存在着依附关系。不过,这种依附属于非自由人的依附。从土地的次分封过程来看,在梯

---

[1] George Burton Adams, *The History of England : From Norman Conquest to the Death of John* (1066—1216), London: Longmans, 1905, pp. 15 - 17.

[2] 马克垚:《英国封建社会研究》,北京大学出版社,2005 年,第 111—131 页。齐思和:《英国封建土地所有制形成的过程》,《历史研究》,1964 年第 1 期。

[3] 马克垚:《英国封建社会研究》,北京大学出版社,2005 年,第 135 页。

级的依附关系链条末端,是土地保有者与土地实际劳动者之间的依附关系,于是诺曼时期的封建结构建立在最底层的劳动者之上,尽管这一结构的中心是各级教会和世俗的领主。在此,庄园成为连接依附劳动者与领主的经济组织。并且,随着时间的推移,在骑士领的军事性质之外,滋长出经济的、司法的以及政治的权利特点。[1] 英国的庄园在盎格鲁-撒克逊晚期已经出现,诺曼征服之后,庄园化有所发展,但其程度不宜过高估计。国王及大贵族往往拥有规模巨大的大量庄园,中小贵族则拥有少量庄园。在 12 世纪,年收入在 15—30 英镑的小骑士,一般拥有 1—2 个庄园,到 1300 年,这类骑士数量只有约 1 200 人。[2] 庄园的依附者在中世纪习惯上被称为农奴,英国社会自诺曼征服后更以维兰来称呼。劳动者成为依附者的历程,就是农奴化的过程。大体说来,农奴化有两个路径,自由农民地位降低成为农奴,以及奴隶地位提升成为农奴。在诺曼征服前后的英国,表现得最为突出的是自由农民沦落为农奴;因为奴隶数量此时已经很少,故从奴隶提升为农奴的现象并不显著。

1086 年威廉一世完成的调查材料《末日审判书》作为最重要的社会经济史料,能够很好地反映此时劳动者的情形。依据该文献,学者们对此时各阶层人数给予了各自的估计,因分类标准的不同而未尽一致。不过,总体上来看,自由人(soch,freemen,占比例 12%)、维兰阶层(villeins,占比例 38%)、边农和茅屋农(bordars and cotters,占比例 32%)以及奴隶(servi,占比例 9%)是社会中占绝大多数的劳动者。[3] 那

① J. H. Baker, *An Introduction to English Legal History*, London, Butterworths, 1979, p. 195. David Luscombe and Jonathan Riley-Smith, eds., *The New Cambridge Medieval History*, Volume Ⅳ c. 1024—1198, part Ⅱ, Cambridge: Cambridge University Press, 2004, pp. 200 - 201.

② David Abulafia, eds., *The New Cambridge Medieval History*, Volume V c. 1198—1300, Cambridge: Cambridge University Press, 1999, pp. 324 - 325. R. Stacey 估计的数字是 3 000,而 D. A. Carprenter 的数字是 4 000。

③ Andrew Hinde, *England's Population : A History since the Domesday Survey*, 2003, pp. 16 - 17. 齐思和:《英国封建土地所有制形成的过程》,《历史研究》,1964 年第 1 期。

么,这几类农业劳动者的身份如何? 从上可见,劳动者中既有自由人,也有奴隶(servi),还有介于两者之间的中间阶层。如果说自由和非自由容易区分的话,那么占人口比例高达70%的维兰以及边农和茅屋农,则其身份特征并不太容易把握,他们既非自由人,也非奴隶。所谓维兰,从字面意义来看,也就是村民。因此,学者们相信,一直到11世纪末期,英国的维兰还不是真正的依附农民,还没有获得农奴的身份。或者说,自诺曼征服到1086年间,英国农奴制度还没有真正建立。这一过程一直延续到13世纪。① 根据哈耶姆的研究,当普通法开始对劳动者身份进行甄别的时候,才将大批本是自由的农民,或者在自由与非自由两可间的农民都推向了依附农民行列。

然而,无论劳动者是否体现了法律意义上的与领主的依附关系,他们都早已经在经济意义上成为领主的依附者。更准确地说,不能片面地理解封建化,即不能将封建化等同于农奴化。从马克思主义角度来看,封建化的范围非常广泛,农奴化只是其中一个方面。如果只强调农奴阶层,则中世纪英国占劳动者近三分之一的自由农民就事实上被排除在封建制度之外了。问题就在于主人对劳动者采取怎样的剥削方式,如果是以奴隶集中生产的方式,则其性质就是奴隶制的;如果是允许劳动者的小生产存在方式,则其性质就是封建的。晚期益格鲁-撒克逊贵族正是采取了剥削小生产者劳动的方式。在11世纪初的《人民的权利与等级》的文献中,对于各等级的权利与义务有较为详尽的规定,从中可以看出领主所采取的生产方式的封建特征。例如,"许多地产规定,格尼特必须交纳地租,每年并交纳牧猪一只。自备马匹替领主运送东西,并供应车马。替领主劳动,并且招待他。替领主收割庄稼。收割饲草,修整鹿苑,修建领主的住宅和栅墙,替客人引路,交纳教会税和布施,充当领主的卫士,饲养领主的马匹……卡特尔必须每周的星期一为领主劳动,终年如

---

① J. Hatcher, English Serfdom and Villeinage: *Towards A Reassessment*, *Past and Present*, No. 90(1981).

此。或在秋收时每周工作三天。……"①从上述文献中可以看出,领主已经采取了一种非奴隶式的劳动使用方式,这就是封建特征的庄园。

因此,从社会经济的角度来看,英国封建主义在诺曼征服以前已有萌发。或者说,英国封建主义的社会经济部分不是诺曼征服导入的,而是在盎格鲁-撒克逊时代就已成长。诺曼征服只是在一定程度上加速了这个进程。

英国封建主义在许多方面与大陆具有相似性,同时也有自己的特点。

首先,英国封建主义与欧洲封建主义在许多方面存在共性。从狭义的视角来看,英国封建主义具有封臣和封土相结合的典型特征。封君封臣关系一旦结成,双方就承担相应的义务及享受应得的权利。封臣提供的义务即封君的权利,封君提供的义务即封臣的权利。因此,权利与义务是相互的。12世纪英国法学家格兰维尔说,除了忠诚之外,一个封臣对他的封君并不比封君对他的封臣有更多的义务。② 11世纪初法国沙特尔主教富尔伯特也说:"封君应该以同样的方式对其忠诚的封臣去做所有这些事情(即上述的义务)。假如他没有做到这些,则可以正当地指责他背信弃义,就像指责封臣一样,假如发现他逃避责任或者想逃避责任,那么他的义务就是背信弃义的和作伪誓的。"③不过,从封臣制(vassalage)的字面意义上以及该制度实际实行来看,对封君权利的强调甚于义务,对封臣义务的强调甚于权利。大体上,封君对封臣有保护和维持的义务,即保护封臣不受伤害和维持封臣的日常生活所需,但对封君是否履行其义务并无有效的制约机制。封臣的义务一般分为消极和积极两方面:前者富尔伯特概括为六件要事,即不伤害身体、不危害安全、不损害名誉、不破坏财产、不妄行刁难、不设置障碍;后者则为三大义

---

① 转引自齐思和《英国封建土地所有制形成的过程》,《历史研究》,1964年第1期。
② David C. Douglas, George W. Greenaway, eds., *English Historical Documents*, *1042—1189*, London, 1981, p. 1007.
③ W. Hollister, J. Leedom, etc., eds., *Medieval Europe: A Short Sourcebook*, New York: Mcgram Hill, Inc., 2nd. edition, 1992, p. 96.

务,即履行军事服役、缴纳封建协助金和劝告。封建制度是一种交换,一方以土地换取骑士们为其作战,一方以军役换取土地,于是形成封臣与封土的结合。从理论上来说,封臣没有权利拒绝封君在任何紧急情形下的金钱索取。英国经过封建双方的博弈,最终形成了相对明确且有法律效力的习惯,该习惯最初可能源于诺曼底。在诺曼底,封建协助金主要有三:一是领主长子受封骑士,一是长女出嫁,一是赎回被俘封君的赎金。[①] 后来,在 1215 年英国的《大宪章》第 12 条中,又以特别的条款明确:除非经过王国协商同意,或者为赎回封君、加封长子为骑士、长女嫁人,不得再有任何盾牌钱和协助金。[②] 具体数额,只能视情况而定。一般协助金相当于封土继承金(relief)的一半,或者封土价值的三分之一。协助义务可分为两类,一类是领主按其权利应该得到的,一类是必须经过请求才能得到的。封臣向封君提出意见和建议,使他能正确处理各种事物。为此,封臣应奉召出席封君的法庭,这是仅次于军役的义务。劝告的义务体现了双方在感情与行为上的一定程度的亲近,也是双方利益休戚相关的体现。这些都是整个欧洲封建主义所共有的特点。

　　但英国封建主义与大陆还是有相当的差异。这种差异可能源于导入过程中的变异,也可能是英国本土要素的呈现。根据史学家斯坦顿的研究,有些与封建有关的名词术语,在诺曼底跟在英格兰的使用有很大的不同,Feudum loricae(或者写成 fief del haubert)这个术语就是如此。在诺曼底,骑士可分为全副武装的骑士和有限装备的骑士,那些有甲胄装备的骑士被称为 miles loricatus(甲胄骑士),他们因服役而取得的封土称为 feudum loricae(甲胄封土)。但在英格兰,每位给国王服役的骑士都必须全副装备上战场,于是甲胄骑士与普通骑士之间的界限消除

---

① J. Strayer, *Feudalism*, Reading no. 35, pp. 139 - 140. Strayer 的注释特别提到在诺曼底,一个骑士领的继承金(relief)是 15 镑,而一个男爵领则为 100 镑。不过,诺曼镑只是英镑的四分之一值。

② J. Strayer, *Feudalism*, Reading no. 55, pp. 178 - 179.

了，"甲胄封土"一词也很快就成为"骑士封土"（feudum militis）的同义词。[1] 再如，在早期法国封建文献中，vavassor 被看作低于 baron 的阶层，但他是骑士，在无地的军事阶层之上，因为他拥有封土。但在盎格鲁诺曼人的使用中则有些不同，在 1133 年巴约调查（Bayeux Inquest of 1133）中，指的是负有军事义务的自由佃户，他们持有一定的土地，也要为领主服军役，但其土地显然少于骑士的封土，更多的情形是几个 vavassor 共同提供一个骑士的服役。[2]

马克思曾经这样论断英国封建主义的特征："被导入的英国封建主义，按其形式来说，比之由自然途径而形成的法兰西封建主义较为完备。"[3] 英国封建主义有相对清晰且稳定的等级体系，这既是因依附关系而存在，也因土地关系而加固。在理论上，封建体系并没有因为等级梯级的延展而出现权力递减的状况，相反，英国国王的最高权威得到加强。因征服而兴封建，故封建本身带有突出的强制特征。威廉征服英格兰不只是纯粹的武力行为，还有合法性的寻求。当时人甚至威廉自己都可能认识到"他既是合法且成功的王位继承者，也是军事征服者"[4]。当 1086 年 8 月征服者威廉到达索尔兹伯里的时候，"他的议政大臣们也来到了那里，全英国所有的占有土地的人，不论身份如何，不论他们是谁的封臣，也都来到了那里。他们都服从于他，成为他的封臣，并且向他宣誓效忠，申明他们将忠于他而抵制所有其他的人。"这就是著名的索尔兹伯里盟（Oath of Salisbury）[5]。这一盟誓与末日审判书联系起来看，都可以看

---

[1] F. M. Stenton, *The First Century of English Feudalism*, Oxford, 1932, pp. 14 - 15.

[2] Ibid., pp. 16 - 17.

[3] 马克思:《资本主义生产以前各形态》，日知译，人民出版社，1956 年，第 26 页。从这句话可以看出，马克思主张英国封建主义是导入的；但具体到封建制度或者封建生产关系的讨论的时候，马克思主义经典作家的理解就已经超越了导入说。

[4] Frank Barlow, *Norman Conquest and Beyond*, p. 132.

[5] W. Stubbs, *Select Charters and other Illustrations of English Constitutional History from the earliest Times to the Reign of Edward Ⅰ*, Oxford, 1957, p. 96.

做国王权威的体现。

　　当然,这种强势并非某次宣誓就可以确立的。事实上,其得益于英国历代君王的不懈努力。在国王亨利一世时期,甚至发展出所谓的封建司法审判的特许权理论。国王对其领土内的所有土地都拥有司法权。他可以从那些土地上拿走庄园,也可以给予封臣以完全的或部分的司法权。他还可以让出庄园但自己保留司法权,因为国王的司法权利并不必然随着庄园的转让而成为赠品或者礼物。① 安茹王朝的亨利二世所作所为也是如此,1166 年在英格兰、1172 年在诺曼底,亨利甚至要求其直接封臣提供各自拥有的所有骑士的名字,以便确认他们是否有足够的骑士来满足所求。亨利还坚持所有的骑士都应该向自己宣誓效忠。各地封臣也给国王发去信函,上报骑士数字和名字。② 英国国王们还设立巡回法庭(circuit judges),以遏制封建领主的权力滋长。亨利二世时期巡回法庭受理所有刑事案件和许多民事案件,其目的是将司法施加于每一个人。③ 1187 年,亨利二世法令中这样规定:"根据王国的习惯,没有国王陛下的令状,任何人都无需理会来自其封土的主人的法庭传唤。"④于是,英国出现了人们熟知的谚语:"我的封臣的封臣还是我的封臣",这与大陆的做法显然不同。

　　国王的权威与财富也与大陆那些孱弱的君主不同,根据维塔利斯的说法,征服者威廉每天的日常收入是 1 061 英镑 10 先令 1.5 便士,这还不包括王室的税收、司法收入以及其他不可计算的收入。⑤ 比较国王忏悔者爱德华与征服者威廉的财富,就可以看出二者的不同。爱德华只占

① J. Strayer, *Feudalism*, Reading no. 31, p. 131.

② Allen Brown, *Origins of English Feudalism*, pp. 129 - 130. 又见, Hubert Hall, ed. , *A Formula Book of English Official Historical Documents* Volume 1: *Diplomatic Documents*, This edition first published 1908,This digitally printed version 2010, p. 38.

③ J. Strayer, Feudalism, Reading no. 47. 1221 年国王亨利三世的诏令中要求所有僧俗贵族、自由人、每个村镇的担保人,以及其他人等都应该到巡回法庭进行诉讼。

④ J. Strayer, Feudalism, Reading no. 32, p. 133.

⑤ Ordericus Vitalis, *The Ecclesiastical History of Orderic Vitalis*, Vol. Ⅱ, Oxford, 1968, pp. 260 - 266. Allen Brown, *Origins of English Feudalism*, pp. 126 - 127.

有 34％的土地,大贵族戈德温家族所占比例为 43％,另外两大家族占比例为 23％。威廉则占有 64％的土地,而大贵族巴约的奥多(Odo of Bayeux)与莫尔坦的罗伯特相加只有 21％。可以说,没有贵族能够跟国王相抗衡。即使最大的贵族,国王的同族兄弟奥多也因为被疑心造反而遭囚禁,直到威廉死后才释放。在威廉二世的时候他真正公开造反,而被没收了土地财产。[①] 因此,有学者这样比较英国与法国的封建主义的特点:"最高领主在封建制度中的作用不是一成不变的。他也可能仅仅是一个封建主,就像法国最早的卡佩王朝的国王一样。最大的封土的拥有者在理论上应向这些封建主表示敬意,但封土持有者拥有自己的封臣,封建主不能,也不被希望干预其封臣的事务与论争。可是最高领主也可能获取君权(sovereignty),就像威廉一世那样。公元 1086 年,威廉一世在索尔兹伯里不仅得到其总佃户的宣誓效忠,这些总佃户直接从王国(crown)分封土地;还得到总佃户的封臣的宣誓效忠,由此表明他们承认自己对国王也负有义务。"[②]

诺曼征服之后,英国封建主义经历了几个世纪的发展。在历史发展的不同阶段,甚至在不同的地区,封建主义都有多重的样态。根据斯坦顿等人的说法,1066—1166 年间是英国封建主义的第一个阶段,是封建主义诸要素逐渐生长的时期,土地分封、封君封臣关系、骑士以及城堡等方面都逐渐得以成长,这些要素在刚开始的时候还带有较为明显的诺曼特征,随着时间推移,诺曼封建主义最终终结,英国封建主义逐渐呈现。英国封建主义的第二个阶段(12 世纪中期—13 世纪末)是其特征充分展示的时期,也可称为鼎盛期,最为突出的是英国封建主义成长为具有主导力量的社会体系,封土与封臣的紧密结合是此体系的两大基石。14、15 世纪则是英国封建主义发生变化乃至衰落变态的时期,滋生着众多的

---

① David Luscombe and Jonathan Riley-Smith, eds. , *The New Cambridge Medieval History*, Volume Ⅳ *c*. 1024—1198, part Ⅱ, Cambridge: Cambridge University Press, 2004, p. 203.
② 伯恩斯:《剑桥中世纪政治思想史》,第 216 页。此处对几个名词做了改动。

新特点。①

中世纪晚期发生了诸多变化。首先,封君封臣关系日渐削弱。理论上封君封臣之间的一一对应的关系,在实际上变成了多项对应关系,一臣多主的现象相当普遍。当一个封臣的两个封君发生战争,同时召他服军役,他到底听谁的召唤? 当时的习惯有相应的处理方法,如帮助较早向他行臣服礼的封君,或帮助给予最大封土的封君,或帮助被迫进行自卫的封君等,甚至出现了对唯一主君(liege lord)的绝对臣服(liege homage)。②

其次,封土逐渐丧失其军事作用与功能。一方面是骑士阶层的身份在发生变化。曾经的骑士,以战士为其本分,而到了晚期中世纪,成为一个骑士或者贵族,土地财产成为最根本的要素。在社会等级中,土地收入的多少成了区分等级的标准,如年收入 10 英镑的为绅士(gentleman)、20 英镑的为从骑士(esquire),40 英镑的为骑士。③ 1240 年代之后,国王甚至强迫那些年收入 15 英镑、20 英镑和 40 英镑的自由持有者接受骑士身份。12 世纪,英国有许多年收入大概在 2 英镑的贫穷骑士,他们根本没有封土。13 世纪末,英国约有 3 000 名骑士,其中真正有封土者约1 250名,其余皆为货币封土骑士。④ 既然骑士已经不等同于战士,则封土就自然不再是军事封土了。事实上,由于持有土地的条件之差异,13世纪英国的封土可分为教会领、军役领(或者骑士领)、杂役领和索克领。除骑士领之外,其他三种封土基本上与军事义务无关。更值得注意的是,在以骑士领为单位为领主服役的习惯之外,生长出一个具有妥协乃

---

① 这一分期并不绝对。首先,1066 年之前,英国是否存在封建主义,学界有不同的认识。其次,尽管 14、15 世纪的封建主义被麦克法兰等人称为变态封建主义,但晚近研究则显示变态封建主义甚至早在 12、13 世纪就已经存在。如果从马克思主义的视角出发,英国封建主义甚至要延续到 18 世纪。

② Sir Frederick Pollock, Frederic William Maitland, *The History of English Law Before The Time Edward Ⅰ*, Volume Ⅱ, Cambridge, 1978, pp. 315 - 316.

③ Christopher Allmand, ed., *The New Cambridge Medieval History*, Volume Ⅶ, C. 1415—1500, Cambridge: Cambridge University Press, 1998, pp. 101 - 102.

④ 蒋孟引主编:《英国史》,中国社会科学出版社,1988 年,第 88 页。

至颠覆性质的制度:以缴纳金钱来代替领兵服军役。按照封建惯例,封臣向封君服骑士役 40 天。在国王亨利一世时期,鉴于骑士役征调的困难,改征免除服役的费用。约 1179 年财务署文献中这样记载:为抵抗外敌入侵,亨利二世命令每个骑士领都要缴纳 1 马克或者 1 英镑的钱来支付士兵的薪饷和奖励,因为国王主张使用雇佣军而非自己的人民来进行战争,所以要交钱支付雇佣兵的薪饷,又由于钱款是根据士兵盾牌数量来支付的,故名盾牌钱(scutage)。① 这一文献清楚地表明,国王对于自己的封臣参与战争的态度已经发生变化,宁愿花钱雇佣军队也不愿使用封臣。到 13 世纪中期,支付盾牌钱以代替骑士军役的做法已经相当普遍。

再次,当军事意义上的封建主义削弱的时候,经济意义上的封建主义成为显目的存在。从封土的角度来看,封建主义就演变为围绕封土而产生的各种经济利益的关联。一块封土的授予,意味着新的经济关系的结成,封君和封臣对封土所拥有的权利,都可以用经济方式来计算。封臣继承封土,要向封君缴纳继承金(relief),继承人未成年,封君就成为其监护人。同样地,封臣子女的婚姻往往也属于监护人的权利范围。不过,这种法律意义上的权利最终也转换为经济内容,因为当封君行使亨利二世时期的官方法律文本时,有关于继承金、监护权(wardship)、婚姻费(marriage)等问题的描述与规定:按照王国的习惯,一个骑士领的合理继承金是 5 英镑,但一个男爵领没有此类规定。假如继承人年幼,他们将受到封君监护直到成年,而女性继承人即使成年也要受监护直到出嫁,但结婚对象必须得到封君同意,否则将丧失其财产继承权。② 为了财政收入,国王约翰甚至于 1207 年将婚姻监护权加以出卖。③ 约翰王的收

---

① J. Strayer, *Feudalism*, Reading no. 35, p. 139. 有学者认为,到亨利二世时期,一般每个骑士役征盾牌钱 2 马克。

② J. Strayer, *Feudalism*, reading no. 36, pp. 141 - 142. 不过,对于这些领主权利,1215 年的大宪章有所修正,如第 4、5、6、8 等条款。

③ J. Strayer, *Feudalism*, reading no. 37, p. 143.

入变化,也反映了封建主义的经济层面的变化,在即位之初,约翰王的年收入为 2.2 万英镑,自 1204 年之后,其收入稳定增长,1208—1212 年间平均年收入为 3.9 万英镑。如果再加上罚没地产的收益、教会职位空缺和地产收回、各种税收、犹太人的缴纳等,约翰在位期间最高年收入达到 7 万英镑。[1] 可见,与封建有关的那些东西都已经被金钱包围。不过,随着经济要素重要性的增加,封臣对封君的依附性可能会逐渐减弱,因为,封臣对封君的义务都可以以金钱或者实物的方式来支付和履行,骑士役可折算为盾牌钱,其他如协助金、继承金等更是无需折算。

最后,封土最本质的变化是自由买卖地产。所谓封土,是封君分封给封臣的土地,国王分封给直属封臣,后者又分封给自己的封臣,如此类推。无条件继承(fee simple)的封土,在分封时的证书上已经说明封给某人及其后嗣,故可以称为自由继承封土。有条件继承(fee conditional)的封土,在分封时说明赐给某人及其本身的后嗣,即直系后嗣亲属,旁支不得继承。此外,还有限嗣继承(fee tail)的封土,即土地应该世代相替传给继承人的后代。直到 13 世纪末,封土主要就在这三类继承方式下转移和运动。随着英国社会商品货币关系的发展,封建领主阶级对货币需求日盛,封土自然就成为举债、抵押甚至买卖的对象。于是,在分封与继承之外,封土逐渐变成可以买卖之物。早在斯蒂芬王统治时期,英国就有出售土地文书记录,12、13 世纪则相当普遍。当然,起初此类买卖并不为法律所认可,只是一种既成事实。到了 13 世纪末,就不只是历史的实际,而且得到了法律的确认。1290 年的《买地法令》(Statute of Quia Emptores)如此规定:

> 鉴于大人物和其他领主的封土上的土地和持有物的购买者,已经从这些大人物的自由持有者那里买到后者的土地和持有物,这些土地和持有物是从封土授予人那里按封土而持有,而不是从该封土的主要领主持有,因而这些购买者迄今多次进入主要领主的封土,

---

[1] David Abulafia, eds., *The New Cambridge Medieval History*, Volume V c. 1198—1300,, Cambridge: Cambridge University Press, 1999, pp. 322 - 324.

使主要领主遭受损失,这些主要领主由此而多次失去属于他们封土的土地和持有物的封土归还权,婚姻支配权以及监护权,上述情况对于那些领主和其他大人物似乎是极端痛苦而难以忍受的,如果再发生同样情况,就要宣布剥夺继承权。我们的领主国王,在他治下第十八年的复活节以后,也就是圣约翰施洗者节后的两周,在威斯敏斯特的会议上,在王国的大人物的祈求下,兹特准许规定和命令,从今以后,每个自由人按自己的愿望,出卖他的土地和持有物或其中的一部分,都是合法的,条件是封土承受人得按照他的封土授予人以前持有该项土地的那种义务和习惯,从同一封土的主要领主那里持有同一土地或持有物。①

概而言之,《买地法令》就是在法律上承认了封土可以转让的现实,但土地购买者要代替出卖者承担来自主要领主(即封君)的相关义务。只要封君的利益不受损害,有封臣来承担应该承担的义务,封君并不在乎封土在谁手中。法令的目的是维护主要领主如国王等人的封建权利,但从后果来看,它使自由持有的封建土地的购买和出卖合法化了。不过,该法令并不针对国王的直属封臣的封土,后者的买卖仍然需要征得国王的同意,否则即为非法。但在该法令发挥效用的情形下,直属封臣持有的土地的自由买卖事实上也合法化了,至少是默许的。如果从封建体系来看,该法令的作用与后果在于打断了封建阶梯无限制地扩展的趋势,次分封就此结束;当土地出卖者退出阶梯时,土地购买者随即进入。②

英国封建主义演变中最突出也是学界讨论得最为热烈的问题,就是所谓"变态封建主义"(bastard feudalism)。1944年历史学家麦克法兰借用19世纪历史学家查尔斯·普卢默(Charles Plummer)的"变态封建主义"概念,用来描述晚期中世纪英国封建主义的非常态存在。③ 20世纪

---

① 译文是张云鹤先生的。张云鹤:《1290年买地法令研究》,《历史研究》,1985年第3期。

② A. W. B. Simpson, *A History of The Land Law*, Oxford: Clarendon, 1986, pp. 54 – 56.

③ K. B. McFarlane, Parliament and 'Bastard Feudalism', *Transactions of the Royal Historical Society*, Fourth Series, Vol. 26 (1944), pp. 53 – 79.

80、90 年代,西方学者重提麦克法兰的命题,引起了新一轮的关于变态封建主义的国际大讨论。

随着典型封建主义——以封土来换取军事服役——的衰败,14、15 世纪英国封建主义出现了非典型、非常态的封建主义现象。贵族豪强不以封建关系而是以金钱、权力及其他手段控制和支配各类武装人员。在这个以"保护制"、"扈从制"以及亲缘关系为主导的社会中,领主和封臣之间的依附纽带被新的主人和扈从之间的契约纽带所代替。同样是人与人之间的连接关系,但与封建的连结有很大的不同。主要表现为,从以封土的占有为条件、臣服和军事服役为内容的封君封臣制,向以支付现金工资为条件、亲缘关系和服务为内容的扈从制的转变。简而言之,就是以契约取代封土,以人身契约纽带取代封建臣服关系,以家内服役取代军事服役等。为了应对战争和日常事务,英国大小贵族都逐渐采用了这种扈从合同(indenture of retinue):乙方为甲方提供包括军事服役在内的各种服务,甲方为乙方提供以金钱为主的报酬。根据史学家贝恩(J. M. W. Bean)的考察,这种扈从合同早在 13 世纪末已经开始出现,14、15 世纪则成为潮流,例如,1319 年 5 月 15 日,兰开斯特伯爵托马斯与拉蒂默领主威廉订立了一个终身合同,即拉蒂默的威廉终身为伯爵服役,平时负责照看伯爵的庄园等事务,战时要带武装人员 40 人在英格兰、苏格兰、爱尔兰和威尔士为伯爵作战。拉蒂默和其中的 10 人可以从伯爵处得到战袍和马鞍,拉蒂默本人的装备费用由伯爵支付。若有马匹战损,伯爵会给予补偿。为这份终身合同,伯爵每年要向拉蒂默支付1 000 英镑以便后者能够"维持其家庭"。[①] 著名的兰开斯特公爵冈特的约翰(John of Gaunt)实行扈从合同的情况具有一定的代表性,贝恩细致地分析了 1372—1382 年间公爵所签订的扈从合同,发现有一些现象值得注意,如合同中骑士和从骑士享受和平时期年费的比例逐渐增加,在

---

① J. M. W. Bean, *From Lord to Patron*: *Lordship in Late Medieval England*,Manchester University Press,1989,pp. 48 - 49.

1372—1376 年间,13％的骑士和 17.5％从骑士享受和平时期的年费
(annual fee),到了 1379—1383 年间这两个百分比分别为 25％ 和
70％。[1] 这一现象反映了扈从合同已经从服役于战争走向服务于日常,
也说明了扈从合同在社会中得到了更为广泛的应用。

**1372—1382 年冈特签订的扈从合同和年金授予的数量[2]**

| 年份 | | | 1372 | 1373 | 1374 | 1375 | 1380 | 1381 | 1382 |
|---|---|---|---|---|---|---|---|---|---|
| 扈从合同 | 骑士 | 数 量 | 11 | 14 | 4 | 0 | 3 | 5 | 3 |
| | | 无和平时期年费的数量 | 2 | 1 | 0 | 0 | 2 | 0 | 1 |
| | | 总花费 £ | 280 | 620 | 213 | 0 | 20 | 113 | 30 |
| | | 总花费 s | 0 | 0 | 6 | 0 | 0 | 6 | 0 |
| | | 总花费 d | 0 | 0 | 8 | 0 | 0 | 8 | 0 |
| | 从骑士 | 数 量 | 22 | 10 | 3 | 0 | 3 | 7 | 3 |
| | | 无和平时期年费的数量 | 2 | 2 | 1 | 0 | 3 | 6 | 3 |
| | | 总花费 £ | 225 | 86 | 13 | 0 | 0 | 10 | 0 |
| | | 总花费 s | 0 | 13 | 6 | 0 | 0 | 0 | 0 |
| | | 总花费 d | 0 | 4 | 8 | 0 | 0 | 0 | 0 |
| | 小计 | 总骑士数 | 33 | 24 | 7 | 0 | 6 | 12 | 6 |
| | | 无和平时期年费的骑士数 | 4 | 3 | 1 | 0 | 5 | 6 | 4 |
| | | 总花费 £ | 505 | 706 | 226 | 0 | 20 | 123 | 30 |
| | | 总花费 s | 0 | 13 | 13 | 0 | 0 | 6 | 0 |
| | | 总花费 d | 0 | 4 | 4 | 0 | 0 | 8 | 0 |

---

[1] J. M. W. Bean, *From Lord to Patron：Lordship in Late Medieval England*，Manchester University Press，1989，p. 81.

[2] Ibid.，p. 248.

续表

| 年份 | | | 1372 | 1373 | 1374 | 1375 | 1380 | 1381 | 1382 |
|---|---|---|---|---|---|---|---|---|---|
| 年金<br>(Annuities) | 数量 | | 30 | 13 | 18 | 19 | 1 | 6 | 5 |
| | 总花费 | £ | 94 | 69 | 86 | 112 | 5 | 329 | 10 |
| | | s | 10 | 3 | 17 | 10 | 0 | 3 | 13 |
| | | d | 0 | 9 | 6 | 0 | 0 | 4 | 4 |

　　变态封建主义之于英国封建主义的历史而言,当然是一个巨大的变化,不过,我们不宜夸大变态封建主义的契约特征,事实上,契约关系并非在晚期中世纪才出现。根据美国学者莱昂的研究,从封建关系诞生之日起,契约精神及实践就已经存在。① 一定程度上,封君封臣关系的结成也是契约的一种。其他诸如钱袋封土、货币封土、职务封土、名誉封土等非实体化的封土类型,同样体现了契约精神的存在。1103 年,英王亨利一世与弗兰德尔伯爵之间达成协议,后者向前者效忠,一旦国王有所号令,伯爵应带 1 000 名骑士前去服役。作为回报,国王则给伯爵提供保护,并且每年给予伯爵 500 英镑作为封土(fief)。② 这一事例与晚期中世纪的合同并无本质的不同。更重要的是,变态封建主义并没有真正改变封建主义的依附关系。甲方与乙方签订的是金钱合同,但乙方仍是甲方的依附者。因此,变态封建主义虽然看似与常态产生了距离,但仍然在封建主义范围之内。当一些学者将变态封建主义前推至英国封建主义的第一个及第二个阶段的时候,至少让我们看到变态封建主义与常态封建主义之间的相似性。

---

① B. Lyon, *From Fief to Indenture*, Harvard, 1957.

② J. Strayer, *Feudalism*, Reading no. 38, pp. 144 - 145.

# 第二章　封建王权的建立

　　1066 年 1 月 5 日英王爱德华去世,哈罗德伯爵被贤人会议"推选"为王。诺曼底公爵威廉要求继承王位,但遭到哈罗德和贤人会议的拒绝。为此,威廉发动军事征服,走上了武力夺取王位的道路。

　　实际上,威廉公爵早就为军事征服做好了准备。在军事上,他在诺曼底组建了一支精良善战的军队,由尚武斗狠并经过严格训练的封建骑士组成,使用的是锋利的铁制刀剑与长矛,并配备雇佣来的弓箭手与步兵。此外,这支军队不仅善于使用虚假溃退以诱敌深入的战术,而且善于建筑土木结构的城堡进行有效的军事占领。在对外关系上,威廉公爵面临的环境也十分有利。此时法王亨利一世已死,其幼主腓力一世由威廉公爵的岳父佛兰德斯伯爵巴尔德温辅佐,诺曼底免除了法国王权的威胁,能够集中力量进行征服。此外,威廉公爵还以传播克吕尼运动精神,争取到了罗马教皇亚历山大二世(Pope Alexander Ⅱ)的支持。在诺曼征服中,威廉曾打着教皇赠予的圣·彼得祈福旗,脖挂一串圣骨,使征服"带有一种宗教色彩"。①

　　哈罗德继位不久,其弟诺森伯里亚伯爵托斯蒂格开始在挪威与苏格

---

① R. A. Brawn, *The Normans and The Norman Conquest*, p. 221.

兰的支持下与之争夺王位。哈罗德立即率大军北上,于1066年9月28日在约克北部的斯坦福特桥歼灭了挪威国王和托斯蒂格伯爵的军队。乘此良机,威廉公爵即以哈罗德"篡位"和自己是王位合法继承人为由,率领大军渡海入侵不列颠,在英国南部的佩文西(Pevensey)登陆。这支军队大约有7 000人,其中包括大约2 000—3 000名封建骑士,拥有约600—700艘战船。军队中以诺曼人为主,也有一些来自大陆的曼恩、勃艮第、布列塔尼等地的封建主。

诺曼底军队的入侵,使英王哈罗德闻之震惊。他立即率领军队经过4天的昼夜行军赶回伦敦迎敌。在未经充分休整和西北部援军没有到达之前,哈罗德又仓促地率领军队前往苏塞克斯的黑斯廷斯(Haskings)附近的圣纳(Senla)山与诺曼军队决战。哈罗德的军队大多是没有经过严格训练的民团,使用的武器也比较落后,甚至有用石制的斧、刀来进行作战。而诺曼军队则使用铁制刀矛,并配有弓箭手掩护。当时的战况异常激烈,威廉公爵一度从战马上跌落,但诺曼军队显示了很大的战争优势。激战中,威廉命左翼诈败后退,哈罗德军立刻追杀上去,离开有利的高地,威廉率军发动反攻。经过一天的血战,诺曼军队彻底击败英军,英王哈罗德中箭身亡。黑斯廷斯一役的胜利,为威廉公爵的征服成功奠定了基础。

接着,诺曼军队向内地挺进,势如破竹,相继攻占多佛尔港和坎特伯雷,然后再沿着泰晤士河西上,先征服伦敦西北各地,最终迫使伦敦投降。此后,威廉又率领大军经过约5年的征战,先后平定了麦西亚和诺森伯里亚,将许多村庄摧毁。直至1071年攻克赫里沃德困守的伊利岛,才最终全面征服了英国。

"诺曼征服"以胜利告终,但要巩固诺曼的统治却并非易事。与英国人口相比,征服者数量极少,且与土著的盎格鲁-撒克逊人在语言和文化上存在诸多差异。在征服后,英人的零星反抗仍时有发生。而北方丹麦、挪威诸王亦觊觎英国王位。此外,不少诺曼征服者在大陆拥有庞大地产,经济利益使他们对诺曼底的政治更有兴趣。因此,如何抹去外来征服者的形象以树立起合法的国王权威,如何将强大的军事占领转化成牢固的政治统治秩序,也就成为威廉公爵所面临的重大问题。事实上,为达到这个目的,威廉自征服战争一开始,就在教、俗封建贵族的支持下,根据形势的需要,将旧英王权的政治遗产和诺曼底的统治方式加以调适与结合,着手构建强大的封建王权。

为了建立合法、神圣的统治权威,威廉完全继承了旧英王的"王权神授"的政治遗产。当征服战争尚在推进时,威廉就着手筹备即位英国国王。1066年圣诞节,他让约克大主教埃塞尔雷德(Ethelred)在西敏寺教堂为他按旧制涂油加冕。虽然典礼中使用的是诺曼底宗教节日中为公爵吟颂的连祷文,但在关键处作了删改。在征服前,因公爵系法国国王名义上的封臣,故其名在此连祷文中被置于法王之后,在颂及其名时音调也要降低,颂辞为:"健康和永久和平属于诺曼人的威廉公爵。"而在此时,文中反映的公爵对法王的臣属关系的内容被删除,不再提及法王,颂辞改为:"世界和胜利属于最尊贵的威廉——权力为上帝所授并带来和平的伟大国王。"[①]威廉加冕时佩戴的王冠与德皇奥托大帝的王冠类似,由一希腊人制作,呈拱形,缀有12颗珍珠。威廉旨在以涂油加冕典礼来向整个王国及他的部众表明,他从一个外来的军事征服转化成一个神命的政治主宰,从一个治于一隅并有封臣身份的公爵,转化成一个王国的权威国王。这一措施有力地树立了新兴诺曼王权的神圣地位,从此,威廉公爵就成为上帝授权的英王威廉一世。因此,史家认为这次典礼"是诺曼底和英国历史上的转折点",它表明英国的政治"发生了一次革命"。[②]

在神化王权的同时,威廉也强调他作为旧英王爱德华的继承者的"血缘权利",为其王位找到符合王室血统世袭的合法证据。在加冕典礼上他声称这种权利并许诺要继续爱德华的仁政、德政,不久他又在一份

---

① D. C. Douglas, *The Conqueror William*, p. 247.
② Ibid., p. 250.

敕令中称:"我,威廉,诺曼底之主,已通过世袭权利,成为统治英吉利祖宗之地的国王。"①通过对"王权神授"及王位世袭的政治遗产的继承和改造,诺曼国王的神圣政治权威逐渐确立起来。

鉴于教会在神化和维护王权上的重要功能,威廉对原来的盎格鲁-撒克逊教会进行彻底改组,重建效忠于王权的英国教会。

最初,威廉一世为争取教会的支持,仍留用旧英国的主教和修道院长。随着征服的拓展,从1070年起,他就开始进行旨在加强王权的宗教改革。为此,他大力推行高级神职人员的"诺曼化"政策,逐渐让诺曼人充任主教与修道院长。同时,他还任命诺曼底的修道院长兰弗兰克为坎特伯雷大主教,来协助他管理教会事务。此人无显赫的家世,为人十分忠诚,在推行英国教会"诺曼化"的过程中发挥了重要作用。据统计,至1087年,在整个英格兰的高级教职中,几乎将所有高级教职全部换上来自诺曼底的教士,只有1位主教与3名修道院长由土著的盎格鲁-撒克逊人担任。② 至他去世时,原英籍的高级教士只剩下沃切斯特主教沃尔夫斯坦(Wulfstan)及两名修道院长。比外,他还让兰弗兰克(Lanfranc)管辖约克大主教,以消除北方分裂主义者和入侵者在约克加冕的隐患。

为拉拢教会,威廉王还在城镇广建宏大教堂,让高级教士接受土地分封,获得丰厚田产,并让他们参与政务乃至执掌要政,成为国王的显要朝臣和官员。让主教在地方建立宗教法庭审理教案。同时,他对教会也严加控制,掌握了高级教职的任命及授职权,支配着教会的种种事务。通过这些措施,教会贵族成为封建贵族阶层和统治集团的重要组成部分,教会也就依附于诺曼王权,成为国王御用的政治工具。

王权在财政紧张的情况下,还在城镇兴建规模宏大的教堂,其中有1070年修建的巴特勒(Battle)大教堂,1071年建成的坎特伯雷的圣奥古斯丁大教堂,1070—1071年修建的坎特伯雷大教堂,1072—1073年建成

---

① D. C. Douglas, *The Conqueror William*, p. 251.

② Ibid., p. 320.

的林肯大教堂,1077 年建成的圣阿尔班教堂,1078 年建成的罗切斯特大教堂,1079 年建成的温切斯特大教堂等。① 由此,英国教会强化了对社会的控制功能,获得了进一步发展的良好条件。

为感谢教皇对此次征服的支持,威廉一世仍按旧制让坎特伯雷大主教去罗马接受白羊毛披肩,向教廷交纳彼得金年贡。然而,他并没有兑现当初给教皇的承诺按照克吕尼改革精神来改革英国教会,他对克吕尼运动的支持也只限于宗教道德革新的层面,重申禁止教士结婚、腐化,并牢固地控制了英国教会。这一举措很快引起了罗马教廷的愤怒。教皇格列高利七世(Pope Gregory Ⅶ)上台后,立即表示反对英王选任教职,要求英国的大主教定期赴罗马朝拜,进而在 1080 年派代表休伯特携函赴英,以威廉为获支持曾作过许诺为由,要英王向其效忠称臣。对所有这些要求,威廉王均予以拒绝。他在复函中反驳教皇的要求:"我未曾同意过效忠,现在也不会这样做。因我从未作此许诺,我也未发现我的先辈曾向你的前任效忠过。"②此后,威廉王加强了对教会的控制,作出严厉的规定:如没有王的批准,教皇的文件、代表不得入英,英国教士也不得赴罗马或其他地方参加教廷的宗教会议及有关活动。威廉王的强硬态度给教皇当头一棒,但因此时教廷正在与德意志皇帝展开激烈的"教职授予权"之争,只得暂时对英妥协,等待有利时机再采取行动。

基督教会神权以及血统世袭权利的庇护,对诺曼王权的奠立确有不可低估的政治意义,但仅仅依赖于此还难以从根本上确保封建王权的长治久安。事实上,早在征服战争之初,由于英人的抵抗和袭扰,连上帝的权威也难以消除征服者在异国所必然怀有的恐慌心理,这可从威廉加冕礼中的骚动事件中得窥一斑。据稍后的诺曼编年史家普瓦提埃的威廉记载,在威廉的涂油加冕典礼中,当所有出席者向新王欢呼以示认可和祝贺时,西敏寺教堂外的诺曼卫士竟神经质地误以为发生了暴乱,当即

---

① D. C. Douglas, *The Conqueror William*, pp. 324—325.

② D. C. Douglas, & G. W. Greenaway, ed. *English Historical Documents*, V. 2, London,1953, p. 647.

纵火焚烧四周房屋。诸多的典礼出席者纷纷夺门而逃,仅少数人留在威廉身边,威廉也吓得"剧烈发抖",直至秩序恢复正常。[①] 此事件后,随着征服的扩展,威廉在重要地区大建城堡以作军事据点,严加防范。

　　严酷的现实使威廉领悟到,要在英国建立强大的王权统治,需要将军事征服者们与土地占有紧密结合起来,为封建王权打下牢固的经济与政治基础。由此,威廉将死于战乱或流亡异地的大约四五千个旧英国贵族"塞恩"的领地收归国王所有,然后以诺曼底的封建制为模式在征服者中进行分配。接受封地的教、俗贵族就成为威廉王的总封臣或直接封臣,他们须向国王尽诸种封建义务,其中的主要一项,就是根据其封地面积的大小提供数量不等的骑士为国王服军役。为保证军源,这些总封臣大多将一部分封地分封给中等贵族,使之成为王之次级封臣(subtenants)。次级封臣一般须提供5—10名骑士,而骑士也从次级封臣那里有小块地产作为服役条件。次级封臣和骑士也须对其封君尽军役以外的各种封建义务。全国的总封臣约向王提供约5 000名骑士。这样,以威廉为封建宗主、以土地占有为基础、以封君封臣关系为纽带的封建等级制度形成。在此制度中,威廉王按照封建的习惯享有最高宗主的许多权力。除让封臣服军役外,还可向其征调封地继承金、协助金;如重要的大封臣死后无后嗣继承,可收回其地产;如封臣反叛不忠,可没收其土地,并以封建法对其审判,重者可处以残肢之刑;封臣死后如其继承人尚未成年,则可对其实施监护权,而监护期间其地产由国王掌管并获取全部收益等等。

　　威廉一世推行的诺曼封建制肇始于征服战争之中,是借助于强大军事权威和根据建立强大王权的政策取向而逐步推进、调整和完成的。因此,这种封建制是诺曼封建制在新的历史条件下的扩展,有利于国王加强集权。

　　首先,王室拥有的地产超过了任何教俗总封臣,王权由此而拥有了

---

① R. A. Brawn, *The Normans and The Norman Conquest*, p. 158.

强大的物质基础。根据英国史学家以当时的调查材料所作的统计和分析，其时全英土地年收入约为 7.3 万镑，其中王室约占 17％，约 1.26 万镑；主教区和宗教团体约占 26％，世俗贵族约占 54％。而当时收入最多的总封臣年收入也仅 2 500 镑，半数以上的总封臣年收入不到 100 磅。当时全国的耕地总面积中，约 1/5 多属于国王，约 1/4 多属于教会，约 1/2 多属于世俗贵族，还有一小部分属于支持威廉而继续享有其领地的英国旧贵族及自由农民。① 王室的地产之大是任何总封臣都望尘莫及的。此外，全国未开垦的荒山森林区亦归王室所有，禁止任何人到王家森林里去砍伐与狩猎，否则就要受罚。

　　其次，总封臣的封建大地产并不集中在一处，而是分散在各地，这有利于国王集权。在分封土地时，英王既不愿意使其封臣的领地过于庞大集中而形成不听命于王的独立王国，也不愿看到原英国领主过多、地产破碎而致王权孱弱的局面再现。因此，他将以前数千个旧领地合并为若干大地产，分封给以诺曼贵族为主体的总封臣，其中约有 180 多名总封臣的年收入在 100 镑以上。这 180 多名大贵族里，最显赫的 10 位占有所封领地总面积的一半，他们中有 5 位属王族成员。这些总封臣的领地虽然庞大，却分散于各地而未相连。其原因既与威廉的集权政策取向有关，也是土地分封与征服战争常同步进行的结果。每征服一地，就没收旧贵族土地进行分配，形成了大地产分散的面貌。如莫尔坦的罗伯特，其大地产散布于 20 个郡，切斯特伯爵休（Hugh）除伯爵领以外的封地，被分置于 19 个郡中，约有 20 个总封臣的领地分散在 10 个以上的郡里。而国王本人的许多大地产，也星罗棋布地间杂在各地封臣的大地产中。② 这种相互分割交错的地产占有格局，一方面，由于时间和距离的限制，既使封建贵族难以迅速积聚起对抗王权的政治和军事力量，难以在其所有的领地上实行有效的私家统治，也使他们能以较开阔的视野关注其在广

---

① R. Lennard, *Rural England*, *1086—1135*, Oxford, pp. 25 - 26.

② Ibid., p. 34.

泛地区的经济利益,由此而渴求王国社会秩序的稳定。这无疑有助于遏止封建主义的地方离心倾向。另一方面,为管理分散各地的封建地产,国王常派遣官员、管家奔赴各地。这对于扩大王权对地方的影响和渗透,扼制封建贵族政治和司法特权的扩张,也具有重要意义。

再次,作为封建宗主的国王拥有对各级封臣的直接支配权。在推行封建制的过程中,威廉显然意识到,那种将权利义务限定在直接的封君与封臣之间的封建原则,潜蕴着不利于国王集权的因素,与国王直接统治所有臣民的君权原则大相抵牾。为了弥合这一原则上的分歧,他于1086 年 8 月在索尔兹伯里召开誓忠会,要求所有等级的领主参加。大多数封建主到会,向威廉宣誓效忠。这样,在欧洲大陆通行的所谓"我的附庸的附庸不是我的附庸"的封君统辖封臣的原则,在英国却变成"我的附庸的附庸也是我的附庸"的原则了。"索尔兹伯里盟"的形式和语言都纯粹是封建的,但它所反映的却是君权至上的实际内容。当威廉在英国引入并确立诺曼式的封建制度时,这个誓约庄严地宣告,威廉既是所有居民的国王,又是可直接控制各级封臣的最高封君,任何人都必须服从其权威,"若反对国王就是违背了其誓约,就是叛逆者"①。事实上,在"索尔兹伯里盟"之前,威廉已经对各级封臣行使了国王对臣民的直接统治权,所谓的"末日审判"调查即是一例。据时人记载,为取得征调贡税、军役的准确依据,他于 1085 年在格洛斯特召开王廷会议,讨论如何统治英格兰。会后,他"派遣其臣属赴英国各郡,让其调查各郡有多少海德的土地,与国王本人在全国有多少土地和牲畜,国王在各郡一年有多少收入。他还要求登录下他的大主教有多少土地,他的主教、修道院长以及伯爵有多少土地。更详细地说,就是在英国占有土地的每个人都有什么以及各有多少,有多少土地以及牲畜,它们的市值如何。调查十分仔细,没有1 海德或一码(yard)土地、1 头牛或 1 头猪被遗漏或没人记录。这全部记

---

① S. Painter, *Rise of The Feudal Monarchies*, London, 1964, pp. 49 - 50.

录日后都交给了国王"①。此外,还调查每个庄园有多少农奴(维兰,villein)、依附农民(索克曼,sokeman)以及多少奴隶,乃至磨房、池塘、林地的数量等等。这一调查至 1086 年结束,所有各级封臣及自由人的土地财产、收入数额都受到了详细的核对与查证,并将调查结果载案入册,编纂成所谓的《末日审判书》。② 这一重大举措对英国封建王权来说具有经济与政治的双重重大意义。它既为英王支配全国的经济资源提供了参考依据,更巩固了英王直接控制各级封臣的最高宗主权,有史家认为,"它是为反对封建主义的分裂力量而采取的一种预防措施"。③ 这一重大措施与"索尔兹伯里盟"表明,威廉逐步将前英王的国家君权与诺曼公爵的封建宗主权结合起来,确立了对王国所有臣民的土地财产乃至人身的政治统治地位。

在军事征服、神化王权和推行封建制的过程中,威廉在诺曼封建贵族的支持下,对旧英王和诺曼公爵领的政治体制作调适与整合,逐步建立起封建王权的政治统治制度。

在中央,威廉王既是英国国王,又兼诺曼底公爵。他以其私家内府为核心组建了王廷,让王的宫廷生活管理中心兼作王国的政治中枢。在王的指导下,王廷要召开一种仍属谘议性质的王廷会议(Curia regis),规定教、俗封建贵族作为国王之封臣的身份出席,以讨论王国大政,进行决策。从有关记载看,一般说来,王廷会议的参加者除了国王、王后、王子以及内府的重要臣吏外,还有与国王关系密切的教、俗总封臣,这些总封臣的出席人数大约在 50—75 人之间。王廷会议每年召开 3 次,分别在圣诞节、复活节、圣灵降灵节期间举行,必要时则可随时举行。④ 与会者除呈建议外,还要署证国王在会上颁发的文书敕令,以示作证和支持。

---

① D. C. Douglas, & G. W. Greenaway, ed. *English Historical Documents*, V. 2, p. 161.

② 因为被调查者感到如基督教传说中的"末日审判"来临一样可怕,故名。又因为它被保存在温切斯特的王家国库里,也被称为"温切斯特书"。

③ W. Stubbs, *The Constitutional History of England*, vol. 1, Oxford, p. 290.

④ H. R. Loyn, *The Governance of Anglo-Saxon England*, London, 1984, p. 183.

此时,一些与会贵族因系国王之心腹,时常伴王廷巡游,国王与他们及内府臣仆常一起议决国政,作出决策,形成所谓的小会议。小会议实际上是国王的经常性的决策机构,国王同时常让小会议中的贵族督促地方的财政司法事务。与多少带有原始军事民主制遗风的旧英国的"御前会议"相比,此时的王廷会议几乎完全成了王的御用工具,大、小会议总是由国王最后裁决。不过,为争取封建贵族支持,国王不可能完全漠视他们的意见。此时尚无中央官僚政府机构,但为适应王国"跨海而治"的大形势,威廉在承袭旧制的基础上有所创新。

"摄政"一职系威廉一世首设。其时,国王仍沿袭旧俗,常率王廷跨海巡游,约有近一半的在位时间居住诺曼底,故特设摄政,让其在国王离英期间代表国王统治,主管司法、财政、军事等要政。出身王族的权贵奥多、坎特伯雷大主教兰弗兰克都先后就任这一要职。[1] 不过摄政系临时设置,国王返英后即取消。为处理国政,威廉仍起用国王之内府的私家臣仆为官,其一是中书令。在征服后的最初几年,国王之公文仍用英语撰写颁发,在 1069 年后,他才以拉丁语为官方语言。大约在 1068 年,他任命其宫中神父赫尔法斯特为中书令,负责文件草拟、盖玺和发布,以及对王之玉玺的保管。中书令有一些随员,也兼管一些财务,权力显要,被学者认为是"王国最高的行政官员"。此职设置对发布乃至贯彻王令作用甚大,例如,在 1086 年对全国的土地、财产进行大调查时,国王就将全国划分为 7 个区进行,而派往每区的 3 人中,至少有 1 名为中书令的随员,负责记录与核对数据,使之得以汇总成册,编成《末日审判书》。[2] 在财政上,威廉王仍沿用旧制,让内府中的御库管理,由宫室长和司宫等私臣兼作国家官吏负责财政收支事宜。不过,由于内府与王廷一起常年巡游,所征调的钱物及账本携带不便;而随着统治区域的扩大,威廉除继承旧王权的土地税(丹麦金)等征调外,还获得大量的领地收入、铸币收入、

---

① R. A. Brawn, *The Normans and The Norman Conquest*, p. 212.
② H. R. Loyn, *The Governance of Anglo-saxon England*, pp. 186,190.

司法罚金、封臣支助金等,收入大增,携带就更为困难。为此,王扩建了原英王的温切斯特国库,还修建了鲁昂、法来士等国库,以储存钱物账本,派人前往负责。

为确保封建王权的权威地位,威廉一世仍按照旧制,让王廷兼作王国的最高法庭来行使司法权。根据封建制的原则,王廷是所有王之封臣的最高封君法庭,作为封建宗主的威廉,有权审理其封臣的民事诉讼和案件。王廷在这方面显示了有力的司法权威,较为典型的例子是审理大主教兰弗兰克和肯特伯爵奥多之间的土地诉讼案。据有关资料记载,在威廉接到兰氏的上诉后,当即命令肯特郡法庭开庭审理,将该郡所有诺曼人和熟悉传统土地法律与习惯的英国人传唤到庭,并派人代表王主持审理①,结果让依仗王族出身的奥多将其所侵吞的地产归还给原告。另一方面,王廷也是整个王国的最高法庭。威廉一世吸收了旧英王有关"王之和平"的法治观念,将臣民的重大刑事案件乃至封臣的反叛要案,都划归为王的司法权范围,有的案件如奥多伯爵的"谋反"案由王在王廷中主持审理,有的则由王廷分遣法官到当地主持郡法庭审理。②

为加强王权对各地区的控制,威廉建立起较牢固的地方统治制度。对地方控制的一大举措就是重新设置伯爵领,对伯爵严加约束。基于旧英国伯爵以势干政的教训和诺曼底公爵驾驭伯爵的经验,威廉在征服后将幸存于战火的旧英伯爵予以废除,只保留娶国王之侄女的亨廷顿伯爵瓦尔瑟夫(Waltheof),不久又将诺森伯里亚归其领有,但在 1076 年瓦尔瑟夫伯爵反叛被处死后,旧的地区性伯爵至此完全消失。③ 同时,威廉又以诺曼公爵领的方式,在沿边重要地区分设伯爵镇守。例如,在沿威尔士边境一带,设了切斯特、什鲁斯伯里、赫里福德三伯爵领;为抵御丹麦人南侵,设诺福克伯爵领;为控制海峡之港口,设肯特和苏塞克斯两伯爵领。此外,设康沃尔伯爵领和保留原东盎格利亚与诺森伯里亚伯爵领亦

① D. C. Douglas, & G. W. Greenaway, ed. *English Historical Documents*, V. 1, p. 450.

② H. R. Loyn, *The Governance of Anglo-Saxon England*, p. 194.

③ F. Barlow, *The Norman Conquest and Beyond*, London, 1983, p. 160.

有同样的军事目的。①　此时的伯爵领地盘大大缩小,仅是原伯爵领辖区的一小部分,伯爵皆系国王的总封臣,故"一个伯爵领基本上是一个人的封地"②。伯爵是国王的封疆大吏,为国王负有卫国御敌的重任,不得参与其领以外的地方诸政务。为便于支配,威廉皆任命王族成员或心腹担任伯爵,如任命王族出身的诺曼底巴耶主教奥多任肯特伯爵,任命宫廷总管奥斯本(Osborn)为赫里福德伯爵。而对原诺曼公爵领的伯爵,包括在征服中战功卓著者,却不让他们在英继续担任伯爵。这样,征服前伯爵干预地方政务、扼制王权的局面基本上不复存在。不过,作为封疆重臣,伯爵可以参与王廷政务,且在其领地内大权在握,"拥有一个国王的所有权利"③,故对地方政治的影响不可能完全消失,有时也难免对抗王权。但由于威廉王的强权,伯爵始终难以张扬权势。

在地方行政上,威廉王仍袭设郡制,但根据诺曼公爵领任用子爵的经验,将郡守变成由国王任命和直接指挥的最高地方行政长官,让其不受伯爵制约而拥有诺曼底子爵那样的显要权力。这样,郡守的政治地位和权力远远超过征服前,成了"纯粹的王之官员"④。最初,一些归顺的旧英国郡守,如威尔特郡守、萨默塞特郡守等仍被留用,威廉王初期的一些政令,就是用英语向这些人颁布的。从1070年始,国王逐渐任命其总封臣为郡守,换掉留用之英人。郡守拥有本郡行政、财政、司法、军事诸大权,负责为王传达政令、征调钱物、征发民军、主持郡法庭审判、维持社会治安、守护王家堡垒等等,还要组织完成王廷临时下达的一些重要事务。在英国历史上,威廉一世及二世时期的郡守权力最大,他们在加强国王对地方的统治、遏制贵族封建离心倾向上作用重大。郡守都是忠于王权的朝廷命官,但他们本身是大封建主,不少人为扩展权益,利用职权或肆意掠夺,或损公肥私,其职位亦渐趋世袭。为巩固王的地方统治秩序,威

① F. M. Stenton, *The First Century of English Feudalism*, Oxford,1929, pp. 226 – 227.

② Ibid. , p. 227.

③ D. C. Douglas, *The Conqueror William*, p. 295.

④ R. A. Brawn, *The Normans and The Norman Conquest*, p. 214.

廉王亦严厉制止其不法行为。

　　征服后,原郡以下的百户区制仍然存在,但情况发生变化。随着土地分封,许多百户区渐落入封建领主私家之手,由此形成了两类百户区共存的局面,公家百户区由郡守直辖,派管家或属员主持行政、财政、司法诸事,而私家百户区则由领主派管家治理,但也要执行郡守颁布的政令,且郡守对区内的司法要案仍保有调查和裁决的权利。不过,随着封建制的推行,百户区原作为基层行政组织的重要性逐渐终止,其行政职能转移到各地的村中,村里行保甲式的十户制,各户互保守法,一人犯罪诸家受罚。村民须为国王和领主承提财政、司法、治安等方面的责任和义务。部分百户区的封建化,使领主通过其庄园法庭和百户区法庭对村民拥有很大的支配权,但威廉王力图通过郡守所保有的权利和派员巡查对其加以控制,如在1086年的"末日审判"调查中,王所派的官员深入各地,从由教士、管家和6个村民组成的誓证团(jury)那里,获得详细可靠的证据。①

---

① H. R. Loyn, *The Governance of Anglo-Saxon England*, p. 174.

# 第三章　封建王权的发展

1087年,威廉一世去世,由其次子鲁弗斯(Rufus)继承王位,是为威廉二世。在他统治期间(1087—1100年),由于大贵族的反叛与教会的抗争,国内政治剧烈动荡,王权统治秩序受到严重冲击。

鉴于长子罗伯特曾与法王勾结且屡有夺位之意,威廉一世在临终时选定次子鲁弗斯继承王位,并赠之以王冠、宝剑,函告坎特伯雷大主教兰弗兰克予以辅佐。对长子罗伯特,国王只让他继承公爵的爵位而坐镇诺曼底。这样,在"跨海而治"的英王国,就出现了两权对峙、政治分裂的局面,由此对王权与贵族的关系产生了极为严重的消极影响。当时,封建大贵族在英格兰和诺曼底两地都拥有大量地产和财富,按照封君封臣关系的习惯,继承其父领地和爵位的罗伯特公爵,自然成为他们须忠诚服务的主人;而按照君主制的原则,他们应当成为听命于国王的臣属。这样,骤然而降的英、诺分治局面,使国王不再可能享有大贵族专一不二的封建效忠。因此,当1088年罗伯特公爵向威廉二世争夺王位时,一些大贵族立即呼应而反叛国王。面对严峻挑战,威廉二世依靠效忠王室的教、俗大贵族与众多的中小贵族,武力平定了叛乱,击溃了罗伯特的海上进攻。事后,威廉二世采用"擢新弃旧"政策,不再让具有显赫家世和军功的诺曼元老大贵族担任朝臣和其他要职,转而起用王廷的内府吏仆和中小贵

族参与国政。这一政策引起大贵族的愤恨,终于酝酿出 1095 年贵族的
又一次反叛。这一批反叛者势单力孤,很快被镇压。1096 年,罗伯特伯
爵因参加十字军东征而急需费用,把诺曼底"典当"给了鲁弗斯。尽管如
此,政治动荡的根源并未消失。

这一时期,王权与教会的关系同样出现巨大裂痕。其时,建国初期
的不少高级教士纷纷谢世,威廉二世乘机按照封建处理封臣之遗产的方
式,肆意采用延长教职空缺期的手段来掠夺教会。据维塔利斯的《宗教
史》载,威廉二世根据摄政弗兰巴德(R. Flambard)的建议,每当主教、修
道院长一死,就立即派王廷官吏前往清点其财物,悉数收归国王所有;同
时,他还将该主教区或修道院所属的地产划归于王领,派心腹前去监管,
这些地产的收入除去教务花费外,全部交归王室。此时,教职空缺期一
般都在 3 年以上,使得教士们不仅难以从事日常的教务,而且大多一贫
如洗,度日维艰,有的修道院僧侣更是"缺吃少穿"①。据统计,在威廉二
世在位的 13 年中,先后遭此厄运的有坎特伯雷、索尔兹伯里、温切斯特、
达勒姆、林肯等主教区,还有圣·爱得蒙德、西米恩等 11 个富有的修道
院,其中坎特伯雷大主教区的教职空缺期延续了 5 年(1089—1093 年)之
久。② 教职长期空缺既使有关地区的教务难以正常进行,更使教会蒙受
巨大经济损失,激起了教会人士的强烈不满。与此同时,为了控制教会,
威廉二世还多让王廷的心腹充任主教,如 1090 年让御医约翰为巴思主
教,1099 年让摄政弗兰巴德为达勒姆主教,这些人在任上不理教务,谋
取私利,也引起教士阶层的不满。由此,教会与王权之间的冲突旋即
展开。

安瑟伦此前是大陆著名的伯克修道院院长,深受克吕尼精神熏陶,
对教廷权威极为推崇。他在 1093 年担任坎特伯雷大主教,开始谴责国

---

① O. Vitalis, *The Ecclesiastical History of Orderic Vitalis*, edited and translated by Chibnall,
M. Oxford,1975,v. 5.
② J. C. Dickinson, *An Eccelesiastical History of England in the Middle Ages*, V, 2.
pp. 134 - 135.

王掠夺教会的政策，并呼吁国王归还其没收的属于大主教区的地产，承认新任教皇乌尔班二世（Pope Urban Ⅱ），并按惯例让他前往罗马接受白羊毛披肩。威廉二世拒绝了安瑟伦的要求，而且还欲以不忠之罪对他进行审判。1097 年，安瑟伦不顾禁令，擅自前往罗马。临行前，他对坎特伯雷教区的教士发表讲话，声称其此行"可以推动教会今后的自由"，要教士们立即"为上帝而战，反对俗权压迫"。[1] 他走后，威廉二世将其教区的财产、封地一并罚没。其时，坎特伯雷大主教是英国教会的领袖，享有为王举行涂油加冕典礼的特权，也是王的显要朝臣，地位极高，系"王族之外的国王的第一臣民"[2]。因此，安瑟伦出走给王国政治造成了不小震荡。

威廉二世曾经是一名骁勇非凡的骑士，即位后不仅平定了贵族的数次反叛，而且一度以武力迫使苏格兰臣服，并曾经收复诺曼底，攻占曼恩北部地区，甚至力图攻占法国西南部的阿基坦。但他却是一个性格凶悍而暴烈的赳赳武夫，缺乏与教、俗贵族合作的统治经验。史载他终身未婚无嗣，更无正统的宗教信仰，曾被教会斥为"一个渎神的反叛者"[3]。因此，他在位的 13 年，政治动荡不已，君主集权体制的构建更无可能。据12 世纪初的史家、坎特伯雷的伊德默尔（Eadmer）在其《英吉利近世史》（*Historia Novorum in Angia*）中记载，威廉二世的王廷巡游时，常就地抢掠酒食，淫人妻女，肆意作歹。喝不完的酒就用来洗马腿或索性倒掉，弄得其所经各处一片狼藉，居民纷纷躲藏。据此有人认为，此时英国的"王廷仍是一个散漫和掠夺性的乌合之众组织"[4]。1100 年 8 月 2 日，在温切斯特的森林狩猎时，威廉二世被人用暗箭射杀。[5]

---

① H. Taylor, *The Medieval Mind*, London, 1925, V. 1, p. 275.

② Petit-Dutaillis, *Feudal Monarchy of England and France*, p. 11.

③ F. Barlow, *The Feudal Kingdom of England*, London, 1955, p. 148.

④ C. W. Hollister, *Monarchy, Magnates and Institutions in the Anglo-Norman World*, London, 1986, p. 225.

⑤ 射杀威廉二世的凶手一直未能查明。他在中箭落马时，最先赶来的是其弟亨利，且后者旋即赶回西敏寺即王位。亨利即位后，尚没有留下其追查凶手的记载，故被人怀疑此事系其所谋，但迄今仍没有史料对此证明。

　　威廉二世死后,其弟亨利继承王位,是为亨利一世。其时,诺曼底公爵罗伯特在法国君主的支持下,试图利用元老贵族与王权的对立情绪,跨海争夺英国王位。教会对王权仍然不满,双方的合作关系有待恢复。同时,随着社会经济的发展与封建等级制度的分化,王国的政务日趋复杂,英王再也不能依靠粗陋的传统政治体制来治理国家。

　　作为一位雄才大略、志向高远的君主,亨利一世勇于面对形势的严峻挑战。他精通权术,志向高远。他的政治抱负,不仅是要实现王国"跨海而治"的大一统理想,而且要改革先王旧制,确保封建王朝的长治久安。

　　1100 年 8 月 5 日,亨利一世在西敏寺举行涂油加冕典礼时,为笼络贵族,在其《加冕誓词》中宣称:革除威廉二世之弊政,"废除所有一直不公正地压迫英王国的邪恶习惯",恢复爱德华王和威廉一世的祖宗良法。同时,作了一些许诺:按照旧制对贵族征收"公正与合法"数额的封地继承金及其他税收,允许贵族的合理婚姻,保护教会财产①,等等。

　　这些承诺绝非权宜之计。亨利一世即位后,立即认真总结诺曼王朝以往的统治经验和教训,首先从巩固王权政治基础着手,实行"擢新保旧"、刚柔并济的统治方略。

　　一方面,亨利注重延揽和重用出身寒微、起于草莽、地位卑下但识文有术的"新人"。这类人员有的是国王内府中的卑贱仆役,有的是小土地所有者或骑士阶层中的贫寒者,当时的编年史家称他们为"起于尘土之人"。② 他们既无高贵血统可恃,也无庞大的家族利益可虑;既忠顺于国王,又有相当的文化及专长。由是,国王大力擢用他们为朝臣和各级官吏,赐予其土地财产,培植起一个既能与大贵族分权制衡,又能适应于构建政府官僚机构需要的新贵族阶层。新人朝臣的政治地位有日趋显赫的态势,到了亨利一世统治的中后期,其临朝次数与署证次数上升。从1126 年至 1135 年,他们平均约占临朝者总数的 24％多,在王令署证者

---

① D. C. Douglas, & G. W. Greenaway, ed., *English Historical Documents*, V. 2, p. 401.
② C. A. Newman, *The Anglo-Norman Nobility in the Reign of Henry* Ⅰ, p. 96.

中占 33%多。[1] 在"新人"朝臣中,拉尔夫·巴西特(Ralph Basset)、奥布里·得·维尔(Aubrey de Vere)、杰弗里·得·克林顿(Geoffrey de Clinton)等等,都是国王的宠臣,其在王廷中的权势炙手可热。

另一方面,亨利一世注重处理好与大贵族的关系。即位之初,拥护诺曼底公爵罗伯特的大贵族,在蒙哥马利伯爵(Earl Montgomerie)的率领下反叛,亨利一世以武力将其平定。1105 年,他又率大军渡海进攻诺曼底,在坦什布雷一役生擒罗伯特,恢复了王国"跨海而治"的大一统局面。不过,事后亨利一世并未对大贵族一概排斥,而仍对之重用和赏赐。不少原来具有显赫家世和军功的大贵族的后裔,此时又获得了朝臣身份。据统计,对现存的亨利一世文件的署证中,博蒙特家族者为 165 次,克莱尔家族者 55 次,切斯特-阿武兰齐斯-巴耶家族者 55 次,比哥德家族者 112 次。[2] 切斯特伯爵雷纳夫(Earl of Chester,Ranulf)、雷切斯特伯爵罗伯特(Robert,Earl of Leicester)、缪兰伯爵罗伯特(Robert,Earl of Mullan)、亨廷顿伯爵西蒙(Simon,Earl of Huntington)等都是当时有名的朝臣。此外,国王还常以各种形式对大贵族赏赐,包括大地产甚至是伯爵领。大贵族中的王族因其特殊地位而最受国王的重用和庇护。亨利一世的私生长子罗伯特封为格洛斯特伯爵,并使之成为拥有大量地产的显赫朝臣。国王还封赏大量地产给其外甥斯蒂芬,并安排他与布伦伯爵之女继承人结婚,使之一跃成为显赫的大贵族。

努力恢复与教会的合作则是亨利一世的另一重要统治方略。他即位时,因安瑟伦在外,只得由温切斯特、伦敦两主教代替安瑟伦为他施行涂油加冕典礼。为获教权支持、缓和教、俗权的冲突,亨利一世亲自函请安瑟伦回国。安瑟伦回国后,坚持要求国王放弃教职任命、授予权,但仍为亨利一世所拒绝。但为了缓解矛盾,他与教会在 1107 年达成协议:主教由本教区的教士团体牧师会(Chapter)选举,但选举须经国王同意并

---

[1] C. A. Newman, *The Anglo-Norman Nobility in the Reign of Henry Ⅰ*, p. 138.

[2] C. W. Hollister, *Monarchy, Magnates and Institutions in the Anglo-Norman World*, p. 138.

在王廷之小教堂中由国王亲自监督举行;国王放弃对新主教的指环和权杖的授予权,但主教在由教会行授职礼之前仍须向国王行效忠礼。[1] 这一协议是斗争双方妥协的产物,它为以后教、俗权在处理教职选任、授予问题上提供了基本准则。从表面上看,这一协议似乎很公正,王权在其中作了较大让步,好像都照顾到了教、俗权双方的权益和尊严。但在具体操作过程中,这有利于国王控制候选人的议定和选举场面。其次,有利于国王控制选举时间和地点。此外,国王虽不再拥有授职之权力,但新任教职者在就圣职之前仍要对王行封建的效忠礼,根据此礼,他们仍得服从国王的意志和权威,否则也将被国王按封建法予以惩处。由此可见,国王仍实际掌握对教会的统治权。难怪当时人针对此况说:"国王会少一些尊严,但王权却未受损失。"[2]其实,王权非但未受损失,反而利用其拥有的实际权力继续采取延长教职空缺期的方式来获取教会财富。不过,教会通过斗争毕竟获教职授予权,也得到"自由"选举教职的权利,一旦时机成熟,它就会将这种名义上的"自由"转化为现实。

在教、俗贵族的支持下,亨利一世推行一系列有力的改革措施,初步构建起国王集权的政治体制。

在中央,亨利一世着力于作为国家统治中心的王廷的改造。诺曼征服后,王廷以国王私家内府为核心,兼王国行政中枢,每年只召开3次会议处理军政要务,并保持着四处巡游的习惯。亨利一世即位后,打破旧制,不断举行"额外"的王廷会议。据史家统计,从1100年至1135年间,国王"额外"召开的王廷会议就达77次之多。这些会议多在伦敦(或西敏寺)举行,由此而减少了王廷巡游的次数。[3] 大约在1108年,他还对王廷中的内府进行改革,规定王廷出巡时内府不得随意强征和掠取,必须以固定价格采购王廷所需用品。不久王又建立内府官员的薪金制,使其国家公职的身份近一步凸显。由此,王廷的公共政治功能树立起来,诸

---

[1] J. C. Dickinson, *An Eccelesiastical History of England in the Middle Ages*, V. 2. p. 137.

[2] Ibid.

[3] J. A. Green, *The Government of England under Henry I*, Cambridge, 1986, p. 22.

多重大国政如法令制定、王位继承、税收征调、要案审理、弊政整顿、对外宣战等,都在王廷会议上议决。中央与地方的具体政务,也由王廷掌控。王廷成为囊括了国家立法、行政的统治中心。

为了有效地处理政务,亨利一世还正式设置宰相一职。诺曼征服后,英王在外出巡游时,总要临时任命教、俗大贵族摄政,主管财政、司法诸要务。1109 年,亨利一世任命索尔兹伯里主教罗吉尔(Roger)为大宰相(chief justiciar),使之成为一个固定职务。罗吉尔任相后,积极组建财政署制度,加强行政、司法事务管理,权势日重。国王返英时,他则以国王的名义颁布政令,并在令文上签名署证。时人称他为"最高权力拥有者"(summus in regno)、"位于王后者"(secundus a rege),处于"一人之下,万人之上"的尊贵地位。

随着王国具体政务的增多,王廷的秘撰工作逐渐繁重,原来负责公文草拟、盖玺等事宜的内府要臣中书令日显重要,其余一批较固定的吏属所组建的中书省日渐成型,并开始向国家机构嬗变。在亨利一世后半期,中书省除了有正、副中书令以外,其下还有文书长率 4 名文书负责公文的拟写。中书令位在宰相之下,统管中书省政务,监督文书的草拟和定稿,执管王之玉玺,为所颁文件加盖玉玺以示王的批准和验证,盖玺有时也由副中书令执行。包括宰相在内的王国各级官员,如果没有国王的加盖玉玺的令文,就不得处理某项政务。中书令也是王廷的重要朝臣,常年随王巡行,署证王令。受国王的指派,他还率领部分属员参加王国一年两次的财政署会议。一般而言,中书令等皆由教会人士担任。

亨利一世时,还尽力拓展王廷的财政收入,组建了王国的中央财政机构——财政署。

亨利一世还致力于加强司法集权。诺曼征服后,随着封建土地等级占有制的推行,土地占有权成为封建司法权的基础,而且"占有权也成为一个普遍适用的法律概念"①。从国王到各级封建贵族都需要建立封建

① A. Harding, *Law Courts of Medieval England*, Oxford, 1973, p. 33.

法庭来处理有关地产没收和土地争讼乃至下属违背封建义务等方面的问题,而求诉和出席封君法庭也是封臣的法律权利与义务。这样,作为对王国土地和各级封臣拥有直接支配权的封建宗主,英王理应掌握对各级教俗封建主的最高司法权。由此,王廷成为国王之总封臣乃至各级领主的最高封君法庭,重大的土地诉讼和背叛宗主的案件都归王廷审理。不过,由于领主私家法庭的纷纷建立,特别是由于兼理司法事务的王廷要处理繁多的军国要政且不断跨海巡游,次级封臣的讼案极少在王廷中审断,各级领主事实上行使着对其下属的封君司法权。这种情况,对国王司法权形成了一定程度的限制。此外,在审案方式上,诺曼王朝初期王国与封建主的法庭,除袭用英国的神判法外,还引入诺曼人的决斗法。前者以受审人对水、火惩罚的身体承受力来判断,后者则体现了以武力取胜的封建骑士精神。以这两种非理性的方式来断案,常便于教、俗贵族作伪或逃脱罪责,使诉讼难以得到公正审决。由此看来,打破封建司法权力结构及习惯的限制,削弱领主的司法特权,将各级封臣和所有自由人都有效地纳入王廷司法权的范围,就成了英王加强司法集权的唯一选择。

亨利一世时,尽力扩展王廷的司法权,扩大"王座之诉"的内容。这主要表现对危害"王之和平"与王室之特权的刑事罪案,界定更为明确,所施律条更多,惩处普遍严厉。王统治中期出现的《亨利王的法律》一文件,列举了大约 35 种罪行。它们大致可归纳为两类。一类为欺君犯上罪,包括谋反、不忠、蔑视王令、违背王法、诽谤国王、在王府中格斗、杀害国王之臣仆、疏忽国王之军役、不满王廷判决等等。另一类是危害王国公共秩序罪,如谋杀、纵火、抢劫、偷盗、伪造货币、窝藏罪犯和被革除教籍者等等。[①] 对这些罪行,轻者仍袭用原来的罚款、残身、监禁等惩罚,重者则处死刑。在此文件中,国王仍承认各种领主法庭对其下属的民事案件的审理权,却强调,"有诉讼知识的人,可拒绝其领主法庭的判决而向

---

① J. A. Green, *The Government of England under Henry I*, p. 102.

王廷求诉";"无人可以对国王之法庭的判决提出质疑"。① 按照此文件的律条,有的刑事案件也可包括教、俗贵族的土地争端等民事诉讼,因为不服从王令或王廷审决,也就构成"王座之诉"的案件。另一方面,亨利一世还继承与发展了前朝对罪犯的起诉方式。据《亨利王的法律》记载,当时实行的起诉方式有三类。一是个人的起诉。二是集体的控告,因为地方组织对治安负有责任,如百户区要缉拿任何杀害诺曼人的凶手,或交纳有关凶杀案的司法罚金。三是官方起诉,规定凡是个人与地方组织控告不力的就由国王之官员起诉。通过多样化的起诉,国王的司法权威得到进一步加强。

为了加强对地方的司法控制,亨利一世还创建巡回法庭。这一王廷派出的司法权力机构,在罗吉尔当政时较普遍推行。从 1125 年至 1130 年,巡回法庭的法官巡访各地,所巡郡数多寡不一。这些法官大多以王的宠信朝臣兼任,有的应是财政署法庭的代表,他们除审理地方刑事要案、收取司法罚金外,也裁决土地争讼,调查郡守和贵族的不法行为。而且,此时的巡回办案制度还不完善,既无固定巡回周期,也无固定的巡回区域,法官也不都是专职人员,多系国王临时差遣的宠臣。巡回法庭此时尚未成为定型的司法机构,但它的出现有助于拓展国王的司法权威,更促进了王国司法制度的建立。

对地方郡政的整顿,也是亨利一世政治集权的一项重大举措。他在遏制郡守之权力的同时,废除了郡守职位的世袭制,实行中央任免制,开始将郡政纳入王权牢固支配的权力轨道。即位之初,亨利一世挟平定贵族反叛之余威,将郡守任命权收归王廷,起用身世寒微、忠诚有才的"新人"出任郡守。同时他还打破一守一郡制的旧制,全面推行一守多郡制。到了 1110 年,不少"新人"已成数郡之守。另据统计,在 1100 年,约有 12 个郡守通过世袭制而获得此职位,但到了 1123 年,就只有 3 位世袭郡守

---

① D. C. Douglas, & G. W. Greenaway, ed. *English Historical Documents*, V. 2, p. 461.

在职了。① 这些新郡守大多是王的朝臣,不少人还是王廷内府的司宫、警卫长、司赈吏等官员。"新人"本是王之心腹,且又无显赫的家族背景,任命他们为郡守,有利于王权控制。这样,郡政在很大程度上就从地方大贵族那里转移到王的宠臣手中,郡守职务"封建化"的倾向基本受到遏止,国王对地方的政治集权得以加强。

通过亨利一世一系列的努力,国王的政治权威初步树立,土著的盎格鲁-撒克逊人也对之逐渐认同。在三十多年中,英王国大体处于稳定和平的局面,并有效地实现王国的"跨海而治"。

亨利一世后期,王国内部的各种矛盾日益显露。由于不时袭用"教职空缺"的手段来占有教产,教会多有不满情绪。宰相罗吉尔专权,引起了国王的不满,因而采取措施将其剪灭。

又由于推行一守多郡制,郡守权力更大,常自恃其朝臣或内府官员的地位,滥用职权,谋求私利,社会颇为不满。此外,王位继承人的选择,也引发贵族朝臣的指责。亨利一世合法婚姻所生子女只有两人,但因王子 1120 年遇海难身亡,他只得在 1127 年举行王廷会议,立女儿玛蒂尔达(Matilda)为王储,引起了一些贵族的不满。这是因为玛蒂尔达脾气暴躁,原是德皇亨利五世的遗孀,后又与安茹伯爵之子杰弗里(Geoffrey)成婚,很少回国,未能与贵族建立密切联系。鉴于此况,亨利一世转而属意其外甥——布伦伯爵斯蒂芬。斯蒂芬的母亲阿德拉(Adela)是征服者威廉的幼女,也是亨利一世之妹,具有王室血统。斯蒂芬一向都忠诚于亨利一世,深得其舅父的宠爱。为了培植斯蒂芬的势力,亨利一世晚年对其大行土地分封,使得斯蒂芬成为王国排名第二的大封建主,其地产广布于 20 个郡,权势日显。

1135 年 12 月 1 日,亨利一世去世,斯蒂芬迅速渡海抵达英国,在王国宰相罗吉尔等大贵族的鼎力相助下,加冕继位为王(King Stephen,1135—1154 年)。但亨利一世的私生子格洛斯特伯爵罗伯特(Robert)等

---

① C. A. Newman, *The Anglo-Norman Nobility in the Reign of Henry I*, p. 101.

公然兴兵反叛,苏格兰人也向南侵略。具有王储身份的马蒂尔达乘机窥探王位,并于 1138 年纠集势力渡海至英争夺王位,一场空前的封建大内战爆发。

以格洛斯特伯爵罗伯特为首的"安茹派"及其所属的威尔士雇佣军,是马蒂尔达势力的中坚,来势凶猛。而在内战中,一些大贵族则趁机向争战双方讨价还价,索权求地,导致伯爵领数量激增。[①] 由此,王军在内战初期接连失利,玛蒂尔达在伦敦宣布自己为王国的"第一夫人"而统治国家。1142 年,"安茹派"在林肯战役大败王军,俘斯蒂芬。不过,因基督教"王权神授"的原则,斯蒂芬王的神命君主的地位无人可以取代,此外,不少贵族希望结束内战,重建封建秩序,因此林肯战役后不久,在王后和伊普雷斯的威廉率王军反攻和伦敦市民抗击下,"安茹派"失利,被迫释放国王,玛蒂尔达逃出伦敦。随着战争形势向有利于王军的方向转化,大多数贵族逐渐改变观望态度,开始积极支持王权,推动国王对"安茹派"战争的不断取胜。1147 年,"安茹派"首领罗伯特伯爵死去,玛蒂尔达被迫离开英国。两年后,安茹军队再度侵英亦遭惨败。

斯蒂芬王虽然保住了王位,但王权统治机构运转困难,君主大一统的政治格局实际上土崩瓦解。不少大贵族的"天然"的封建政治离心倾向暴露无遗。他们拓展地盘,在其领地中擅专权力,独霸一方。各地私家城堡更与日俱增,内战期间新增私人城堡 300 多座。在一定程度上和相当多的地区,出现了封建政治割据的混乱状态。此外,由于战乱的冲击,许多地区田园荒芜,罕有人迹,社会经济遭受空前的摧残。

在中央王权孱弱无力的状况下,面对社会混乱和经济萧条局面,也有不少贵族希望结束动荡战乱,重建稳固的封建统治秩序。由此,大贵

---

① 在斯蒂芬王 1135 年 12 月即位时,英国的伯爵领只有 8 个,它们是:切斯特、萨里、白金汉、沃里克、雷切斯特、北安普敦、亨廷顿、格洛斯特。而至 1154 年内战结束时,则增至 22 个,其中有 9 个系斯蒂芬王所设,它们是:德比、约克、彭布洛克、埃塞克斯、林肯、诺福克、阿伦德尔、赫特福德、沃切斯特。有 5 个则为玛蒂尔达所创,它们是:康沃尔、德文、赫里福德、牛津、索尔兹伯里。参见:F. M. Stenton, *The First Century of English Feudalism*, pp. 85 - 86.

族之间的弃仇修好乃至政治结盟活动相继出现。内战后期，切斯特伯爵雷纳夫和雷切斯特伯爵罗伯特在林肯主教主持下达成的和平与互保条约。① 该约旨在消除相互间的敌对战争状态和扩张势力范围的行径，以便有效地遏制其他势力对双方的进逼，恢复和巩固各辖区域的封建统治秩序。为此，该约对双方及其下属的种种行为和义务作了较详细的明确规定，如双方在效忠封君时必须互守忠诚，以尽量减少由于履行封建义务而给对方造成的侵害；相互保护和支援等等。在中央王权的政治权威严重受挫的情况下，这个封建私家盟约的出现，对于结束封建分裂混战的局面，实现大贵族区域性的政治统一，并由此为王权最高政治权威的恢复和重建，具有重要意义。

1153 年 1 月，玛蒂尔达之子——安茹伯爵亨利凭借其强大的军事实力再度率军来到英国，斯蒂芬王采取怀柔政策，收亨利为义子。1154 年，斯蒂芬王去世，因其无后嗣，内战双方签订《温切斯特和约》，诺曼王朝终结，由具有王室血统的亨利继承王位，建立了安茹王朝，是为亨利二世（Henty Ⅱ）。据说亨利二世的父亲安茹伯爵杰弗里经常在帽子上饰以金雀花枝，故又称"金雀花王朝"。

亨利二世统治时期，通过继承、联姻等，将其统治版图空前扩大，除了不列颠的领土外，在大陆还拥有诺曼底、安茹、曼恩、布列塔尼、阿基坦、波瓦图与加斯科尼等，形成了一个北抵北海、南达比利牛斯山的所谓"安茹帝国"。为了消除斯蒂芬王时期内战导致的混乱割据，重建封建王权的统治权威，有效地实现"跨海而治"，亨利二世推行一系列的政治集权措施。

在亨利二世统治期间，他继承了其外祖父对贵族的"擢新保旧"的政策，辅之以"宽猛相济"的手段，实现了封建王权与世俗贵族的全面政治合作。即位后不久，他即派员在各地调查，并将内战中被贵族侵蚀的王

---

① 此协定的签署日期难以精确断定，应在 1148 年 12 月 19 日林肯主教就职和 1153 年 12 月 16 日雷纳夫伯爵去世这一期间的某日。

家地产与特权收归王室，并摧毁贵族私自建立的城堡。同时，他让贵族"复故爵田宅"，对此前内战中的所有伯爵爵位与伯爵领及其特权，一概暂予保留，让中小贵族继续享有其旧宅故地。随着政治集权的展开，亨利二世仍旧注重依赖大贵族特别是王族治政，让他们充任显耀朝臣。例如，在1164年颁布的《克拉伦敦宪章》上署证的，有包括雷切斯特伯爵罗伯特、康沃尔伯爵雷金纳德在内的9名伯爵，还有2人出身于比哥德、沃伦大贵族家族，约占此文件署证者23人中的40％。在1177年伦敦的王廷会议上颁布的《卡斯提尔-那瓦尔敕令》上署证的15人中，伯爵占了7名，还有1名伯爵之子。1185年在西敏寺颁布的《巴特利牧师会员土地恩准令》上署证的6人之中，就有4名伯爵。大贵族朝臣对王国政务的广泛参与，对国王的政治决策发挥了重要作用，以至于有史家认为，"亨利二世对他们的依赖远远超过了国王应从封臣那里得到的习惯性的建议和咨询"。[1] 此外，一些大贵族还担任高官要职，切斯特伯爵罗伯特就被任命为宰相，一些大贵族还担任司宫、法官、使节、郡守、城堡要塞镇守、监守、将军、使节等要职。但另一方面，亨利二世也对大贵族严加防范和扼制。即位之初，他虽让斯蒂芬王时期的伯爵保有爵位、领地并加以擢用，却又采取措施摧毁其私家修建的城堡，不准其继续把持郡政和扩展领地。随着王权的不断巩固，亨利二世渐次剥夺一些大贵族在其领地中的司法和税收特权，而且尽力以自然减员的和平方式来削减伯爵领。王即位后不久，就从苏格兰人那里收回其占的诺森伯兰德伯爵领，但从此不新设伯爵，在伯爵死后，不准人继承而使其领消亡。这样一来，伯爵领数量不断下降，在1154年有24个，1169年减至16个，到王统治末期，则只剩下12个。同时，他还采取强硬措施，剥夺了少数反叛王权的伯爵的封地和朝臣的身份。由此在其统治后期，伯爵在王廷中的政治影响日益式微。[2]

---

[1] T. K. Keefe, *Feudal Assessments and the Political Community under Henry II and His Sons*, University of California Press, 1983, p. 105.

[2] W. L. Warren, *Henry II*, London, 1983, pp. 365, 384.

在政治集权过程中,亨利二世更是大力培植和提拔"新人",对次级封臣和骑士等中小贵族与王廷内府中的私家臣仆予以重用。由此,一部分"新人"一跃而成为新兴权贵,或为王廷之朝臣,或为财政署之要员,或为中央法庭之法官,或为地方之郡守。有的甚至成为"出将入相"的显赫大臣,操持国之权柄,如骑士家庭出身的理查德·德·卢西(Richard de Lucy)和格兰维尔(Glanville)都受到重用,官至宰相。

由于与世俗贵族实现了全面的政治合作,亨利二世能够采取一系列构建集权制度的措施。在中央,他不仅扩大王廷会议的政治功能,而且让其中的重要朝臣与自己一起议决诸多重要的军政要务,由此而形成了王廷的"小会议"或御前会议,使之实际上成为国王统领下的王国政务首脑机关和国王的御用工具。吸取前朝宰相罗吉尔专权的教训,亨利二世在置相的同时还"分相权",任命两位宰相辅政。1168 年大贵族出身的宰相罗伯特死后,政局已稳,国王遂以小贵族出身的卢西独揽相权。但在 1178 年,因深忌相权显赫,亨利二世又迫使卢西离职而退隐修道院。在让相位空缺两年后,他才让格兰维尔担任宰相。同时,亨利二世还扩充中书省的规模,使财政署的运作制度化。鉴于征召骑士服役的某些限制,亨利二世从 1159 年开始对封臣征收"盾牌钱"以代替其军役,用以招募雇佣军。同时,还不断强化地方民团,1181 年,颁布著名的《武器装备法令》,规定所有臣民都要配备武器装备,听从国王命令服军役。① 由此,国王不再单纯地依赖贵族封臣服役,王国的军事力量大大加强。

为了加强财政控制,亨利二世即位后,借鉴以往的经验,将财政署发展成为定型的国家机关,不仅让署中官吏日趋专职化,而且使之有了较为严密的制度,较为固定地在伦敦西敏寺办公。财政署的运作,保障了王廷的财政需要。

为克服内战导致的封建离心倾向,亨利二世还大力整顿地方郡政。即位之初,亨利二世即罢黜了内战时期的郡守,废郡守世袭制,行任免

① D. C. Douglas,& G. W. Greenaway, ed. *English Historical Documents*,V. 2,pp. 416 - 417.

制,并恢复一守一郡制,选地方中小贵族充任郡守。此时的郡守在为王权主理地方郡政上业绩不少,但其滥用职权、敲剥一方的劣迹仍时有显现,特别是在 1166 年王去大陆以后,情况尤为严重。为整顿郡政,王在 1170 年春返英后即颁布《调查郡守令》,组团分赴各地彻底调查郡守之败政。通过此次调查,大多数郡守因其败政而被国王罢免。这次调查对郡守任职制度的改革作用重大,被认为"是郡守职位史上的一个转折点"[1]。此后,郡守一般由国王在王廷大臣和内府吏员中直接选派,并可兼数郡之职,任期逐渐缩短,调换更为频繁。由于实行中央任免并由王廷官员短期任职和不断换位的制度,地方贵族世袭垄断郡守要职的趋向基本上被遏止,郡守结党营私、擅专大权的现象逐渐消失,郡政处于王权的牢固支配之下。

为了削弱封建领主和教会的司法特权,拓展国王的公共司法权威,从 1163 年开始,亨利二世致力于司法改革。1164 年,他通过王廷会议制定《克拉伦敦宪章》,规定犯罪教士也要经王廷审理,并由王廷实施惩罚。他还于 1166 年颁布了《克拉伦敦敕令》、1176 年颁布了《北安普敦敕令》,将杀人、纵火、抢劫、盗窃及窝藏罪犯等原属"王座之诉"的刑事案件均收归王廷审理,任何城堡、市镇等都不得阻止郡守前往领主的法庭或领地中调查案件和逮捕刑事罪犯。亨利二世的"王座之诉"的重刑律条,更加突出国王的神圣尊严,明确列入"弑君罪"和煽动军队反叛罪等,凡犯者皆处残身或死刑。[2] 1179 年的《大敕令》更明确规定,任何自由人,只要交纳一定费用就可以获准将自己的案件从领主法庭转到王家法庭审理,或直接向王家法庭申诉。由此,在亨利二世时期,整个王国通行由御前会议制定、王家法庭颁布的法律,国王任命的巡回法官在奔赴各地办案时开始按照此法律执行新的法令来审判,此即是英国独有的普通法的起

① D. C. Douglas, & G. W. Greenaway, ed. *English Historical Documents*, V. 2, pp. 439 - 440.
② M. T. Clanchy, *From Memory to Written Record England 1066—1307*, London, 1979, p. 344.

源。因此,亨利二世颁布的"法律令文"被看做是"普通法的一个里程碑"①,他也被视为英国普通法(习惯法)的奠基者。

为增加王廷审判案件的可靠程度,防止地方封建领主和郡守作伪,亨利二世还改革司法程序,正式建立陪审制。《克拉伦敦敕令》规定,每百户区选派守法之人 12 名,与各村选派的 4 名良民组成陪审团,向国王的法官揭发本地刑事罪犯,提供司法证词,然后再对人犯行神判法,被证明有罪者即处以残身后放逐。这比单纯依靠神判法合理有效,有力地保证了王廷司法权的实施。在民事诉讼上,则全面推行法律令文诉讼制,主要解决地产争端。亨利二世先后颁布 5 个有关敕令,其中以 1179 年的《大敕令》最为重要。根据此制,土地争讼不再使用野蛮的决斗法来裁决,而由熟悉情况的 12 名证人到庭陪审作证来裁决。更重要的是,诉讼者都可向王廷申请一份法律令文,以求案件公正解决。而在感到判决不公时,更可以直接求诉于国王的法庭。这样,王国的土地案件普遍地收归王廷审决。

强化司法机构则是亨利二世司法改革的又一重要举措。为了处理大量的地方案件,亨利二世即位后即恢复与扩建巡回法庭,尽力使王室法官的巡回办案制度化。1175 年,他又将王国分为东、北、西、南 4 大片区,分遣巡回法官各自督查 1 区。1176 年,则再将全国划分为 6 个巡回区,派遣 18 名法官分巡各区。1179 年,亨利二世又将全国划为 4 个巡回区,分派 21 名法官前往巡查。至于部分国土的巡回,从 1176 年开始就几乎未中断过。此时,巡回法庭有了较正规的司法程序。在法官出巡前数星期,即发布法律令文给郡守,令其做好准备,如提供有关案件的人犯和罪证,按时在郡法庭召集本郡贵族、骑士和自由人,组织陪审人员等等。由此,巡回法庭工作成效明显提高。

随着"王座之诉"法理的形成和王廷司法权的扩展,各种求诉王廷的案件不断增多,单凭巡回法庭已难以对之及时处理,众多的诉讼急需移

---

① E. Jenks, *Law and Politics in the Middle Ages*, London,1919, p.41.

交给一个固定的法庭裁决。这样就提出建立常设中央法庭的紧迫问题。因此,在1178年,亨利二世从内府中挑选2名教士和3名俗人,组成永久性法庭,固定在西敏寺代表王廷听讼办案,但特别重大的司法案件仍归王廷审理。这个常设5人法庭似为主要负责审理民事案件的王国普通诉讼法庭的开端。1179年,亨利二世又设立一个中央法庭常年在西敏寺办案,通常由宰相、国库长和数位主教组成,并不断临时增补一些法官,有时补达12名之多,主要审理"王座之诉"的重大案件。这个法庭应是英国王座法庭的肇始。西敏寺的诸中央法庭此时尚未完全定型和健全。诸法庭中的不少人员仍是王廷御前会议成员,还远不是专职化的法官。只有到13世纪中后期,诸法庭才真正与王廷分离,诸法庭之间的相互独立及人员的专职化才完全实现。尽管如此,国王毕竟在西敏寺有了较固定的中央法庭,它们的活动不久又因司法档案的建立而日渐规范和频繁。这样,国王最高司法权威的实施就开始有了制度保证。

通过一系列措施,亨利二世比较成功地实现了君主的政治集权,推动了封建王权的进一步发展。然而,亨利二世不可能彻底化解固有的社会矛盾。在他统治时期,王权与教、俗贵族的纷争乃至激烈冲突时常显现。

在斯蒂芬王统治时期,罗马教廷对英国的干涉逐渐增加,英国教会却乘此时封建内战削弱王权的良机,自主"选举"教职,进而寻求教廷庇护,扩展教会司法权。亨利二世即位后力图改变这一状况。1163年10月,亨利二世要将犯罪教士收审于王廷,遭到坎特伯雷大主教托马斯·贝克特(Thomas Becket)的坚决反对,教、俗司法权之争一触即发。1064年2月,亨利二世召集教、俗贵族出席王廷会议,通过了著名的《克拉伦敦宪章》,规定:有关圣职荐选(Advowson)和教会庇护权利的争诉,皆收归国王法庭审理;教士若犯有属于"王座之诉"的罪行,也要先由国王法庭传唤其到庭受审;没有王的同意,任何教士不得出国;任何教职空缺的主教区或修道院的土地收入,都必须收归国王所有;恢复1107年的协议规定,教职选举应按国王之令在王廷小教堂中举行,获选者在接受圣职之前应向王行臣服效忠礼,等等。接着,亨利二世又于是年10月召开北安普敦会议,要将贝克特作为叛逆封臣来审判。贝克特寻机逃离,奔赴法国,继续对抗王权。在教皇与法国君主的压力下,亨利二世被迫让贝克特回国。返英后,贝克特仍鼓吹教会自由,由此而进一步触怒了国王,被国王之内府骑士杀害。贝克特之死在国内引起强烈反响,面对重重压力,亨利二世被迫于1172年在诺曼底的奥维兰齐斯(Avranches)与教皇使节达成协定:英王废除他即位后损害教会的诸种政策,归还贝克特死后其所没收的坎特伯雷主教区之财产。不过,尽管亨利二世对教会作了较大让步,但仍保有对教会实施其政治权威的充分余地。

亨利二世统治时期,虽然对世俗贵族严予控制,但仍然有贵族的反叛事件出现,这集中体现在王子争夺王位上。亨利二世的王后埃莉诺(Eleanor)为其生了亨利、理查德、杰弗里、约翰等四个儿子。1173年,受王后怂恿和法王路易七世(Louis Ⅶ,1137—1180年)的支持,这些王子在诺曼底兴师反叛,得到一些贵族的支持。从1183年开始,诸子之间又开始王位之争,其中的理查德还与新任法王腓力二世结盟。年老多病的亨利二世无力扭转局面,最后战败,在羞辱痛苦中去世。

亨利二世去世后,理查德一世(Richard Ⅰ,1189—1199年)即位。他性情凶猛,在十字军东征期间多有战功,又被称为"狮心理查德"(Richard the Lionheart)。在其统治时期,理查德一世让其教、俗朝臣维持国内政务,自己却在1190—1194年间率军参与第三次十字军东征。1192年12月,理查德一世为处理内乱而回国,在途中被德国君主扣为人质监禁,后由部下回国筹集大量赎金赎回。1194年回国后,他平定了其弟约翰争夺王位的反叛,接着又返回大陆同法王腓力二世(Philip Ⅱ,1180—1223年)争战,收回在其被囚禁期间为法王抢占的领土。1199年,理查德在率军进攻诺曼底的一个城堡时中箭身亡。他死后,王族内部再次爆发争夺王位的战争,其弟约翰角逐成功,于1199年5月加冕为王。

约翰王(King John,1199—1216年)统治时期,在经济社会变动和

英、法的领土战争剧烈的背景下,国王与世俗贵族、教会的矛盾冲突日趋
显现和激化,最终酿成英国封建王权严重的统治危机,促成了《大宪章》
这一重要文件的出现。

　　在 12、13 世纪之交,随着社会经济的发展,英国的羊毛、粮食等商品
出口的激增和白银大量输入,英国历史上有记录的第一次通货膨胀出
现,进而导致了王室实际收入的锐减和费用支出的剧增。① 另一方面,约
翰王统治时期"几乎是一个不断战争的时代"②,主要是与法国著名君主
腓力二世争夺在大陆的领地。此外,为使苏格兰、爱尔兰、威尔士等地真
正臣服,约翰王也曾率军前往征讨。当时,英王军队中雇佣军数量比重较
大,加之物价上涨和军事技术装备的进步,军费开支迅速增加。

　　在上述背景下,为了维持王室的奢侈生活,要支付诸多官吏的薪金
和庞大的军费,约翰王充分利用亨利二世构建起来的君主集权体制,打
破以往的封建习惯和约定,对贵族、教会乃至城市进行超常规的经济攫
取。这一时期的盾牌钱征收较繁重。从前述可见,亨利二世和理查德王
在 45 年中共征了 11 次,一般为每骑士领 1 马克或 1 镑。而约翰王在 16
年中亦征收 11 次,其中仅两次按以前标准收,其余则按每骑士领 2.5 马
克或 3 马克或 2 镑起调。③ 有人计算出约翰王所征调的盾牌钱的年平均
数额为 4 318 镑,超过了亨利二世与理查德一世时年平均数额的总和,约
占国王年均收入的 10%④,大大超过了当时王室约 2 万余镑的年收入。

---

① 据史家估算,与 12 世纪 60 年代相比,在 13 世纪的最初 10 年中,牛的价格上涨了 118%,羊
　的价格上涨了 132%,小麦的价格则上涨了 264%。从当时王室在市场上的购物价格看,实际
　涨幅还要高些。例如,买一头牛的价钱,在《末日审判书》编撰时为 24—30 便士之间,而在 12
　世纪六七十年代则很少超过 3 先令,在 1198 年为 3 先令,而在 1200 年为 5 先令 11 便士,到
　1204 年则高达 9 先令。而一只羊的价格在 1193 年为 5 便士,到 1204 年则涨至 1 先令 1 便士
　多;一夸特(quarter)小麦在 1170—1180 年间大约要值 2 先令,到了 1200—1210 年间则涨至
　近 6 先令。其他的谷物如燕麦、大麦等,其价格都有相当幅度的上涨。参见:E. Miller & J.
　Hatcher, *Medieval England: Rural Society and Economic Changes 1086—1348*, London,
　1980, p. 66.

② C. W. S. Barrow, *Feudal Britain*, London, 1983, p. 99.

③ Ibid. , p. 197.

④ J. H. Ramsay, *History of the Revenue of the Kings of England*, Oxford, 1925, p. 227.

约翰王还超过原有惯例征取高额的封地继承金,利用其封君的婚姻干涉权,榨取再嫁的贵族遗孀。在其繁重征调和榨取下,贵族负债成为这一时期明显的社会现象。不少贵族为还王债,只得向王控制的犹太人或主教借高利贷,由此而雪上加霜,债台高筑;有的则因此而倾家荡产,甚至将债务传及后代。由此,贵族的不满情绪持续高涨。

约翰王还广开财源,对整个社会进行经济榨取。出卖王家森林开垦权,变相出卖郡守职位,用"宫市"的形式低价强购宫廷用品,对犹太人的敲剥,都是约翰王敛财的手段。强制征调动产税更是王之重要财源。最重要的一次是在 1207 年,征收率为动产与收入的 1/13,共得巨款约 6 万马克,[①]从 1202—1207 年,约翰王还发明征收所有进出口货物的商税,按价值之 1/15 征收。这些措施,也激起了贵族和市民乃至教会的强烈反对。

约翰王还将滥征重调的政策直接指向教会,1207 年春,约翰王在伦敦两次开会,要征调牧师和有封地之教士的部分收入充公。不久,王又要教士比照俗人交其动产及收入的 1/13 以资助王室。此外,他还趁高级教职空缺之机,不顾教会反对而大肆掠取教会财产及土地收入。在1207 年,坎特伯雷主教区的年收入已达 1 492 镑 10 先令,在此后 6 年的教职空缺期中,教区收入悉为王有。其他不少教区、修道院亦难逃厄运,尤以养羊与羊毛致富的西妥派修道院被搜括甚多。据史家不完全的估计,仅载于王室账本上的源于教会的收入,在 1209 年为 400 镑,在 1210年增至 3 700 镑,1211 年则猛增至 2.4 万镑。据统计,1207—1213 年的 6年中,王室从教会获得的收入总计约为 10 万镑。[②]

由于经历了王位之争而又面临紧迫军事形势和财政困境,约翰王不仅十分专断,而且显得偏执、暴虐。1204 年他在大陆对法国战争失败后,失去了诺曼底、安茹、曼恩、都兰、普瓦都,政治形象大为受损,在国内背

---

① S. Painter, Painter, S. *The Reign of King John*, Hopkings,1949, p. 135.
② F. Barlow, *The Feudal Kingdom of England*, London,1955, p. 392.

上了"软剑""失地王"的辱名,由此而肆意猜忌和排斥贵族大臣,独断国政,委任亲信把持朝廷,甚至委任雇佣军首领为地方郡守。对于不满的臣民,他动辄以扣押人质、罚没地产甚至是酷刑来予以惩罚。

在社会矛盾日益尖锐的情况下,约翰王并没有采取化解国内冲突的措施。相反,却仍旧醉心于收复大陆失地,一味对抗法国。1209 年,他与神圣罗马帝国的皇帝结盟,1213 年,佛兰德斯伯爵、荷兰伯爵与布洛涅伯爵等又加入这一联盟。为了维系这一联盟存在,他付出了巨额资金。另一方面,约翰王没有审时度势,他直接干预坎特伯雷大主教的选举,由此而与罗马教廷发生激烈冲突,致使国内政局在贵族反叛之前就陷入动荡之中。

1201 年,为塞茨(Seez)主教的选任,约翰王曾与该教区的牧师会发生争执,拒绝该会所选定的并由教皇最终裁定的新主教任职,致使教皇曾一度对诺曼底施行"禁教令"。数载后,国王与教会之间又在这一问题上爆发了更激烈的争端。1205 年 7 月,王之重臣坎特伯雷大主教 H. 瓦尔特(Walter)去世,大主教区诸主教要求获得参加选举大主教的权利,而牧师会则不等王室下达"准选状",就提前选举了坎特伯雷修道院的执事雷金纳德(Reginald)。约翰王获悉后则拒绝予以承认,并迫使牧师会选举了国王提名的诺里季主教格雷(Gray)。但牧师会亦因此而分裂为年长派和少壮派,后者反对前者听命于国王。为此,数方争讼纷纭、难作定局,最后只得求诉于教廷的决断。但教皇英诺森三世却否决了诸方要求,任命博学多才的英籍人、红衣主教兰顿(Langton)出任坎特伯雷大主教。约翰王深感其权威受到亵渎,拒绝了教廷的这一任命,致使兰顿此后在大陆滞留 6 年,不能赴英就职。由此双方斗争日趋激烈,教皇于1207 年宣布对英实施"禁教令",责令英国教会停止一切宗教活动,这在社会上引起一片混乱。1209 年又进一步将约翰王开除教籍,致使教、俗权冲突达到顶点。这样一来,约翰王在宗教法上已成为任何人都不能接触的人,陷于十分孤立的境地。一些主教难以继续留在英国,只好外出流亡,林肯、切斯特、埃克塞特等主教区的主教空缺无人。此时,北方贵族蠢蠢欲图起事,法王在教皇唆使下准备侵英,而德意志皇帝弗烈德里克则又与法王结盟,并与教皇和解。在强大政治压力此时,约翰王只得派使团赴罗马教廷谋求妥协,最终在 1213 年 5 月成功地与教皇讲和,应允作为教皇的"封臣"。根据双方达成的协议,英王每年要向教皇交纳1 000 马克年贡和 1 000 马克的"封地"收入;归还其所掠取的教产,同意让兰顿回英就任大主教圣职;补偿英国教会在这次冲突期间所遭受的损失 10 万马克。① 1214 年,约翰王颁布政令,承认教会选举自由。教皇也于是年取消对英国的"禁教令",并函告英国主教,要其维护王权与教会的和平。约翰王的让步缓和了教、俗权的矛盾,使王权获得教皇神权权威的庇护。但这也使他蒙受屈辱,政治形象进一步受损。

早在 1212 年,北方贵族就开始密谋起事。次年 8 月,新任坎特伯雷大主教兰顿在伦敦圣保罗教堂召集一批贵族和高级教士开会,向他们宣读并解释所谓的《佚名英国特权恩赐状》,要他们以争取此状中的"特权"为抗争目标。这份文件系兰顿匆匆草拟,仿亨利一世的《加冕誓词》写成,其中有 12 项条款在 1215 年的贵族请愿书和《大宪章》中得以体现和扩展,它被认为是《大宪章》的一个"粗略的蓝本"。② 兰顿并非贵族的政治代表,而是约翰王与贵族之间矛盾的调解者,但他却以此在贵族中树立起政治领袖的形象和威信,由此贵族从传统的政治文本中获得反叛王权的理由。1214 年,约翰王率军对大陆的普瓦都远征,北方大贵族拒绝参与。是年 7 月 27 日,在著名的布汶战役中,约翰王及其部分同盟的军队遭到惨败,在国内引起更大不满。是年 9 月,约翰王又开征盾牌钱,北方贵族拒绝缴纳。在 1215 年 1 月 6 日主显节,反叛贵族在伦敦开会,向约翰王递交《佚名英国特权恩赐状》,再次要求恢复"古代习惯的自由"。约翰王耍一花招,承诺在 4 月底予以答复。到了 4 月中旬,因见约翰王无诚意,贵族即在斯坦福聚集武装,并推首领罗伯特·菲兹·瓦尔特

---

① Petit-Dutaillis, *Feudal Monarchy of England and France*, p. 130.
② Ibid. .

(Robert Fitz Walter)为"上帝和圣教的军队统帅",公开武装反叛,1215年5月17日,贵族武装在部分市民的支持下控制伦敦,并得到法国国王的支持,各地特别是东盎格利亚的部分贵族与城市居民、教士开始响应。当贵族武装与国王军队在伦敦对峙时,在罗马教廷的支持下,兰顿大主教尽力在双方斡旋、调停。6月15日,双方在泰晤士河畔的兰尼米德草地上举行正式谈判。6月19日,约翰王和25名贵族代表,在兰顿和伯爵威廉·马歇尔(William Marshal)等人起草的《大宪章》上签字。这样,既肯定王权政治权威和王国的君臣关系、又赫然写入教会和贵族的若干特权的著名政治文件《大宪章》诞生。

作为一份封建性的政治文件,《大宪章》(Magna Carta)共计63条。[①]它力图将国王的权威约束在封建习惯之中,重建维系臣民权利的传统封建秩序。

针对约翰王侵害教会、干预教务的行径,《大宪章》申明要维护教会的特权。其中第一条就规定:"所有人都需遵照上帝的旨意,教会享有所有它应有的权利,且权利将不受侵犯,其自由不受侵犯,英格兰教会视为最重要与最必需的自由选举不受约束。这是得到特许状的证实和英诺森三世认可的,我们子孙后代应该善意遵守,同时还要赋予全王国自由人及他们的子孙后代的自由。"第二十二条规定,对教士涉及俗世的罚金,必须按照第十九条有关对自由人的罚金方法进行,不能按照教士在教会俸禄的标准课以罚金(注:教会在普通法庭受审受"教士特惠法"的保护)。第六十三条再次重申了教会的自由。

针对约翰王利用封君权力肆意侵害、敲剥贵族乃至随意征税的行为,《大宪章》对国王的权限和贵族的权利作了详尽的阐明。首先是宣示臣民的人身自由权。第三十八、三十九条规定:"没有可靠的可以证明的证据,任何市政官员不能对任何人进行法律审判。""任何自由人,如未经

---

① H. Rothwell ed., *English Historical Documents 1189—1327*, V. 3, London, 1975, pp. 316 - 324.

其同级贵族的依法裁判,或经领主法庭法判,皆不得被逮捕、监禁、没收财产、剥夺法律保护权、流放,或加以任何其他损害。"其次是强调臣民的财产权。其中第二、第三、第四、第五、第二十八、第三十、第三十一、第五十二条都对国王权力作了明确的限制。如第二条和第三条规定:"伯爵、男爵或其他因服军役而领有土地的人死后,其继承人已经成年,那么只需根据旧时习惯交纳继承金,便可享有地产,即伯爵继承人只需交纳100英镑便可享有整个伯爵领地,男爵继承人只需交纳100英镑便可享有整个男爵领地,骑士继承人至多交纳100先令便可享有完整的骑士领地。根据习惯,封地面积越小,则所交继承金额越少。如果继承人是受监护的未成年人,那么在其成年之后将可享有地产,且无需交纳继承金。"第四条、第五条对监护权的资质、权利和义务作了明确而细致的说明:"对继承人未达到继承年龄而进行土地监护时,监护人除从该土地上收取适当数量的产品,征收适当的赋税和服务外,不得破坏和浪费人力、物力。监护人对所监护的财产造成浪费和损毁时,应该赔偿。如将该土地的监护权赐予或售予任何人,若监护人使土地遭受浪费与损毁时,即刻丧失监护权。""监护人在经管土地期间,应保管好该领地上的房屋、园林、池塘、磨坊及其他与土地有关的物品,继承人成年以后,应按照耕种的需要,将土地及与土地有关的农具、相关物品全部归还给继承人。"此外,《大宪章》还竭力限制国王的征税权。其中第二十五条规定:所有的郡、百户区及其他小地方均应按照旧税率征税,不得有任何增加。第十二条作了如下规定:"国王征收兵役免税金(盾牌钱)或协助金需得到全国的一致同意。除了国王被俘的赎金,国王长子被封为骑士、长女出嫁时只能征收合适的协助金。"第十四条规定:"国王要征收兵役免税金(盾牌钱)或协助金,需要获得全国一致同意,即至少要提前四十天将信送达各大主教、主教、伯爵与男爵,并指明召集会议的时间、地点,并在信中详细说明征税的原因。征税要获得出席会议的所有人员的一致同意。"

当时,英国的城市已有相当的发展,市民也在一定程度上参与了对王权的抗争。针对这一状况,《大宪章》对城市的权利和商业发展也给予了关注。其中第十三条规定:"无论是在水中还是陆地,伦敦城都享有旧时的特权和自由习惯。我们(指教俗贵族)同时决定,所有其他的城市、自治城市、市镇以及港口都享有习惯中特权和自由。"第三十五条对淡啤酒、谷物的度量、呢绒布的宽度都作了统一规定,对其他的重量单位也进行了统一。第四十一条则规定:"除了战时与我们敌对的国家外,按照一贯公正的习惯,所有国家的商人都可以安全地通过陆路和水路出入英格兰,在此逗留和经商。如果我们的商人在敌国安然无恙,那么我们也确保他们的商人在我们王国安然无恙。"

此外,《大宪章》的规定还涉及不少问题,如不得对债务人过分地扣押财产和增加利息,法庭须公正审判,限制王室森林范围和森林法官的权力等等。

为了避免战争,履行相关条款,《大宪章》第六十条中提出了和解的原则与相应的措施:"为了王国的和平,为了平息国王和贵族的争端,双方应达成一致的妥协。为了能够相互遵守,要从王国中选出 25 位男爵来监督国王及任何贵族。"如果发现国王和各级贵族官员违背规定的条款,应当要求国王在 40 天内改正,否则,这 25 名贵族组成的委员会,可以号召整个王国的臣民行使武力来迫使国王改正。

对于《大宪章》的评价曾经是西方学术界的一个热点。在以往,受 17 世纪"辉格派"宪政思想的影响,《大宪章》一度被看作是透显了自由、人权的宪政主义诉求的经典文献,但这一观点也一直受到质疑。有人就认为,《大宪章》并未提出什么新鲜内容,只不过是复原过去的东西,并以成文法律的形式来规定国王的作为。① 还有人指出,《大宪章》并非是"辉格派"史学家所谓的"英国史上最伟大的一个奠基性文件","作为建构 13 世纪的基础,它尚不充分"。② 也有人模棱两可地指出,《大宪章》"既具有封建性质,也具有立宪性质;既是倒退的文件,也是前进的文件",而它的制定

---

① F. Pollock & F. William Maitland, *The History of English Law*, V. 1, Cambridge, 1898, p. 172.
② 詹姆斯·C. 霍尔特:《大宪章》,毕竟悦译,北京大学出版社,2010 年,第 269 页。

者"既不是向前看,也不是向后看,而是出于当时对某些问题的论争"。①

应该指出,作为一份封建性的政治文件,《大宪章》精神主旨并非要否定王权,实现"宪政",而是要通过限制王权来维护贵族传统的特权,它从根本上体现了封建王权与世俗贵族的共同的根本利益。封建王权不能脱离其政治基础贵族而存在,为换取他们的支持,约翰王作出了相当的让步,故《大宪章》重申贵族享有诸种传统的封建特权,对国王的最高政治权威作了种种限制,并赋予贵族以使用武力迫使国王改正错误的权利。另一方面,贵族也不能没有本阶级的政治权威代表,故《大宪章》仍然肯定封建王权的合法地位和国王人身不可侵犯的尊严,仍将国王视为贵族权益的恩赐者。

必须看到,《大宪章》包蕴着英国封建时代流行的"王在法下""法大于王"的观念,即祖宗流传下来的传统旧习惯和封君封臣之间的"约定"是神圣的和不可被任何人所废弃的,包括国王在内的任何人都应该对之维护和遵守。然而,国王受不受"法律"的限制,最终则是由王权与贵族等阶层的政治实力的对比决定的。正是在这种情况下,《大宪章》才把这一传统的观念宣示出来。但一旦形势转变,国王必定不会敬畏和遵守"法律"。尽管如此,《大宪章》中的征税原则、臣民人身自由原则、财产权利神圣原则虽然主要系为贵族所立,但也在一定层面上覆盖了许多"自由"人。这一遗产对日后英国议会君主制的产生和发展产生深远影响,并为17世纪英国革命提供了可资借用的历史依据。

《大宪章》签订后不久,教皇为维护英国王权的权威而宣布它无效。王权与贵族之间的内战再起。其时,国王方面占有很大的优势,不仅使用装备良好的雇佣军,而且占有149座坚固的城堡。而贵族的城堡只有60座,且相当简易;大多贵族被教会开除了教籍,其武装力量也很薄弱,故难以坚持,大多数人只得逐渐与国王讲和。1216年10月18日,约翰王病死,以元老重臣威廉·马歇尔为首的贵族,继续拥护约翰王之子亨利为国王,是为亨利三世(Henry Ⅲ,1216—1272年)。

---

① C. 沃伦·霍莱斯特:《欧洲中世纪简史》,陶松寿译,商务印书馆,1988年,第252页。

# 第二篇
## 议会君主制统治

# 第一章　议会君主制的形成

　　发端于 13 世纪的英国议会,最初并非是王国政府的重要机构,而只是国王会议的一个种类。在 13 世纪以前,国王的会议有两种,一种是"大会议",它在理论上是国王与其总封臣每年数次召开的共同商讨王国军政大事的会议;另一种是"小会议",即巡游的王廷要员在国王召集下随时召开的会议。

　　到了 13 世纪,随着王权的发展与社会政治的变动,王廷会议虽然仍沿袭原来的模式,但开始发生某些变化。此时的"小会议"被称为 Concilium,逐渐成为"御前会议",由地位不高的专业吏员组成,负责执行国王的政令。而此时"大会议"被称为 Magum Concilium,参与的人员以教士和贵族为主体,但地方的郡和城市的骑士、市民代表也开始参加会议。1236 年,王室的有关记录在将"大会议"作为王家法庭的参照时开始使用 parliamentum 这个词,此后,这个词不断地出现。1239 年,编年史家马修·帕里斯(Matthew Paris)在叙述一次"大会议"时也使用了这个词,在 1258 年的《牛津条例》中也如此。从 1275 年开始,该词就常常出现在官方的文献记录上,这就是"议会"。[1]

---

[1] Bryce Lyon, *A Constitutional and Legal History of Medieval England*, p. 413.

可以说,在13世纪,"议会"还处在萌发时期,常常与王廷的大、小会议混淆在一起。国王为了解决统治问题,时常召开王廷的各种会议,"议会"只是其中的一种。据统计,在1258—1300年之间,共召开各种会议约70次,而其中有郡、城市代表参加可被看作是"议会"的只有9次。①此时的"议会"并不意味着一种新的机构,而仅仅是用来指称王廷大、小会议,用来描述国王与王廷的大、小会议一起讨论王国事务的任何场合。有史家就认为:"此时为解决要政而被正式召集的王廷会议的任何一次会议,都似乎是一次议会。"②

不过,在13世纪,王廷会议的确正在经历着巨大的变革,这就是"代表因素"的注入。城市和郡的代表的参加,必然要促使议会与王廷会议分离开来,最终成为王国政府的新机构。

在中古西欧,包括英格兰在内的诸封建王国,素来就有召集地方人士了解政情、讨论政务的传统。当时西欧的王国远没有建立完整严密的官僚统治制度,权力带有明显的分散性,地方的行政机构远不完备。君主要有效地实施权力,了解舆情,只能通过地方的代表来实现。在英国,盎格鲁-撒克逊时期就有君主问政于地方人士代表的习惯,领主也可委托管家、教士和4名良善村民为其代表出席其领地所在的百户区法庭处理相关事宜。诺曼征服后,这样的习惯被沿袭下来并有所发展。亨利二世时期的巡回法庭和陪审制度,则直接让郡、百户区和城市派出代表参与开庭审理案件的工作。到了13世纪,英王开始注重召集郡的骑士代表地方来参与王廷政务的讨论与议决。1207、1208年,约翰王先后颁令从指定的城市和港口召集代表,到王廷来讨论货币和海运问题。③约翰王还颁令让各地郡守各自选派四位"贤明者"出席在牛津召开的王廷会议。1226年,亨利三世则颁令让各地郡守选派四名骑士到林肯的王廷会议去诉说郡守对大宪章条文解释方式的抱怨。1237年,王廷的一次征

① Bryce Lyon, *A Constitutional and Legal History of Medieval England*, p.418.
② Ibid., p.413.
③ Ibid., p.416.

税,被称得到了贵族、骑士和自由人的同意,但没有提到市民。不过特沃克斯伯雷(Tewkesbury)的年鉴表明,城市的代表也参与了此事。① 1254年,为了征募军队和增加新税,中央政府也颁令各地,让郡守在各郡选派两名骑士和自由人为代表,参加在西敏寺举行的王廷会议。同时规定,这些代表须由当地选举产生。1261 年,亨利三世公开撕毁《牛津条例》,与贵族的武装冲突爆发。随即,国王和反叛者都分别召开会议,都要求各郡选派骑士参加。② 这些都说明,在 1265 年西门·德·孟福尔(Simon de Monfort)的议会召开之前,各郡派骑士为代表参加王廷或中央的会议,已经屡见不鲜。

严格地说,只有当国王、贵族和地方等级的代表坐在一起议决王国政务时,议会才正式形成。也正因为如此,爱德华一世(Edward I)在1295 年召开的"模范国会",被视为中世纪英国议会的开端。到了 14 世纪,代表因素开始成为王廷会议中的有机部分,那些被称为"议会"的会议由此而渐渐地区别于御前会议("小会议")和国王在"大会议"中与他的贵族偶尔召开的会议,议会也就日益定型了。

约翰王 1215 年签发《大宪章》只是为了应付一时窘境而采取的权宜之计,无意真正去付诸实施。教皇英诺森三世(Innocent Ⅲ)在训令中批判《大宪章》无视国王的权力和荣誉,宣布解除约翰根据《大宪章》所作誓言的效力,并威胁任何人如果坚持要求约翰遵守上述誓言,将被革除教籍。③ 在得到教皇支持后,约翰宣布《大宪章》无效,立即引发内战。1216年 10 月,约翰王病逝。其子亨利三世(Henry Ⅲ)继位。

亨利三世即位时年仅 9 岁,由王室最高军务官摄政王威廉(William the Marshal)和宰相休伯特·德·伯格(Hubert de Burgh)等辅政。1227 年,亨利三世亲政。为了恢复安茹王朝的权威,亨利三世将权力集

---

① M. Proestwich, *Plantagenet England 1225—1360*, Oxford,2005, pp. 98 - 99.

② T. P. Taswell-Langmead, *English Constitutional History*, London,1986, pp. 216 - 218.

③ 迈克尔·V. C. 亚历山大:《英国早期历史中的三次危机:诺曼征服、约翰治下及玫瑰战争时期的人物与政治》,林达丰译,北京大学出版社,2008 年,第 95 页。

中在御前会议,御前扩大会议除了在批准征税时以外很少召开,大贵族受到冷落。同时,亨利三世还娶法国王后之妹为妻,擢用法国贵族,让他们参与御前会议,担任重要官职。大贵族在 1234 年 4 月发动反叛,遭到朝廷镇压。在 5 月召开的御前扩大会议上,贵族联合起来提出抗议,迫使亨利三世罢免了御前会议大臣、法国贵族罗杰斯(Rogers),允准贵族进入御前会议。1236 年,贵族操纵的御前扩大会议制定了《默顿法规》(Statute of Menon),明文规定立法、司法和维护土地所有权等事项。1242 年,亨利三世为赴法作战而筹措军费,要求征收新税,御前扩大会议对此予以否决,并就与法国的关系展开讨论。在 1244 年举行的御前扩大会议上,大贵族更提出了具体的改革方案,主要要求是:由他们推选 4 名"自由的维护人"参加御前会议,任何决策都须通过他们,国王不得对之随意罢免;他们还有会议召集权,无须经过国王的同意;王国的最高司法长官、掌玺大臣等,应由全体大贵族推举。这些要求遭到了亨利三世的拒绝,王权与贵族之间的矛盾冲突仍然存在。

1254 年,亨利三世以次子埃德蒙(Edmund)的名义接受教皇赠送的西西里王位,决意为儿子争夺王权而远征。同时,要向罗马教廷呈献 14 万马克的贡礼。为此,他不顾国内饥荒,加征捐税,引起贵族的抗争。1258 年 4 月,亨利三世在伦敦召开御前扩大会议,要求教、俗贵族缴纳占财产 1/3 的货物税,作为远征西西里的军费。教、俗贵族纷纷不满,高级教士愤然离开会场,以西蒙·德·孟福尔为首的世俗贵族更是纠集武力冲入王宫,迫使亨利三世驱逐法籍大臣,实行改革和召开御前扩大会议。国王与贵族达成协议:由 12 名御前会议大臣和 12 名大贵族代表组成 24 人委员会,拟定政治改革条例;国王表示将遵守条例,如果违反,愿意领受开除教籍之绝罚;大贵族则保证,如国王信守诺言,他们就批准赋税。6 月 11 日,会议转移到牛津继续举行,被效忠国王的人称为"狂暴议会"(Mad Parliament)。在这次会议上,教、俗贵族指责国王及其臣僚违反《大宪章》的各种非法行为,重申《大宪章》的有关规定。为保障《大宪章》的顺利实施,会议赋予 24 人委员会很大权力,由他们受理申冤状,任命大臣、大法官、国库长及其他官员。最终，国王接受 24 人委员会提交的"贵族请愿书"，即《牛津条例》，除了重申《大宪章》的基本原则和条款外，还包括以下四项主要内容：

第一，在中央组建新的统治机构，成立以大贵族为主体的 15 人委员会取代原来的御前会议，参与国政管理，其成员大多在 24 人委员会中挑选，国王必须依照委员会的意见治理国家，大法官、御前大臣与司库等关键职位均由 15 人委员会提名人选，任期为一年，在他们任满之前应向该委员会述职。15 人委员会名义上辅助国王，实际上是控制国王，因为未经其同意，国王几乎不能作出任何决定。15 人委员会又任命常设的 12 人委员会。这两个委员会每年举行议会 3 次，取代原先的王廷大会议。同时，再选出另外 24 人组成援助委员会，主要负责国王因战争而要求的财政支出问题。需要指出的是，这几个委员会的成员大多是重叠的，往往一人身兼多职，甚至有一身四任的情况，只有少数人是一身一任。

第二，确定议会法规的最高权威，规定一切法律不得与议会法令相抵触；议会每年必须召开 3 次，分别定于米迦勒节后第 8 天、圣诞节次日和 6 月 1 日开幕，15 名谘议大臣和 12 名大贵族代表必须出席议会；议会负责解决国家所有重大事宜；未经议会同意，国王不能任意没收土地、分配土地与监护土地，也不能对外进行战争①。

第三，调整官僚制度。规定恢复大法官（原来的宰相）一职，让其不再是国王的全权代理，而是最高上诉法庭的首席法官，负责审理一切重大上诉案件，包括对国王大臣的起诉。大法官和司库、掌玺大臣等都须对御前会议负责。这些大臣和地方官员的任期都是一年，届满后须向御前会议述职。

第四，加强地方管理。每郡选出 4 名骑士，负责监督地方政府的工作，调查民情，报告商人和高利贷者的不法行为。各郡郡守由 15 人委员会任命。

---

① H. Rothwell ed., *English Historical Documents*, V. 3, London, 1975, pp. 361 – 367.

与《大宪章》一样,《牛津条例》仍然是一个封建性的政治文件,但在限制王权上有了制度的含义。它首次根据封臣向封君"建议"的原则,把国王的御前会议改造成监督国王的机构,同时以新的"议会"取代原来的王国大会议,并欲使之拥有作为王国最高立法机构的权威。这些都对日后议会的形成有着重要意义。

迫于贵族的压力,亨利三世在 1258 年 8 月 4 日正式批准《牛津条例》。1259 年 10 月,贵族再开"议会",又迫使国王颁布《威斯敏斯特条例》,宣布保护贵族、骑士和市民的权益,主要涉及一些土地方面的法规,如进一步明确长子继承的原则,禁止修道院在没有征得领主同意的情况下获得土地,领主只有通过法律程序才能扣押租佃者的土地和财产等。①

为抵消贵族的压力,亨利三世也不断采取措施。1260 年夏,亨利三世与贵族首领孟福尔举行辩论,批驳他的"议会"独立主张,宣称"议会"应是国王任意召开的会议,"议会"权力来自于国王。1261 由贵族组成的临时政府召集每郡 3 名骑士参加在圣奥尔本斯(St. Albans)举行的"议会",而亨利三世则命令这些骑士前往温莎(Windsor)开会。同年,经过亨利三世的外交努力,教皇亚历山大四世(Alexander Ⅳ)先后向亨利三世、坎特伯雷大主教等人发布三项教谕,宣布亨利三世向贵族所立誓约无效,解除了国王与所有教俗人士遵守该誓约的义务,并且号召对坚持维护誓约的人采取行动。1262 年,亨利三世下令取消《牛津条例》与《威斯敏斯特条例》。1264 年 1 月 23 日,法王路易九世(Louis Ⅸ)对亨利三世与贵族的争端作出裁决,完全偏向亨利三世,否定贵族运动的合法性。许多大贵族开始退缩,但也有不少人以孟福尔为首组织新的武装反叛活动。

1264 年 5 月 14 日,在刘易斯(Lewes)一役中,贵族武装击败国王军队,俘获亨利三世与太子爱德华。5 月 25 日,战争宣告结束。孟福尔发布了"刘易斯调解书",一共七款,重申了《牛津条例》,并且任命了一个新

---

① H. Rothwell ed. , *English Historical Documents*,V. 3,pp. 370 - 376.

的仲裁委员会,负责中央各大臣的任免,扣押王子爱德华作为人质,宣布赦免孟福尔等人。6 月,按照《牛津条例》的原则重新任命地方郡守。在孟福尔的压力下,亨利三世被迫效法牛津"议会"的模式,在伦敦召开一次议会,各郡均派遣 4 名骑士代表出席。会上推举奇切斯特主教、孟福尔、格洛斯特伯爵 3 人组成了一个"推选团","陪同"国王共同处理王国事务。"推选团"负责任命一个九人委员会,国王应根据九人委员会的建议来管理国家事务,推选团有权更换九人委员会的成员,而贵族们则有权更换"推选团"的成员。此后,亨利三世大权旁落,孟福尔建立起了贵族寡头政体。①

1265 年 1 月 20 日—3 月 17 日,孟福尔挟持国王主持召开了扩大的"议会"。国王向议会宣誓要捍卫新的统治方式,遵守《大宪章》和《牛津条例》,然后就人质等问题进行和谈。3 月 14 日,亨利三世发布"时局声明",签署最后和约。17 日,之前曾经宣称解除效忠的人员重新向国王宣誓后,会议遂告结束。这就是英国历史上所谓的"西蒙议会"。②

出席这次会议的人员有约克大主教、12 名主教、4 名教长、65 名修道院院长、35 名隐修院院长、5 名伯爵与 18 名男爵。此外,这次议会打破先例,诏令除每个郡选出 2 名骑士代表外,还要求每座城市也选出 2 名市民代表出席议会,从而使社会地位比较低下、成分较为复杂的市民开始步入议会。因此,这既是市民代表参加国家政治性会议的肇始,也使"议会"在吸收地方等级代表方便更加完备。然而,这次"议会"并非是国王亲自召开的,而且在一个君权政治观念和君权政治体制上都有深厚积淀的国度,欲在最高政治决策的过程中排除君主,显然是行不通的。因此,这样的"议会"被不少贵族看作是非法,注定难以持续下去。

1265 年 8 月,王子爱德华在伊夫舍姆(Evesham)战役中取胜,孟福尔战败被杀,贵族运动最终失败,王权重新恢复。1269 年,亨利三世重

① M. Powicke, *The Thirteenth Century*, *1216—1307*, Oxford, 1962, pp. 187 - 192.
② Ibid., pp. 197 - 198.

申，没有国王的允准和召集，"议会"不得召开。也是在这一年，因国王生病，"议会"只得延期。在1265—1272年亨利三世去世前的7年中，"议会"都没有定期举行。

爱德华王子打败孟福尔后，很快代替其父掌握实权。1272年，他在亨利三世去世后继承王位，称爱德华一世（Edward Ⅰ，1272—1307在位）。

爱德华一世即位后，为了恢复王国的封建统治秩序，拓展君主的司法权威，十分注重立法工作。他先后召开了50多次会议进行立法，是中世纪颁布法令最多的英国君主，被称为英国的"查士丁尼"。

在爱德华一世之前，普通法虽然已在英国逐渐发展，但整个王国的法律与司法体系仍然存在严重的缺陷。其一是不成文的习惯法林林总总，流行于诸多的司法纠纷与审判之中，易受曲解和操纵，不利于统治秩序的稳定。其二是司法审判机构的多样性，也急需成文法来加以规范。当时，王室法庭、领主法庭、宗教法庭、自治市镇法庭以及形形色色的特许法庭等同时并存，均按照习惯法来作审判。而大贵族控制的领主私家法庭乃至地方法庭，常常因无法律条文的限制而武断乡曲，为所欲为。这种状况，显然不利于王权统治秩序的重建。

早在爱德华一世即位之前，著名的王室法庭大法官约翰·布克莱顿（John Bracton）就撰写了《论英国的法律和习惯》一著，在论述英国的法律体系时强调，王国的所有司法审判权源自于国王。这一法律准则，成为爱德华一世立法的根据，他在即位之初就开始了一系列的立法活动。1274年，他派遣王室法庭法官到各地检查各类特许法庭建立的依据——国王颁发的特许令状，取消了一批擅自建立的特许法庭。1278年，他又颁布《格洛斯特法令》，规定不经国王司法权的允准，各类法庭不能行使司法权。这项法令旨在削弱领主的私家司法权，因而遭到大贵族的抵制。为对其安抚，他在1290年又颁布《特许令状法令》进一步解释说，因各种原因拿不出文字依据的贵族，只要证明自己在此前就拥有司法特权，即可以获得国王特许令状的正式批准。由此，将贵族的领主司法权与私家法庭都纳入国王权威的统一制约之下。

运用立法来整顿紊乱的封建土地关系、确保国家的兵员征调,也是爱德华一世立法的一大目标。自 12 世纪初期开始,受继承、再分封、没收、强夺、转让等因素的影响,英国的封建土地占有权呈现出分解的趋势,封建骑士领也随之割裂、碎化。此后,取代骑士军役的"盾牌钱"的征调与物价上涨导致军事费用的增加,也使骑士征召更不容易,领主对国王的封建军事义务难以兑现。到爱德华一世即位后,连"盾牌钱"的征调也不能完成。针对这种情况,爱德华一世在统治之初不仅曾派人调查教、俗贵族侵占土地、逃避封建军事义务的状况,而且在 1279 年颁布《永久管业法》,禁止教会人士、团体私自侵夺世俗封地。1285 年,他又颁布《温切斯特法令》,宣布凡是拥有年收入达到 15 英镑以上的地产者,不论其地产来源如何,都必须为王国提供 1 名骑士所需的马匹和武器装备。这样就把原来的那种封臣向封君提供的军事义务,转化为拥有一定数量之地产者都必须向君主承担的义务。此外,该法令还力图维护地方社会秩序,规定百户区法庭必须在 40 日之内将本辖区的刑事罪犯捕获、审判,否则就处以罚金。1290 年,他再颁布《威斯敏斯特三号法令》(又称《买地法令》)规定:禁止任何人以分封的方式出卖、转移领地。如果乙从大领主甲处获得地产,并在甲的许可下将地产转赠或卖给了丙,则丙就须直接向甲履行土地出售以前所附带的封建义务和捐税等有关义务。这一法令,既遏制了土地占有关系上的紊乱状态,强化了作为最高封君的国王对大地产的控制,同时也促进了农民的分化,使自由农民的数量迅速增加。由此,国王的财政收入有了保障。

在进行立法活动的同时,爱德华一世借鉴以往的统治教训与经验,着手建构一个以君主为主导的强有力的中央政府。即位不久,他就废除《牛津条例》,但为安抚人心,他重申《大宪章》的条款。鉴于连年战争,经费匮乏,爱德华一世决定借鉴"西蒙议会",召开有教俗贵族与地方代表参加的议会,以更好地解决征税问题。1295 年 11 月 13 日,爱德华一世特地按照孟福尔召集会议的方式召开了议会,该议会被 19 世纪宪政主义史学家斯塔布斯誉为"模范议会"。①

共有 400 多人出席了"模范议会",包括 2 位大主教、19 位主教、48位修道院院长、7 位伯爵、41 位男爵,另外每一主教辖区有 2 位教士代表,每个郡有 2 位骑士代表(实际一共有 63 名骑士到会),每座城市有 2位市民代表(一共有 172 名市民代表到会)等。其中,各位大主教、主教、修道院院长、伯爵、男爵由国王特诏赴会,教士代表由主教决定,骑士与市民代表则由郡守主持选举产生。这届议会的重要意义在于不仅召集了教俗贵族与国王臣僚,而且包括骑士、市民与低级教士的代表。

"模范议会"完整地囊括了中世纪英国议会的三个要素,即君主、大贵族、地方等级代表。君主是议会召开与否的决定者和议会的召集者,并且在其中发挥主导作用,因此有史家认定:"没有国王就没有议会"(No king, no parliament)。此外,地方等级代表的参与也是议会形成的标志。之前国王召集的大会议,固定出席者都是教、俗贵族,出席大会议的人员中没有经过选举产生的地方等级代表,而是由于贵族身份才具备与会资格,是一种典型的封君封臣性质的会议。1265 年的西蒙议会尽管已经召集了地方代表,并且在某种程度上成为 1295 年模范议会的样板,但当时国王被西蒙控制,所以不能被看作是真正的议会。

1295 年模范议会在教俗贵族之外,将过去尝试的召集地方代表与会的做法确定下来,正式向各地颁发诏书,要求每郡选举 2 名骑士代表,每座城市选举 2 名市民代表。这样,从 1295 年起,封建贵族集体讨论国事的大会议,就因固定地召集选举产生的地方代表与会,便正式转变成具有代议制性质的议会了。国王与出席大会议的教俗贵族之间可以说是领主与附庸的私人关系,而有地方代表出席的议会,则更多的具有国家公共权威的性质了。其实爱德华一世时期的立法也反映了封君封臣性质的大会议向各阶层广泛参与的议会转变的趋势,梅特兰说当时的立法

---

① W. Stubbs, *The Constitutional History of England*, V. Ⅱ, Oxford: The Clarendon Press, 1896, p. 133.

"为反封建的精神所浸淫……力图将所有阶层都与国王和议会直接建立联系"①。而"到 1295 年时,可以确定地说我们已经有了一个议会,大的轮廓已一劳永逸地划定了"②。因此可以说,模范议会的召开,标志着中世纪英国议会君主制的开端。

地方代表进入议会后,代议制成为后来议会广为接受的标准。所以说,"1295 年后,议会的代议制成分变得频繁。正是这频繁与定期使议会赢得广泛的认同与权力。幸运的是,14 世纪的政治军事形势使得召集具有代议制因素的议会成为常事"③。英国议会开始步入其权力增长的"伟大时代"。

---

① F. W. Maitland, *The Constitutional History of England*, p. 86.
② Ibid., p. 69.
③ B. Lyon, *A Constitutional and Legal History of Medieval England*, p. 536.

# 第二章　王国统治机制

议会君主制建立后,尽管王权统治方式发生了某些变化,但贵族仍旧是王权的统治支柱。贵族的政治心态与政治行为,对王国的政治格局与走向具有主导性的影响。

这一时期,英国社会严格的等级分层仍然延续,但有了某些变化。依恃血统的世家贵族仍旧存在,但其兴衰则取决于他们和王室的关系。而随着社会经济的发展,一批新兴的中小贵族则开始崛起。据史家统计,在 12 世纪到 13 世纪末,处于世俗社会顶层的贵族,被统称为"男爵",大约有 200 个家族。

值得注意的是,随着议会的兴起,能否参与议会活动也成为界定贵族的重要参考指标。威尔森就使用了"议会贵族"(Parliamentary Peerage)这一术语。① 在 14 世纪,"议会贵族"构成了一个阶层,有人统计,在 14 世纪,有将近 300 个家族的人曾经被征召进议会,但其中只有 30 个家族自始至终地被征召进议会,包括有爵位的大贵族家族和效忠君主的次一级贵族。在 15 世纪,组成这个群体的成员来自大约 60—70 个家族,他们拥有或多或少的接受单个征召的世袭权利,与其他的地主阶

---

① C. Given-Wilson, *The English Nobility in the Middle Ages*, p. 55.

级区别开来。威尔森说:"如果一个人被征召到议会,那他就是贵族(peers),任何没有被征召到议会的人都不是贵族。"[①]

贵族阶层的最上层,拥有的财富、身份和政治影响都是其他任何贵族无可比拟的。例如,在 14 世纪初,兰开斯特伯爵所拥有的地产年收入,高达 1.2 万英镑,而格洛斯特伯爵的收入约 1 万英镑,但实际上更富有。伯爵最低的年收入是 1 000 英镑,但他们中的大多数至少比这个数多 1 倍。在政治上,这个让阶层构成了统治集团中的核心,他们不仅接受国王的召集而参与议会的议政活动,也构成国王"御前会议"和政府机关的主要部分,在议会君主制的统治中发挥重要作用。

与以前一样,这一时期的贵族的政治心态与行为并没有发生根本性的变化,但随着商品经济发展和乡绅、市民阶层的崛起,王国对外战争的日益增多和议会制度的发展,这一阶层更加渴望争夺更多的财富和权益。因此,他们在拱卫王权的同时,也时常在内政外交上干预朝政。由于创设爵位需要赐予土地,国王时常以罚没贵族的土地来再赐予,这也导致受损贵族的抗争。在此情况下,贵族同国王频频发生冲突。另一方面,随着"变态封建主义"的兴起,大贵族开始利用王国"有偿服役"而以征召骑士从军的方式扩充私家军队,他们在时机成熟时挑战王权,甚至不惜发动军事政变废黜君主、改朝换代,并且利用议会这个政治平台来实现自己的图谋。对大贵族的驾驭能否成功,很大程度上决定了君权的安稳或动摇。故而君主在爵位设置时,常常提拔宠信的王亲与臣属,并且不惜手段贬抑不纳王命的贵族,武力镇压他们的反叛。也正因为如此,在 14、15 世纪,贵族与王权的冲突在频次上和激烈的程度上,都远远超过了以往的历史时期。正是在这样的冲突中,贵族阶层时常出现新旧交替、贵庶流变的现象,有史家曾统计,在 1307—1330 年和 1395—1397 年间在王族之外共分封了 16 位伯爵、侯爵和公爵,而在创设后的 5 年

---

① 参见:C. Given-Wilson,*The English Nobility in the Middle Ages*,p. 6.

内,不少于 14 位被剥夺、流放和处死。[①] 由于缺乏子嗣、反叛王权等原因,一些贵族家族难免覆灭,有史家统计,在 14 和 15 世纪每隔 25 年,平均有 27% 的贵族家族覆没。[②] 尽管如此,贵族仍旧是王权的统治支柱,君主对贵族的封赐和重用始终的王国的一项重要国策。

这一时期,国王为巩固政治统治秩序,时常和反叛势力发生冲突,而在外部,则不断对威尔士和爱尔兰发动战争。从爱德华一世开始的对苏格兰的战争,一直贯穿于整个 14 世纪,此外,对法国的百年战争,不仅规模巨大,而且时断时续。因此,有学者强调,"那几乎是一个不断战争的时代"[③]。为了应对这一严峻的形势,英王不仅基本沿袭了诺曼征服后的军事制度,而且根据现实的变动作了诸多调整。

王国的军事首脑机关是所谓的"军事内府"。诺曼征服后,以英王之私家内府为核心的王廷既是王国的行政中枢,也兼理王国的军政事务,是当时王国军事指挥的中心。王国的重大军事行动,有时由王廷大会议议决,但为确保军事秘密和迅速处理军情,一般由王廷小会议决策,而具体的军事指挥中枢,则是王廷中国王的内府。内府本是为国王私家宫廷生活服务的一个综合部门,因其平时也负责王廷的宿卫,战争时自然又负担起指挥王国军队的重任。正是从它的这一特殊职能出发,西方学者新近将战争时期的王廷的内府称为"军事内府"(Military Household)。[④] 在"军事内府"中,国王自然是军事统帅,宰相有时也奉命指挥军事行动,成年且有武艺的王子、王亲常充任将军。此外,内府宠臣(familia)也受令领兵作战,他们有的是内府骑士的首领,有的是作为王廷朝臣并经常随着王廷巡游的地方军事大贵族。

到了 14、15 世纪,随着议会制的形成和发展,重大军事行动常常需要议会的讨论,因上议院的世俗贵族需要在战时为国王服军役,因而上

---

① C. Given-Wilson, *The English Nobility in the Middle Ages*, pp. 54 – 57.

② Mc. Farlane, *Nobility of Later Mediaeval England*, Oxford, 1973, pp. 59 – 60.

③ A. L. Brown, *The Governance of Late Medieval England 1272—1461*, London, 1989, p. 85.

④ J. A. Green, *The Government of England under Henry I*, p. 25.

议院的决定至关重要。只有经过上议院的同意,议会才做出决定。不过,为了迅速处理重大军情,军事行动也时常由国王与御前会议的臣僚议决。而且具体采取什么样的军事行动,从保密的角度出发,也是由国王和御前会议商定,然后由王廷中的"军事内府"付诸行动,由国王和其宠信的充当臣僚的大贵族担任将领指挥作战。"军事内府"也像原来那样保持着一支规模有限的军队,称"内府骑士"(household knight),其中有的是有封地的中小贵族,有的则是通过支付薪金在各地征召而来。在14世纪,"内府骑士"的军事职能空前加强,只要国王亲自到外地征战,他们都要在首领的率领下随王出征。[①] 此外,一些王亲及其他封建大贵族的子弟常入内府服务,大封地的继承人因年幼而入内府监护,他们常与"内府骑士"一起军训。由于这一时期传统骑士战法趋于衰落,精良的弓箭手和懂得使用火器的人不断充实到"内府骑士"之中。兰开斯特王朝时期,能征善战的柴郡的弓箭手构成了"内府骑士"的重要部分,同时也是英王军队的精锐之旅。

诺曼征服后,英王国的军事力量以封建骑士军队为主体,辅之以地方民团和雇佣军。随着社会的变动和战争的增加,这一军事体制虽然仍旧延续,却发生了明显的变化。

自威廉一世开始的骑士军役,是受国王土地分封的总封臣根据封建义务向国王提供骑士服军役的军制。在诺曼王朝初期,英王所能征调到的骑士军队数量,一般估算为大约5 000人,但也有人认为约7 000人。[②]

自12世纪初始,受继承、再分封、没收、强夺、买卖等因素的影响,英国的封建土地占有权呈现出分解的趋势,封土制所形成的封建地产渐渐失去原有状态,骑士军役制的经济基础开始动摇。据估计,在1135年,全国的封建领地,10%由女性继承,37%则因种种原因而使继承权中断,此即西方学者所谓的"12世纪早期的占有权危机"或"盎格鲁-诺曼的占

---

① W. M. Ormrod, *Edward Ⅲ*, Yale University Press,2011, p. 155.

② F. Gies, *The Knight in History*, New York,1984, p. 102; A. L. Poole, *From Domesday Book to Magna Carta*, Oxford,1955, p. 15.

有权危机"。① 与此相应,封建骑士领的占有亦随之日趋割裂乃至碎化。一个骑士领常被分成 1/2、1/4、1/5、1/10 甚至 1/20、1/40 或 1/100,由数个乃至数十、上百人分别占有使用。这种局面,使骑士军役的征调更为不易。另一方面,随着商品经济的复苏和市场物价的上涨,军役费用日益增重,由此而加大了骑士服役的难度。当时,买 1 匹好的战马要花30—100 镑,而养 1 匹战马也要花 50 多先令,是喂养 1 头壮牛费用的 5倍。若加上兵甲衣粮及随从的费用,则从征的经济负担更重。史家估计,仅最初的装备开支,此时就要花掉 1 个骑士一年的土地收入。② 因此,服役者为减轻负担,总是设法寻机逃避军役。由于骑士军役制的衰退,英国每年传统的骑士比武大会在亨利二世时取消,军事训练日渐荒废,尚武斗狠的骑士精神也开始淡化。为维持王国的军力,英王在 12 世纪时开始尝试征收"盾牌钱",即让贵族缴纳一定的费用来代替兵役,同时改变传统的骑士服役形式,即征召部分骑士以延长役期,延长期费用由其他未应役的骑士分摊。1157 年,亨利二世征讨威尔士,召 1/3 的骑士服役,未应召者的 40 天的役期也让应役者承担,以便使应役者能服役4 个月,保证远征的持续。1205 年,约翰王征召 1/10 骑士服役,让其他 9人提供服役者的装备和每日 2 先令的费用,役期视王之需要而定。这种措施,既可缓解地产分割给骑士军役制造成的困难,又可突破役期限制,使骑士服役的总量得以维持而便于远征;还可将骑士中的强壮勇悍者遴选出来,保证服役者的质量。但这一措施并非能经常实施,由于服役者役期越长,其费用承担者的负担就越重,因此不时受到贵族抵制。

　　14、15 世纪,在商品经济发展的影响下,封建等级之间的人身依附关系趋于松弛。尽管一些大贵族仍旧占有大地产,甚至地产的占有规模比以前更大,但是传统的封君封臣制已经不可能像原先那样按照土地封授的条件来缔结,而是转向按照货币支付的方式来建构。这一局面,也就

---

① J. H. Aston, *Landlords, Peasants and Politics in Medieval England*, London,1987, p. 92.
② F. Gies, *The Knight in History*, p. 30.

是西方史家所说的"变态封建主义"（bastard feudalism）。所谓的"变态封建主义"，按照西方史学界的解释，"就是封君在很大的程度通过货币支付的手段来维持骑士、地产管家和其他封建役务的一种惯例"。[①] 这一新形式的封建依附关系在 14、15 世纪的英国王室和贵族阶层中逐渐流行。这一新的现实变动，加之海外战争需要长期进行，导致了传统封建骑士军役制的嬗变，并且在"畸形"状态中得以发展。

在"变态封建主义"中，封君对履行骑士军役的封臣或下属不再授予地产，而是以支付金钱的方式来征召，双方还要订立履行军役的契约，且骑士每年服役的期限也不再是传统的 40 天的惯例，而是根据实际需要来确定。正是在这样的形势下，国王既可以通过其大贵族的封臣来征召骑士，也可以直接在中小贵族中征召骑士，维持封建骑士军役制的运转，这样的军队被称为"合同军"（contract army）。

在当时，国王要征召这种有偿服役的军队，一般要和大贵族签订合同，说明征召武装的数量和支付价格。然后，大贵族要和其下属再签订一个"次级合同"（sub-contract），说明支付薪酬等，对征召到的从军人员，要付给薪酬。[②] 不过这一时期并没有统一的薪酬标准，在 14 世纪时，一个骑马的弓箭手每天为 6 便士，而一名全副武装的骑士则是每天 1 先令，此外，每 30 人一队的头目每季度还得到 100 马克的奖金。但也有史家通过分析指出，在百年战争期间，服役的标准薪酬是：一个骑士为 2 先令，一个候补骑士（esquire）或其他带武器的人为 1 先令，一个步兵或船工为 2 或 3 便士。此外，贵族的酬金更高，伯爵为每天 6 先令 8 便士到 13 先令 4 便士，一个男爵（baron）或一位掌旗官（banneret）为 4 先令。[③]

在实施有偿服务的军事服役制过程中，英王还强化传统的地方民团制。民团是一支以防御为主的地方民间军事力量，由郡守负责召集指挥，由本地自由人组成，主要用于维护郡内社会秩序，但有重大战事时也

---

① M. Prestwich, *Plantagenet England 1225—1360*, Oxford, 2005, pp. 377 - 378.

② A. Tuck, *Crown and Nobility 1272—1461*, p. 142.

③ M. Pristwich, *Plantagenet England 1225—1360*, pp. 170 - 171.

随军出征。11 世纪初,每百户区需为本郡民团提供 200 名成年壮实的民兵及其军需品,役期每年两月。民团的来源有自由农民、市镇居民,甚至还有教区教士,仍主要负责地方治安,但越来越多地被国王征调随军作战,充当步兵、旗手和弓箭手,也搞后勤杂务,以弥补王国军力不足。① 鉴于骑士军役制的衰退,英王不断强化民团的军事职能。1181 年,亨利二世颁布著名的《武器装备法令》,对自由民自备武器以应召军役作了严格详细的规定。按此法令,凡拥有一块骑士封地者,须备有一副锁子甲、一顶头盔、一面盾、一支长矛;所有自由人,凡其动产或收入价值 16 马克以上者,也必须如此;财产价值达 10 马克者,须备一副铠甲、一顶头盔、一支长矛。这些武器可以继承,但不得转让和被任何人剥夺。所有这些人都要听从国王命令服军役。② 爱德华一世即位后不久,更是在 1285 年颁布了著名的《温切斯特法令》(Statute of Winchester),强调地方对国王必须承担的传统军事义务,并规定凡是 16—60 岁的人都将根据其土地和牲畜的数量而装备武器,具体要求如下:

> 土地收入 15 镑或拥有价值 40 马克的动产的,装备一副锁子甲、一顶铁头盔、一柄剑、一把刀和一匹马。
>
> 土地收入 10 镑或拥有价值 20 马克的动产的,装备一副锁子甲、一顶铁头盔、一柄剑、一把刀。
>
> 土地收入 2 至 5 镑的,装备一柄剑、一把弓和若干箭、一把刀;土地收入少于 2 镑的,装备短剑、长矛、刀和其他较小的武器。
>
> 其他所有人,如果他们生活在森林之外,需拥有弓箭,如果生活在森林里面,则需要拥有弓和弩箭。③

为了组织实施上述法令,每个百户区和市镇都有治安官(constable)

---

① H. G. Richardson&G. O. Sayles, *The Governance of Medieval England*, Edinburgh, 1974, p. 75.

② D. C. Douglas, & G. W. Greenaway, ed., *English Historical Documents*, V. 2, pp. 416 - 417.

③ A. L. Brown, *The Governance of Late Medieval England 1272—1461*, pp. 93 - 94.

一年两次对此情况加以巡查,巡回法庭法官和稍后的治安法官(Justice of Peace)也被要求关注此事。上述规定的宗旨,实际上是要强化民团的主要职责,维护当地的统治秩序。不过,这一民团主导的地方治安体系,也为在应对入侵、征讨威尔士、苏格兰乃至海外时提供了充足的兵员。可以说,地方民团实际上也是"合同军"的重要后备力量,爱德华一世时曾对之征调。在对威尔士作战时,他曾派员前往一批郡里调遣既定数额的步兵,在百户区和市镇选调那些有装备的壮实之人,然后对之装备,送其到一个集合点或原地待命。这些人每 20 人为一首领率领的一组,每 5 个组构成一个百人队,由一骑马的百夫长指挥。有时甚至组成 1 000 人的"郡团"。这些步兵的征调、饮食和必要的武器装备,以及有的郡为之发统一服装的费用,都由本郡负责。他们在本郡内服役没有薪酬,而在本郡之外则由王室负责。在这过程中,常常有花钱让人顶替逃避服役的情况,但总的看来,"这套制度运作十分顺利,在整个这一时期都被使用"[1]。

拥有海上运输和作战的舰队,对一度跨海而治的英国特别重要。诺曼征服后的一段时间,王廷人员、物资与军队的运输,则交由商船负责。随着经济复苏和贸易扩大,商人船队逐渐增多,并渐次卷入军事活动。到了 12 世纪,英王先是将海上运输的役务让东南沿海的"海角诸港"以封建军役的方式承担,即每年服役 40 天,超过的期限由王室支付报酬,包括黑斯廷斯、多佛尔、海斯、罗姆尼、桑威奇五镇,接着又让肯特郡诸港口的"船长"(skippers)负责警卫海岸,防御海盗。约翰王时,因在对法王战争中丢失了诺曼底、布列塔尼等地,迫切需要控制英吉利海峡,在 1205 年组建一支由 51 艘舰船组成的王家舰队,分泊于 15 个港口,而以朴次茅斯为主要基地,由伦敦商业大贵族雷金纳德督掌,下设 3 个将军指挥。这些首领除军务外,还为国王监督外贸,征调关税,其中一位叫威廉的将

---

[1] A. L. Brown, *The Governance of Late Medieval England 1272—1461*, London, 1989, p. 94.

领还带有"港口与船舶掌管"之头衔。士兵实行薪金制,日薪 6 便士。[1]

　　为了与法国进行长期的领土战争,中世纪后期的英王更注重王家舰队的军事作用。1294 年,爱德华一世下令建造 30 艘大帆船,每艘配备 120 名划桨手和附属的小船。新建的舰船在一定程度上遏制了法国舰队对英国海岸的攻袭,曾在 1295 年俘获 5 艘法舰,并在英王往来大陆的护卫发挥重要作用。1296 年,这支舰队在保卫金斯林(King's Lynn)至哈维奇(Hawich)之间地区的战争中,就动用了至少 34 艘舰船和 3 578 名舰载武装和其他人员。[2] 爱德华三世时,与法国展开领土战争需要运送大量的兵马粮草,需要与敌军进行海上的较量,因而极其重视发展王家舰队。百年战争爆发后,王家舰队发挥重要作用。1338 年,他动用了 361 艘船送其军队到低地国家进驻,船员的数量远多于军队,达到 1.25 万人。在这次军事行动中,王家舰队充当了主导力量。[3] 1339 年 6 月下旬爱德华三世曾率领他的由 150 艘船、约 2 500—4 000 名武装组成的王家舰队,在英吉利海峡与法国的王家舰队作战,他亲自在旗舰"克里斯多福"(Christopher)号上指挥,打败了由 200 多艘船、2 万多人组成的法国舰队。[4] 而在 1350 年 8 月底的海战中,英王国的舰队在爱德华三世和黑太子的率领下,对迫近温切尔西(Winchelsea)海岸的支持法国的西班牙的卡斯提尔舰队进行血战,获得大胜。到了兰开斯特王朝的亨利五世(Henry Ⅴ)时,为了准备重新开启对法国的征战以及在海上称霸,建造了 30 艘战舰,其中包括吃水量 1 400 吨的格雷斯蒂马(Grace Dieu)号,远超出当时 200 吨左右的船只吨位。他还在南安普敦设有一个舰队基地。因此,他能够借此发动对大陆征战。不过,在亨利五世死后,因亨利六世(Henry Ⅵ,1422—1461 年,1470—1471 年)目光短浅,在与法国的关系缓和后将王家舰队撤销,而仍由"海角诸港"的商船负责王室的

---

[1] F. Barlow, *The Feudal Kingdom of England*, p. 409.

[2] M. Prestwich, *Plantagenct England 1225—1360*, p. 301.

[3] Ibid., p. 334.

[4] W. M. Ormrod, *Edward Ⅲ*, pp. 222 - 223.

运输。

"变态封建主义"所导致的军役征召的变革,也给君主的政治统治带来了潜在的威胁。通过"合同军"的征召,大贵族能够拥有和维持颇有实力的私家军队。有资料显示,这一时期的一些大贵族,常常在战争结束后继续依靠自己的财力招募私家武装,由此,他们拥有了相当规模的私家军队。有资料记载,在 1319 年对苏格兰军队占领的伯威克实施包围的军事行动中,兰开斯特伯爵动用的马匹常常超过 1 000 匹,有时超过 1 200匹,据此推测,他动用的私家骑士至少有 1 000 多名。① 到了 15 世纪,拥有私家军队的大贵族常常带领军队出现在重要的政治场合,在 1450 年 5 月召开的议会上,德文伯爵带领 300 人前来出席,而跟随沃里克伯爵到会的则达 400 人之多。1456 年 2 月召开议会,约克公爵由身披全副盔甲的 300 名武装护送到会。② 大贵族拥有大量的私家军队,在这样的"有偿服役"中,封建骑士忠君为主的传统道德被金钱腐蚀,私家军队的剧增使大贵族的个人野心空前膨胀,其与王权的剧烈冲突势不可免。

中世纪后期,随着议会君主制的发展,传统封建王权的统治特征与运作方式逐渐发生了某些变化,形成了以由国王为首的中央政府,其中包括"御前会议"议会、财政署、中书省、锦衣库、宫室、王座法庭等机构。此时的议会主要掌管批准税收和立法等要务,而其他机构则在君主的操控下处理众多的行政及司法事务。

国王仍有主导王国政治的个人权威。一方面,按照当时流行的基督教"王权神授"传统,国王仍旧是"神命之君",以其上帝的"授职"而超越于所有臣民之上,任何人都必须效忠于国王。尽管要求国王遵循法律,但如果国王违法则不能被控告,也不能被审判,对他的惩罚必须留给上帝去执行。另一方面,国王也是政府的中枢,"是它的心脏和动力",国家

---

① J. M. W. Bean, *From Lord to Patron*, University of Pennsylvania Press,1989, p. 157.
② Ibid., pp. 174 - 175.

诸类政务都由他或者以他的名义处理。[①] 国王掌握了王国的行政、财政、司法大权和军事指挥权乃至立法权,而在议会中,国王仍旧拥有主导性的权威。此外,作为各级贵族的最高封君,国王仍旧保持了制约贵族的封建的宗主权。有史家指出,尽管此时王国官僚体制的运转显示了某种"非个人化"的趋势,尽管贵族为分享对中央政府的控制权不时与国王发生冲突,但"所有的国家行政部门都依赖于国王的意志"。即便在财政事务上也是如此,因此,"在理论上和在某种程度的实践上,国王是上帝之下的整个权威的根本"。[②]

这一时期,"御前会议(king's council)"出现,并逐渐发展成为国王中央政府中的一个定型组织。这个机构既有的特定的咨询职能,也拥有行政部门的显赫权力,在王权运作的过程中发挥了重要作用。

御前会议是从"小会议"中游离出来的,14、15世纪的"御前会议",在人员规模上一直处于不稳定的状态,其运转程序也不甚明朗。此外,它既是国王的一个咨询机关,也是一个执行机构。"御前会议"的成员基本上都由国王钦定,包括国王内府中的各主要行政臣僚如中书令、国库长、小玉玺掌管、王座法庭法官、中书省的主要吏员。此外,"当国王觉得适合召集时,还有一些主教、伯爵和次一级的贵族参加"。[③] 出席"御前会议"的人员都要在会议上宣誓履行职责,"从爱德华一世统治开始,会议成员的宣誓成为一个常规性的惯例"。[④] 他们与国王一起议决国王提出的王国要政,提出相应的建议,最终由国王作出决定,颁令交由各相关部门付诸实施。

由于国王在"御前会议"中专横独断,宠信一批位卑的吏员,排斥大贵族进入会议议政,引起贵族强烈不满。1308年,贵族迫使国王罢黜了

---

① A. L. Brown,*The Governance of Later Medieval England 1272—1461*, p. 1.

② V. H. H. Green,*The Later Plantagenets*, London,966, p. 78.

③ J. F. Baldwin,*The King's Council in England during the Middle Ages*, Oxford,1913, pp. 70 – 71.

④ Ibid.,p. 71.

宠臣加维斯通（Gaveston），指责国王被"无用的和邪恶的会议"引入泥潭，要求进行改革。1310年，贵族迫使国王成立一个由5名反对派大贵族组成的"贵族立法团"，负责制定政府改革法令。1311年，"贵族立法团"仿效1258年贵族炮制《牛津条例》的做法，接连制定"六项法令"，提出改革"御前会议"的措施：国王的赐予应经过该委员会的同意，将显要的职位授予合适之人，"御前会议"的重要臣僚之任命，都应在贵族的建议与同意下，在议会中由国王指定等等。同时要求全体"御前会议"成员须宣誓遵守这一法令。然而，这项旨在加强议会权威、限制王权的法令从未得到实施。国王依靠宠信臣僚的支持，在1322年处死反对派首领兰开斯特伯爵托马斯，宣布1311年法令无效，将其亲信宠臣延揽进"御前会议"，以之作为强化王权的工具。

爱德华三世统治前期，"御前会议"的人员变化不大。1341年，为换取议会对其在大陆与法国作战的支持，爱德华三世承认撤销大臣职务应经议会同意，任命"御前会议"成员也应和大贵族商量，这些规定由议会批准为法律。由此，"御前会议"中的教、俗大贵族较前增多。但此时的大贵族多注重在大陆的战争中获取利益，除了涉及有关自身利害关系的要政外，并不在意去"御前会议"参与国王的行政事务。不过，贵族从未放弃对"御前会议"的控制。1371年，爱德华三世的第三子、兰开斯特公爵冈特的约翰（John of Gaunt）纠集党羽在议会中攻击"御前会议"无能，迫使国王撤换其中的一些成员，使"御前会议"沦为自己的工具。1376年，爱德华三世的长子、黑太子爱德华（Edward the Black Prince）发起反击，利用掌握议会的有利形势，攻击冈特的约翰及御前大臣腐化堕落，效率低下，从而启动了对宫廷中兰开斯特派的弹劾，将国王的两个重要的御前大臣处以监禁。但不久冈特的约翰利用黑太子死后的良机，再度控制"御前会议"，将大量亲信安置其中。在理查德二世统治时期，国王采取措施在1380—1386年重新组建了忠于自己的"御前会议"，大贵族反对派曾经于1386年试图在议会中对这一机关进行弹劾，但最终未能成功。1390年，国王通过议会颁布法令，规定"御前会议"每周都应举行会议,处理诸多王国要政。即使国王未在场,也可以处理一些政务。由此,从立法上确立了"御前会议"作为全国最高行政机关的地位。

兰开斯特王朝时期,"御前会议"的功能和运作"进入了一个拥有最高(行政)的权威和主导性的时代,同时继续作为政治冲突的中心而存在"。[1] 亨利四世上台后,迫于稳定局势的需要,为了向议会证明自己并非独裁行事,在1406年同意议会宣布的有关国王在选拔"御前会议"成员和该会议运作等问题上不干预的条例。但亨利四世将安茹王朝的"御前会议"进行改造时,仍将其宠信的教、俗大贵族和出身寒微且效忠国王的精明吏员充实其中。此外,为了维持会议运作的稳定性,亨利四世在奔赴大陆时,将"御前会议"的人员一分为二,一部分跟随自己,另一部分留在伦敦,确保要政的及时处理。同时,对"御前会议"人员发放年薪,最高者可达每年200英镑,少的也有数十英镑到100英镑。这样,"御前会议"涉及的要务更多,而且逐渐明朗化。到了亨利五世时,不少重大政务,如王家对地产的赐予与收回、外交事务的决定、大陆占领地区的军事防务与给养保证、货币的发行与外流、国王贷款的处理、特定司法案件的审判、议会转来的地方上诉陈情的处置等等,都由御前会议处置。不过,"御前会议"对大多数要务的处理,必须得到国王的允准。[2] 由此,"御前会议"运作的制度化特征愈益明显,但国王的权威并未削弱。

1422年亨利五世因病去世,年幼的亨利六世即位,由大贵族格洛斯特公爵汉弗里(Humphrey,Duke of Gloucester)摄政。在是年11月的议会上,以大主教博福特(Beaufort)、贝德福公爵约翰为代表的大贵族为了防止格洛斯特公爵专权,筹划构建幼主即位后统治国家的集体负责制:由御前会议实施国家统治权力。为了维持该体制的运行,提高"御前会议"的权威,这次议会还专门制定了5条御前成员的工作章程:财政署的财政总管不得向任何人透露国库中的财富秘密,书记员也要每天记录

① J. F. Baldwin, *The King's Council in England during the Middle Ages*,Oxford,p. 147.
② Ibid. , pp. 167 – 168.

那些出席"御前会议"的贵族名单;在处理一般性的事务时,除中书令、国库长之外,至少还要由 4—6 名御前大臣参与决定;在决定和处理重大事务时,必须由全体御前成员或大多数"御前会议"成员到场协商决定;关于王国事务的处理和决定,"御前会议"与贝德福公爵或者格洛斯特公爵协商。召集议会权、官员任命权以及原属于国王的监护权、婚姻批准权等皆由御前会议实施。① 此外,议会要求格洛斯特公爵放弃"摄政"称号,仅授予他"王国保护者和国王的首席御前大臣"的称号。议会还做出明确规定:虽由格洛斯特公爵主持和负责御前会议的工作,但该项权力并非他永久拥有,御前会议也可以撤销。同时,为了制衡格洛斯特公爵的权力,议会上院还决定当贝德福公爵在国内的时候,他也同时具有"保护者"身份,与格洛斯特掌有同样的权力。②

格洛斯特公爵对这样的安排非常不满,此后多次向议会上议院要求获得摄政权,都遭到了上议院的拒绝。同时,为了加强御前会议的权力和集体负责制的权能,议会再次制定出更加明确的御前会议工作章程规定:御前会议的任何成员都不能涉及呈递给御前会议与其本人有关的议案,在讨论与其本人有关的案件时,该成员应该回避。当御前会议对有关事务进行讨论或者做出决定的时候,每位御前成员都应该自由发表意见。御前会议在讨论或者决定事务时,除主要官员参加外,至少还要有 4—6 名御前会议成员到场。御前成员要在指定的地点处理议案,不得在其他地点处理议案。御前会议召开时,在议案宣读完毕后,御前成员要给出个人的意见,然后该议案再交由上院署证。在惩罚御前成员或国王的主要官员时,应该经由国王御前会议所指定的大多数人给出同意或者建议才可以实施。③

1437 年亨利六世亲政后,进一步利用贝德福公爵改革"御前会议"。

① Ronald Butt, *A History of Parliament*: *The Middle Ages*, London, 1989, p. 500.

② Ibid., p. 499.

③ C. Given-Wilson, ed., *The Parliament Rolls of Medieval England 1275 - 1504*, London, 2005, Ⅴ, 6, pp. 392 - 394.

一方面,给予"御前会议"成员以丰厚的薪酬,格洛斯特公爵的年薪最高。作为"首席御前会议大臣"和国王离开英格兰时期的"摄政",他可以以这两个名义领取双份数千英镑或马克的薪酬。1431 年,他就分别领取了5 000 和 6 000 马克。而其他成员的年薪,则是 200 英镑或 200 马克。不过,如果缺席会议一次,则将扣除 1 英镑或 1 马克①;会议成员必须宣誓,给国王广泛适用的建议,并且为国王的要政保密;赋予该会议以自主处理要政的权力,而在大事的处置上也不必和国王的意见一致;涉及国王赐予、任命、赦免、恩典等方面事务权力,"仍旧为国王保留"。② 此后,"御前会议"稳定运作,但也出现贵族在其中专权独断并利用这一机关排斥异己的局面。因此,在 1450 年的杰克·凯德(Jack Cade)起义时参与的贵族就指责国王疏远具有王室血统的贵族,而"将出身较低下之人提拔并任命为其枢密会议的首领",从而导致为进入"御前会议"而贿赂和司法审判不公的丑行。为此,他们要求"清除邪恶的御前会议议员",延揽约克公爵等贵族入主其中。在此后,约克公爵为了控制统治大权,与国王就控制御前会议展开反复冲突,最终演化为争夺王位的"玫瑰战争"。

这一时期,负责令状草拟、颁发的中书省则是又一重要的政府机关。中书省发端于 11 世纪后期。诺曼征服后,王廷中设有秘撰官员中书令,既负责公文草拟、盖玺等事宜,又兼任宫廷教堂首领,负责王室的宗教生活。因负责众多秘撰政务,中书令一职渐显重要,以中书令及其一批较固定的吏属所组建的中书省日渐成型,并开始向国家机构嬗变。其时,中书令统管中书省政务,监督文书的草拟和定稿,执管王之玉玺,为所颁文件加盖玉玺以示王的批准和验证。包括宰相在内的王国各级官员,如果没有国王的加盖玉玺的令文,就不得处理某项政务。中书令也是王廷的重要朝臣,常年随王巡行,署证王令。受国王的指派,他还率领部分属员参加王国一年两次的财政署会议,也是财政署的主要成员,主要负责

---

① J. F. Baldwin, *The King's Council in England during the Middle Ages*, pp. 175 – 176.
② Ibid., p. 186.

此机构的文秘事务,不能出席时则让副中书令代表其参加。此外,教职空缺的主教区和修道院以及无主继承之封地的财产与收入,一般常由中书令负责保护和管理。由于中书令职位重要,故国王皆选心腹能干之人充任,离任后赐其高级教职。中书令一般都要随王巡游,又系枢密之职,受到王直接的严格控制,故大多任职者皆系王之心腹。不过,也有少数人倚仗权力触犯王威、独断专行,故国王不时也采取措施加以扼制。在理查一世时期,中书令一职多由宰相兼任,由此而出现了朗香(Longchamp)专权的局面,常常用自己的私人印章来处理除了财政署以外的重大政务。

朗香被铲除后,国王开始注重削弱中书令的权力,故在理查后期,在王家令状下端必须标注"朕已确认"(Teste me ipso)几字,以防中书令在所颁令文中作伪谋私。[①]　到约翰王即位,即将中书令与宰相两职分开,使其重新受到王的直接控制。

到了 14、15 世纪,由于王国政务日渐增多,加之英国议会不断开会,对外战争频仍,内部也时有纷争,中书省作为国家重要机关的地位十分凸显,负责起草各种令状、文件并将其向各处执行机关颁发,以及文件的保管和登记各种卷档等具体事务。此时中书省仍旧设中书令,由国王任免。在他的掌控下之下,则是多达上百人的官员和小吏。爱德华三世时期,中书省颇有规模。在中书令下,整个机关由 12 名主事(master)管控,他们都是重要的资深官员,因办公时占据了前台位置,被列为"第一层级"官员。在他们之后,是被列为"第二层级"的官员,人数也是 12 名。在他们之下,则是一个由 24 名负责撰写标准化的吏员组成的秘撰班子。此外,还有一大批协助的小吏和仆役。也正因为如此,这一时期,中书省在处理相关文件上效率很高。有史家统计,仅仅在 1324 年的一年,中书省草拟颁发的文件就多达 2.9 万份,平均每天达 80 份。此时,中书省不再像以往那样随王廷一起外巡与征战,而是固定在西敏寺办公,或在特

---

① J. A. P. Jones, *King John and Magna Carta*, p. 63.

定时期前往某地办公。如 1294—1295 年的威尔士战争期间,中书令率领吏员移驻切斯特,而不是陪同国王征讨。而在日后爱德华一世对苏格兰的战争中,他们也未待令于国王身边,而是驻扎在约克办公。1338 年,爱德华三世率王廷前往佛兰德斯,并将中书省的一部分人员分流出来随己行动。这一现象的出现,被看作是英国"中央政府机构演进过程中的一个有意义的步骤"。①

作为整个国家机构运作的驱动器,中枢省对于维护王权统治秩序的意义日显重要。因此,图谋军事政变的大贵族,十分注重控制这一机关为其服务。1327 年 1 月 24 日,在王后率贵族推翻爱德华二世的统治后,他们通过武力胁迫,让中书省颁布一项声明,文件称征得高级教士、伯爵、男爵和王国共同体的同意,国王根据自己的意愿决定退出王位,希望他的长子统治王国并被加冕为王②,由此而为政变披上了合法的政治外衣。也正因为如此,国王十分注重对这一机关严予掌控,并让效忠自己的宠臣充当中书令。1338 年 7 月 12 日,爱德华三世在渡海征讨法国之前,就颁布了瓦尔登法令(Walton Ordinance),厘定了中书省的运作制度与权限。其中规定,中书省处理一般的日常行政司法事务,只用国王的大玉玺确认即可。但如果涉及财政拨款等诸要政的文件,还必须加盖国王的小玉玺。这一定制日后一直沿袭。同时,爱德华三世一直让宠臣执掌这一机关。

这一时期,中书令作为"御前会议"中的主要成员,在处理王国行政、军事、司法事务方面也有着很大权力。随着时间的推移,中书令甚至逐渐成为"御前会议"的领袖,拥有 13 世纪被废黜的宰相的权威。此外,中书省也拥有很大的司法审判权,受理来自各地是请愿裁决乃至案件审理。自理查二世开始一直到 15 世纪末,中书令一直"以御前会议的名义设置自己的法庭,尽管这个法庭的地位位于王座法庭和议会上议院的法

---

① M. Prestwich, *Plantagenet England 1225—1360*, p. 60.

② W. M. Ormrod, *Edward Ⅲ*, p. 52.

庭之下,但其权威仍不可小视。这一法庭可以在任何时间开庭,不受常规条款的限制"。①

这一时期,王国原有的财政机关为了适应不断变化的经济、政治形势而进一步发展,并有所调整。

诺曼征服后,王国财政曾由王之内府中王的御库宫室管理,由宫室长及司宫负责,不久又在温切斯特等地设国库储之,设国库长负责钱物征收和部分支付。但国库在重大财务上仍听命于宫室,其官吏也由内府派出的司宫兼任。自亨利一世始,形势的发展需要建构新的财政机构,财政署应运而生。此时,国王将王田收入折钱征收,并让各郡守承包其所管王田的收入,称"郡守承包税",每年征调后上交国库。这样,就需国库改变以往的计算方式和程序。同时,远征诺曼底的军费和官员的薪金负担较重,王国的财政紧张,迫切需要加强对国库的控制和改革,以提高国库财政收支的工作效率和精确程度。为此,国王就委派王廷中一些重要官员如宰相、中书令、警卫长等及其下属一年两次赴温切斯特国库,与国库长及属吏一起审核账目,计算收支,并处理相关的司法事务。此外,还从诺曼底引入流传已广的阿拉伯算盘,用一段棋盘式的格子布铺于桌上计算金额。由是,财务署(exchequer)产生,因用来计算的格子布类似于棋盘,故也被称为"棋盘署"。斯蒂芬王时期的内战,致使财政署工作几至于中断。在亨利二世即位后,财政署正式定型,署中官吏日趋专职化,运作制度较为严密,多以西敏寺作为固定的办公地点。财政署基本上实行一年两次的财政审计结算制度,分别在复活节和米迦勒节期间进行。除征调郡守承包税外,还有各种税收和罚金。

账政署分为两部。账政署的"上部"是署领导机构,负责署务的商定和指导,解决收支过程中的一些原则性问题与重要疑难问题,监督和纠正其中的一些违制行为。上部实际上由大多数王廷小会议成员组成,宰相为主持人,其下有在财政署会议期间被统称为"财政署男爵"的中书

---

① J. F. Baldwin, *The King's Council in England during the Middle Ages*, p. 244.

令、国库长、司宫、司厩、警卫长等官员。宰相统揽财政署全局。财政署"下部"则是署内具体的财政收支执行机构,因此又称"接收部"。负责记录征收数目、项目和保管、支出。

到了 14、15 世纪,随着商品经济的不断发展和对外战争的持续进行,财政收支的数额也相应加大。同时,议会的兴起及其税收批准权的获得,也对王国财政事务形成有力掌控。在此情况下,财政署作为中央财政机关的地位开始凸显。这一时期,国库长成为财政署的固定专职长官,在王国大臣中位列于中书令之下。这一职务在 14 世纪大多由教士担任,而到了 15 世纪,则多由俗人担任。在国库长之下,则有 4 名"男爵"了解账目并向"上部"和属于"下部"的两名司宫的代表提出看法。在"男爵"之下,大约有百余名署员办公,其中有任命的官员和处理账目事务职员,也有负责门卫和信使等杂役。[①] 由于财政事务的日益专业化和复杂化,财政署时常开设的法庭之权能大为缩小,局限在有关王室财政案件的审理上。

财政署基本上实行一年两次的财政审计结算制度,分别在复活节和米迦勒节期间进行。财政署结算制度十分严密。在结账前,财政署就向各纳款人颁发传唤文令,列举其应交项目、数额与应减免的内容以及结账的时间、地点。结账分两次进行。复活节时,纳款人只交全年应纳总额的一半,并说明应扣除的开支,余下一半以备王廷就地征调。纳款人在上交后得到刻有已征内容的木码之一半为收据,另一半留下为凭以防作伪。到米迦勒节时,则要依文令携木码前来结清欠款,对应扣除的开支提出证明。算账时,纳款人在一长方形账桌边与宰相相对而坐,其他上部官员则围坐四周。账桌上的黑底白条方格布,每格宽约 1 呎,从右向左数的 7 个格子为上下两栏,分别表示的货币单位为便士、先令、镑、20 镑、100镑、1 000 镑、1 万镑。计算时用两种"棋子",在上栏中摆上应交之数,在下栏摆上收到实数,然后在每格内上下相减,就得出纳款人的所欠之数。

---

① A. L. Brown, *The Governance of Late Medieval England 1272—1461*, pp. 53-54.

随着形势的变化,这一时期财政署的收入名目在以往的基础上有所拓展。一类是国王的封建性收入,即作为全国最大的封建主和各级封臣的最高封君而获得的收入,包括各地王田的收入——郡守承包税、国王下属城市提供的款项以及依据封君权利取得的收入,如封建支助金、封地继承金、封土罚没金、对未成年的封臣实施监护时期的封地收入、教职空缺之教区和无主继承之封地的收入等等。第二类是则是国王依据公共权威而借助国家权力机关强权取得的,包括财产税、人头税、关税、部分什一税、法庭罚金、铸币收入、羊毛补助金等等。

在当时,"国王应靠自己的收入来过活"的原则仍旧存在,贵族不时以此来反对国王"超额"征税。但由于对外战争频仍,王国财政常常出现危机,国王不可能依靠"正规"收入来维持朝廷开支,必须依靠额外税收。因此,这一时期频繁地征收动产税(movables tax)、关税(customs)与羊毛补助金(wool subsidy)等,这些税种日益成为国王财政收入的重要来源,不过也时常成为议会与国王之间争议最多的税种。同时,贵族与国王对财政控制权的争夺也时而发生。爱德华一世后期,郡守和官员征调的税收,常常有相当大的部分不是送到财政署,而是直接交付锦衣库,而锦衣库的财政支出完全按照过往颁布的令状实施,这两类账本都不送交财政署备案存档,导致财政署在米迦勒节期间收入甚微,出现大的财政亏欠。[①] 贵族对此极其不满,他们为了限制国王的财政权,力图将财政署作为王室的唯一收支机构,但收效甚微。因此,在他们通过议会颁布的《1311 年法令》中就规定,所有的王室收入要直接由财政署收取。这一要求虽然收效不大,但由于贵族的设法限制,锦衣库沦为一个供应王廷开支的财政机构,不再拥有 13 世纪操控财政的权势,难以取代财政署的凸显地位。

这一时期,作为西敏寺的普通法法庭,王座法庭(King's Bench)和普通诉讼法庭(Common Pleas)已经完全定型并进行制度化的运作,构成了

---

① M. Prestwich, *Plantagenet England 1225—1360*, p. 59.

王国的两大中央法庭。

这两大中央法庭的端绪可以追溯到 12 世纪。诺曼征服后,英国国王具有封建宗主和一国之君的双重身份与地位,国王的司法权中公法与私权不分,其统治机构也带有立法、行政与司法合一的特点。由此,王国尚无专门司法机关和法官,由王廷兼理王国的司法事务,朝臣和行政官员兼为法官来听讼断案。

12 世纪特别是在亨利二世统治时期,随着国王司法权的拓展,国王根据维护"王之和平"的主张将王国内的主要刑事案视为破坏王国统治秩序的罪行,划归为"王座之诉"的范围,由王廷审理。史家认为,"王座之诉"所包纳的"王之和平"的理想,构成了国王司法集权的"法律基础"。① 同时,亨利二世还推行陪审制,并将王国土地案件的终审权也归属于王廷。而在司法机关的建构上,亨利二世组建了巡回法庭,并在西敏寺设置了两个法庭,一个主要负责审理民事案件,可谓是王国普通诉讼法庭的前身,另一个则负责审理"王座之诉"的重大案件,王座法庭由此肇始。不过,这些法庭中的不少人员仍是王廷会议成员,还远不是专职化的法官。自 13 世纪中期开始,王座法庭和普通诉讼法庭日益定型,完全脱离王廷而在西敏寺运作。

王座法庭和普通诉讼法庭拥有各自的专职法官、吏员和审判记录。王座法庭一般有 4—6 位专职法官,其中一位为首席法官(chief justice),普通诉讼法庭的法官则略多些。这些法官都由大玉玺颁布的令状所任命,一般而言都被看做是专业的职位而很少被罢免。这些法官都领取年薪,首席法官为 40 镑,而其他的则是 40 马克。为了杜绝贿赂,法官的年薪在 1346 年后增加几倍,分别为 140 马克和 110 马克。此外,他们每年到地方巡回办案还有 20 镑的酬金。②

在一般的情况下,这两个法庭的审案主要集中在每年 4 个"法律审

---

① A. Harding, *Law Courts of Medieval England*, p. 38.
② A. L. Brown, *The Governance of Late Medieval England 1272—1461*, p. 131.

判期"(law terms)举行,分别处在圣希拉里节(Hilary)、复活节(Easter)、圣体节(Trinity)和米迦勒节期间。在这些审判期中,他们的办案时间为15—20个星期。在审判期之外,这两个法庭还要派调差团到地方处理司法事务。① 王座法庭主要审理刑事案件,尤其是那些重大的叛逆案件,并处理任何王家法官在司法审判过程中出现的错案。而普通诉讼法庭主要审理民事案件,多为土地所有权、占有权、债务方面的纠纷,因此案件最多。同时,普通诉讼法庭还有权监督郡、百户区和私家的法庭,由于这些纠纷常常引起冲突和抱怨,王座法庭也时而介入,认为损害了"王之和平"。

这一时期,还有专门处理王国财政、税收案件的财政署法庭,而国王的"御前会议"也具有司法功能。此外,议会上院拥有审判叛逆的贵族和被弹劾的臣僚、纠正普通法庭错案的权力。由此可以说,多机构的分权制衡构成了此时司法机关运作的一大特征。

在整个中世纪,虽然国王不断地采取集权措施力图强化对地方的控制,但在特定的历史环境中,王国并未建构起整齐划一的地方政府体系,其对地方的控制除了通过王家法官、地方大贵族来实施外,主要是通过各郡郡政府以及城市、教会来进行。因此,王权对地方的控制带有复杂和松散的特征。

地方分郡制缘起于 11 世纪,是盎格鲁-撒克逊时期遗留下来的遗产。诺曼征服后,威廉一世就充分珍视这一遗产,在各地建立郡政府以控制地方。当时,英王在周边和要地封立伯爵的同时,在王国内就设约 33 个郡,各郡的面积大小不一,所辖人口也多少不等。据史家根据《末日审判书》的资料统计,人口最多的为诺福克郡,大约有 27 087 人;林肯郡居于第二,为 25 301 人;而面积很大的德文郡则只有 17 434 人。② 一般而言,郡长办公的"郡衙"大都设在重要市镇的王家城堡里,郡得名

① A. L. Brown, *The Governance of Late Medieval England 1272—1461*, p. 129.
② A. L. Poole, A. L. *From Domesday Book to Magna Carta*, pp. 36, 39.

于其"郡廨"所在的市镇,但也有一些并未处在其得名的市镇,如肯特郡"郡廨"在坎特伯雷,德文郡在埃克塞特,威尔特郡在萨勒姆,汉普郡在温切斯特等等。另还有数郡以王之领地中的庄舍为其"郡廨",如德比郡、康沃尔郡。① 负责掌管一郡的郡长由国王直接任命,是王权的最高地方行政长官。国王的大部分令文向郡长颁布,国王给其教俗总封臣的令文,也多由郡长负责传达。主持郡政会议是郡长最重要的职责。此会议习惯上一年两次,12世纪时次数增加,有时两月一次,甚至每月一次。郡长在会上宣读王之令文,处理各项政务。在财政方面,郡长负责征调郡内的王廷收入;在司法上,在郡法庭中主持审判,并主持其所辖百户区之法庭的审案;在军事上,负责征调地方民团乃至贵族的服役骑士参与征伐。在整个中世纪,郡政在维护地方秩序、巩固君主统治上作用重大为,因此,史家称"分郡制是西欧君主所设计的最有效的地方行政制度"。②

由于封建制的影响,诺曼征服后的一段时期,郡长一职常常为封建主所世袭,或者被大贵族所控制。此外,郡长在为政过程中,也常常出现不纳王命、贪赃枉法的现象。因此,自12世纪开始,英王不断采取措施打破世袭制的惯例,将郡长任免权收归中央。同时,不断派出王家法官、法庭巡查地方郡政,惩罚为非作歹的郡长。据1170年的《国库卷档》载,其时,因有亨利二世王家调查团获取的罪证,约有20个郡长被国王撤换。这次调查对郡长任职制度的改革作用重大,被认为"是郡长职位史上的一个转折点"③。由此,不仅遏制了郡长职务"封建化"的倾向,而且让郡政充分地体现国王的统治意志和政策。在约翰王时期,郡长职位常被国王赐给宠信,同时也出现买官现象,这也成为贵族兵谏国王的一个原因。

到了14、15世纪,由于乡绅阶层的兴起,地方上选任郡长的要求曾经一度被允准。但直到15世纪末期,大多数郡长基本上还是由王廷选

---

① N. J. G. Pounds, *The Medieval Castles in England and Wales*, Cambridge, 1990, pp. 92 - 93.

② B. Lyon, *A Constitutional and Legal History of Medieval England*, p. 171.

③ W. L. Warren, *Henry Ⅱ*, p. 290.

任的,只要时机合适,国王都要通过臣僚的会议让其宠信之人担任郡长。理查德二世统治时期和亨利六世统治的 15 世纪四五十年代,情况基本如此。但在一些诸侯势力很强的边境地区,如康沃尔、切斯特、兰开斯特等地,郡长一职还是由大贵族家族世袭控制。① 安茹王朝初期为控制郡政而常常由王廷官员赴地方担任郡长,到了 14、15 世纪,郡长一职基本上是由地方的中小贵族和乡绅担任,以便更熟练地处理地方政务。这一时期,一般是实行一郡一长制,但两郡设一个郡长的情况也时常出现。郡长之下,设一郡长助理辅佐,其下有一批吏员办公,负责处理郡的各项具体政务和文书保管。此外郡政府中还设有百户官(bailiffs)和百户官助理(sub-bailiffs),负责处理公家百户区的事务。②

中古行政和司法不分,郡政会议也是郡法庭。在郡法庭中主持审判,是王赋予郡长的权力。一般而言,郡长每 4 个或 6 个星期要主持郡法庭一次,审理本地的民事、刑事案件。郡长或其代表还有权主持百户法庭审案,并且每年两次巡视百户区。此外,他们还要为巡回的王家法官作准备,确保程序所需的陪审员与吏员、被指控的犯罪嫌疑人到场。同时郡长还是郡里监狱的掌管者,负有拘押罪犯的责任。西敏寺的法庭依赖于郡长等官员处理传唤被告人的法令以及扣押财产和组织陪审团等,才能展开司法审判。

随着议会的兴起,郡长还承担了负责选举地方代表参与议会的重要职责。国王颁发有关选举议会代表的普通令状,要求从郡内选派 2 名骑士代表。在接到令状后,郡长必须在郡政会议上组织选举。

军事方面,郡长也职责重大。他实际上是地方民团的首领,负责召集、给养、出征诸事宜。贵族的骑士军役,也由郡长据王令前往征召;国王在其郡内的城堡、驿道、桥梁,亦由郡守负责维修和守护。

在地方各郡中,王田监守(escheator)是国王在地方的又一重要行政

---

① A. L. Brown, *The Governance of Late Medieval England 1272—1461*, p. 145.
② M. Prestwich, *Plantagenet England 1225—1360*, p. 66.

官员,其主要职责是维护国王作为王国土地之最高宗主的权力,对国王之总封臣的地产实行收回、监护等。在13世纪中期,王国以特伦特河为界,分设南、北两位王田监守,1324年,逐渐转变为9位王田监守分别负责管理一批郡的相关事务。大约从1341年开始,在每个郡都设置了这一职官。担任此职的人须是郡中有土地的骑士阶层。1368年的王令规定,土地年收入达到20镑的人,才有资格担任此职,任期为1年。① 这一时期,王田监守的职责几乎没有多大变化,但仍然繁多。在国王的总封臣去世后,将其封地封查监管,同时将封地的数量和其继承人的姓名上报中书省。如果该继承人已到成人年龄并对国王举行了效忠仪式,他将得到一份令状去把封地归还给继承人。此外,这块封地在监管时期,所产生的效益也要由他来计算并上交。教职空缺期间教会的土地,也要由他来监管。

　　这一时期,治安法官(Justice of Peace)是各郡中权威广泛的王家官员。这一职务起源于12世纪末期。1195年,理查德一世任命小贵族去动荡的地区维护治安,负责实施法律和维护"王之和平",他们被称为"和平守护者"(keepers of the peace);爱德华一世统治时期,任命这一官员驻守各郡,称谓也大同小异。爱德华三世时期,议会下议院赋予了这一职官掌管一郡治安的权威,并在1361年正式使用"治安法官"的称谓。

　　治安法官一般选地方的骑士、乡绅担任,在他之下也有一些随员助理事务,还有郡法庭的验尸官相助。这一时期,随着商品经济的发展和社会矛盾的尖锐,治安法官的职责和任务不仅繁重,而且增加了新的内容。他们需按照指令在一年之中至少举行四次会议,每次会议都要召开数日。此外,为了处理日常事务,还要与身边的法官不时召开短会。治安法官的具体职责是,巡查各百户区、镇的治安,接受刑事案件的起诉,逮捕各类刑事罪犯和被怀疑有阴谋反叛行为的人,收取相关的司法罚金。从14世纪中期开始,治安法官更负担起强制推行王国社会政策的

---

① A. L. Brown, *The Governance of Late Medieval England 1272—1461*, p. 145.

任务。随着议会提出的"劳动法令"的颁布,还负责限制雇工工资和商品价格、遏制雇工骚动等,以及禁止乞讨、流浪和宗教异端。1581 年首次刊发的《治安法官手册》上,列举了 309 份涉及其职责的令状,其中有 133 份在 1485 年前实施,125 条在 1461 年实施。①

中古后期的城市统治虽然与郡不同,但仍旧是英国王权地方政务的组成部分。

诺曼征服后,由于大多数英国城市兴起于王领之中,因而被纳入封君封臣制的轨道之中,一直受到王权的直接控制。为了摆脱郡长或管家的额外苛重敲剥,城市市民从 12 世纪起,开始了争取自由与"自治"的斗争,但因势单力薄而屡遭镇压。此后,城市通过向国王交纳一笔费用来赎买特权准许状,以获取一定限度的经济与政治权利。从亨利一世开始,英王就向城市颁布特权准许状,赐予城市各种特权。亨利二世在位时,较普遍地颁发这种特许状,这类文件现存下来的约有 50 份。到了理查德一世与约翰王统治时期,因王国政府的财政紧张,这类特许状颁布更多。英王赐予城市的特权包括建立行会垄断城市工商业活动以及商人的通行税豁免权等等。同时,也有一些城市利用王国的财政危机,通过赎买来争取"自治",但十分艰难,其中伦敦的斗争屡起屡仆,直到 13 世纪初,才获得了选举市长、建立城市法庭等"自治"特权。在约翰王时期,伊普斯威奇、北安普敦、格洛斯特、林肯、什鲁斯伯里等城市也通过赎买方式获得了"自治"权。

不过,这类"自治"权并非是永久享用,时而因为支持反叛的贵族、内部骚动、货币混乱等原因而被王权所取消。1239—1259 年间,伦敦曾 10 次被取消"自治"权。爱德华一世对城市的扼制最为凸显,1284—1297 年间,以内部混乱为借口派王家官员管理伦敦。1290 年,则以货币不全而终止了不少城市的"自治"权,其中有伊普斯威奇、格洛斯特、林肯、约克、诺里奇、北安普敦、诺丁汉等。

---

① A. L. Brown, *The Governance of Late Medieval England 1272—1461*, p. 146.

到了 14、15 世纪时期,虽说由于商品经济发展和社会变动,英国城市有了较快发展,城市与王权的关系也有一定变化,但王权仍旧因袭以往对城市的控制模式。这一时期英国城市规模不大。在 14 世纪时,有人估计,伦敦大约有 4 万人,约克和布里斯托尔大约为 1 万人,普利茅斯和考文垂约为 7 000 人。人口超过 1 000 人的城市才有 40 个。[①] 也有人估计,这一时期标准的英国城市,其人口也就 4 000 人左右。[②] 大多数的城市,实际上只是人数不多的小市镇。

这一时期,诸多的小城镇被纳入郡政统治范畴,只有规模较大的城市才获得"自治"权,不过城市"自治"要履行国王的各种政令,实际上扮演着王国地方行政机构的角色。在财政方面,它们除了每年向王国财政署交纳一笔"承包"税款外,对王室新开征的任意税、动产税、商品进出口关税乃至人头税等也有负责征调的责任。城市还承担为封建王权管理商务的职责,如监督外贸、规范价格等。城市必须使用王国的货币来进行商品交易,没有一个英国城市能铸造货币流通。在司法上,它们组建自己的城市法庭,在负责审决市民普通案件的同时,既要严守王国的法律,也须协助前来开庭审判大案的王家巡回法庭,在审判的各个程序与收取司法罚金上尽其责任。在军事上,它们要为封建王权服军役,这一义务,既含有封建军役的意义,同时也来自于每个自由人都要为王服役的惯例。1181 年亨利二世颁布的《武器装备法令》对全国自由人自备兵甲、马匹服军役的规定,当然也包括市民在内。在大陆与法国为争夺领地的战争中,市民服役参军的现象十分普遍。此外,东南部的"海角五港"以及其他沿海城市还必须为国王的海上货物与军事运输服务。

这一时期,市民代表参与议会议政决策,反映了城市与王权关系的新变化。有资格选派市民代表的都是规模较大的城市,被称为"议会城市"。并非所有城市都在每届议会选派代表,有的只是断断续续地选派,

---

① A. L. Brown, *The Governance of Late Medieval England 1272—1461*, p. 152.

② V. H. H. Green, *The Later Plantagents*, p. 26.

有的则始终选派。爱德华一世时期，出席单届议会的城市最多为 116 座，有大约 80 座城市连续派遣代表。到了 15 世纪爱德华四世时期，"议会城市"大约有 112 座。[①] 一般每座城市都派遣 2 名代表，唯有伦敦可派遣 4 名。另据统计，"议会城市"的平均数：爱德华一世时期平均 86 座；爱德华二世时期降为 70 座，爱德华三世时上升为 75 座；理查二世时期为 83 座。[②] 城市参与议会表明市民利益诉求的日益增强，同时也反映了王权开始把对城市的掌控纳入到王国统治的共同轨道。

---

① W. Stubbs, *The Constitutional History of England*, V. 3, p. 464.

② B. Lyon, *A Constitutional and Legal History of Medieval England*, p. 546.

# 第三章　中世纪议会发展

在"模范议会"召开后的近两个世纪中,英国议会发生许多变化,机制不断完善,逐渐发展成以君主为核心、多等级参与的政治协商体。

14、15世纪,尽管议会的建构还很粗陋,但议会的政治职能明显增强,为了讨论税收、立法等重大政务,国王每年召集议会,同时,议会的会期也大大延长,短的约两到三周,长的甚至多达几个月。召开较为固定在伦敦的西敏寺,召开的频次也日益增多。《1311年法令》第29条规定:"国王每年必须在合适的地方至少召开一届议会,如有需要,还可召开两届。"[1]此后,议会每年至少召开一次,直到百年战争结束以后,议会召开频次才明显减少。[2]

这一时期,国王的臣僚集团保留在议会中,最终将成员限定在部分高官之内。教会人员中,高级教士一直留在议会,低级教士与会频次越来越低,终究脱离了议会。世俗贵族和地方代表成为议会的重要组成部分。

国王的贵族臣僚集团主要包括御前大臣、中书令、国库长、司宫

---

[1] C. Stephenson & F. G. Marcham, ed. *Sources of English Constitutional History*: *A Selection of Documents from A. D. 600 to the Present*, New York, 1937, p. 197.

[2] 肯尼思·O. 摩根主编:《牛津英国通史》,王觉非等译,商务印书馆,1993年,第223—224页。

(Chamberlain)、内府总管(Steward of the Household)与其他吏员及首席法官等,他们人数不多,数量也不固定,但影响颇大,堪称"议会的核心"。[1] 他们掌握了组织会议与安排议程的权力,有时能够主导议会。在特殊情况下,中书令担当议会会议主持人,首席法官出任议会的发言人(Spokesman),史家称他们"是议会运转的发起者与参与者",不过,随着时间的推移这些人对议会的影响日渐式微。1341年,世俗贵族提出抗议,宣称只有真正的贵族才享有议会出席权,王室及政府官员大多不是贵族,因而无权出席议会。由此,以内府总管为首的一批官僚随即退出议会。此后,中书令等少数高级大臣继续留在议会内,其他官员大多转为幕后活动。[2]

随着臣僚集团中不少人退出议会,教、俗贵族占据了议会。教会贵族包括大主教、主教、修道院院长(Abbot)与隐修院院长(Prior)等。议会开幕时,教会贵族依次坐在国王右边,而世俗贵族则坐在国王左边。教会贵族博学多才,历练丰富,"他们对政治讨论的贡献绝不能被忽略"[3]。由于国王控制了国内圣职的授予权,一般都容易控制这类人。

世俗贵族除了有公爵、侯爵、伯爵、子爵、男爵外,还有少数享有王号如威尔士亲王的贵族,当然,受封王衔之前,他们一般都已经拥有其他爵位,而且一般也是以该爵位的身份参加议会的。贵族自认为出席议会乃缘于固有权力,而不仅是仰赖国王的私人恩宠。贵族的儿子可以随父应诏出席,有时也可代父出席,这是其享有的世袭权利。贵族去世后如无男嗣,其女性继承人不能出席议会,习惯上可以由其丈夫受诏出席。贵族应诏出席议会主要由于他们的财富、领地的影响,但能否出席往往由国王决定。

地方等级代表构成了议会的重要组成部分,梅特兰认为这类代表就是普通人,即"那些不享有任何特权,也不像贵族或教士那样拥有任何特

① G. B. Adams, *Constitutional History of England*, New York, 1925, p. 203.

② M. Mckisack, *The Fourteenth Century*, p. 187.

③ V. H. H. Green, *The Later Plantagenets*, pp. 94 - 95.

殊身份的人"①。事实上,只有到了爱德华二世统治后期,议会中地方等级代表经常缺失的情况才逐渐消失。1311 年以后,爱德华二世一共召开了 19 届议会,只有 3 届没有召集地方代表。有史家就指出,1325 年后"无地方代表即可召开议会的时代最终结束了"②,地方等级代表参与议会成为一项定制。地方代表由各郡骑士与城市代表组成,骑士的地位比市民高。骑士代表的数量比较稳定,当时总共有 37 个郡,每郡选派 2 名骑士代表。在大约 160 个城市中,参与议会的城市在爱德华一世时期为86 座,爱德华二世时期为 70 座,爱德华三世时期 75 座,理查二世时期 83座。③ 每座城市一般都派遣 2 名代表,除了伦敦可以派出 4 名外。地方等级代表的参与,构成了议会制度的显著特征。

随着议会制度的发展,议会的工作程序渐趋成熟。这一时期,每届议会都必须由国王召集,议会召开日期与地点确定后,中书省就得草拟好召集令状。所有令状都必须经国王亲自验证,并加盖大玉玺(Great Seal)后颁布。召集令状上注明议会的召开时间、召开地点及国王想要讨论的事项。为了留有充分的时间来准备召开议会,这一时期的国王都会提前一段时间颁布令状予以公告,由此形成了相对完善的公告制度与令状制度。召集令状分为个人令状(Individual Writ)与普通令状(General Writ)两种。个人令状直接送达教、俗贵族与国王臣僚,普通令状则颁发给各郡的郡守和城市市政长官。在 14 世纪,公告期的时间长短不一,后来在正常情况下逐渐定在 40 天内,兰开斯特王朝建立后,大体沿袭这一惯例,不过在大多数时候,公告时间一般都多于 40 天。

教、俗贵族凭个人召集令状参与议会,而地方等级代表则需要当地选举。骑士代表由郡长主持的郡法庭选举产生,规定所选代表必须居住在本郡内,必须拥有相当数额的财产,必须具备一定的能力与经验等。当选后,郡长会颁发令状,连带委任状,作为其在议会中有全权代表权的

---

① F. W. Maitland, *The Constitutional History of England*, p. 85.

② May Mckisack, *The Fourteenth Century*, 1307—1399, p. 182.

③ B. Lyon, *A Constitutional and Legal History of Medieval England*, p. 546.

凭据。市民代表由城市选举,但比较复杂。在自由城市中,可以派代表的城市资格由郡长定夺。城市代表一般也在郡法庭上选举产生,郡长同样拥有较大的掌控权威。拥有城市政府的自治市选举程序更为复杂,各市都不相同。城市选举人的资格参差不齐,有的局限于极小范围的市政寡头集团,有的要求保有自由地产,有的只有纳税人才拥有选举权。

最初,因为地方代表在议会中人微言轻,加上出席议会花销不菲,郡与城市都不愿意选派代表,很多人也极不情愿当选。但随着下议院的出现和议会征税功能的强化,地方通过议会反映利益诉求的需要日益强烈,各郡和城市的参选态度渐趋踊跃。获选的议会代表一般都是郡内经济与政治上最为显要最具威信的人物,这些人意识到参加议会的重要性与荣誉感,因此纷纷竞逐这个机会。[1] 在此情况下,选举中权贵豪强之间的派系相争与徇私舞弊也就逐渐显现,以至于国王多次发布敕令,要求选举各方公正行事。兰开斯特王朝建立后,徇私舞弊的事件更是增多。1406 年,议会出台了第一部选举法,就地方代表的选举程序制定了一些规范,对防止郡守的任意干预与徇私舞弊行为起了一定的抑制作用。1429 年,对选举人的财产资格进行限制,规定年收入 40 先令以上者才具有投票资格,这一规定持续了 400 年。

经过多年发展,到爱德华三世统治时期,议会形成了相对完整的会议程序,包括开幕、陈情、议决与归档等流程。

议会通常在彩厅(也称壁画大厅)举行开幕式,偶尔也在白厅举行。国王端坐于大厅上边正中央,教会贵族依次坐在国王右边,世俗贵族按等级陪侍国王左边,地方代表则站立于大厅下边。御座前面安放几个羊毛包,供法官就座。还有一张办公桌,供议会书记官(Clerk of the Parliament)与其他官员使用。[2] 国王一般会亲自出席开幕式,也会委派代表出席。摄政王、中书令、坎特伯雷大主教或首席法官等重要官员应

---

[1] B. Lyon, *A Constitutional and Legal History of Medieval England*, p. 544.
[2] W. Stubbs, *The Constitutional History of England*, V. 3, pp. 440–441.

国王要求致开幕词,申明开会目的,宣布议程安排,布置具体任务。开幕词一般开篇即背诵《圣经》篇章或发表演讲者自己的论点,多少带有训诫的性质,最后以正式声明作结,通常会陈述国王面临的难处,提出财政需求,希望提供资助,还有就是承诺纠正冤屈。国王有时也作即席发言,表达体恤臣民之意。下议院议员经常就国王传达的信息表示谢意。

接着是所谓的"陈情",即接收地方的请愿。由议会书记官宣读请愿书接收员(Receiver)与审理员(Trier)名单。请愿书接收人由中书省吏员或主事官担任,之后由审查委员会审查来自各地的请愿书。审理者浏览请愿书后,按其合适的方式决定接受或拒绝。[1] 议会请愿书分为个人请愿书(Private Petition)与公共请愿书(General Petition)。个人请愿书大多仅仅涉及私人利益,由个人提交。公共请愿书因攸关公众福祉,以下议院集体的名义提出。由专门的委员会对个人请愿书实行否决,对公共请愿书进行修改,但最终均须呈报国王裁断。

在议会工作程序中,分组讨论是最重要的步骤,所有需要解决的问题都提交各个讨论组。为了确保如期完成议程,议会明确规定了议员的到会时间。

议会一般讨论紧急的政策事务,议题由中书令、首席法官、内府司宫或坎特伯雷大主教提出,对该事项具有特殊专长的人可以担任国王的官方发言人。这些发言有时向上、下议院全体会议传达,有时向其中一院单独传达。[2] 议长出现后,经常由议长向下议院宣布讨论事项。当下议院达成协商结果后,由议长禀报给国王;下议院也可能与上议院贵族进行协商,或者向上议院汇报;下议院有时则犹疑不决,等上议院结果出台后,他们再草拟与之保持一致或针锋相对的方案。[3]

经过分组讨论,在全体会议上形成决议后,议会便告解散。但有关议会的工作并未结束,还需完成"归档"。爱德华一世时,议会书记官开

---

① V. H. H. Green, *The Later Plantagenets*, p. 105.

② G. O. Sayles, *The King's Parliament of England*, New York,1974, p. 112.

③ W. Stubbs, *The Constitutional History of England*, V. 3, p. 473.

始把议会处理的诉讼案、请愿书与辩论结果,以备忘录的形式记录在羊皮纸上,以供国王和御前大臣决策之用。但记录很不规范,内容也残缺不全。在 1316 年的林肯议会上,来自林肯的议会书记官威廉·埃尔明(William Ayremin)首次完整而详细地记录下了整个议会的内容,并于会后编辑成册,永久存档,称《议会卷档》,议会文献保存走向正规。1332年后,私人请愿书不再收入《议会卷档》。[1] 爱德华三世时,议会书记官开始逐日记载议会(上议院)的活动内容,形成议会日志制度,留下了有关议会开会情况的正式记录,议会记录步入规范化轨道,内容除了议会开幕、闭幕、选举议长与任命请愿书接收员外,主要涉及国王与贵族个人的争讼与判决,也包括下议院提出的一些请愿及国王的答复。

随着议会出席人员逐渐稳定,两院制的组织形式逐渐确定下来。

所谓"两院",指的是上院(House of Lords)和下院(House of Commons)。两院制产生的标志是贵族与地方代表分别开会,并形成惯例。两院制的形成经历了一个缓慢演变的过程,到 14 世纪中叶才固定成型。在议会确立之初,各等级的代表有分开聚会讨论的惯例。随着时间推移,骑士和市民的代表逐渐联合起来共同提出请愿书,反映地方的利益诉求。到爱德华三世时期,这种联合行动已经司空见惯,表明他们已在考量攸关相互利益的问题。[2] 1340 年元月,为了应付百年战争爆发后日益严重的财政危机,爱德华三世召开议会,会期近一个月。这届议会对于两院制的形成具有重要意义。一方面,正式使用了"上院"与"下院"两个词语。另一方面,议会两院尤其下院的作用得到了明显体现。在征税等问题上,下院已经不再是单纯的领受者,而是开始利用批税权争取自身利益了。[3] 1341 年堪称两院分立的关键年份,因为在这一年,国王臣僚集团因贵族抗议而退出议会,低级教士则获得爱德华三世的正

---

① G. O. Sayles, *The King's Parliament of England*, New York, 1974, p. 110.

② B. Lyon, *A Constitutional and Legal History of Medieval England*, pp. 542 - 543.

③ B. Wilkinson, *Constitutional History of Medieval England*, *1216—1399*, V. 1, pp. 338 - 339.

式特许,可以免除出席议会的义务。这样,英国议会的成分就基本固定下来了,这对于两院制的形成具有决定性影响。1343 年 4 月的议会档案首次明确记载了两院分开议事以及下院代表前往白厅向国王及贵族汇报本院讨论结果的经过。至此,两院制的轮廓可谓泾渭分明。两院的代表性质不同,在召集令状中也明显地反映出来了。教俗贵族即上议院议员通过个人令状召集,而地方代表即下议院议员则由普通令状召集,因为他们不是以个人身份而是代表全国各地方基层行政司法单位和各种组织团体出席议会的。两院分立后,议会仍是一个整体,作为沟通上下两院的管道,两院联席委员会应运而生。

在两院制形成后,上院在议会中仍旧占有重要地位。参加上院的教、俗贵族,一直被认为是国王的天然"建议者"和辅佐者,有权在上院中讨论王国的重要政务。上院同时也是王国的最高法庭,负责审理下级法庭的错误判决,并对同等级贵族的叛国等大罪进行审判。此外,他们也承担着向国王纳税的义务,因此也有权议决是否同意国王所拟征的税目,并回复国王的要求。

随着下院的形成及其地位的日益凸显,下院议长(Speaker)出现。议长最初缘于下议院的代理人(Procurator),为了使代理人固定下来,1376 年 4 月 30 日,下院选举拉梅尔爵士为议长,负责与上院进行沟通及向国王汇报事务。由于骑士占据下院的主导地位,也就长期垄断下院的议长职位。在兰开斯特王朝早期,议长的权能开始扩大,可以代表下院对国王提出合理的要求与建议,甚至可以代表下院抨击国王之臣僚的奢靡渎职以及国王滥施封赠的行为等等。为了维护议长的发言权,兰开斯特王朝时期还确立了"议长声明制"(protestanion),即议长在每次发言之前都要事先发表声明,请求国王和上院不予追究他在发言中的冒犯行为,也就是要国王认可议长有直言不讳表达出下院批评和不满的权力。[①] 不过要看到,这一时期的下院尚不具备真正自由选举议长的实力,虽然

---

① J. S. Roskell, *Parliament and Politics in Late Medieval England*, London, 1981, V. 1, p. 47.

多由骑士中的富有精明者担任,但他们一般都是让国王或贵族中意的人,议长的选举也常常受到国王、贵族的操控或干扰。

在14、15世纪,议会的职能最终明确下来并且不断扩大。财政审批权是议会的基本职权。有史家就指出:"正是在税收领域,议会最先确立了对国王的权力。"[1]在当时的英国,按照封建的原则,"国王必须靠自己过活",即依靠王领的收入和封建宗主对封臣的权利收入来维持王室的生活及国王政府的正常运转。到了14、15世纪,对外战争给国王的统治造成巨大的财政困难,而封建制的衰落,也使得国王的封建性收入大大减少。由是,国王只得开辟新的税源来弥补不足,而动产税、关税与羊毛补助金就成为议会与国王之间争议最多的税种。

动产税是国王对全国俗人的财产征收的直接税,由于它的征收要经过议会同意,所以又被称为"议会税"。当时的关税名目繁多,主要有对出口羊毛、羊皮与皮革征收的古关税(也称大关税)与新关税(也称小关税)、对出口呢绒征收的关税、对进口酒征收的桶税、对其他进出口商品征收的磅税。羊毛补助金是国王为应付紧急需要而征收的,它与古关税、新关税虽然名目各异,但征税对象大体相同,主要是羊毛、毛皮和皮革。1332年的税制改革,议会最终固定了动产税的征税率:城市为十分之一,乡村为十五分之一。1334年确定全国总税额为3.8万英镑,成为之后议会征纳与分派的标准。[2] 在1340—1341年后,这些税收只有获得议会同意后才能征纳。[3] 关税与羊毛补助金的斗争更为曲折,都经过了议会与国王的反复争夺。1336年,爱德华三世召集羊毛商代表开会,会议以"王国商人"的名义,同意给国王特别的补助金,在原来正常税率每袋羊毛6先令8便士的基础上,每袋加征20先令;此外,每袋羊毛多交20先令。这一举措引发商人的不满,议会借机提出征收关税也需获得议会同意的要求,国王只好对此予以认可。1340年3月,教、俗贵族与各郡

---

[1] B. Lyon, *A Constitutional and Legal History of Medieval England*, p. 548.

[2] Ibid. .

[3] V. H. H. Green, *The Later Plantagenets*, p. 104.

骑士在议会上同意国王对谷物、羊毛与羊皮征收关税,条件是国王必须接受地方代表提交的请愿书成立专门委员会审查开支账目及法律草案。根据下议院的请愿书,委员会起草了四项法令,其中第二项法令规定未经高级教士、伯爵、男爵、其他重要人员以及地方代表等的共同同意,此后不得征收任何赋税或协助金;废除国王征收摊派税的权力。1343 年,议会明确宣称间接税必须征得地方代表的同意。此外,议会在同意税收时,特别附加了前提条件,1340 年与 1348 年的议会上,地方代表采取了同样的手段来争取利益。他们先是提出请愿,要求纠正冤屈,并以此作为批准税收的前提,由此,逐渐形成了"先改正后给予"的原则。可以说,议会控制税收的基本原则初步确立。[①] 不过在 14 世纪时,议会基本上还未赢得税收动议权。1395 年的有关法案还使用这样的惯用语:"由下议院制定,上议院建议和同意。"兰开斯特王朝建立后,议会才在这方面取得重要进展,1407 年确定了税收的动议权,即"由下院制定,上院同意",最终报国王批准,从而形成了税收法案的完整流程。同时,下院继续以推迟税款批准为手段,再次提出"先改正后给予"的原则,要求在国王要先将他们所呈递上的对民间冤情以及对不法、不当统治行为的陈情予以答复或处理后,再行批准税案。值得注意的是,议会还争取监督国王财政的权力。不仅任命专门委员会监督国王的财政支出,审查国王的账目,还尽力明确规定税款的使用范围,保证所征税款用在特定项目上。

尽管如此,议会实际上还是扮演了王国的税收工具,"在大多数情况下,议会所做的被认为是它的责任,他们至少要批准国王声明所需的大部分税款"[②]。事实上,羊毛税、桶税、磅税一直被国王视为专利而设法加以控制,正因为如此,亨利五世、亨利六世和爱德华四世都被议会批准终身享有这些税收的权利,而不必经过议会议决后征收。

议会在发展的过程中逐渐获得一些立法权,主要体现在制定、维护、

---

① B. Lyon, *A Constitutional and Legal History of Medieval England*, pp. 549 - 550.
② A. L. Brown, *The Governance of Late Medieval England 1272—1461*, p. 229.

修改乃至废除法律等方面。

爱德华一世时,国王就常常通过议会来颁布法令,借此增强了国王的立法权威。爱德华二世加冕时,在誓词中承诺要维护王国共同体选择的法律和习惯①,这一承诺表达了对原有"集体立法传统"的尊重。正是在这一传统的作用下,参加议会的地方等级代表从维护自身利益出发,逐渐要求获得立法权。议会介入立法领域的主要方式就是递交请愿书。但 14 世纪地方等级代表的力量还比较弱小,以致借用"共同提案"(Common Petition)来表达诉求。②

1309 年,地方等级代表在议会讨论征税案时,陈述冤情,表达不满。爱德华二世迫于压力,以下议院一份请愿书的第 11 条款为基础制定了一项法令,这是地方代表首次取得立法动议权。有史家认为尽管这只是尝试性地提出建议,却是地方代表立法创制权发展的里程碑。1310 年,因爱德华二世对苏格兰战争失败,以国王堂弟兰开斯特伯爵托马斯为首的反对派贵族迫使国王同意成立由 21 人组成的"贵族立法团",负责制定政府改革法令。1311 年,"贵族立法团"正式成立,立即抛开议会,仿效1258 年贵族炮制《牛津条例》的做法,接连制定"六项法令",大多为限制王权的内容,其中部分条款是贵族与地方代表协商后拟定的。1315 年的议会提出,"未经议会同意,不得制定新的法律"③。1322 年 5 月,约克议会废除"贵族立法团"颁布的所有法令,制定《约克法令》,规定:"凡是关系到国王及其嗣王财产、王国和人民财产的任何法令,应当在议会中经高级教士、伯爵、男爵和地方代表的同意,由国王处理、恩准和制定。"④这是第一次正式在法律上承认议会享有参与立法的权力,从而确立了立法必须得到教、俗贵族与地方代表同意的原则。1327 年,议会宣称:"除非征得国王与高级教士、伯爵与男爵及王国其他民众的同意,不得进行法

① H. Rothwell ed. , *English Historical Documents*, V. 3, London, 1975, p. 525.

② B. Wilkinson, *Constitutional History of Medieval England*, *1216—1399*, V. 1, p. 337.

③ Ibid. , V. 1, pp. 333 – 336.

④ Harry Rothwell ed. , *English Historical Documents*, V. 1, pp. 543 – 544.

律的变更;如有变更,必须在议会中进行。"①爱德华三世统治初期,御前会议建议,修改法律必须经国王、高级教士、伯爵、男爵与其他要人的同意,并且必须在议会中进行。国王如未得到支持就废除一部重要法律,必将受到强烈质疑。

爱德华三世时期,地方代表成为议会的固定成分,按照"先纠正,后供给"的原则表决税收议案。迫使国王妥协,议会由此逐步扩大立法权。在1327年爱德华三世继位后的首届议会中,地方代表首次作为一个整体提出公共议案(Public Bill),涉及王国民众的整体利益,而不仅仅是代表个人或地区的利益。该议案总共包括41条建议,其中有16条建议被吸纳进了2部法令,22条不太重要的建议则以条例或特殊命令的形式处理。此后,地方代表递交的请愿书或议案也更具规范性,立法以地方代表的议案为基础,是自下产生的。② 自1352年后根据下议院请愿书制定的法律日益增多。到14世纪末,几乎所有议会法律都源于下议院的请愿书。当然,这并不意味着只有下议院的请愿才能够启动立法程序,国王也可以行使提案权。

到兰开斯特王朝时期,下议院在议会立法的作用越来越重要。此时,陈情书越来越普遍地写给下院,通过下院呈递国王或者上院,由下院动议立法成了议会立法的正常程序,越来越多的法律都是通过下院公共陈情来的。尤其在亨利五世时期,他的11次议会上有150份公共陈情,而且它们变为立法的比例很高。③ 为此,有位西方学者曾言称:"在兰开斯特王朝时期,所有的法律都是在议会陈情书的基础上订立的。"④这些都的确说明了议会在立法方面重要性的增长。但此时下院还不能完全控制立法权,因为官方议案也是立法的根据,并且比议会陈情书重要。不过,下院争取立法权的意识也有了很大进步,在1414年议会上,下院

---

① G. O. Sayles, *The King's Parliament of England*, p. 116.

② Ibid., p. 115.

③ G. L. Harriss, *Henry V: The Practice of Kingship*, Oxford, 1985, p. 153.

④ E. F. Jacob, *The Fifteenth Century, 1399—1485*, Oxford, 1961, p. 409.

明确提出：他们是民众的代表，既是法律的陈情者又是法律的同意者，这一直以来都是他们的权利和自由，除非经他们的同意，否则不能制定法律、法令。请求国王不要对他们的议案作更正和修改，只是给予拒绝或者接受。最后，亨利五世同意了下院的要求。这是下院第一次要求严格意义上的立法权，因为此前上院常常不经下院的同意就擅自改动下院陈情，然后再形成法律，所以制定出的法律常常有违下院的初衷。有了这样的规定，可以保证下院陈情所形成的法律与它的陈情书一致。当然，国王始终没有放弃对立法权的最后控制，如亨利五世国王就要求即使他在海外也要由他来回答陈情，如他不在英国时，法案也只有等他归来的下一次议会方可执行。[①] 而且，国王也时常提出立法动议通过议会立法，如 1413 年《王室内府优惠法》、1414 年莱斯特议会通过的《休战法》、1415 年议会《镇压罗拉德派法》、1421 年的《钱币法》等。此外，国王通过御前会议颁布条例更是习以为常，这无疑威胁到议会的立法权。国王还可以采取"豁免权"（Dispensing Power）与"搁置权"（Suspending Power）等特权武器，使议会法令丧失效力。

除了在财政、立法上的职权外，在 14、15 世纪的英国议会在司法、行政乃至外交上也履行着部分职权，这既反映了当时议会的重要地位，也体现了其中世纪的历史属性。

作为议会的前身，王国大会议同时扮演王国最高法庭的角色。议会形成后，仍旧承接了王国大会议的司法职权，正如当时人所称，"议会是国王的法庭并且是国王的最高法庭"[②]，它位于其他所有法庭之上，对其他次级法庭具有监督权。在议会中，上议院可充当最初的听审法庭，包括国王交付的刑事与民事案件。上议院司法方面的显赫地位主要在于它是最高上诉法庭，享有司法纠错权，可以纠正低级法庭所作的错误判决，尽管从理论上和名义上来说，这一司法权属于国王与议会。当然，这

---

① G. L. Harriss, *Henry V: The Practice of Kingship*, p. 154.
② V. H. H. Green, *The Later Plantagenets*, pp. 103–104.

并不意味着某一案件非得诉之于此。由于某些法律很难分清是国王经议会还是经御前会议而制定的。因此对于司法来说,下级法庭的错误可以提交议会或御前会议予以修正。

在当时,上院具有国王审判封臣之封建法庭的功能。14 世纪时,不是上院成员的普通男爵只具有在普通法庭中进行审判的资格,但贵族(Peers)则拥有在上院进行审判的权力。贵族也只能被同侪审判,这一深嵌于封建法中的习俗尽管由来已久,但也是经过斗争后才与国王达成了某种妥协:贵族如犯轻罪,继续由王室法官审理;贵族如犯叛逆罪与重罪,则只能由贵族在议会中审理。判案时,如果议会正在开会,那么与会的贵族不仅审理案件的事实问题,而且审理法律问题;如果议会不在开会,则由国王任命的王室总管(Lord High Steward)遴选一些贵族审理(通常由 23 个贵族组成),王室总管法庭(Court of the Lord High Steward)应运而生。庭长早期由莱斯特家族世袭,到兰开斯特王朝时,又融入到王室职位之中。是否属于叛逆罪则由专门的法律进行界定,这就是 1352 年的《叛逆法》,明确规定了叛逆与重罪的内容及范围,最后部分特别规定:法官在推断该法未提及的行为属于叛逆前,必须先获得议会的同意。[①]

议会当时还设置了由 1 位高级教士、2 位伯爵与 2 位男爵组成的常设委员会,审理那些抱怨国王法庭拖延司法的议案。这些成员必须接受王室官员的建议,履行职责直至下一届议会召开为止,遇有难以定夺的问题时就休会再议。

1341 年,议会明确要求国王必须在议会中任免大臣与法官;大臣要宣誓遵守《大宪章》及其他法令,定期向议会述职;如有渎职行为应当接受议会上院的审判。1376 年,在弹劾国王大臣的案件中,下议院担当提起控告的公诉人,上院则作为法庭,扮演法官的角色。1377 年,地方代表向国王与贵族提出建议,要求严格遵守普通法和本国法令,不能因国王

---

① A. R. Myers, ed., *English Historical Documents*, 1327—1485, p. 403.

的奇思异想而将它们废除。这一建议得到上院贵族的赞同。

14 世纪中期,记录案件辩护要点的《年鉴》(Year Book)问世,表明案件判决可以确定为法律原则,供以后法官处理同类案件时参照之用,这也是英国普通法"法官造法"的特色。议会还对司法过程中使用的语言进行了干预。1364 年,议会通过一项法案,指出并不是所有民众都了解国家的法律、习俗及法案,原因就在于阐述它们的语言是法语,上诉和审判也都使用法语,而法语在本国远未普及,在法庭中进行诉讼的人们全然不知庭吏所说的话是否对自己有利。基于此,该法案规定,一切在国王的法庭和别的法庭中的诉讼,都要"用英语进行起诉、解释、辩护、回答问题、辩论和裁决"。

当然,尽管上议院设立了最高法庭,但把议会主要视为司法机构则是错误的。莱昂则提醒人们"不应当高估贵族的司法角色,而低估他们的其他职责,或忽视每一位贵族即使是法官,也是强有力的政治家这一事实"。随着上院的司法工作逐渐变得减少,许多司法功能被普通法庭、御前会议或大法官法庭抽离。"14 世纪,司法只是上院诸多功能之一。"[1]当司法职能减少后,政治功能占用了议会更多的时间。

在上院中,国王设法对司法权进行控制。议会对此进行了多次斗争,但效果并不明显。议会曾要求国王不能私自对凶杀犯颁布特赦状,多次遭到国王和御前会议的拒绝。国王本人是不能接受审判的,包括议会在内的任何机构都没有审判国王的权力。另外,教、俗贵族在议会法庭中占支配地位,他们作为直属封臣,一般都要听命于国王。地方等级的代表在司法方面只担当过起诉者的角色,他们自己也承认"议会的司法事务只与国王及贵族有关"[2]。

议会的行政权主要体现在提供建议、参与决策与实行监督等方面。议会召集令状上,通常都含有要求议员前来"协商与合作"处理某些国事

---

① B. Lyon, *A Constitutional and Legal History of Medieval England*, p. 541.
② V. H. H. Green, *The Later Plantagenets*, p. 104.

的措辞。议会贵族也经常就任命官员、战争、和平等问题向国王提供建议，而地方代表实际上被忽视。议会有时也行使提名、任命、监督政府官员的职权。在外交关系上，议会也发挥着重要作用。百年战争期间英国对法国的开战、媾和以及条约的签订，大多都经过议会的讨论与批准。尽管如此，议会的行政权范围十分有限，国王直接控制的御前会议而非议会才是王国的行政中枢机构。

在14、15世纪，随着运作的日渐规范和职权的不断拓展，英国议会在王国政治生活中的地位愈益重要。国王征税也须经过议会的批准，一些要政如王国税收的花费、弹劾要臣、对外媾和等大事，也常常受到议会的干预。此外，立法权的获得，召集、议政程序的制度化，上、下院的分设和下院议长的产生，都使议会在王国政治生活中扮演重要角色。

然而，在中世纪的英国，议会并非是独立于国王的政治机构，它在本质上是"国王的议会"。正如有史家指出，"正是国王去召集议会，如果没有他颁布的令状，议会就不能召开。而且，他能够使议会休会，终止它的讨论和解散议会。议会制度在不小的程度上取决于他的意志，正是他来安排上院的议员，主教们实际上是由他提名，他拥有权力来赐予城市选派代表的权利，关于选举竞争的争议要到他和他的大会议面前来受裁决。他的同意对每一项法令都绝对是必须的；此外，他还有一些不确定的制定和终止法令的权力"。[①] 因此可以说，"没有国王，就没有议会"，国王也由此被视为"议会君主"。

作为国王下属的统治机构，议会的主要职责乃是辅佐和拱卫王权。当时并没有近代的那种分权制衡的观念，议会远未彰显国家的最高主权权威，议会的运作从根本上依赖并取决于国王的权威。正因为如此，有史家指出，如果仅凭议会对国王的某些限制就建构一个"议会主权"的神话，是经不起事实检验的，当时的议会实际上是从属于君主之权威的，是

---

① F. W. Maitland, *The Constitutional History of England*, p. 195.

"国王的议会"。①也正因为如此,议会运作虽然对君主权威形成了某种限制,但其举措始终是以有利于国王统治为鹄的的。有史家在分析议会的税收批准权时就指出,"议会的基本态度并非是抵制,而是合理的合作。必须记住,议会是以给予赞成而不是对之拒绝来获得它的对税收的同意权利的,赞成是反复给予的,而拒绝是鲜有的"。② 正是在议会的支持下,人力物力资源较为短缺的英国,才能在对西欧大国法国的百年战争中长期处于攻势。可以说,议会在支持君主的政治统治与对外战争上功不可没,议会与君主之间是共生的关系。

议会的上述属性,没有也不可能消除统治阶级内部的矛盾。议会常常为征税、立法与君主进行讨价还价的争论,并不时让君主妥协,对君权形成了某种限制。而在非常时期,大贵族势力更是借助议会与君主进行公开较量。

1327 年,王后伊莎贝尔在法王的支持下发动军事政变,俘获爱德华二世,并挟持太子,让太子破例以"监国"名义发布召集议会的令状,并让国王交出玉玺加盖在令状上。而在这次议会上,为了怕引起议员的反对,没有让国王出席,同时在议会中胁迫支持国王的人。在乱糟糟的局面中,由坎特伯雷大主教在议会上宣布废除国王,然后又威逼国王退位。这一议会从召集到召开都避开国王,成为为贵族阴谋篡权披上合法外衣的一个工具。③

贵族利用议会与国王争夺权力的较量,到了理查德二世时期更是白热化。在 1388 年的"无情议会"(Merciless Parliament)中,贵族反对派弹劾、起诉国王宠臣 M. 波勒等人,对之进行严惩。这一举措遭到理查二世的报复,因为这位国王始终坚信其意志就是法律。数年后他不仅撤换了反对派贵族大臣职务,而且在 1397 年的议会上取消了 1388 年限制王权的有关条款,将反对派首领处以监禁或斩首。在这里议会不仅没有限

---

① G. O. Sayles, *The King's Parliament of England*, p. 4.

② G. Edwards, *The Second Century of the English Parliament*, Oxford, 1979, p. 36.

③ M. Prestwich, *The Three Edwards*, *War and State in England 1272—1377*, 1980, p. 120.

制王权,反倒成为君主专制独裁的政治机构。但贵族反对派势力很快在兰开斯特家族博林布鲁克的亨利(Henry of Bolingbroke)的率领下卷土重来。1399 年,贵族军队战胜王军并俘获了国王。接着亨利通过策划,定于 9 月 30 日在西敏寺召开议会,为自己登位寻找合法依据。在此前一天,亨利派教、俗贵族代表团到伦敦塔见理查德,迫使他发表退位声明,解除臣民对他的忠诚。在次日西敏寺举行的议会上,亨利又命人宣读理查的退位声明,然后又宣布其独裁贪暴。在议会上,曾经有主教极力反对,要求国王亲临现场表达是否退位的意愿,但遭到了亨利的拘捕。[①] 接着,在亨利的武力威慑下,众人一致同意亨利继承王位,建立起兰开斯特王朝。

但这件事也从一个侧面显示,议会在国家政治生活中的作用越来越重要,各政治力量都注意以议会作为政治平台,谋取各自的政治利益。另一方面,随着程序的完善和职权的增长,议会已发展成国王不能抛开的与王国各个等级进行政治协商的重要舞台,越来越多地反映各阶层特别是地方等级的政治诉求和期望。

---

① B. Bevan, *King Richard* Ⅱ, London,1990, p.160.

# 第四章  战争与农民起义

　　"百年战争"是自诺曼征服以来英、法两国领土战争的继续与发展。自13世纪初开始,英国在大陆的许多领地被法国夺取,但法国西南部的加斯科尼(原阿基坦公爵领)仍被英国占据,这一地区濒临比斯开湾,包括从比利牛斯山到波亚图的辽阔地域,成为法国领土与政治统一的最大障碍。此外,这一地区工商业繁荣,其盛产的葡萄酒多输入英国,也是英国的纺织品和谷物出口的必经之地。爱德华一世时,加强对该地区的经营,获利丰厚。仅1306—1307年,英王就从这一地区获取收入1.7万镑,其中大部分来自酒类的关税。即便到了1324年,英王的这一笔收入仍然有1.3万镑。[①] 因此,自亨利三世开始,英、法双方对这一地区的争夺时断时续。到1294—1303年期间英王爱德华一世和法王腓力四世(Philip Ⅳ)仍旧继续争战。

　　英、法两国对佛兰德斯的争夺,更加剧了双方的尖锐冲突。佛兰德斯原是法王的伯爵领,名义上属于法王。在12世纪以前,由于法国王权孱弱,佛兰德斯伯爵实际上处于政治独立的地位。1285年,法王腓力四世即位后,曾试图吞并工商业发达的佛兰德斯地区,但未能得逞。佛兰德斯的呢绒业发达,但毛纺织业原料羊毛却依赖于从英国进口。因此,

---

① M. Prestwich, *Plantagenet England*, *1225—1360*, p. 294.

从自身利益出发,佛兰德斯的居民在政治上倾向于英国,承认英王爱德华三世为法国王位的合法继承人以及佛兰德斯的最高宗主。但另一方面,佛兰德斯伯爵路易(Louis)为了压制和搜括城市,倾向于支持其名义上的宗主法王,并借助于法国军队来镇压市民的不满。1336年,路易逮捕英国商人,禁止佛兰德斯与英国通商。爱德华三世也随之禁止羊毛输往佛兰德斯,佛兰德尔斯民遂向英王求援。英、法之间的矛盾趋于激化。

战争也与苏格兰问题密切关联。在英国与苏格兰的长期对立中,法国素来支持后者。1332年,英王爱德华三世发兵北上,并于次年在哈里顿山击溃苏格兰人,而法国则大力支持苏格兰人,对一些逃亡过来的人予以援助。因此,英王把矛头转向法国。

法国王位的继承问题则成为两国战争的导火线。两国王室之间长期存在联姻关系,使双方的王位继承问题复杂化。腓力四世去世后,三个儿子曾相继继承王位。1328年,查理四世(Charles Ⅳ)死,加佩王朝绝嗣。查理无子无兄,其妹是英国王太后即爱德华三世之母,后者即以法王外甥的资格要求继承法国王位。法国的三级会议以王位应由男系后嗣继承为由,拒绝了爱德华三世的继位要求,转而推举查理的堂兄弟瓦洛亚伯爵之子为王,称腓力六世(Philip Ⅵ),开始了瓦洛亚王朝(1328—1589年)的统治。由此,双方的战争一触即发。

为了对法国发动大规模的战争,英王作了充分的准备,利用各种方式最大限度地征集战争资源。1337年7月,通过协商,爱德华三世让一批富有的商人垄断羊毛的收购与出口,作为回报,获得了20万英镑的借款。9月,国王又通过议会下达征收未来三年的十分之一、十五分之一的动产税。[①] 同时,爱德华三世下令通过大贵族和郡长用货币支付薪酬的方式,在全国征调骑士、弓箭手、民团参战,在各个主要港口搜索船只组建舰队,并命郡长、商人在各地购买大量的后勤用品。

---

① A. Tuck, *Crown and Nobility 1272—1461*, pp. 120 - 121.

1337 年 5 月 24 日,腓力六世派兵攻占英王在法国的领地吉约那。11 月,爱德华三世进攻法国,"百年战争"爆发。整个战争大致分为四个阶段。

首先是 1337—1360 年的"英胜法败"阶段。战争初期,英国舰队在佛兰德斯同盟者的支持下,在英吉利海峡顺利推进,并在 1340 年 6 月的斯鲁伊斯海战中击败法国水师,控制了英吉利海峡,士兵、装备和给养由此得以运送到大陆。随后,爱德华三世率领军登陆进攻图尔,但遇到法军的顽强抵抗,双方处于僵持状态。1341 年,战场南移至布列塔尼。1342 年,经过教皇出面调停,双方一度停战。

1346 年初,法国军队进攻加斯科尼,为英军阻止。7 月,爱德华率军在法国北部登陆。这支军队由约 3 000 名骑士(重装骑兵),以及大约 1 万名多由自耕农组成的英国弓箭手和 4 000 名威尔士轻步兵(其中有一半是弓箭手)组成,另外还有 3 000 多名骑士随从辅助作战。登陆后,英军一路势如破竹,抵达鲁昂和巴黎郊区。法王腓力六世急调军队围堵。英军渡过索姆河,在 8 月 26 日与双方会战于克雷西。法国投入的军队是英军的三倍,其中的法兰西骑士号称"骑士之花",凶悍善战。但英军的弓箭手在是役中大显神威,凭借有利地形运用长弓射击,一时箭雨密密麻麻射向敌方阵地,重创法军。是役中,法军损失大约 1 万多人,其中包括约 4 000 名骑士,法王仅率残部逃脱。克雷西之战标志着封建骑士在军事上的重要作用逐渐消失。这一战役后,爱德华三世乘胜北上,包围了加莱港,经过近一年的围攻,夺取了这个具有战略意义的城市。此后,英国就可以不经过佛兰德斯而是从加来进攻法国了。

1356 年,黑太子爱德华指挥的 6 000 名英军,又在普瓦提埃以较小的代价击败约 2 万名法军,致使其伤亡 4 000 多人,法王及其幼子以及大批法国贵族被俘。1360 年,法国被迫签订布勒丁尼和约:英王放弃对法国王位的要求,但加来和阿基坦等地重归英国,法国以相当于英王 5 年收入的 50 万镑巨款赎回国王。[①]

---

① M. McKisack, *The Fourteenth Century*, p. 140.

战争的第二阶段为1369—1380年的法国反攻。这一时期,英军骁勇善战的黑太子染病在1376年病故,而年迈老衰的英王爱德华三世则在三年后又去世,年幼的理查德二世(Richard Ⅱ)即位。同时,英国朝廷内部党争激烈,社会矛盾的尖锐更导致了1381年的农民起义。在此情况下,英国难以组织有效的对法军事行动。另一方面,颇有胆略的法王查理五世(Charles Ⅴ)即位后,推行一系列旨在抵御英军的改革。他建立税收制度以增加财政收入,组建和整顿军队,起用优秀将领。在此基础上,于1369年开始向英军发起反攻,并宣布废除布勒丁尼和约。最终迫使英军于1380年停战,英国除保存加来等几个沿海城市外,将其余领地归还法国。此后,法国政局不稳,1388年,年幼的查理六世(Charles Ⅵ)虽然宣布亲政,却遭到精神病的折磨,最终在1392年被其叔父垄断朝政。而英王理查德二世统治时,王权与贵族冲突不断。由此,双方都未能展开大规模的军事行动。而理查德二世与法国公主伊莎贝拉(Isabella)的联姻,也使两国的敌对状况得到缓和。

1415—1422年的英军卷土重来则是战争的第三阶段。英国兰开斯特王朝(1399—1461年)建立后不久,即开始筹划对法国的新一轮战争。但在亨利四世(Henry Ⅳ)统治的13年中,由于其统治的合法性不断受到贵族的挑战,君权较弱,要征调人力物力发动战争十分困难。到了1413年亨利五世(Henry Ⅴ)上台后,兰开斯特王朝的统治趋于稳定。亨利五世身体强健、雄心勃勃,渴望重新对法开战,夺回失去的地盘。他通过联姻的方式与法国的勃艮第公爵结成同盟,同时通过封赐爵位的方式获取大贵族对战争的支持。经过充分准备,亨利五世于1415年8月率大军在塞纳河口登陆,10月在阿让库尔一战中大获全胜。法军伤亡近万人,另有约千人被俘。英国的约克公爵和苏福克公爵阵亡,但损失也仅为三四百人。11月,当亨利五世凯旋时,整个伦敦城的街道被装扮一新,以宗教色彩很浓的歌舞欢迎这位君主的归来。亨利五世并赢得"伟大的征服者"的誉称。[1] 这次战役后,

---

[1] G. L. Harris, ed. *Henry V-The Practice of Kingship*, Oxford, 1985, p. 1.

英军继续推进,不久就占领了巴黎和法国北部。接着,在 1419 年,英军收复了整个诺曼底,1420 年法国被迫签订屈辱的《特鲁瓦和约》,这一和约规定法国除割让大片领土外,还同意英王亨利五世与法王查理六世之公主凯瑟琳(Catherine)结婚。如果法王去世,由亨利五世作为其王位继承人。由此,该和约被认为"毫无疑问地是英国人对法国之统治权威的明显标记"。①

1422—1453 年法国的反败为胜是战争的最终阶段。英王亨利五世病死后,其幼子即位为亨利六世(Henry Ⅵ),双方的战争一度平息。不过,1428 年英军又发动攻势,围攻通往法国南部的要塞奥尔良,法国的瓦洛亚王朝仅剩下卢瓦尔河流域及以南地区,面临全部沦陷的危机。在这个关键时刻,法国民众的爱国激情迅速高涨,出身于农家的少女贞德(Jeanne d'Arc)挺身而出,声称上帝授意她去解救奥尔良,并规劝太子查理坚持抗战。在查理的委派下,1429 年 4 月底,贞德率援军进抵奥尔良。在其爱国热诚的感召下,法军英勇奋战,终于在 1429 年 6 月初解除了奥尔良的围困,并乘胜追击,收复巴黎东北的兰斯城。1429 年 6 月 17 日,太子查理按照法国传统在兰斯大教堂举行了涂油加冕典礼,成为法王查理七世(Charles Ⅶ),但贞德却落入敌人之手,1431 年被英军处以火刑。1435 年勃艮第公爵抛弃了其英国盟友并且拥戴查理七世为王,这对英国来说是一个沉重的打击。也是在这一年,肩负摄政重任并负责指挥大陆战争的英国贝德福公爵病死,使得英国在法国的统治开始面临崩溃的危机。1436 年巴黎失陷,其后英国又经历了一系列的失败。1453 年,英、法两国签约,英国军队除保留加来港以外,全部撤出法国。

英法"百年战争"是在双方实力对比不均衡的条件下进行的,当时英国是一个物力资源比较匮乏的岛国,人口大约有 450 万人。法国的地域相对辽阔,资源丰富,农业发达,且有大约 2 000 万人口,是西欧最富庶强大的王国。英王国要跨海对法国作战,非举全国之力而不可为。旷日持

---

① V. H. H. Green, *The Later Plantagenets*, p. 270.

久的战争,对中世纪后期英国的历史发展产生了多方面的重要影响。

首先,这场战争在客观上推动了英国议会君主制的进一步成长。为了应对长期的跨海作战,英王需要丰厚的财源来征调大量的人力和物力。虽然战争获得大量赎金、战利品以及所占有地区的收入,但战争带来的财政危机仍不断凸显。正如史家指出的那样,"那场战争为英国政府带来了立即在议会事务中感知到的财政问题",在议会需要解决的事务中,"没有一个问题'焦点'像税收那样不断地或持续地出现"。[①]为了维持征战,英王必须更多地依赖议会来征调赋税,由此,在不断的协商甚至是争执的过程中,议会的税收批准权、立法权得到奠立和扩展,下院的政治地位得以提升。

其次,这场战争加深与激化了英国的社会矛盾,造成了诸多的政治动荡。旷日持久的战争给英国造成巨大损失,为了应付战争,英国君主加重了对民众的税收,导致阶级矛盾尖锐化,酝酿出 1381 年农民起义。同时,战争提升了区域性大贵族的政治地位,促成统治集团内部矛盾的积累。

值得强调的是,百年战争也成为民族国家形成的驱动器。在此之前,英国、法国之间由于封建制和频繁的王室联姻的影响,还只是中世纪传统的"政治共同体"(political community),而非严格意义上的国家,双方之间只有大致划分的占有地域,而无严格的国土观念和疆界划分,统治阶层和普通大众还未形成明显的对民族、国家的政治认同。百年战争不仅结束了英王自"诺曼征服"以来"跨海而治"的政治格局,而且也终结了英王对法王的封臣身份及对法国王位的觊觎,转而注重对英格兰乃至不列颠内部的经营。同时,这也使英国的封建贵族和大众逐渐培养起浓厚的"本土"意识和民族观念,在语言、文化上日益显示出自身的独特性。所有这些,都为日后英国民族国家的兴起创造了条件。

在议会君主制统治时期,社会矛盾也日益凸显,逐渐酝酿出规模较

---

① S. G. Edwards, *The Second Century of the English Parliament*, Oxford, 1979, pp. 17 - 18.

大的民众武装起义。1381 年爆发的瓦特·泰勒(Wat Tyle)起义,是英国中世纪规模最大、程度最激烈的农民武装斗争,对英国历史产生了重要影响。

一般都把征收高额人头税看作是这次农民起义的根源。实际上,正如一位史家所言,"需要探讨的是远比人头税复杂和根基深厚的原因",因为"对现存制度的不满一直十分强烈,而导致了一次广泛而又分散的起义"。[①] 这一现存的制度,当然是那种以人身依附关系为特征的封建制度。

自诺曼征服以来,封建的劳役地租和实物地租以及诸多的封建役务,一直是羁勒广大农奴的枷锁。自 14 世纪开始,封建领主开始让农奴交纳货币地租,有的进而要农奴交纳一笔钱来赎买人身自由,由此开启了"农奴解放"的端绪。但这一过程十分艰难,为了获得自由,农奴常常要将多年积聚的钱拿出。又因为他在理论上不拥有财产,因此他不得不找第三者当担保人来与领主交涉,由此受到商人和高利贷者的无情勒索。此外,教会领地中的农奴一般难以获得自由,因为主教、修道院长本身是教会的神职人员,没有权利出卖或放弃教会的包括土地与农奴在内的任何财产。[②] 在当时,农奴制在相当的程度上仍然延续,农奴人数仍占据人口的一半。他们被固定在领主土地上劳动,深受沉重的敲剥,他们甚至不能赶跑来吃庄稼的兔子和鸟,因为这些都是主人的财产。农奴结婚也要领主批准,不得与其他领主庄园的人结婚,因为这将带来对其妻子及其子女之领主权的纷争。"农奴的生活水准最低,几乎就与动物差不多"[③]。正因为其人身属于领主,当一个男性农奴去世时,主人就拿走他的最好的牲畜和衣物,如果其没有儿子,还要拿走他的最好的劳动工具。而在女性农奴去世时,如果其没有婚生之女儿,则要拿走她的最好

① A. Steel, *Richard Ⅱ*, Cambridge, 1941, p. 58.
② P. Lindsay&R. Groves, *The Peasents' Revolt 1381*, London, 1950, p. 1.
③ Ibid. , p. 13.

的衣物和床。① 此外，教会征收的什一税也加重了农奴的负担，教会封建主集领主权和神权于一身，对农民进行双重压迫。

1348 年的黑死病更使得农民的生存状态进一步恶化。这次瘟疫使英国的人口几乎减少一半，在肯特、埃塞克斯、赫特福德和苏福克这四个郡，由于劳动力缺乏，一些领主力图将已经获得自由的农民套上农奴制的锁链，出现了"第二次农奴化"（Second serfdom）的现象。一些自由农民被强迫在领主的庄园领受一小块地，为领主终身劳动。而一些农奴要离开庄园，必须与领主达成协议，在农忙时回来为领主劳动。

农民生存状态的恶化，也与庄园法庭的衰落有关。长期以来，农村中的庄园法庭盛行着日耳曼原始马尔克公社的习惯法，农奴可以利用它来抵制领主过分敲剥。但到了 14 世纪，随着"农奴解放"与农村人口的逐渐流动，庄园法庭被大大削弱。而且，在国王司法权力扩张和领主司法权的扼制下，庄园法庭更处于消解状态。另一方面，在这一时期，教、俗大贵族的领主法庭有所强化。这类法庭一般都有熟悉教会法或罗马法的专业人士参加，国王的官员或法官则出席其最终的判决。作为具有巡游特征的领主"议事会"（council）的一部分，这类法庭常常用曲解教会法和罗马法之原理的办法来诋毁、取代流行的习惯法，作出有利于领主的解释。著名的圣·阿尔班斯（St. Albans）修道院的领主法庭正是引用罗马法来压迫依附农民，确保了领主圈占公共草场以及独享渔猎的权利。正因为如此，1381 年的农民起义常常将法官和法律档案作为其攻击的目标。

农奴是这次起义的主力，但参加者绝不限于农奴。不少已经获得自由并且开始经营致富的"农民精英"也投身于其中，期盼通过斗争获得更多的权益。据史家统计，在肯特、埃塞克斯、赫特福德和苏福克这 4 个郡中的 180 名起义者中，有 100 名拥有 1—5 镑的财产，其中甚至有 15 名超过了 5 镑。在他们之中的 36 人里，有 15 人拥有 14 英亩或更多的土地，2

---

① A. Steel, *Richard Ⅱ*, p. 60.

人达到了 32 英亩,9 人为 7—12 英亩,12 人在 5 英亩或之下。有的人还拥有牲畜,饲养数十只羊。这些"农民精英"此时不仅有一定的经济实力,而且还担任了庄园、村和百户区的基层头目。另据史家对这 4 个郡的 70 名起义者身份的鉴别,其中有 53 人曾经担任过庄园管家、犁队队长、百户长、法庭陪审员、治安员等。① 这次起义后王家派出的有关土地无人继承者的调查,更显示出这方面的现象。托马斯·萨普森(Thomas Sampson)曾经是萨福克郡中发动和组织了 5 个百户区起义的一个首领,他其实是一位经营成功的富裕农民("约曼"),在克瑟、哈克斯德和福热斯顿这三个村庄拥有 137 英亩土地、300 只羊和近 100 头大牲畜,并与别人合伙在哈维奇经营一条船的运输,仅农牧产品的年收入就达到 65 镑。剑桥郡的起义骨干约翰·汉查彻(John Hanchache),拥有巴伦五分之一的庄园财产和其他 6 个村庄的庄园财产,被认为"或许是一个正在演变为小乡绅的约曼"。另一位剑桥郡的起义者汶普勒的杰佛里·科柏(Geoffrey Cobbe)在 6 个村庄里也拥有地产,年收入 24 镑。埃塞克斯的最初起义爆发中心福宾的起义者威廉·杰尔德波勒(William Gildeborne),拥有价值 49 镑的财产,其中有 70 只羊,此外,从地租上看,他在这个地区还拥有 100 英亩的地产。②这些较富裕的自由农民,对封建领主权的蛮横和王室日益增长的税收极其不满,因而也起来参与斗争。

一些城市、城镇的下层民众参与这次起义,他们多系工匠、小贩、低级教士,处于底层社会,不享有任何权利,深受操控了市政和行会的富商、行东的压迫和剥削,同时要承受国家的苛重税收,因此希望通过斗争来来改变现状。也有一些市镇居民反对修道院领主的管辖,要求获得永久自治权,在农民起义中卷入进去。

封建王权的苛暴政策,直接激化了社会矛盾。在"农奴解放"的过程中,不少农奴走出庄园到各地当雇工,成为工资劳动者,社会流动性日益

---

① R. H. Hilton&T. H. Aston. ed. , *The English Rising of 1381*, pp. 15 - 17.

② R. H. Hilton, *Bond Men Made Free*; *Medieval Peasant Movements and the English Rising of 1381*, pp. 180 - 181.

增强。但"黑死病"使人口数量骤减,导致了劳动力的极度缺乏和物价上涨。从保护领主、行会的利益出发,英王通过议会颁布强制性法令。1349 年,爱德华三世颁布劳工法令,规定 12—60 岁的男女,凡没有土地和其他生活资料来源者,都必须按黑死病流行前的工资受雇。1351 年的法令规定,凡拒绝受雇者,要戴枷下狱。1361 年又颁布新的劳工法,凡擅自离开雇主者,不但要坐牢,而且还要在身上烙印。在此情况下,外出打工的农民和工匠,被迫接受苛刻的条件而受雇,生活十分贫困。而接踵而来的苛重税收,则将下层民众逼上了绝境。

1369 年再度爆发了"百年战争",为了筹措战争费,解决严重的财政危机,理查二世于 1377 年、1379 年和 1381 年 3 次征收人头税,规定 14 岁以上男女,不论贫富,都要交纳。最初每人 4 便士,1380 年增加到 1 先令,总额分别为 22 586 镑、19 304 镑和 44 843 镑,其中 1381 年的税额比第一次约多一倍。在此期间,议会还先后以支援战争为名,两次批准征收动产税,分别为 75 629 镑和 56 721 镑。[1] 王权的这些举措受到民众的抵制,据统计,1377 年第一次征收此税时,全国有关档案注册人数为 1 355 201 人,而在 1381 年的第三次征收时,此注册人数降为 896 841 人,比第一次少了约三分之一。[2] 在封建国家的直接沉重压榨下,农民为主体的下层群众开始酝酿反抗。

在当时的历史条件下,实现原始基督教的"千年王国"的蓝图,成为发动农民起义的旗帜。被看做是宗教异端的"罗拉德"派的领袖——有"肯特的疯修士"之称的约翰·保尔(John Ball),带领一批下层教士,在田间地头、城镇乡村到处布道,尖锐地抨击封建制度,要求取消徭役、地租、捐税和财产差别,实行社会各阶层的平等。保尔在布道时指出,上帝造人之初大家都是平等的,正是邪恶使人的暴政无视上帝的法律而导致了奴役的产生。封建农奴制违背神意,是造成贫富不均的罪恶渊薮。"领主衣着天鹅绒和

---

[1] R. B. Dobson, ed, *The Peasants' Revolt of 1381*, London, 1970, p. 101.

[2] C. Oman, *The Great Revolt of 1381*, Oxford, 1906, p. 28.

上乘的呢绒,饰以貂皮和其他皮毛,而我们则不得不穿粗布";"领主享有酒、香料和好面包,而我们则只有黑麦和麦秸渣充饥,以清水解渴";"领主拥有漂亮的邸宅和庄园,而我们则必须在田野中顶风冒雨干活"。此外,"如果我们不履行劳役,就将挨打"。保尔号召大家去找国王论理,寻求公证,"如果不行,我们必须自己去改变我们的处境"。① 当农民起义爆发后,保尔又引用社会上流行的名言鼓动农民说"亚当耕田、夏娃织布,那时有谁是贵族"? 他号召起义者像除掉农田里的"有害杂草"那样去消灭领主和法官,最终让自己"享有同样的平等、同样的高贵、同样的尊严、同样的权力"。② 以保尔为首的"罗拉德派"以上帝的权威来否定封建制度,伸张农民的平等权利与反抗要求,为这次农民大起义提供了思想基础。

　　1381 年农民大起义首先出现在商品经济发达的英国东南部地区。5月底,埃塞克斯郡的农民反对征收人头税,首举起义大旗。6 月初,肯特郡的农民、工匠也揭竿而起,展开武装斗争。这两郡的起义者纷纷起来杀死税官和领主,捣毁修道院、法庭与监狱,烧毁司法档案。据《西敏寺编年史》记载,"在肯特,他们像疯狗中的最疯狂的一群行事,狂暴地奔逐该郡大多地区,将许多地主的庄园、房屋夷为平地,将一些人斩首,强迫其所遇见的不是他们同伙的每个人发誓与他们一道保卫国王理查,因为他们宣称自己是国王和王国福祉的斗士,反对那些正在对之叛卖的人"。③ 起义者进而摧毁了大主教与王国中书令在拉姆伯斯的庄园,放火烧掉其中的书籍、衣服和亚麻布织品,并将酒室中的酒取出来痛饮,剩下的则倒掉,将厨房洗劫一空。④ 这些反抗,迅速得到各地农民、工匠乃至城市下层民众的普遍呼应,迅速波及英国的 25 个郡。

　　肯特郡起义者在占领了达特福德和梅德斯通两地后,推举了泥瓦匠瓦特·泰勒(Wat Tyler)为领袖。6 月 10 日农军进抵坎特伯雷,从监狱

---

① Philip. Lindsay&Reg. Groves, *The Peasents' Revolt 1381*, p. 72.

② S. Justice, *Writing and Rebellion：England in 1381*, University of California Press,1994, p. 110.

③ *The Westminster Chronicle 1381—1394*, ed By L. C. Hector & B. F. Harvey, Oxford,1982, p. 3.

④ Ibid., p. 3.

中救出被捕的约翰·保尔。6月12日,以肯特和埃塞克斯两郡起义者为主体的农民武装约10万余人进军伦敦,会合于布莱克希思。6月13日,起义者在伦敦平民的帮助下进入城内。据当时的编年史记载,在13日进入伦敦后,6万肯特起义者捣毁了位于南沃克的马歇尔希监狱的所有建筑,"释放了所有因债务和重罪而被监禁的人"。而埃塞克斯起义者则在伦敦北部的克勒克维尔杀死所有抵抗的人,将房屋烧毁,接着又攻打福尼特监狱,释放罪犯,攻击"圣殿(Temple)法学院",烧毁书籍和档案。[1] 此外,他们还攻进兰开斯特公爵冈特的豪华府第,将所有的家具、物品付之一炬,并将金银财宝搜出来用斧子砸坏,扔进泰晤士河。[2]

　　6月14日,在起义风潮的冲击下,理查二世被迫与瓦特·泰勒进行谈判,并对起义者作出承诺:在全国废除农奴制,农奴成为自由佃农,每亩地每年只交4便士给领主;取消市场垄断,准许自由交易;对起义者实行大赦,赐给在场起义者的各郡代表一面王家旗帜作为他们受国王保护的标志。同时,理查二世还当场让30名吏员草拟让起义地区民众获得自由的"解放敕令"。[3]

　　这一举措有效地抑制了起义的发展,许多起义者轻信了国王的承诺,纷纷离城返家。但仍有大约2万家境极其贫苦的起义者不满足这些条件,坚决留下跟随泰勒继续坚持斗争。他们冲入伦敦塔,将坎特伯雷大主教西蒙·苏德伯雷(Simon Sudbury)和财政大臣海尔斯(Robert Hales)及数名臭名昭著的官员拖到塔山上斩首,并将其首级绑到木杆上游街后烧毁,而后又将其遗骨悬挂在伦敦桥上示众。另一部分起义者也在伦敦城及其郊区追杀官吏、贵族。一些前来开设毛纺业作坊及经商的伦巴德人特别是佛莱明人(Flemings)也成为攻击对象。

　　在地方,武装起义也蓬勃展开。如在萨福克,教士拉维(John Wrawe)率领民众攻击王廷财政官员的奥维尔霍尔庄园,袭击教堂。并

---

[1] A. Dunn, *The Great Rising of 1381*, pp. 81 - 83.

[2] A. Dunn, *The Great Rising of 1381*, pp. 86 - 87.

[3] C. Oman, *The Great Revolt of 1381*, p. 64.

在 6 月 13 日晚抵达圣·爱德蒙兹伯雷修道院,将院长约翰·坎布里奇(John Cambridge)斩首示众。另一些萨福克的起义者还把矛头指向剑桥大学的校长约翰·卡文迪希(John Cavendish)爵士,此人原是王廷的大法官、东盎格利亚地区的大贵族,他在雷肯希思被义军抓住斩首。6 月 14 日,在牧师约翰·巴蒂斯福德(John Battisford)和佃农萨普森(Thomas Sampson)的率领下,一些起义者又从南面攻击伊普斯威奇镇,将萨福克主教区副主教和王室税收官的住所夷为平地。此外,贵族的默丁汉城堡也遭到袭击。而受萨福克形势的影响,剑桥郡东部的农民也在格雷斯顿(John Greyston)的带领下起义,并把目标对准剑桥大学,因为它的一些学院拥有大量财产,并以此来剥削当地的镇民。富有的圣体学院受到攻击,大量家具、书籍和门窗被毁。此外,储有大学之档案的圣·玛丽教堂也遭到破坏,大学的财库以及图书馆的书籍、文件被烧毁。就连大学附近的伯恩维尔修道院也不能幸免,甚至剑桥大学的一些攻读法律的学生也遇害。在其他发生起义的郡和市镇,都发生了类似的情况。

在严峻的形势下,王室开始密谋布置镇压。6 月 15 日,瓦特·泰勒率众与国王在斯密茨菲尔德再次谈判,提出了更激进的要求,如废除王国法律、领主权和主教区,没收教会地产,在俗人中分配,所有人都拥有同样的自由与法律身份等。在谈判中理查二世对起义者的要求不作正面回答,含混敷衍,由此引起了瓦特·泰勒不满。同时,王室内府的吏员通过辱骂来激怒瓦特·泰勒,泰勒受到刺激,策马向前呵斥国王,而伦敦市长沃尔沃思(William Walworth)和国王的随从则发动突然袭击,杀死毫无提防的瓦特·泰勒,起义者群龙无首而相继溃散。接着,伦敦市长召集贵族、市民武装清剿伦敦及周围的起义者,将相当一批人逮捕斩首。随之,国王声称仍旧维护农奴制,并下令军队与各地贵族官员追杀起义者。在埃塞克斯的大巴豆和雷特腾登等地,王军击败抵抗的起义者,杀死约 500 人,缴获 800 匹马。[1] 而在圣·阿尔班斯,起义的发动者约翰·

---

[1] C. Oman, *The Great Revolt of 1381*, p. 85.

保尔遭到审判被吊死并被分尸。在其他地区,遇害的起义民众也不在少数,据当时的编年史家估计,约有 1 500 名起义者被吊死或斩首,总共约有 7 000 名起义者丧生。此外,还有诸多的起义者被处以监禁和高额罚金。至 6 月底 7 月初,各地的起义相继被镇压。

这次农民起义对英国历史产生了不可低估的影响。

首先,起义给没落的封建农奴制以沉重打击,促使它走向灭亡。在起义失败后,理查二世抛弃了让农奴获得人身解放的承诺,宣称凡是在起义中获得自由的农民必须归附领主,"他们是农奴,他们必须仍然保留农奴身份"①。议会也宣布"解放敕令"无效。在不少地区,参与起义的农奴不仅被处以相当数量的罚金,而且被迫重新为领主服役。但应当看到,在这次起义的有力冲击下,不少庄园和法庭的档案被烧毁,封建领主的权势被严重削弱。而且,在 1381 年后,社会动荡并未完全立即平息,不少地区仍然有农奴与工匠的暴动。有史家认为,"乡村农民放弃对地方领主的服役,或毁掉他的庄园记录的具体行动,是 1381 年后社会状况的一个共同特征"②。在此情况下,封建领主越来越多地抛弃了陈旧的奴役方式,让农奴赎买人身自由,恢复其在庄园法庭和郡法庭中的申诉权利,并将土地出租,以货币地租取代劳役地租。当然,农奴制向自耕农制的转化与商品经济的发展密切关联,但这次农民起义无疑是促进这一转化的重要因素。

起义还加深了统治集团的内部矛盾,促使安茹王朝走向衰亡。在镇压起义后,总结经验教训并由此而引发的权力斗争在统治集团中渐次展开。1381 年 11 月的议会上,曾经是埃塞克斯起义调查委员会成员的下院发言人萨福克的骑士瓦尔德格拉维(Sir Richard Waldegrave)就坦言,朝廷和内府的奢侈、沉重的税收、孱弱的行政权力和国家防守的缺失,致使"残酷的压迫遍及国家,正义和法律几乎没有对任何人实施",导致了

---

① C. Oman, *The Great Revolt of 1381*, p. 152.

② R. B. Dobson, ed, *The Peasants' Revolt of 1381*, London, 1970, p. 334.

起义爆发。1383 年 10 月的议会上,新任命的中书令波勒(Pole)更是指出,国王的郡守、税官、法官的为非作歹,是民众"举行阴谋反叛的主要原因"。[①] 因此,1381 年 11 月的议会上,下议院开始转而攻击王室内府,抱怨"内府中过多的臣仆数量"及其导致的巨大耗费。由此,国王只得同意组建委员会来"考察国王个人的财产和统治,去安排一个有效的整治"。下院还要求这个委员会任命"忠耿有为之人"来辅佐君主,确保国王的内府规模合理而让国王能够"忠实地依靠他的收入过活"。[②] 因此,这次议会以及接下来的 1382 年 5 月和 1383 年 2 月的议会,都不管政府面临的财政压力而拒绝批准征税。人头税等税收的废止,使王权陷入严重的财政危机,王权与贵族的冲突也随之加剧,最终理查二世在 1399 年被贵族反叛所废黜,安茹王朝也就被兰开斯特王朝所取代。

15 世纪中期,英国爆发了持续约 30 年的两大贵族集团的大内战。以红玫瑰为族徽的兰开斯特家族和以白玫瑰为族徽的约克家族为了争夺王位而展开战争,名为"玫瑰战争"(the Wars of the Roses)。这两个集团的首领都是安茹王朝爱德华三世的后裔,都具有登上王位的王室血统;玫瑰战争是英国中世纪史上持续时间最长、规模最大、程度最激烈的贵族内战,对日后英国历史产生了重大影响。

玫瑰战争从根本上说是英国封建王权与大贵族之间的权力争夺。14 世纪至 15 世纪前期,由于王室不断地进行土地、爵位封赐,遂产生了一批公爵和侯爵,他们与伯爵一起构成了显赫的大贵族阶层。来自王室宗亲的"区域性"大贵族不仅拥有庞大的封建地产和附庸臣属,而且利用"变态封建主义"扩展实力,由此而组建起相当规模的私家军队。他们在参与朝政中拉帮结党,争权夺利,为争夺王位的大内战埋下祸根。非王室宗亲的贵族为了攫取更多的权益,则选择政治靠山来追随,由此形成了两大派别。一般说来,兰开斯特家族以北方贵族为后盾,而约克家族

---

① R. H. Hilton & T. H. Aston. ed. , *The English Rising of 1381* , pp. 205 - 206.

② A. Tuck, *Crown and Nobility 1272—1461* , p. 179.

则得到南方贵族、骑士的支持。不过,两方在各自的势力范围内也都有不少敌对者,这使得斗争十分复杂。

贵族势力的坐大与朝廷中的党争之所以在 15 世纪中期日益凸显,与兰开斯特君权的衰弱密切相关。有史家就指出,当时的政治混乱,是"因为缺乏王室权威,缺乏有效的政府统治,缺乏一个有力的中央政府"①。约克家族势力坐大并与王权公开对峙的原因,除了自恃王族的血统外,还在于兰开斯特君主亨利六世的软弱无能与腐败。亨利六世幼年即位,直到 1436 年才得以亲政,他生性软弱,也缺乏精明的驭臣之术,且患有间歇性的精神疾病,因此,他在位期间,多受王亲和来自法国的王后玛格丽特(Margaret)的支配,在政务处理上进退失据。

这一时期王国所面临的财政困难,也使兰开斯特王朝面临深重的统治危机。时断时续的对法作战,使军费开支加重了政府的财政负担。早在 1433 年,王室财政陷入极度混乱的状态。由于百年战争导致商业的萧条,海关税收急剧减少,王室财政入不敷出,欠债高达 16 万英镑,王室的消费赤字达 2 万英镑。可是,亨利六世仍旧奢靡浪费,在 15 世纪 40 年代,他花巨资创立了伊顿公学和剑桥大学国王学院,向这两所学校分别捐赠了岁入 3 400 英镑的地产。此外,宫廷人员的数量也不断增长,据统计,在 1436 年前,宫廷人员一般在 250—300 人之间,每年消耗约 1 万英镑。而到了 1450 年,宫廷人员的总数已经超过 800 人,花费提高到 1.7 万英镑,而当时王室每年的收入不过 5 万英镑。由此,王室的债务已经多达 37.3 万英镑。② 可以说,财政危机严重削弱了兰开斯特王朝的统治力量,为约克家族的反叛创造了有利条件。

对法百年战争的失败成为这次大内战的催化剂。本来,亨利五世运用军事声威和策略,在 1420 年迫使法国签订《特鲁瓦和约》,使英王有了继承法国王位的资格。但在亨利六世幼年时,形势对英国不利。败局激

---

① A. J. Pollard, *The Wars of the Roses*, London, 1988, p. 78.
② 迈克尔·V. C. 亚历山大:《英国早期历史中的三次危机》,林达丰译,北京大学出版社,2008年,第 113 页。

化了英国国内的社会矛盾和政治纷争,严重挫败了英国人的民族自豪感,并促使其对兰开斯特家族的统治产生了怀疑。[①] 正是在这样的形势下,1450 年春,在肯特郡发生了由约克派骑士杰克·凯德(Jack Cade)发起的武装起义。

起义参加者有乡绅、商人、雇工和农民,他们在百年战争中饱受苛捐杂税的盘剥,对兰开斯特王朝的腐败统治十分痛恨,有着明确的政治斗争目标。在发动起义时,凯德发表了宣言,指责"法律失去了效力,成为行贿和恐惧的保护伞,从道义上来说没有任何补救措施",国王应对在法国的失败负责,惩处在大陆战争中指挥无能且腐败的宠臣,同时要求国王启用被萨福克公爵排斥在继承范围之外的血统高贵的约克公爵。[②] 随后,凯德率领大约 5 000 人于 6 月 18 日击败政府军,7 月初进入伦敦,处决了王国的财政大臣等官员,迫使亨利六世逃至沃里克郡避难。但以市长为首的伦敦城市贵族,借助驻军帮助将起义者赶出城外,并于 7 月 5 日关闭伦敦桥,凯德试图夺取大桥未能成功。政府又采取欺骗手段,答应赦罪并考虑起义者的要求来分化瓦解起义队伍。7 月中旬,在政府的血腥镇压下,这次起义失败,凯德和许多起义者被处死。与此同时,在英国南部其他地方也发生了骚乱,国王的宠臣索尔兹伯里主教威廉·艾斯库(William Ayscough)在威尔特郡布道时被炸死。在汉普郡、格洛斯特郡以及埃塞克斯,许多萨福克公爵的追随者遭到了攻击。这一系列的社会动荡,动摇了兰开斯特王朝统治的社会基础,为约克家族发动内战提供了历史契机。

1450 年 8 月,英国在与法国的战争中失去诺曼底。负责大陆军事指挥的萨默塞特公爵不仅未被问责,反而被任命为王室总管。约克公爵理查对此极其不满,予以抨击。次年夏天,借口英国在法再遭惨败,约克公爵联合德文伯爵等集结兵马,以声讨萨默塞特公爵为名,对亨利六世施

① M. H. Keen: *English Society in the Later Middle Ages*, 1348—1500, London, Penguin, 1990, pp. 455 – 456.

② A. R. Myers, ed., *English Historical Documents*, Ⅳ, London, 1969, pp. 266 - 267.

以兵谏,但遭到拘捕。1453 年 3 月,约克与亨利六世在达特福特会晤。约克向国王面陈了自己的忠诚,声明起兵只是为了让国王惩治萨默塞特公爵。在贵族的斡旋下双方达成协议;约克解散军队,国王则追究萨默塞特对战争失败所负的责任。但事后国王并未履行协议,反而命令约克公爵只能在自己的领地内活动。[1]

　　在 1453 年 3 月于雷丁召开的议会上,兰开斯特派与约克派又开始了新的较量。萨默塞特公爵的扈从托马斯·索普(Sir Thomas Thorpe)被推选为下院议长,指使下院提出陈情:要求惩治约克派达特福特兵谏的罪责,抄没他们的地产,并判处约克公爵扈从叛逆罪。[2] 但到了 7 月,英国对法再遭惨败,国内政治斗争再度爆发。受此刺激,亨利六世的精神病开始恶化,这就将谁执掌王国摄政大权的问题凸显出来。根据 1422 年的先例,王国摄政应该由血统高贵的王子出任,但因国王此时尚无男性子嗣,萨默塞特公爵和约克公爵都与亨利六世有血缘关系,两者为竞争摄政以及王位继承人资格而开始恶斗。在斗争中,萨默塞特公爵试图离间约克公爵和国王的关系从而取代约克成为王位继承人,致使他们之间的矛盾渐趋激化。在议会休会期间,约克公爵乘机与势力显赫的尼维尔家族结成同盟,壮大了自己的势力。是年 11 月议会继续召开,实力大增的约克派在议会上指控萨默塞特公爵犯叛逆罪,并要其对战争失败负责,导致萨默塞特被关进伦敦塔。同时,为避免国王久病引发政治混乱,上院决定依循传统,推选摄政大臣,约克公爵即刻谋求此位。而刚刚产下一子的王后玛格丽特也向贵族提出由她出任摄政,以确保其子爱德华的继承权。王后的要求反而把一些贵族推到了约克公爵一边,对于正在体味战争失败的大多数英国贵族们来说,一个来自法国的王后是很难得人心的。最后,贵族推举约克公爵出任摄政,议会同时确认了爱德华王子为王位继承人,但王后并不甘心,纠集势力与约克派进行斗争。

---

[1] W. Stubbs, *The Constitutional History of England*, V. 3, pp. 166 - 167.

[2] C. Given-Wilson, ed., *The Parliament Rolls of Medieval England 1275—1504*, V. 12, London, 2004, p. 307.

1454年12月,亨利六世恢复了神智,约克摄政期也告结束。很快,萨默塞特公爵被宣布无罪开释,他在国王和王后的支持下又恢复了往日的权势,国王再次任命他为加来的驻戍长官。同时,萨默塞特公爵唆使国王于1455年5月召集御前会议,准备彻底清算约克派的势力。而约克公爵则不甘受制于人,调集兵马准备武力夺权。这样,一场争夺王国统治权的内战,也就逐渐拉开了序幕。

从1455年圣·阿尔班斯之战到1461年陶顿战役,是玫瑰战争的第一阶段。在这一阶段中,双方军队展开拉锯战,但约克派渐显优势,建立了约克王朝。

1455年夏,在兰开斯特王朝欲图全面清剿约克派势力时,约克公爵嗅到了危险气息,为拔胜筹而决定先发制人。5月22日,约克派集结军队在圣·阿尔班斯与王军对阵,要求惩处萨默塞特公爵。约克派的军队由约克公爵及其子率领,此外,诺福克公爵、索尔兹伯里伯爵、什鲁斯伯里伯爵等大贵族也率众前来协助,兵力远远超过国王的军队。经过半天的搏杀,王军伤亡惨重,萨默塞特公爵、诺森伯兰伯爵、克利福特伯爵被杀,白金汉公爵被俘,萨默塞特公爵的儿子多塞特伯爵负伤。亨利六世被箭擦伤后,约克公爵前去下跪,表示效忠,但实际上控制了国王。

1455年9月,亨利六世再次发病,约克公爵再次出任摄政。1456年2月,随着国王病情的好转,约克公爵的摄政统治结束,但武力冲突的形势日益凸显。王后将小萨默塞特公爵、威尔特郡伯爵、博蒙特子爵、埃克塞特公爵等人都集结在她的麾下,决心除去约克公爵及其追随者。1459年春,约克派再做战争动员。1459年9月,小萨默塞特公爵率领王军迎击约克派的军队,10月12日,两军在伍斯特的卢德福桥展开激战。由于约克军的两位将领在阵前倒戈,致使约克派遭到惨败,纷纷逃往爱尔兰、加来等地。11月20日,议会在考文垂召开,完全由兰开斯特派操控。议会召开期间,以策划叛乱、图谋篡位等指控判决约克公爵理查及其诸子死罪。罚没约克公爵、沃里克伯爵、索尔兹伯里伯爵等人的地产,并且剥夺其子嗣的继承权。此次议会后来被约克派称为"邪恶议会",它所作出的判决和惩罚能否实施,还得由两派的战场较量来决定。

约克派败逃之后,很快以爱尔兰和加莱为基地恢复了元气。沃里克伯爵在加来有自己的军队,约克派的附庸也纷纷从肯特和附近各郡汇集加来,回到爱尔兰的约克公爵也极力积聚力量。1460年春,约克派再次召集兵马回国,1460年7月10日,双方军队在北安普敦展开恶战。兰开斯特派遭到惨败,国王亨利六世落入约克派手中,被迫承诺其死后由约克公爵继承王位。

不过玛格丽特王后不甘心失败,和爱德华王子逃往苏格兰寻求庇护。

不甘心于失败的兰开斯特派积极谋划反击,内战很快再度爆发。1460年11月,兰开斯特派在北英格兰、威尔士集结军队,准备向南进攻。约克公爵则与其追随者率领约7 000人的武装北征。12月31日,兰开斯特派的军队约1.5万人在韦克菲尔德与对手激战,以伤亡200人的代价杀死约克派2 500人。① 约克公爵及其次子阵亡,其头颅被割下,戴上纸王冠,悬挂在城墙上示众。但在1461年2月,约克公爵的长子爱德华纠集武装在莫蒂玛尔克罗斯重创由彭布罗克伯爵率领的兰开斯特部队,并进入伦敦。与此同时,玛格丽特王后与王子从苏格兰南下,会合兰开斯特军队,在第二次圣·阿尔班斯战役中再次打败约克派军队,夺回国王,并准备进军伦敦。由于兰开斯特军以劫掠供养军队,不得民心,也因为约克派在伦敦的势力很大,伦敦市民紧闭城门拒绝王后入城,兰开斯特军队被迫北撤。

在十分有利的形势下,约克公爵的长子爱德华在伦敦公开以亨利国王违反议会协定为名,要求继承王位,获得由约克派贵族诺福克伯爵、沃里克伯爵、中书令埃克塞特主教乔治·尼维尔(George Neville)等组成的御前会议的批准。1461年3月4日,在约克派贵族的拥戴下,爱德华登

① 迈克尔·V. C. 亚历山大:《英国早期历史中的三次危机》,林达丰译,北京大学出版社,2008年,第147—148页。

基加冕,称爱德华四世(Edward Ⅳ,1461—1483 年),大批不满兰开斯特王朝统治的中小贵族也逐渐归附约克新王。3 月 29 日,爱德华四世率领的大军在蓬特弗雷克附近的陶顿村旁与兰开斯特派展开决战,造成双方数万人伤亡。最后,约克派军队以惨重代价获胜,玛格丽特王后率领残部(包括神志不清的亨利六世和王子)逃往苏格兰。

陶顿战役后,新兴的约克王朝采取措施力图使其统治合法化。1461 年 11 月,约克王朝召开第一次议会。以议会下院名义提交的一些陈情,谴责兰开斯特家族僭越王权,使英国饱受"蹂躏、背叛、苦难",同时声称爱德华四世根据神法和自然法成为国王的权利。最后下议院宣布:亨利六世的国王身份从来就不被承认,兰开斯特王朝是僭越者,约克家族与亨利六世达成的保证他终身统治国家的《让与法案》无效。[①] 由此,议会为武力建立的约克王朝披上了合法外衣,成为强权者夺权的工具。

从 1461 年约克王朝建立到 1485 年亨利·都铎建立都铎王朝为止,是玫瑰战争的第二阶段。

约克王朝建立后,英格兰的政局并未稳定下来。在北方,兰开斯特派的残余势力仍旧存在,并且得到苏格兰王室和法国国王的支持,随时有复辟的可能。同时,追随约克新王的贵族势力也因战功而飞扬跋扈,迷恋权力和财富,有着潜在的政治离心倾向。

比起前朝的亨利六世来,爱德华四世年轻有为,精力旺盛,对臣属有着相当的亲和力,更有战争胜利所带来的巨大声威。但是,追随他的大贵族如尼维尔家族贪婪于权力和财富,很难对付。这个家族的沃里克伯爵理查因战功被授予大量的封赏,成为英格兰北部最有势力的领主,其叔父被封为肯特伯爵,其弟被授予帕西的大片土地以及诺森伯兰伯爵的头衔。但沃里克伯爵对于南威尔士的领地怀有野心,因爱德华四世将南威尔士的统治权授予宠臣赫尔伯特而受阻,因此对王极度不满。为了稳定新朝统治,爱德华四世宽恕了兰开斯特派的一些归顺者,在其表示效

---

① R. Butt, *A History of Parliament*: *The Middle Ages*, pp. 569 - 570.

忠后不仅归还其原有的领地,而且还让他们中的一些人担任军政要职,如让善于谋划和征战的拉尔夫·珀西爵士(Sir Ralph Percy)防守两座城堡。对沃里克伯爵等,爱德华四世则注意予以限制。经过多年的内战,封建的效忠原则与君权至尊原则已经受到极大的摧残,部分大贵族桀骜不驯和朝秦暮楚的性格得到充分暴露。因此,一旦出现新的政治动荡,他们势必会重新反叛王权。正是在内外夹击的形势下,爱德华四世的统治面临着难以稳固的窘境。

1461年夏天,爱德华四世组织军队征讨,经过艰苦征战,收复了兰开斯特派仍旧盘踞的威尔士和英格兰东北部地区的十多座城堡,但流亡的兰开斯特王室在苏格兰王室的支持下加紧了复辟活动。1462年4月,玛格丽特王后带着王子前往大陆,以低廉的价格把加来港抵押给法国为条件,获取了法王路易十一世的支持,由法国为其提供52条船和1 000名骑兵,同时王后还获得勃艮第公爵的赞助。是年10月,玛格丽特王后率领军队渡海登陆英格兰北部,降服了班尼克、阿尼克和邓斯顿伯格三座城池,然后返回苏格兰以图获取支持。11月,爱德华四世派沃里克伯爵率大军北上,收复了这些失地。

1463年夏天,玛格丽特王后又率领部众和苏格兰、法国的军队南下,爱德华四世派军北征,苏格兰军队退回边界一侧,玛格丽特王后和王子等逃往法国,亨利六世则在几名奴仆、教士的陪伴下,颠沛流离于英格兰北部的乡间,次年被约克王朝的军队拘捕遣送到首都,游街示众后囚禁在伦敦塔。法王路易十一世和苏格兰国王看到兰开斯特派复辟无望,就与爱德华四世缔结了和约。这使得玛格丽特王后及其随从在大陆的境遇十分尴尬,只得寄人篱下,在洛林的科厄尔拉珀蒂特城堡苟延残喘。而爱德华四世则乘有利之机,扫荡英格兰东北部的兰开斯特派残余势力。至1468年,基本统一了这一地区。

在大内战的动荡中,武力成为获取权力的唯一手段,贵族依靠武力获取权力和财产的欲望空前增强。在内战中战功卓著的沃里克伯爵欲图操控统治大权,正因为如此,爱德华四世对他存有戒心,双方势如水火。1469年,沃里克伯爵及其表弟克拉伦斯公爵在北方公开反叛,7月26日在埃季科特通过激战打败王军,一周后在肯尼沃斯附近俘获爱德华四世,送押至约克郡的米德尔汉城堡(Middleham Castle)。此后几个星期,沃里克伯爵一度试图通过掌控政府来统治英国,但由于约克派贵族的反对,也由于兰开斯特派乘机在北部发动叛乱,其阴谋并未得逞。在严峻的形势下,国内要求爱德华四世掌权的呼声不断。9月中旬爱德华四世恢复自由,回驾伦敦而重新掌权。在宽恕了沃里克伯爵后大力镇压叛军,任用近亲和宠臣来辅佐统治。1470年春夏之交,沃里克伯爵再次反叛,失败之后逃亡法国。在路易十一的调解下,他和流亡的玛格丽特王后和解并结成姻亲,与法王支持下的兰开斯特派结成复辟联盟。1470年9月,沃里克伯爵率领部众和法国的2000名弓箭手渡海进入英格兰,他们以恢复亨利六世的正统统治为号召,得到了国内兰开斯特派的纷纷响应。爱德华四世因臣下的叛变而无力迎战,于9月30日夜乘船流亡荷兰。沃里克伯爵到达伦敦后,在10月13日举行仪式,将被囚禁的亨利六世再度推上了王位的宝座。然而,无论是亨利六世还是沃里克伯爵都缺乏广泛的政治基础,注定是要失败的。

爱德华四世通过游说获得了勃艮第公爵、汉萨同盟以及布列塔尼伯爵的支持,很快组建一支军队在1471年3月渡海抵达英国的诺福克,并于4月12日兵不血刃地占领伦敦,控制了亨利六世以及一批敌对派首领。次日,在伦敦北部的巴内特与追击过来的沃里克伯爵之军队展开决战,重创敌军,沃里克伯爵等兰开斯特派的一批首领阵亡。也正是在这天,王后玛格丽特及其爱德华王子也率众在韦茅斯登陆,期盼乘沃里克伯爵取胜而重新建立对英格兰的统治。在得知约克派获胜后为逃避险境,玛格丽特率众向北退却。爱德华四世为了彻底消灭对手,挥师直追。5月3日,双方在维尔特郡特威克斯伯里修道院附近展开决战。兰开斯特派的军队全军覆灭,爱德华王子等一批贵族阵亡,玛格丽特王后被俘囚禁在伦敦塔,后由法王重金赎回法国,在凄凉晚景中死去。是役后,爱德华四世深深地感到,亨利六世虽然年迈多病,但其存在毕竟是兰开斯特派不断进行复辟活动的一面旗帜,要巩固自己的统治,必须彻底除掉这一祸根。因此,他在 5 月 21 日返回伦敦后,立即下令在伦敦塔处死亨利六世。至此,兰开斯特派的复辟活动完全失败,爱德华四世稳坐王位。从沃里克伯爵到亨利六世被处决的两年多时间中,由于约克派内部的分裂所激起的战乱,使英国陷入空前未有的政治动荡,被史家称为“自 1066 年以来英国历史上最为严重的政治不稳定时期”①。

爱德华四世稳固权力后,在其第二次统治期内的十多年里,他积极采取措施来重塑君主权威。在政治上,他扩大国王的御前会议的权能,并吸收不少中小贵族进入该会议辅佐,使之与旧贵族和议会抗衡。在财政上,他罚没了内战中敌对贵族的地产,扩大王室的领地来增加收入。同时,他还通过让贵族、官员和商人以“自愿捐赠”的方式,拿出不少收入充实国库。由此,朝廷的财政危机逐渐缓解,到了 1478 年,王室的年收入达到了 8 万英镑,财政收支十年来首次达到平衡。② 在司法上,爱德华四世强化了君主的影响。他先后多次列席在西敏寺的王座法庭的审判会议,并在该法庭法官的陪同下出巡各地,出席地方的司法审判,并赋予法官以更多的权威,以消除陪审团过多干预司法的局面。1480 年他还建立了新的诉愿法庭,满足收入较低的阶层以较少的诉讼费打官司。所有这些,都使一度风雨飘摇的约克王朝开始恢复君主的权威。

1483 年 4 月,年仅 41 岁的爱德华四世病死,遗嘱由其子爱德华继位,称爱德华五世。叔父格洛斯特公爵理查德大肆清除拥戴新王的贵族势力,阴谋害死了年幼的新王及其弟,操控了王国的统治大权。10 月,理查德代侄而立,称理查德三世(Richard Ⅲ)。这一举措立即在国内引发巨大的政治动荡。理查德处于众叛亲离的境地,但仍然垂死挣扎,他处死了期望拥戴亨利·都铎(Henry Tudor)的白金汉公爵,并宣布流亡在大陆布列塔尼的亨利·都铎是叛国者。

① C. D. Ross, *Edward Ⅳ*, London, 1974, p. 126.
② 迈克尔·V. C. 亚历山大:《英国早期历史中的三次危机》,林达丰译,北京大学出版社,2008 年,第 147—148 页。

在剧烈的政治冲突中,亨利·都铎被看作是最具备登基王位的贵族。他的母亲玛格丽特是爱德华三世的后裔,具有兰开斯特王室血统,由于对王位有潜在的威胁,爱德华四世掌权后派党羽对之四处追杀,亨利·都铎 1471 年随其叔父流亡至法国,在不列塔尼公爵的宫廷中生活了 13 年。[①]

英王理查德三世执政后,大批人为逃避迫害纷纷逃往布列塔尼,其中有善于军事指挥的牛津伯爵约翰·德维尔(John de Vere),他们聚集在亨利·都铎的周围谋求反攻。为了消除国内对任何派别的新王即位都会导致动荡的忧虑,亨利·都铎在 1483 年的平安夜发表演说,结束后又在朗纳斯大教堂举行弥撒。接着向众人承诺,如果他一旦享有英国王位,就将与爱德华四世的长女伊丽莎白结婚,以此消除派系之争。这一承诺很快传到英格兰及威尔士的广大地区,赢得了越来越多的同情与支持。

1485 年 8 月 6 日,亨利率领 3 000 多人渡海抵达英格兰,占领了戴尔城堡(Dale Castle)。理查德三世早在半年前就着手准备抗击亨利·都铎的武力进犯,在是年 6 月亲自进驻诺丁汉城堡以图四面出击。其时,王军约有 1.4 万人,而亨利的军队则约有 7 500 人,8 月 22 日,两军在博斯沃斯荒原进行决战。在战争的紧要关头,理查德军中的斯坦利勋爵(Lord Stanley)率部 3 000 人倒戈,王军遭到惨败,理查德三世战死。战斗结束后,斯坦利勋爵将理查三世遗落的王冠戴在亨利头上,并呼之为亨利七世。[②] 这一战役标志着玫瑰战争的结束。事后,亨利·都铎派兵四处肃清残敌,并于 9 月中旬宣布大赦,同时吸纳爱德华四世的大批臣属参政,很快稳定了政局。1485 年 10 月 30 日,亨利·都铎在西敏寺正式加冕为英王,是为亨利七世(Henry Ⅶ),英国历史上的都铎王朝就此诞生。

---

① S. B. Chrimes, *Henry Ⅶ*, London,1984, p. 17.

② V. C. Alexander, *The First of The Tudors*, London,1981, p. 18.

　　这场持续了三十年之久的时断时续的战争,导致了国王与贵族之间政治实力的明显变化,推动了英国王权的进一步强化。在相互厮杀中,封建贵族势力遭到空前的打击,旧贵族宗室绝大多数不仅遭到覆灭,而且数万贵族的私家军队也为战火吞噬。[①] 据史家统计,1450—1500 年间,除了王室家族外的 76 个贵族世家覆没,其中有 12 个直接被战争摧毁,另外的不少贵族家族因为战争而无暇结婚或无正常的家庭生活,最终因缺乏子嗣而消亡。[②] 由此,大贵族家族或派别操控王国政治、相互征战的局面一去不复返,都铎王朝强大的中央集权君主制亦即"新君主制"(New Monarchy)也就成为历史的必然。

　　总之,玫瑰战争有力地冲击了英国封建旧秩序,为君主中央集权扫清了道路,是英国从中世纪封建制度向近代资本主义过渡的开端。

---

① J. R. Tanner, *Tudor Constitutional Documents*, *A. D. 1485—1603 With an Historical Commentary*, Cambridge,1951, p. 2.

② K. B. McFarlane, *The Nobility of Later Medieval England*, Oxford University Press, pp. 59 - 60.

# 第五章　苏格兰、爱尔兰、威尔士

中世纪时期,不列颠群岛上长期存在各地区相互交往与纷争的格局,除了英格兰外,还有苏格兰、爱尔兰和威尔士,这些地区各自建立过封建政权,但英格兰始终占据主导地位。为了将这些地区纳入英王的统治轨道,英格兰不断地对之进行武力征服,但也不断遭到有力抵抗。英格兰的军事扩张,不仅促使这些地区的社会发生巨大的变化,而且反过来又影响到其内部君主政治的发展。

不列颠北部的苏格兰王国大约形成于公元9世纪上半叶,但其政局并不稳定,争夺王位的反叛时常发生。在1066年入侵英格兰后,征服者威廉借助军事声威挥戈北上,于1072年入侵苏格兰,苏格兰国王马尔科姆三世(Malcolm Ⅲ)被迫投降,承认威廉一世的宗主地位,并送儿子邓肯(Duncan)到英格兰为人质。1093年,马尔科姆三世死后,其弟继位,而英国却支持其所支持的人质邓肯继承王位。邓肯夺权后仅几个月就被谋杀,此后,苏格兰陷入混乱割据。英王亨利一世时,曾娶苏格兰的公主玛格丽特为王后,试图用联姻的方式加强对苏格兰的控制,但并未改变苏格兰的动荡局面,直到戴维一世(David Ⅰ)上台后,苏格兰的形势才转向稳定。

戴维一世的母亲有威塞克斯王室的血统,童年时因国内内乱被流放到英国,寄生于其姐夫英王亨利一世的宫廷之中,深受宫中盎格鲁-诺曼文化的影响。他在亨利一世的支持下登基王位,之后平定国内叛乱,拓展领土。同时,戴维一世推行一系列重大措施来强化权威,他建立了中央初步集权的王国政府,铸造第一批统一的苏格兰货币促进商品流通,构筑诸多城堡加强内部的防御,在这些城堡周围逐渐形成了爱丁堡、斯特林、贝里克等城市。同时,他还招募法国和英国的骑士移民,把封君封臣制引进苏格兰,建立起国王-伯爵-塞恩的封建等级制。此外,他还改革教会,设置主教区,并按照大陆的模式建立修道院。

英王斯蒂芬上台后,戴维一世支持自己的外甥女、亨利一世的女儿马蒂尔达与他争夺王位,率军侵占英格兰北部,但在达勒姆遭到英军的遏制。不久,他再度率军南下,尽管在 1138 年的斯坦达德战役中失败,但还是利用此时英国的内战侵占了库伯兰德和诺森伯里亚大部分地区。

1153 年戴维一世去世,英王亨利二世对继任的苏格兰国王马尔科姆四世(Malcolm IV)施加压力,并以亨廷顿伯爵领地为交换条件,让苏格兰退出了库伯兰德和诺森伯里亚。但此后,苏格兰与英王的冲突绵延不断。1214 年,亚历山大二世(Alexander II)上台,他对内强化权威,对外则尽力和英国保持和平。不过,在 1215 年英格兰贵族联合反叛约翰王时,他却支持反叛者,欲图乘机获得对英格兰北部的统治权。在英王亨利三世统治期间,亚历山大二世不仅主动向英王效忠,还主动采取联姻政策,娶亨利三世之妹琼(Joan)为王后。由此,双方的紧张关系日益缓和。1237 年,他与亨利三世签订《约克和约》,放弃了对英格兰北部的领土要求。此后,苏格兰的边界就大致稳定下来。

在英王爱德华一世统治时期,英国与苏格兰的关系出现了一个大的历史转折,从和睦相处走向全面战争。

本来,苏格兰和英国的王室联姻,在相当大的程度上缓和了两国原有的敌对关系。爱德华一世上台后,亚历山大三世(Alexander III)仍旧仿效其父的做法,娶英王之妹玛格丽特为王后,双方关系融洽。而苏格兰的大贵族在苏、英边界两端占有大量地产,并未引起英王的反感。然而,这并未彻底消除双方的战争根源。因为英王始终以苏格兰的最高封君自称,并未放弃其对苏格兰的宗主权。这一主张很快就由于两国联姻断裂而被强化,由此激起两国的战事。

1275 年,苏格兰国王亚历山大三世在其王后、英国公主玛格丽特(Margaret)去世后,即娶法国贵族之女约兰德(Yolande)为妻,其对英国的态度急转直下,甚至侍奉前王后的内臣也因是英国人而被剥夺了地产。这一态势引发了英王的强烈不满。1286 年,亚历山大三世因坐骑坠崖死亡而无嗣,留下的 6 岁孙女玛格丽特也在 4 年后夭亡,一些大贵族为选立王位继承人而开始纷争。1292 年,爱德华一世支持年轻的约翰·巴利奥尔(John Balliol)继承王位,并通过巴利奥尔实施英王的宗主权。苏格兰的大贵族不满,1295 年,12 人组成的"贵族会议"剥夺了巴利奥尔的权力,与英王的宿敌法国国王腓力四世签约结盟,史称"老同盟"(Auld Alliance),双方终于爆发战争。

1296 年,爱德华一世调动大军进攻苏格兰,3 月攻陷并洗劫伯威克,诸多居民如"秋叶坠落般的"在兵锋中丧生,4 月在邓巴打败苏格兰军队,王公贵族纷纷投降。此外,英国军队还从斯康尼教堂把苏格兰的镇国之宝"命运之石"运回到西敏寺储藏,这表明爱德华一世决心直接统治苏格兰。①

面对英国的征服,苏格兰人坚决抵抗。大贵族威廉·华莱士(Sir William Wallace)1297 年组织苏格兰人与英军作战,在斯特林桥一役重创英军。爱德华一世见情况紧急,立即和法王腓力四世谈判达成协议,以英国放弃与佛兰德斯的联盟为交换,而让法国解除与苏格兰的交好关系,由此为攻打苏格兰创造了有利条件。1298 年,爱德华一世组织大军进攻,其中有骑兵 2 400 人,包括威尔士的弓弩手在内的步兵 2.75 万人。英军势如破竹,在 7 月的福尔科克之战中击溃苏格兰军队。在接下来的数年中,英军采取城堡封锁战术步步挺进,而苏格兰人也不断反抗。

---

① M. Prestwich, *The Three Edwards*, London, 2003, p. 43.

1304 年,在英军的强大压力下,一些反抗的苏格兰贵族与爱德华一世和谈。1305 年,华莱士被英军俘虏并处以绞刑,肢解其尸。① 不过,苏格兰人的反抗并未停止。像一位编年史家所说的那样,苏格兰战争"冬去春来,周而复始"。② 1306 年,曾经与英言和的贵族罗伯特·布鲁斯(Robert Bruce)自称苏格兰王,而 1307 年,号称"苏格兰铁锤"的爱德华一世亲率大军再次深入苏格兰征讨,因其年迈生病而死在征途中,留下遗言要儿子带着自己的骨灰冲锋,直到最后一个苏格兰人投降。③

　　然而,爱德华二世即位后,并未采取强固措施维持对苏格兰的控制,布鲁斯则趁机组织反扑,攻克英军占据的堡垒和城市。1309 年 3 月罗伯特第一次召开自己的议会,1310 年苏格兰教士阶层决定承认其为苏格兰国王,1313 年罗伯特也派下属詹姆斯·道格拉斯(James Douglas)进入英格兰北部攻击对方本土。1314 年,布鲁斯与英格兰军队在班诺克本进行会战并取得决定性胜利,此战成为苏格兰独立运动的重大转折点,此后双方虽然仍有交手,但基本胜利已倾向于苏格兰人一边。1320 年,教皇开始承认罗伯特的苏格兰国王地位。由于形势不利,加之英国与法国争夺大陆领地的矛盾开始激化,1328 年,即位不久的英王爱德华三世与布鲁斯签订协定,承认苏格兰是独立国家,并许诺让其妹与罗伯特·布鲁斯的 4 岁幼子联姻。由此,苏格兰的第一次独立战争结束。

　　1329 年,罗伯特·布鲁斯去世,年仅 5 岁的戴维二世(David Ⅱ)继位。英国又以继承权纠纷为由,支持试图夺取王权的傀儡人物巴利奥尔,于 1332 年再次进攻苏格兰,苏格兰历史上的第二次独立战争爆发。英国军队攻占领苏格兰许多城镇,并将其中的 8 个郡通过新拥立的傀儡国王的名义正式转让给英格兰。1334 年,年幼的苏格兰王到法国避难,苏格兰又一次处在被彻底征服的边缘。然而,苏格兰当地贵族始终没有放弃抵抗,1337 年,英国与法国的百年战争爆发,迫使爱德华三世不得不

① M. Prestwich, *The Three Edwards*, London, 2003, p. 45.
② 温斯顿·丘吉尔:《英语国家史略》上卷,薛力敏等译,新华出版社,1985 年,第 275—276 页。
③ 安东尼娅·弗雷泽编:《历代英王生平》,杨照明等译,湖北人民出版社,1985 年,第 84 页。

从苏格兰调回主力军队,放松了对于苏格兰的控制。1341年,17岁的戴维二世返回苏格兰,正式领导独立战争,国内士气大振,兼之苏格兰与法国同盟,取得了不小战果。1346年,戴维二世率大军进入英格兰北部,在英国后方声援法国的军事行动。不过苏格兰军队在内维尔的克罗斯之战中遭遇惨败,戴维二世被俘后押送到英格兰。尽管如此,苏格兰人的反抗斗志并未熄灭,难怪有史家认为,对于英国来说,"苏格兰成为其挥之不去和代价高昂的一根肉中刺"。[①] 不过,由于百年战争的持续,英格兰再也无力大举入侵苏格兰,其拥立的傀儡王巴利奥尔因面临巨大压力,不久宣布放弃王位继承权,到英格兰隐居。1357年双方签订和约,戴维二世被放回苏格兰,但是苏格兰必须向英格兰支付高额赎金,分期偿还。1371年,戴维二世去世,无子嗣,其父罗伯特·布鲁斯的外孙罗伯特·斯图亚特(Robert Stewart)继位,称罗伯特二世(Robert Ⅱ,1371—1390年在位),开始了斯图亚特王朝的统治。

斯图亚特各任君主在位期间试图巩固王权,削弱过去百余年间经常垄断朝政的贵族权力。这个王朝奠定了一个比较稳定的王室家族,之后几代君主都是父子直系传承,基本改变了苏格兰之前数百年争夺王位的局面。另一方面,由于此后的一段时期里英国国内政局动荡,英国和法国的百年战争仍然持续,英国无力对苏格兰发动军事征服,使苏格兰处于实际独立的状况。1482年,苏格兰国王的弟弟、阿尔班尼公爵亚历山大曾一度与英王爱德华四世的公主联姻,并向英王效忠,将伯里克等诸要塞交给英王,但在国内贵族的反对下,最终只得到英国避难。[②] 苏格兰的民族独立情绪始终浓厚地存在。

15世纪,在相对安定的环境中,长期遭到战火摧残的苏格兰经济逐步复苏,格拉斯哥等城市也日趋兴盛。文化教育也有大的发展,先后建立了圣安德鲁斯大学(1413年)、格拉斯哥大学(1451年)、阿伯丁大学

---

① 约翰·吉林厄姆、拉尔夫·A. 格里菲斯:《中世纪英国:征服与同化》,沈弘译,外语教学与研究出版社,2007年,第266—267页。

② V. H. H. Green, *The Later Plantagernts*, p. 379.

（1495 年）。苏格兰还从从丹麦手里获得了奥克尼和设德兰群岛的主权，最终确立了迄今为止的疆界。

爱尔兰原来的土著居民是克尔特人。与大多数西欧国家不同，爱尔兰从未经历过中世纪早期的蛮族入侵，其社会仍处于原始的军事民主制度中。公元 5 世纪，基督教开始传入爱尔兰。在 6 世纪和 7 世纪，以寺院为中心的爱尔兰艺术、学术和文化得到了明显发展，并将基督教传播到西北欧的不少地区。

自 8 世纪末开始，来自斯堪的纳维亚半岛的诺曼人（维京人）在占据了奥克尼群岛和设得兰群岛后，开始入侵爱尔兰，掠夺土地并建立殖民点，都柏林、韦克斯福德等城镇就是在这些据点的基础上逐渐产生的。但诺曼人并没有建立统一的国家，而是长期处于军事首领相互割据乃至混战的局面中，这使得爱尔兰内部的一些部落显贵家族开始崛起。1001 年，南部的部落首领布莱恩·博茹（Brian Boru）通过武力扩张占领了爱尔兰大部，成为爱尔兰国王。1014 年，他率军在都柏林附近的克隆塔夫与诺曼人血战，与其子等战死。此后，爱尔兰又陷于长期的割据动荡之中。

到了 12 世纪，爱尔兰分裂成好几个小王国，相互展开混战。1166 年，伦斯特的国王迪亚米德（Diarmaid Mac Murchadha）被反叛者和敌国联合势力驱除，流放到诺曼底。他以臣服英王亨利二世为条件，换取了英国支持其恢复爱尔兰王位的要求。1169 年，在亨利二世的指令下，英国驻守威尔士边界的大贵族、绰号为"强弓"的彭布洛克伯爵、罗伯特·德·克莱尔（Richard de Clare）组织一支包括威尔士和大陆雇佣军在内的大军，在迪亚米德的带领下返回爱尔兰，很快夺取了伦斯特、都柏林等地，恢复了迪亚米德的王位。不久，彭布洛克伯爵还成为迪亚米德的女婿，并被指定为伦斯特王国的王位继承人。1171 年，迪亚米德去世，王位争夺再起。亨利二世决定亲率大军征服爱尔兰。此时，罗马教皇哈德良四世为了在爱尔兰推行克吕尼式的宗教改革，也支持亨利二世的军事行动。亨利二世调集王家舰队运载 500 名骑士和 4 000 名弓弩手登陆爱尔兰,凭借先进的骑兵和长弓、链甲等武器大肆掠夺爱尔兰的土地,将其一部分划为王领,由王子约翰掌管,另一部分分封跟随的贵族。同时,亨利二世还宣布沃特福德、都柏林等为王家直辖城市。到了 12 世纪末期,英国人已经统治着三分之二的爱尔兰领土。[①]

到约翰王上台后,爱尔兰被正式纳入英格兰王权的统治之下,英王拥有了对爱尔兰的宗主权。这次征服对爱尔兰的社会结构与生活产生重大影响。一方面,英国人在爱尔兰大力推行封建制度,爱尔兰的自由农民也随之农奴化。另一方面,英国人的教堂与城堡建筑、航海贸易、农业生产等方面的技术和经验也随之传过来,促使爱尔兰社会经济得到发展。而在生活习惯和语言上,英国文化和爱尔兰文化产生了明显的交融,英国贵族开始使用爱尔兰语言、习俗和衣饰。

到了 14 世纪,尽管英国加强了对爱尔兰的控制,但爱尔兰人时有反抗,同时,英国对爱尔兰的关系逐渐受到国内政治的影响。爱德华一世统治后期,他不仅为偿还债务让意大利的大商人垄断爱尔兰的羊毛贸易,而且让其亲信、大法官约翰·沃甘爵士(sir John Vaughan)负责统领爱尔兰事务。沃甘在爱尔兰建立了一支雇佣军,由阿尔斯特的"红伯爵"理查德指挥。不过,英国对爱尔兰的统治也遭到了苏格兰人的威胁。1315 年,苏格兰国王布鲁斯率领一支约 6 000 人的武装入侵爱尔兰,到处攻打城堡,烧杀掳掠,但最终在 1318 年被击败。在反抗苏格兰的入侵中,一些爱尔兰的土著王公也滋长起民族独立情绪而反叛英国人。他们求助于教皇约翰二十二世,谴责英国人剥夺了他们祖先的法律,强调英国人在语言、习惯和行为上都与爱尔兰人不同。[②]但教皇对这些反叛者不予支持,并且把支持他们的教士开除教籍。

1318 年以后,爱尔兰的岁入只相当爱德华一世时期的三分之一,远不足以维持英格兰人在当地的统治。爱尔兰不仅没有提供财政资源,反

---

① 肯尼思·O. 摩根主编:《牛津英国通史》,王觉非等译,商务印书馆,1993 年,第 186 页。
② May Mckisack, *The Fourteenth Century 1307—1399*, pp. 44 - 45.

而成为财政负担。间歇性的远征未能重振英王在当地的权威,英格兰直接控制的区域也缩减为都柏林周围的"栅栏"(the Pale)区。[1] 到英王爱德华三世统治时期,爱尔兰的局势又有了新的变化,这主要表现为在一个已经爱尔兰化的英国贵族阶层的兴起及其对英国统治的抵制。经过一个多世纪的变迁,这些人对爱尔兰的语言、习惯和文化传统有了强烈的认同,而且对英国社会甚感陌生。这批人被英国人视为"堕落者""叛徒"。不过,他们并非是想要建立独立于英国的政权,而是要按照自己的想法控制英国在当地的政府。

为了加强控制,爱德华三世于 1361 年任命其第三个王子莱昂内尔(Lionel)作为国王的副手前往爱尔兰统治,因其与厄尔斯特之女联姻,故获得"厄尔斯特伯爵""康纳切特之封君"的头衔。他率领一支约 1 500 人的军队前往,然后四处武力征讨,期望将各地不服从的贵族纳入有效统治的轨道,但因人力物力匮乏而无多少建树。在他 1366 年回英时,爱尔兰各地割据乃自反叛的情况依然如故。不过,他在回英之前所颁布的《基尔肯尼法令》(Statutes of Kilkenny)对英国与爱尔兰的关系深有影响。这一实施种族迫害和文化隔绝政策的法令有 35 条条款,是针对"比爱尔兰人更爱尔兰"的英国人拟定的,目的是在英国人聚居的地区和服从英国人统治的郡巩固英国的控制,其中如:禁止英国人和爱尔兰人通婚;禁止英国人过继和抚养爱尔兰儿童;禁止英国人采用爱尔兰人的姓名和服装;规定这些地区的不懂英语的英国人必须学习英国的语言和习惯,否则要被罚没地产和财产;禁止爱尔兰人进入英国人聚居地区的教堂;禁止爱尔兰的僧侣和说书者进入英国人聚居的地区活动等等。这项法令实际上是放弃了英国将整个爱尔兰殖民化的企图,因此,有史学家认为,尽管它看起来"会被解读成对爱尔兰的战争宣言,但相反,却将被解读成一个失败的自白"。[2] 必须指出,这项法令最终是承认了爱尔兰人

---

① The Pale 又称 The English Pale,音译为"英吉利佩尔",指英格兰统治下的爱尔兰部分地区。
② May Mckisack,*The Fourteenth Century 1307—1399*,p. 232.

聚居地区非英国化的现实。尽管这项法令难以阻止逐渐爱尔兰化的英国人对爱尔兰民族性的认同，但它还是产生了相当的影响，在日后不断被颁布，最终造成了此后三个世纪中在爱尔兰"两个种族"并存对立的格局。

在 1366 年后，爱德华三世对爱尔兰的统治无多大起色，他之所以未能对爱尔兰大规模的用兵，乃在于此时英、法百年战争战事正酣，英国无力为此。到了英王理查二世统治时，英、法百年战争正处于休战期，英王对爱尔兰的控制开始趋强，但始终受制于国内政局的动荡。1379 年，理查二世派遣莫提梅尔伯爵埃德蒙德(Edmund)作为副手前往爱尔兰掌控局面，此人采取严厉措施让不少爱尔兰王公服从。但好景不长，1381 年埃德蒙德在科克渡口不幸溺水身亡，其在爱尔兰的大片地产由其 7 岁大的幼子罗吉尔继承。但由于国内政治派别纷争，英王并未委派一个强有力的诸侯前往爱尔兰镇守。另一方面，理查二世的叔父格洛斯特公爵阿伦德尔(Arundel)是国王反对派的首领，此时乘机插手爱尔兰事务，并于 1390 年与莫提梅尔伯爵罗杰尔(Roger)的妹妹联姻。由于国王权威的缺失，爱尔兰人在伦斯特王公马克·姆拉夫(Mac Murrough)的率领下开始攻城略地。面对如此严峻形势，理查二世在 1394 年秋率领一支 7 000 人的大军前往爱尔兰征讨，一直持续到次年 5 月。在这期间，通过武力慑服，马克·姆拉夫等爱尔兰王公纷纷归附。理查二世在离开时，留下其亲信威廉·斯科普作为大法官，帮助国王的副手莫提梅尔伯爵掌控爱尔兰。但不久，马克·姆拉夫再次反叛，并宣称自己是爱尔兰国王，理查二世不顾此时国内统治空虚，于 5 月率军再次远征爱尔兰。但在 6 月抵达后，英国国内谣言四起，兰开斯特家族的亨利带党羽返回英国，受到贵族的拥护，理查二世被迫离开爱尔兰回国，不久就被罢黜。

15 世纪在兰开斯特王朝统治下，英法百年战争再起，以后又爆发玫瑰战争，英国对控制爱尔兰的兴趣逐渐减弱。但同时，英国在爱尔兰仍然任命国王副手来维持原有的统治格局，直到都铎王朝建立后英格兰才有时间来顾及爱尔兰。1494 年亨利七世公布了一项法律，规定爱尔兰议会的决定只有在英格兰国王批准后才可以生效,而此时的英格兰,实际上只有对爱尔兰的东部部分地区才能实行有效的统治。

威尔士位于不列颠岛的西南部,这里地形起伏,沟壑交错,加之威尔士人剽悍好战,尤其擅长利用地形开展骚扰袭击,这使得那些进入不列颠群岛的外来入侵者很难对之征服。在11世纪,威尔士人尚未建立统一的王国,诸克尔特王公占地割据,势力范围拓展到与英格兰交界的地区。

诺曼征服之后,英王威廉一世也试图将威尔士纳入英王国的版图,他布置军队驻守南部威尔士边境,分封诸侯占据边界地区,诺曼封建主于是在那里修筑城堡,彼此呼应,不断向威尔士腹地推进,蚕食其大片领土,役使当地的威尔士人,遭到了威尔士人的不断反抗。威廉一世还曾经派军占领威尔士北部,但因后勤补给不便,英军被迫在1094年撤离。不过,经过多年的蚕食和推进,南部威尔士在英王亨利一世在位末期实际上被纳入英王的统治之下,由英王分封的"边地侯"(又称"边疆贵族")镇守。从1135年起,北部威尔士人乘英国王位交替、内战爆发之机,在王公欧文·格威尼德(Owain Gwynedd)的率领下起兵反叛,驱除英国人并收复大部分北部领土,将东部边界大大推进。英王亨利二世即位后,立即亲率军队前往征讨,占据东格威尼德地区,迫使欧文讲和,交出其占领的威尔士东部地区,南部的贵族格鲁菲德则完全向英王臣服,但不久又反叛。1165年,亨利二世再派大军征讨,但因天气恶劣,阴雨连绵,英军只好带着包括欧文的两个儿子在内的人马撤退,欧文则将领土再次扩展到东部的迪河一线。1172年,欧文的孙子卢埃林·阿普·罗尔威斯继位(Llywelyn ap Lorwerth),被称为"大卢埃林",到了1200年建立了对威尔士大部分地区的个人统治。为巩固权力,是年他与英王约翰订立和约,并在1205年娶约翰王之女为妻。1208年,在约翰王的支持下,他剪除了南部的贵族割据势力。然而,两方关系并不稳固。1211年,约翰王派军侵入格威尼德,大卢埃林在威尔士贵族的支持下与英军对抗。

在1215年以前,威尔士的反抗基本上都以失败告终。但到了这一年,英国国内的动荡为威尔士贵族带来了良机,他们着手夺回自己的土地和财产。1215 年,大卢埃林与反叛约翰王的英国贵族建立联盟,巩固他对威尔士的统治。约翰王死后不久,年仅 11 岁的英王亨利三世因政局不稳,被迫与大卢埃林于 1218 年签订了《伍斯特条约》,承认大卢埃林是统治威尔士的唯一权威,大卢埃林则承诺威尔士从属于英国。不过,在接下来的 15 年中,大卢埃林与威尔士的英国"边地侯"贵族乃至英王的战事仍然不断,但有时也与这些贵族结盟,直到 1234 年以后,双方才处于休战与和平状态。1240 年大卢埃林去世后,其子孙继续统治威尔士。以后,英国国内政局动荡,无力解决威尔士的问题。相反,英国贵族在与国王冲突的过程中求助于威尔士的统治者,1264 年,西蒙率领的英国贵族武装在刘易斯之战中击败和俘虏英王后,即与威尔士统治者小卢埃林(Llywelyn ap Gruffydd)订约,以承认威尔士统治者的"威尔士亲王"头衔,来换取后者 2 万英镑的资助。西蒙失败后,小卢埃林在 1267 年与英王签订《蒙哥马利协定》,承认英王的宗主地位,每年缴纳 1.6 万英镑的贡金。亨利三世则确认他为"威尔士亲王"和斯诺登勋爵,成为所有威尔士酋长的君主。

《蒙哥马利协定》签订后,威尔士在小卢埃林的统治下取得了相对独立的地位。但是小卢埃林生不逢时,自大而好战。英王爱德华一世即位后,小卢埃林开始转而对抗,拒绝向英王效忠和缴纳贡金,同时乘爱德华一世参加十字军东征之际,率军进犯英国的边界地区。爱德华一世回国后决定对威尔士采取进攻行动。1277 年春,爱德华一世组织王室和诸侯的军队攻打威尔士中部和南部,迫使诸多威尔士贵族投降,小卢埃林失去了斯诺登和安格尔以外的大片土地。是年 8 月,他又调动大约 1.5 万人进攻威尔士北部地区,迫使小卢埃林求和,最后签订《康威条约》,卢埃林向爱德华一世行臣服礼,让出其所侵占的自切斯特至康威一线的大片地区。

在英王强权压制下,威尔士保持了短暂的和平与稳定,但在 5 年后,小卢埃林的胞弟戴维在其兄的支持下再次领导反叛,爱德华一世决定对之采取大规模的军事征讨,调动了约1万人的大军,其中包括骑兵、步兵和弓弩手等。这次征讨花费巨大,达到15万英镑,是第一次征讨费用的6倍。[①] 这次战争持续了约一年,在比尔思附近的战役中,英军最终取得胜利,小卢埃林阵亡,戴维被俘处死,威尔士绝大部分地区被纳入英王的统治版图。

为了实现有效统治,爱德华采取了一系列有力措施。他在威尔士修建了诸多城堡,其中以位于小卢埃林以前的统治腹地的四座巨大的城堡最为著名,即康威城堡、卡那封城堡、哈勒赫城堡、博马里斯城堡。这些城堡宏大坚固,呈大圆圈形状,对威尔士产生了巨大震慑作用。1284年,爱德华一世颁布了《罗德兰法令》(Statute of Rhuddlan),在威尔士西部和北部实行英国的分郡制,设置卡那封郡、麦里昂斯郡、盎格勒塞郡和弗林特郡,由王室直接派郡守前往治理。威尔士的其他地区,仍旧由边地侯贵族统治。同时,爱德华一世还在威尔士推行英国的法律和税收制度,引起了南部威尔士人在1294年再次反叛。爱德华一世在沃里克伯爵的支持下,彻底平息了这次反叛。1301年12月7日,爱德华一世又封其子即日后的爱德华二世为威尔士亲王,从此,威尔士直接处于英国王室的统治之下,被称作威尔士公国。这以后,英国王储都照例享有"威尔士亲王"的称号。1287年、1294—1295年与1316年威尔士又发生叛乱,尽管都被平定下去,但英方代价惊人,如镇压1294—1295年的叛乱就花费了大约5.5万英镑。另外,兴建城堡也耗资不菲,仅1277—1301年间建造城堡就花费至少7.5万英镑。[②]

1284—1536年之间,英国君主对威尔士公国一直享有直接控制权。只是到了1536年都铎王朝颁布的《联合法案》将威尔士划分为13个郡,才进一步完成了英格兰和威尔士在政治和行政上的统一。

---

① M. Prestwich, *The Three Edwards*, London, 2003, p. 15.
② 约翰·吉林厄姆·拉尔夫·A.格里菲斯:《中世纪英国:征服与同化》,沈弘译,外语教学与研究出版社,2007年,第264页。

# 第三篇
乡村与城市

# 第一章　庄园与村庄、领主与农民

　　中世纪英国是一个农业社会。一直到中世纪晚期,占英国人口 90%以上的人都居住在农村。英国农村社会具有一般农业社会的基本表征,更具有其历史独特性。庄园是其典型存在,但也不能忽视村庄。领主和农民两大阶层之间的对立冲突及合作共生是当时不变的主题。

　　中世纪英国乡村世界以自然聚落的村庄及社会经济组织的庄园为主要存在。比较自然村庄,庄园是后起之物。可以说,没有村庄,遑论庄园。

　　庄园是领主经营土地生产的单位。庄园的土地也因此而分为三部分,一是领主自营地,一是自由农民份地,一是农奴的份地。自营地是领主直接经营耕种的那部分土地,包括耕地、草地、牧场、林地等。农民份地则是农民从领主处承租的土地,同样包括耕地、草地、牧场等;其中,以自由条件承租的土地为自由份地,以奴役条件承租的土地为农奴份地。此外,领主和农民所共同占有和使用的土地,如林地、沼泽、荒地等,被称为公地。领主经营庄园,自营地是其主体,而自营地上需要的劳动则来自承租份地的农民。因此,三类土地之间有着密切的关系。科斯敏斯基将 13 世纪英国庄园分为三类,拥有土地在 1 000 英亩以上的为大庄园,500—1 000 英亩的为中等庄园,500 英亩以下为小庄园。他统计得出,一般大庄园的领主自营地平均为 416 英亩,中等庄园平均为 232 英亩,小庄园平均为 92 英亩。他进而给出了自营地各自所占庄园土地的比例,大庄园自营地比例为 20％,中等庄园的比例为 35％,小庄园的比例为 41％。[①] 从中可以看出,庄园越大,自营地所占比例越低;庄园越小,自营地所占比例越高。这一现象的出现,与当时农业经营对农奴劳役的依赖程度有关。领主经营其土地,以农奴的无偿劳役为主,有每周三天的周工,还有农忙时期的献工。一般而言,庄园越大,对农奴劳役的使用越多;庄园越小,则对农奴劳役的使用越少。根据科斯敏斯基的统计,农奴份地所占比例在大庄园为 51％,在中等庄园为 39％,在小庄园为 32％。[②]

从庄园的兴衰历程来看,自营地的经营规模与程度往往取决于社会经济条件的变迁。当经营有利可图时,领主往往扩大自营地规模;反之,则缩减之。11、12 世纪英国各地流行出租庄园土地。例如,前文中的奥多主教的 184 个庄园只有 7 个是直接经营的,并且这 7 个庄园中的 6 个都出租给他人了。1086—1200 年间,威斯敏斯特修道院地产的 30 多个庄园都承包给他人。庄园出租之所以流行,是因为经营庄园难以获利。而 13 世纪开始,因社会经济变迁,经营庄园又变得有利可图。于是,领主直接经营庄园成为当时的主流。各大小领主开始收回出租的土地,还有的通过购买等方式扩大直接经营土地的规模,如温切斯特主教的利普顿庄园,在 1209—1245 年间自营地面积从 230 英亩到 420 英亩,此后一直稳定 400 英亩自营地的水平到 14 世纪 20 年代。[③] 因此,13 世纪也被称为领主耕作经济的盛期。

---

① E. A. Kosminsky, *Studies in the Agrarian History of England in the Thirteenth Century*, Oxford, 1956. 另据坎贝尔的研究,在 13 世纪英国自营地农业全盛时期,自营地平均规模约为 200 英亩耕地,只占总耕地面积的 1/4 或 1/5。(B. M. S. Campbell, *English Seigniorial Agriculture*, *1250—1450*, Cambridge, 2000, pp. 57 - 58, 67.)

② E. A. Kosminsky, *Studies in the Agrarian History of England in the Thirteenth Century*, Oxford, 1956, p. 100.

③ B. M. S. Campbell & M. Overton, eds., *Land, Labor and Livestock: Historical Studies in European Agricultural Productivity*, Manchester, 1991, p. 186.

庄园的经营离不开具体负责的管理人员。总管,负责领主所有庄园的事务;管家,具体负责一个庄园的事务;庄头,庄园中的本地农业生产的管理者。总管与管家多是领主委派的外来人,而庄头则由本地有威望和能力的农民担任。庄头的身份很多时候是非自由的农奴。因此,在英国有些地方的法庭反过来以是否担任过庄头这一职务来判断农民的身份。庄头之下,还有许多人具体负责各种事情。他们通常自庄园内部选拔而出,其职务往往是因事而设,例如,犁耕土地的犁田汉、看护丛林的看林人、饲养马匹的马夫、放牧牛羊的牛倌和羊倌、看管仓库的保管员,等等。除了庄头,这些人很难归于管理人员之列。事实上,他们是领主的长期雇工,甚至是仆役(famulus)。

庄园法庭是庄园管理中的法律机构。从封建原则出发,庄园法庭权力源自上级领主尤其是国王的授予。当一块封土被分封给封臣的时候,该封土上的经济、行政以及司法等权力也随之赐予。不过,也有些此类权力是地方领主私自攫取,最后成为习惯。庄园司法属于领主特权,其司法权力或者是合法的,或者是篡夺的。不管权力的来源是否正当,庄园法庭事实上成为英国各庄园中最为凸显的存在。庄园法庭管理的对象为庄园上的居民,以不自由的农民为主。它是最底层的司法机构,与百户区法庭、郡法庭以及王室法庭共同构成英国司法体系。到晚期中世纪,英国普通法也逐渐关注庄园法庭的诉讼。例如,在有关公簿地产的诉讼中,农民就可以到国王的普通法法庭提出申诉。

庄园法庭不是常设的机构,定期或者不定期的开庭都很常见,如有的法庭每三周一次,有的则一年一次,或一年两次,有的甚至多年关闭。

亨利二世进行的司法改革,将陪审团制度引入到王室司法审判中。庄园法庭虽不在王室司法之列,却也采用了陪审团制度,即从村民中选出12人为陪审员参与到案件的审理中。从功能上可以将陪审团分为两类,指控陪审团(jury of presentment)提起指控诉讼,调查陪审团(jury of inquisition)调查审理案件。从提起诉讼到案件调查再到做出判决,陪审团都在其中发挥着主导作用。陪审团制度在中世纪英国庄园司法审判中起到了相当积极的作用,不过对其司法理性及功能不宜夸大。陪审团成员往往由领主指定和选择,一般由庄园中较为富裕的村民担任。虽不能认定这是领主分化瓦解农民团体的手段,但一定程度上陪审团为领主控制是可以想见的。

　　尽管庄园法庭事实上也处理了农民之间的诸多纠纷,缓解了矛盾,减少了摩擦;不过,在本质上庄园法庭受领主的控制,是领主施行统治的工具,是领主行使其权力的机构,是领主权的外化。农民尤其是不自由的维兰被强制要求必须到本地领主所属法庭诉讼,违反者将受到处罚。例如,伯克郡的大霍尔伍德庄园领主就规定:"无论何事,只要领主法庭能够解决,佃农就不得到外边的法庭起诉其他佃农,否则缴纳 13 先令 4 便士罚金。"①农民因违反此类规定而被罚款的情形也时有发生。一般法庭审理案件,依据的是两大原则,一是领主的意愿,一是庄园的习惯。二者之间,到底何为主导,并无一定之规,更多地要看当时的情势。事实上,在常见的文献表达中,当二者同时出现的时候,领主的意愿一定置于庄园的习惯之前。甚至在许多时候,庄园的习惯等同于领主的意愿。正因为如此,我们所读到的有关庄园法庭档卷中,领主及其所代表的利益总是主体。例如,在英国贝克特修道院的庄园法庭,1246—1249 年间受理诉讼共 122 件,其中,涉及领主经济利益和司法权利的有 92 件(占总数的 75.5%),涉及佃户之间的暴力冲突和侵权诉讼的只有 30 件(占总数的 24.5%)。在英国阿尔里瓦庄园,1259—1261 年受理诉讼 169 件,其中涉及领主权益的有 104 件(比例为 61.5%),涉及佃户之间纠纷的有 65 件(比例为 38.5%)。② 从中不难看出庄园法庭为领主服务的本质。再从经济角度来看,庄园法庭上的收益是领主收入的重要构成。庄园法庭档卷中经常会提到各种各样的罚款,而那些罚款的最终归宿是领主。文献中经常提到罚金的一半归某教堂,一半归领主,正如俗语所云"司法中有大钱"。

---

① W. O. Ault, Manor Court and Parish Church in Fifteenth-Century England: A Study of Village By-Laws, *Speculum*, Vol. 42, No. 1 (Jan., 1967), pp. 59 - 60.

② C. Dyer, *Lords and Peasants in A Changing Society: The Estates of Bishopric of Worcester 680—1540*, Cambridge, 1980.

村庄是人们用以指称乡野定居点或者聚落的用语之一。在它之外，尚有 settlement，hamlet，farmstead，township 等词汇在一定程度上能够表达相同或者类似的意思。然而，无论是以规模还是以功能来区分，都未必能够将它们清晰地隔离。例如，传统上学者们主张城镇的最小人口规模为 5 000 人，在此之下即为村庄。晚近学者则将此规模降低至 2 000 人，于是原本属于村庄范围的聚落就变为了城镇。并且，在许多学者们的实际操作中，一些小城镇因其不可避免的村庄特色而被归入村庄之列。甚至可以说，在一定程度上，village 与 township 可以互换。至于 hamlet 如何从规模和功能上与 village 加以区分，更是无一定的标准。此外，带有现代语言特征的 village 等用语与中世纪的 vill 也并不等同。前者主要强调的是自然地理的特征，即人们共同定居在一个与其他居民点在空间上间隔的聚落，一定的自然规模是 village 一词中的应有之义；后者则属于中世纪英国的一个最基础的纳税单位。即使在聚落之外的乡民居住的独栋房屋，或者小居民点，都在 vill 这一单位之中。

英国民众对于自然的开发与利用是一个持续的过程。在整个中世纪，尚有诸多作用于村庄变迁的力量。战争、灾害、疾病以及人口的增减，甚至领主或者农民个人的意愿和行为等都会发挥作用。在中世纪晚期黑死病以及战争等因素的作用下，英国人口剧减，造成了诸多村庄被废弃。黑死病的直接后果是英国人口减少了约 150 万，随后的一个世纪中人口并没有恢复。与之相伴随，是废弃村庄的现象非常普遍。据学者估计，"英格兰有 1 300 多个被废弃的村庄，其中大部分都位于米德兰地区和英格兰东半部的低地地区（Lowland Zone）。在约克郡东赖丁已知约有一百个废弃地点，林肯郡有近 150 个，诺福克郡 130 个。在米德兰后方的瓦威克、莱斯特和北安普敦三郡共有约 250 多个荒废村庄点"①。其他地区也有程度不一的废弃村庄的现象。另外，15 世纪末农民圈地养

---

① W. G. Hoskins, *The Making of English Landscape*, London：Hodder and Stoughton Ltd, 1955, p. 93.

羊也造成了不少村庄的毁弃。当然,有废弃也有新建。社会经济的变迁,也会带来新的推动。例如,西南部德文郡等地锡矿的开发刺激了人们搜寻挖掘矿产的热情,也随之改变了生存与居住的状况。约克郡及东盎格利亚等地水力磨坊的兴起刺激了毛纺织业向水力资源丰富地区的转移,进而也促使更多的人在那些地区建村定居。同样地,中世纪晚期英国民众也不缺乏开垦土地的意愿和行动,一些新的村落也继续诞生。并且,在村庄旧址上重建新村庄的情形也经常发生。考古发现,一些村庄地层呈现多样,有些可以看出村庄老与新的交替与重叠,有些则反映出选址的变迁。

村庄的位置、规模、外观等自然不尽相同,不过也有某些共性特征。例如,从外观上来看,一般核心村庄有领主的住宅和基督教教堂及牧师的住所等显眼的建筑。围绕村庄,还有谷仓、磨房等附属建筑物。农民的房屋则是村庄最主体的构成。一般房屋有大小不一的宅院围绕,宅院与宅院之间比邻而居。村庄的房屋因结构支撑以及原材料等因素的影响,往往持续不到一代人就不得不废弃或者重建,中世纪早期尤其如此。晚期中世纪砖木结构以及石料使用增加之后,房屋才较为坚固持久。因此,现代英国各地村庄的外观,绝大多数是16世纪都铎王朝乃至更晚近的样态。

除了房屋建筑,村庄的重要构成是其周围的土地。大体上,一个村庄有耕地、草地、牧场、林地、荒地以及池塘沼泽等类型。这种分布,反映的是中世纪英国农牧混合的耕作特征。耕地种粮食谷物,以养活村民。草地牧场种牧草,以饲养家畜。林地荒地则既可放牧牲口,也可提供野生果实、泥炭等村民所需之物。耕地、草地等或为领主所有或为村民所租种,林地和荒地等则是为村民共同所有的公地。

自然村落也有其社会属性。人们认识和理解中世纪的村庄,往往是从其社会特性出发。学界曾有过将村庄与农村公社对应的学术传统,强调在村庄内部形成了一种无形甚至有形的组织,以管理村庄。该模式更侧重于农村公社的原始遗留所产生的作用与影响,尤其是强调其公共的特征,如土地的分配、公田的职能等。晚近西方学者从共同体视角来描述中世纪村庄。他们认为一个村庄就是一个农民共同体,强调村庄共同体之于农民社会的功能与作用。概而言之,有如下几点:一是村民在共同体中的身份认同,有助于熟人社会中个体情感的寄托;一是共同体对于村民的培养、教育、保护、赡养、监督、约束等等行为,事实上完成了个人乃至小社会行为模式和道德规范的建构;一是共同体能够作为法人单位在对外部事务处理上发挥作用;一是共同体所表现出来的自治特征。[1]

　　共同体有村庄会议这样的机构或组织,还有被称为村规(by-laws)的习惯法。村规往往在古老记忆中形成,并得到村民大会的同意,被用来管理村民的生产与生活,保护村民的共同利益。村规作为习惯法律,具有较为明显的法律特征。村规具有形式上的公平特征。言其公平,就是大家遵守同样的规则,并无例外。凡是违反规定者,都将受到经济上的处罚。当然,公平并不意味着平等或者平均。

　　现存村规中涉及较多的是农业生产方面。英格兰村庄中最为典型的土地使用方式是敞田制度(open-field system)。敞田制度有几个重要构成,如条田、土地轮作、共同耕种等。在英格兰土质黏重的地区,耕地一般为长条形状,是为条田。条田的形成与土质及犁队耕作的方式有关。因地势地貌等特征,多块条田共同构成大田。不同的大田会安排种植不同的谷物,因养田蓄土壤肥力的需要,耕地往往会不时休耕。土地的轮作制度因时间和地区之差别而形成了二田制、三田制乃至四田制等制度。在耕地面积不变的情形下,二田制是一田耕种,一田休耕。三田制是二田耕种,一田休耕。与敞田制度相关的轮作制度,要点在于减少劳动付出,提高土地的产出。从二田制到三田制再到四田制的转变,可以看出农业技术上的进步。尤其是三田制取代二田制被认为是农业革

---

[1] Phillipp R. Schofield, *Peasant and Community in Medieval England*, 1200—1500, Palgrave:Macmillan, 2003. Anne Reiber DeWindt, Redefining the Peasant Community in Medieval England:The Regional Perspective, *The Journal of British Studies*, Vol. 26, No. 2 (Apr. , 1987), pp. 163 - 200.

命的表现。13世纪英国亨莱的沃尔特,在其著作中认识到了这种技术改进的好处,如减少了土地犁耕面积,提高了粮食产量。村庄的习惯法就是试图对这样的耕作进行管理和规范。因为,大田中往往由各家各户以条田的形式插花占有,故大田耕种必须于统一时间播种和收获应季作物,不能自行其是。如东部大田是春播地,则所有农户都必须种春季作物;西部为冬播地,则必须播种冬季作物;南部为休耕地,则大家都要休耕。播种之后,该大田就以篱笆或壕沟围起来,一直到收获时统一撤除篱笆进行收获。收获后,牲口进入该大田放牧。这就是敞田制度下的共耕制度和强制轮作制度。

公共放牧权是共耕制度的自然延伸。收割后的耕地和草地,闲置的休耕地,以及牧场、林地、荒地,都是村社成员放牧牲畜的地方。为此,村规习惯对放牧权利给予规定。例如,限制进入草地、牧场和敞开耕地放牧的时间。在莱斯特郡的凯伯沃斯庄园,10月至次年5月,家畜是圈养的。5月的第一个星期让牛进入草地(cowcommon)吃嫩草,然后才让马进入。这之后,牛和马又都回到栏里,草地也用篱笆圈围起来,好让牧草很好地生长。6月24日,牛和马可拴于地角田头啃吃青草,直到8月1日。羊进入草地的时间是6月18日,一直放牧到8月1日。9月,耕地收获之后敞开,允许有耕地者在敞田上放牧家畜。休耕地上的放牧从开始休耕直到秋天犁耕以备播种。[1] 15世纪,英国莱斯特郡的威姆斯沃德(Wimeswold)的村规中也有类似的规定:"在小麦全部收割运走之前,既不允许公共放牧人,也不允许茅舍农到小麦田里放牧;在豆类田里也要遵循同样的规定。而且,公共放牧人和茅舍放牧人可以如他们所应该做的那样,一起到田地里放牧。若有违反,每一只大牲畜罚款一便士,交给教堂。"公共放牧权中还对放牧牲口的数量给予限制,村民所持有的土地面积大,所能够放牧的牲口就多;反之,则少。而且,对于不同种类家畜

---

① C. Howell, *Land, Family and Inheritance in Transition Kibworth Harcourt 1280—1700*, Cambridge, 1983, pp. 98 - 102.

的放牧，也根据土地面积做出规定。例如，在莱斯特郡的霍斯（Hose），拥有 1 码地（yardland，又译为雅兰地）者有权放牧 4 头公牛、2 匹马、30 尾羊、1 口公猪和 2 口母猪及猪崽。① 在纽顿朗威尔（Newton Longville），1426 年，一个维尔格特者（有地约 30 英亩）养羊不准超过 100 只，1509 年这一数字为 30 只，1698 年这一数字为 20 只。② 在凯伯沃斯，全额份地者（yardlander）可养羊 24 只、牛 4 头；而茅舍农（cottar）仅有权饲养一头公猪和 6 头小猪。③ 在北安普顿郡的赫敏敦（Hemington）庄园，1510 年半雅兰地（或者码地）允许放牧 2 头奶牛和 20 头绵羊，即 1 雅兰地可放牧 4 头奶牛和 40 只绵羊。到 1556 年，则有所减少，每 1 雅兰地可以放牧 4 大牲口和 30 只绵羊。④

　　村民的日常生活更是受到习惯法的约束。其中，对村民拾穗行为的规定，在许多地方村规中都有体现。例如，1376 年亨廷顿郡拉姆塞修道院所属的某村规定：庄稼收割完毕三天之后才允许村民放牧，"这样做是为了穷人们，无论男女都可以有充足的时间拾穗"。"在开始享受放牧权利之前，穷人有三天的时间去拾取落穗。"⑤不过，拾穗者的资格有年龄、身体及收入等方面的限制，不符合条件者不得拾穗。1290 年贝克福德郡某村规规定："今后任何人，如果有人想雇佣他，而他每天能挣一便士且有食物或者两便士不包括食物，则不允许其拾穗。且任何陌生人不得拾穗，除非担保人愿意为其负责。"1329 年伯克郡哈尔顿村规也如此说："凡

① W. G. Hoskins & R. A. Mckinley, *The Victoria History of the County of Leicester*, Vol. 1. 1954, p. 164.
② W. O. Ault, *Open-Field Farming in Medieval England: A Study of Village By-Laws*, Oxford and New York: George Allen and Unwin Ltd, 1972, pp. 47—48.
③ C. Howell, *Land, Family and Inheritance in Transition Kibworth Harcourt 1280—1700*, Cambridge, 1983, p. 102.
④ David N. Hall, Hemington and Barnwell, Northamptonshire: A Study of Two Manors, in E. B. DeWindt, ed., *The Salt of Common Life*, p. 363.
⑤ W. O. Ault, By-Laws of Gleaning and the Problems of Harvest, *The Economic History Review*, Vol. 14, no. 2 (1961), p. 214. W. O. Ault, Village By-Laws by Common Consent, *Speculum*, vol. 29, no. 2 (Apr. 1954), p. 381.

每日做工可获得一便士及饮食者不得拾穗。拾穗者应符合年龄允许，老老实实进行。任何人不得让外来人或品行不端者前来拾穗。"①此类规定各地大同小异，大体上能自食其力者、外来者都不在拾穗人之列。无论限制拾穗人的资格，还是给穷人们拾穗留下较为充足的时间，都体现了村社的道义经济特征。

关于中世纪英国村规问题，有几点值得特别注意。首先，村规属于习惯法范畴。它们多存在于不同的司法例之中，并不能将其理解为因人因事而特别制定之法律。因此，村规其实是一种具有选择性的撷取和创造。或者说，现代学者赋予了村规以系统性与整体性。其次，村规被记录于领主庄园法庭的档卷中，并不以村庄法律的形式而独立存在。更准确地说，村规依赖于庄园法庭而存在。在 13 世纪庄园法庭审判留下书面记录之前，所谓的村庄习惯法到底如何，我们了解甚少。村规中的常用表达方式"经领主和村民一致同意"，反映的是有书面记录以来的领主和村民共同认可的习惯。这一表达反映了村民与领主的利益也会有某些程度的一致性，或者说，双方会有一定程度的合作。正如英国学者戴尔所说："村庄共同体既是一个具有某种强制力量的行政管理单位，也是一个社会合作的焦点。"②但我们更要认识到领主意愿的强势。只强调村民一方而无视领主一方，进而认为村规反映了村民的意愿和行为，并不是客观的看法。至少，要从村规中自然地推导出村庄共同体的自治特征，并不太充分。我们以为，无论是从主观目的还是客观效果来看，绝大多数村规都不是为了农民的利益。细究村规的目的，无外乎维持本村的和谐安宁，预防和杜绝各种危险要素和行为，调解邻里之间的矛盾，帮助穷人和弱者等方面，其中领主的意愿自然是绝对的主导。即使是各种罚款收入，往往是"一半归教堂，一半归领主"，与村民并无多少干系。当

---

① G. C. Homans, *English Villagers of the Thirteenth Century*, Cambridge, Massachusetts: Harvard University Press, 1942, p. 102.

② Christopher Dyer, *Lords and Peasants in A Changing Society: The Estates of Bishopric of Worcester 680—1540*, Cambridge: Cambridge University Press, 1980, p. 366.

然,村规在施行过程中也会对村民社会产生各种各样的实际影响,但这类后果往往与村民的斗争相伴随。一定程度上,农民会将村庄共同体作为维护自己利益的工具和武器。

在自然的村落中,尤其是在社会经济组织特征的庄园中,居住着领主与农民这两大对立的阶层。农民人口数量居绝大多数,却受到人数极少的领主的支配和统治。领主拥有土地财富和权力,却靠剥削农民的劳动来生存。

中世纪英国的统治阶级,习惯上被称为领主。[①] 领主阶层的构成颇为复杂,各级教俗贵族乃至地方乡绅都属于领主之列。从封建等级的金字塔体系来看,似乎只有最下级的封臣才与土地发生关系。实际上,几乎所有的拥有土地的领主,无论他们处于封建体系的哪一级,都与土地产生了直接的联系。或者说,一个领主背后,必有土地作为其支撑。因此,无论他们是在乡还是离土,只要他们拥有土地,就成为对土地上的劳动者行使其权利的领主。这些土地贵族是中世纪最具权威的人。

土地为领主所有,领地内居民要获取土地必须得到领主的认可,并缴纳租金。租种领主土地的农民终身享有权利,一旦其人亡故,土地将为领主收回;即使领主允许该土地在农民家庭继承,也要缴纳一笔费用。丈夫亡故,寡妇的改嫁也由领主支配,其他村民赖以生存的林地、荒地、沼泽、水源等公共资源也为领主所掌控。不经领主同意,村民无权到林地、荒地猎取野物、捡拾柴火、果实及放牧牲口,也不能到沼泽地挖掘泥炭。而所谓的获得许可,其实就是领主征收相关费用。村民被强制要求到领主的水力磨坊加工谷物,为此,领主的官员常常收缴并毁坏村民的手工磨石。村民使用磨坊及面包房自然不是免费的,而是要向领主交纳使用费。据估计村民缴纳的费用是谷物的二十分之一,或者二十四分之

---

① 此处的"领主"不是狭义封建制度下的"封君",而是指与农民阶层对立的统治阶层。有一些中文著作或者译著习惯上将 lord 翻译为"领主",以与 vassal(习惯上被译为"附庸")对称。显然,这一译法容易造成误解。

一,或者十六分之一。① 领主甚至能够使用并不纯粹的经济手段来左右村民的生产与消费。例如,当领主对农民的地租征收从劳役或者实物方式折算为货币方式,农民就不得不为了货币而将农产品拿到市场销售。当供过于求市场价格较低时,领主就多收货币地租,于是农民就必须贱卖谷物;而一旦供给不足,领主又主张以实物方式征收。领主甚至还控制着劳动者本身。村民尤其是非自由的农民,未经领主同意不能自本领地迁徙而出;而迁出的村民,则要向领主交纳迁徙费。村民的女儿出嫁,还需要交纳结婚费。甚至一些领主还巧立名目肆意征收各种任意税和罚金,如村民未婚有孕要缴纳私生子费。凡此种种,都体现了领主权的无处不在。

领主的权力可分为政治、司法及经济等方面,但前现代社会中这些范畴之间的界限并不明显,故而领主的权力表现为整体的混合特征,即政治、司法、经济、社会等权力范畴相互嵌入。其中,领主的权力在经济范畴更为显明,甚至可以说领主的权力最终表现为经济收入。领主的权力实现往往被量化为一定的货币。从领主经济收入的构成来看,各种权力收益占很大比例。大体上,抓捕窃贼、维持十户联保组织、管理酿酒和烤面包、主持百户区法庭和庄园法庭、行使对农奴的人身控制权力、垄断磨坊面包坊和酿酒坊等经营等等权力,都可以为领主带来客观的收益。教会领主还有什一税、宗教服务费等以增加收入。例如,在许多领主的地产中,从 13 世纪开始磨坊收入一般占总收入的 5%。在北部地区,该项收入甚至占到近 1/10。② 1212 年,切斯特某地产的自营地收入为 346 英镑,法庭收入达到 158 英镑。1214 年,达勒姆主教庄园自营地收入为 1 255 英镑,法庭收入为 600 英镑。③ 1298—1299 年,伊利主教从佃户处

---

① 亨利·斯坦利·贝内特:《英国庄园生活:1150—1400 年农民生活状况研究》,龙秀清等译,上海人民出版社,2005 年,第 110 页。

② 克里斯托弗·戴尔:《转型的时代:中世纪晚期英国的经济与社会》,莫玉梅译,社会科学文献出版社,2010 年,第 89 页。

③ Sidney Painter, *Studies in the History of the English Feudal Barony*, New York: Octagon, 1980, pp. 121‑122.

征收的地租和法庭罚金等收入共计 2 100 英镑,而纯粹的农业经营收入只有 1 400 英镑。[1] 下面的表格是 13 世纪冯塞特(Forncett)庄园经营的具体呈现,从中可以看出不同的收入来源。其中领主各种权力收益来源比例相当高,1272—1273 年占总收入比例的 32%,1274—1275 年更达到 49%。[2]

### 13 世纪冯塞特庄园经营

| 项目 | 1272—1273 年 | | | 1274—1275 年 | | |
|---|---|---|---|---|---|---|
| | 英镑 | 先令 | 便士 | 英镑 | 先令 | 便士 |
| 定额货币地租 | 18 | 3 | $7\frac{3}{4}$ | 18 | 3 | $7\frac{3}{4}$ |
| 市场权出租 | | 2 | 6 | | 2 | 6 |
| 人头税 | | 8 | 6 | | 8 | 7 |
| 羊圈费 | | 3 | $9\frac{1}{2}$ | | 3 | $9\frac{1}{2}$ |
| 劳役折算 | 5 | 13 | $2\frac{3}{4}$ | 5 | 7 | 5 |
| 草地费 | 1 | 0 | 4 | | 17 | 4 |
| 干草收入 | 2 | 12 | 11 | | | |
| 草皮等 | 1 | 13 | $6\frac{1}{2}$ | | 4 | 5 |
| 柴火 | 5 | 10 | 2 | 4 | 8 | 1/2 |
| 粮食 | 61 | 12 | $3\frac{1}{4}$ | 50 | 6 | $1\frac{3}{4}$ |
| 酒 | 1 | 1 | $11\frac{1}{4}$ | | | |
| 牲畜 | 5 | 3 | 0 | 2 | 15 | 8 |
| 牛奶 | 4 | 3 | $\frac{3}{4}$ | 3 | 17 | |

[1] 克里斯托弗·戴尔:《转型的时代:中世纪晚期英国的经济与社会》,莫玉梅译,社会科学文献出版社,2010 年,第 84 页。

[2] F. G. Davenport, *The Economic Development of A Norfolk Manor*, New York,1967, p. 37.

| 项目 | 1272—1273 年 | | | 1274—1275 年 | | |
|---|---|---|---|---|---|---|
| | 英镑 | 先令 | 便士 | 英镑 | 先令 | 便士 |
| 法庭收入 | 14 | 0 | 0 | 22 | 5 | 4 |
| 任意税 | 6 | 13 | 4 | 8 | | |
| 总计 | 128 | 2 | $2\frac{3}{4}$ | 116 | 18 | $10\frac{1}{2}$ |

对于中世纪英国领主及其权力的观察,还可以从更感性的角度进行。中世纪英国的领主既作为一个阶级而存在,但更多的时候,他们以个体的方式来存在与表达。或者说,领主权存在于村民对于领主的印象和观感之中,其中不乏残酷冷血的领主,也有不少善良的领主。例如,在英国某地,某村民因为妻子病重而偷了领主池塘中的鱼,领主非常冷酷地对其提起诉讼。另一个例子则是,在英国某庄园,女主人非常好客,经常邀请客人到家吃饭,哪怕是普通村民也在受邀之列。当某佃户去世,其子来到庄园申请继承租佃,女主人认为该佃户一直为庄园服务几十年应该同意续约,而且请其子吃饭,很富有人情味。

领主权支配下的主体人群是农民。现代农民学关于农民定义的理论,重点在于以农业作为职业的特点。从中世纪历史来看,职业特点远没有社会关系特点突出。要理解中世纪英国农民,必须将其置于领主权的语境之下。因此,中世纪学者往往从身份来看待农民,正是在领主权下,中世纪英国农民有了自由与非自由之分。

英国的非自由农民有一个专门的称谓,即维兰(villein)。英国的维兰制(villeinage)也因此成为大陆的农奴制(serfdom)的同义语。然而,最初维兰并不是农奴的代名词。在末日审判书时代,英国的"维兰"一词主要是指持有一定数量的土地的农民,并不指身份上的不自由。尽管他们也承担相当沉重的劳役和其他义务,但在身份上还是相当自由的。真正的不自由的、依附特征的劳动者是那些奴隶,或者家生的奴仆(nativi)。然而,到了 12 世纪末,villanus 一词的语义已经发生了决定性的改变,不再意指持有中等或者大份地的村民,而是不自由的佃户。"这是清晰界定的农奴制度首次在英格兰诞生,据此可能成百万民众被划入非自由人之列。"①

这一转变如何实现的呢?从经济角度来看,12世纪末、13世纪初,物价飞涨刺激了领主的农业经营欲望,而对劳动力的需求则导致领主迫使农民处于依附状态。从法律角度来看,许多词汇的社会语义上的模糊乃至混乱使法律学者认为,王室法庭有必要在自由人与非自由人之间划出严格的界限,前者有资格得到王室保护,后者则只能根据习惯法在领主法庭接受审判。于是法律学者设计出一些用以确认农奴身份的标准,比如从事每周的劳役,缴纳结婚罚金,或者在出售牛马之时缴纳费用。可见,在英国维兰制形成过程中,作为国家权力代表的法律人士发挥了重要的作用,这既是英国普通法推行的结果,也是英国王权扩展的结果。当然,并不能认定它是国家权力的巨大胜利,更准确地说它是国家王权的一次让步:国家将自由农民纳入王室法庭的保护之下,而将维兰置于地方领主权力的控制之下。因此,可以说英国维兰制是地方领主权力与国家王权之间博弈的产品,或者说,是双方妥协的结果。总之,学者们相信,12、13世纪英国有一个农奴化的历史进程。自12世纪开始,在各种力量尤其是英国王室司法体系改革的作用下,维兰阶层逐渐丧失其自由,沦落为农奴。王室法律对自由与非自由之间的界线做出了相对明晰的区分,其后果是将自由人纳入到王室司法体系保护之下,同时也将其他阶层归之于非自由之列。英国农奴制最终形成。②

13世纪是英国维兰制的鼎盛时期。但即使在盛期,维兰也不占英国农民的绝对多数。11世纪末末日审判调查时英国维兰人数为10.9万

---

① Paul Freedman and Monique Bourin, eds., *Forms of Servitude in Northern and Central Europe*, Brepols Publishers, Turnhout, Belgium, 2005. C. Dyer, "Villeins, Bondsmen, Neifs, and Serfs: New Serfdom in England, c. 1200—1600," pp. 419 - 435.

② R. H. Hilton, ed., *Peasants, Knights and Heretics: Studies in Medieval English Social History*, Cambridge: Cambridge University Press, 1976. Introduction, p. 4.

人,占统计人口的41%,根据哈切尔的估计,到13世纪维兰占农村户数的3/5,或全国户数的1/3。[1] 这一数字在一定程度上有地区文献资料作为支持。例如,希尔顿对莱斯特郡的研究表明,该郡1086年维兰占《末日审判书》调查人口的46%,1279年维兰的比例则为53%。[2] 科斯敏斯基通过对1279年百户区档卷的研究,得出剑桥等六郡的维兰土地的比例为40%。[3] 科氏的估计数字要比其他人低,但最近戴尔认为整个英格兰的维兰比例不会高于40%。[4] 因此,维兰人数或者土地比例为乡村人口的40%—60%,是一个可以接受的范围。

农奴的本质特征就是其依附于领主。不过,农奴的依附不同于奴隶。从封建法律层面来看,农奴不是领主之物,而是领主之人。领主不能随意伤害农奴,甚至不能随意买卖农奴。而从事实层面来看,农奴可以拥有自己的家庭,可以占有一定的土地,可以进行自己的生产和生活。但是,农奴对于领主的依附并没有改变,这种依附的基础就是土地。农奴就是被领主固着在土地上的依附劳动者。根据法国年鉴学派大师马克·布洛赫的研究,中世纪欧洲农奴的身份有几个外在的标志,即继承费、迁徙费、婚姻费以及任意费。因为从属于主人,故农奴的财产在家内继承时要向领主缴纳相关费用,此为继承费。一些地方农奴的继承费要缴纳一头最好的有角兽(即牛)、全部的马匹、车辆、锅、全部的羊毛衣服、所有的咸肉、全部的猪(只能留下一头)、全部的蜂群等。同样地,农奴的

---

[1] J. Hatcher, English Serfdom and Villeinage: Towards A Reassessment, *Past & Present* no. 90, 1981, p. 7.

[2] W. G. Hoskins & R. A. Mckinley, *The Victoria History of the County of Leicester*, vol. 1. 1954, p. 168.

[3] E. A. Kosminsky, *Studies in the Agrarian History of England in the Thirteenth Century*, Oxford, 1956, pp. 90 - 91.

[4] Paul Freedman and Monique Bourin, eds., *Forms of Servitude in Northern and Central Europe*, Brepols Publishers, Turnhout, Belgium, 2005. C. Dyer, "Villeins, Bondsmen, Neifs, and Serfs: New Serfdom in England, c. 1200—1600," pp. 419 - 435.

子女(主要是女儿)结婚必须向领主缴纳费用,此为婚姻费(Merchet)。[1]
婚姻费数目不大,英国的习惯是几个先令。所纳费用虽然不多,却使农
奴感到屈辱和痛恨。[2] 被领主固着在土地上,农奴若要离开领地必须向
领主缴纳费用,此为迁徙费。此外,领主还可能随时无理地收取各种费
用,此为任意费。英国的维兰在总体上分享了欧洲农奴的那些基本特
性,也呈现出自己的特征。例如,法国农奴制度的形成,大体在 9 世纪;
13 世纪开始,农奴制度在法国各地已经走向衰落。而英国维兰出现于盎
格鲁-撒克逊晚期,它呈现出鲜明的依附特征的时间更是要到 12 世纪之
后,12、13 世纪是英国维兰制鼎盛时期。

　　维兰的依附特征体现在他们以非自由的条件租种领主的土地。英
国普通法称呼此类土地为维兰保有地或者奴役保有地,它与自由保有地
相对称。在法律上,农奴保有地不受普通法的保护,即相关诉讼只能在
领主的庄园法庭进行。维兰的土地在法理上属于短期或者终身保有,一
旦维兰故去,土地即为领主收回。在实践中,如果经领主同意并缴纳一
定费用后,维兰土地往往可以传承给子女。这些实践经历过长时间的沉
淀后,就成为习惯。维兰土地尽管不受普通法的保护,但受到地方习惯
法的保护。它们往往被描述为"依据领主意愿和庄园习惯"而保有的土
地。因此,个体维兰事实上为领主的终身佃户,而在维兰家族的视角上
则又具有世袭佃户的特点。

　　所谓的维兰保有地,就是维兰租种领主的土地,即租地(holding,又
译为份地)。为了租种土地,维兰先要缴纳一笔入地费(进入费)。一般
入地费多为 1—2 年地租之和。中世纪晚期英国各地入地费剧增,往往
为多年乃至数十年地租之和。租种土地,每年要缴纳地租。地租的形式

---

[1] Christopher Dyer, *Lords and Peasants in A Changing Society*: *The Estates of Bishopric of Worcester 680—1540*, Cambridge: Cambridge University Press, 1980, p. 103.

[2] 有学者曾经提出结婚税对于农民而言是一种进步与改善,因为它代替了极其屈辱的"妻租"(wife-rent),标志着从奴隶向农奴的演进。Jean Scammell, Freedom and Marriage in Medieval England, *The Economic History Review*, 2nd ser., xxvii(1974), pp. 523 – 537.

有劳役地租、实物地租和货币地租等。劳役地租是指以为领主服劳役的方式缴纳地租。一般而言,英国维兰的劳役地租是每周在领主的自营地上进行耕作、播种、除草之类的劳动三天,是为周工。周工属于无偿的劳动,维兰不仅要出劳力,而且要自备牲畜、农具、种子等。在农忙时节,维兰还要帮助领主收割谷物、晒干草,是为献工。献工有一定的报酬,主要为提供劳动期间的饮食,额外还有一些小奖赏,如可以获得一定的谷物或者绵羊等。在13世纪威尔特郡的某一庄园中对农奴的义务有如下规定:他应履行的秋收劳役,除了周六外,从圣彼得节一直到米迦勒节,每天都要服劳役,要完成各项工作。如果他从事收割工作,那么每天要收割半英亩,而且他有权利从他收割的谷物中用皮带取走一捆谷物,第一天收割的谷物除外。而且当半英亩谷物运走后,他还可以在此地拾取一把谷物,这被称为"别空手离开"。实物地租则是以谷物、牲畜、果蔬等作为租金缴纳。货币地租则是缴纳货币作为土地租金。大体上,三类地租以更替的形式而在历史中存在。早期以劳役地租为主导,随后是实物地租,最后是货币地租。货币地租取代劳役地租,往往被看作社会经济发展变化的重要标志与阶段。13世纪英国领主经济高速发展的时期,因劳役地租征收困难,出现了将其折算为货币的流行方式。不过,我们要看到,在实际的历史中,三类地租并非总以先后次序而出现,许多时候为并存状态。货币地租在中世纪早期英国就已经出现,13世纪成为主导形式,而劳役地租直到中世纪晚期仍然在许多地方残存。1348年黑死病之后,英国各地出现了领主加大劳役的反常现象,被称为"领主的反动"。地租以何种形式缴纳,在很大程度上取决于领主的意愿和地方习惯,更有社会经济环境的变迁对其产生作用。

简而言之,维兰的经济活动受到了领主的支配。领主甚至将这种强制覆盖到维兰的日常生活。例如,领主禁止维兰私人手工磨制谷物,要求他们到领主的磨坊加工。领主还禁止维兰在家烤制面包,烤面包必须到领主的面包坊。维兰必须出席领主的法庭,接受不定期的劳役要求等。这些都是超经济强制的体现。无论是经济关系还是超经济关系,都揭示了领主对维兰的剥削。在封建领主制度下,保护与被保护的关系并不能否认剥削的存在。根据一些学者的估计,领主的剥削量一般占到维兰收入总量的50%还多。

直到14、15世纪,维兰都是英国农民的主体,他们的数量占英国农民的三分之二有余。14世纪开始,英国维兰制度开始走向衰落。这一过程也是维兰得到解放,成为自由农民的历程。

自由农民的基本特征就是以自由的条件从领主处保有土地。从封建法律的角度来看,此类农民与那些按照自由条件保有土地的各类人群(如大小贵族、骑士等)并无不同,都是自由土地保有者。不过,前者为土地上的直接劳动者,后者则是土地上的食地租者。也正是在封建法律上,自由农民的自由得以体现。首先,依据英国普通法的原则,普通法法庭只受理自由保有土地的诉讼。换言之,自由农民的土地得到了普通法法庭的保护。因此,自由农民是王室法律体系保护下的农民。其次,即使自由农民从属于某个领主权,他们也有相当的自由权利,例如,自由迁徙、自由处分财产、自由择偶、不为领主服劳役等。当然,在实际生活中自由农民的自由程度是相对的,其土地并非绝对的自主地,领主有收回的权利。他们也要向领主交纳诸如玫瑰花之类的象征性地租。在许多地方,领主还强迫自由农民出席庄园法庭,担任陪审员,在本地诉讼等。因此,自由农民仍然是领主的依附农民,尽管依附程度要比农奴低。

自由问题的复杂性,还体现在自由与非自由之间存在诸多的中间状态,许多历史文献中常用模棱两可的词语来描述村民,关于他们各自的身份地位,其实从法律上都难以断定。其中的许多人处于自由佃户和维兰佃户之间。例如,英国王室庄园上的有一类佃户,名为维兰索克曼(villein sokemen),他们的身份是奴役性义务与自由权利非同寻常的结合。他们一身而兼有维兰和自由人二者的特征,他们负担一些维兰义务,却享有一些自由人的权利。在瓦威克郡的斯通雷(Stoneleigh),维兰索克曼负担一些季节性劳役和其他有维兰特征的事情,另一方面他们的继承人享有无可争议的继承家庭份地的权利。他们交纳的继承费用也是固定的。再如肯特郡有一类完全特殊的名为 gavelkind tenant 的佃户。他们全是自由人，不必得到领主的许可就可以赠送和出卖其土地和不动产，每个人都有权在法庭上进行起诉或者为自己的权利进行辩护。如果他犯重罪，国王只没收其动产，其土地和不动产由其继承人平均分割继承，即所谓"父亲绞死，儿子犁地"。但是，他们又如维兰一样负担有一定的劳役和义务。还有康沃尔郡的 conventionarii，其身份介于自由与不自由之间，他们是租地农民。租期一般为七年，以自由协商租金的方式领有土地，负有很轻的劳役。① 而在西米德兰地区，radknights 是指自由人与习惯佃户之间的一个阶层。② 总之，此类半自由农民的存在，使英国农民呈现出极其复杂的特征。

维兰与自由农民并存是英国乡村中显目的现象。不过，仅从法律身份的角度来理解此时的英国农民，显得不够全面。在任何一个社会，法律上的身份都不是其人生活的全部。至少，在中世纪英国很多时候农民的身份与财富地位并不等同。农民之间的分化，除了法律身份之外，还体现在经济状况、人口状况等方面。波斯坦著名的观点就是如此：即使在农奴制度下，法律或者社会身份对于农奴的影响与作用也远不如经济环境本身。他试图以丰富的材料和雄辩的逻辑证明，在村社中自由并不与财富划等号，奴役也不意味着贫穷；富裕的多是农奴，真正贫穷的则是自由农民。波斯坦强调经济而弱化法律的观点，在几代学者中都有回响。③ 在 1279 年百户区档卷的调查中显示，拥有土地在 1 个维尔格特的自由农民约占比例 8%，而农奴的比例只有 2%。这似乎说明自由与财富的一致性。但另一方面，拥有 1/4 维尔格特土地的农民中，59% 属于

---

① E. Miller & J. Hatcher, *Medieval England: Rural Society and Economic Changes 1086—1348*, 1978, pp. 118 – 120.

② R. H. Hilton, *A Medieval Society: The West Midlands at the End of the Thirteenth Century*, Cambridge, 1983, p. 130.

③ Paul Freedman and Monique Bourin, eds., *Forms of Servitude in Northern and Central Europe*, Brepols Publishers, Turnhout, Belgium, 2005. C. Dyer, "Villeins, Bondsmen, Neifs, and Serfs: New Serfdom in England, c. 1200—1600," pp. 419 – 435.

自由农民,却只有 27％是农奴佃户。那些拥有土地在 5 英亩或者不足 5
英亩的自由农民占 47％,3 英亩或者少于 3 英亩土地的自由农民占比例
为 37％。[①] 从这些数字可以看出,自由农民并不一定是村庄中最好的群
体,他们中的许多人实际上构成了村庄中最为贫穷的人群。因此,从经
济的视角来理解农民的生存状况更为直观。在此视角下,农民因拥有土
地财富的多少而形成不同的阶层。这种划分与法律身份意义上的区分
显然不同。(见下表)

| 类型 ＼ 村庄 ＼ 年份 | 克利夫 | | 汉伯里 | | 哈特伯里 | | 亨伯里 | |
|---|---|---|---|---|---|---|---|---|
| | 1299 | 1474—1475 | 1299 | 1466 | 1299 | 1479—1483 | 1299 | 1419 |
| 大份地 | 10<br>11％ | 16<br>30％ | 0 | 19<br>36％ | 57<br>50％ | 44<br>67％ | 32<br>24％ | 49<br>36％ |
| 中份地 | 29<br>31％ | 13<br>24％ | 36<br>42％ | 4<br>8％ | 23<br>20％ | 4<br>6％ | 55<br>42％ | 40<br>29％ |
| 小份地 | 40<br>42％ | 21<br>40％ | 17<br>20％ | 4<br>8％ | 29<br>26％ | 10<br>15％ | 37<br>28％ | 26<br>19％ |
| 不确定者 | 15<br>16％ | 3<br>6％ | 33<br>38％ | 25<br>48％ | 4<br>4％ | 8<br>12％ | 8<br>6％ | 22<br>16％ |
| 合计 | 94<br>100％ | 53<br>100％ | 86<br>100％ | 52<br>100％ | 113<br>100％ | 66<br>100％ | 132<br>100％ | 137<br>100％ |

---

[①] 波斯坦主编:《剑桥欧欧洲经济史:中世纪的农业生活》(第一卷),郎立华等译,经济科学出版
社,2002 年,第 523 页。

# 第二章　乡村社会经济变迁

因为黑死病、战争等因素的作用,晚期中世纪英国人口以及与之相伴随的社会与经济都发生了巨大的变迁。庄园制度开始解体,农奴制度走向衰落。农业生产乃至农村居民的生活方式都发生了显著的变化。

14世纪中后期开始,英国各类庄园自营地出租成为经济史上极其突出的一个现象。从整个英格兰来看,几乎所有为学者们的研究视野所观察的地产与庄园,或先或后或大或小,都发生过庄园自营地出租的情况。自营地出租的原因,自然要从其经营的成败中去找寻。14世纪初期的气候变迁所导致的歉收,1348年的黑死病所导致的人口锐减,土地荒芜,以及农奴的逃亡与反抗,这些都是当时各个自营地所要共同面对的社会经济环境。从经济本身考虑,则市场整体情形不利于自营地的经营,即各种物价尤其是谷物价格下降,而劳动力工资则飞快上升。14世纪中期开始,农业工人工资迅速上涨,以至于国家要颁布法令来禁止。1349年和1350年的劳工法令规定了农业工人(还有其他工人)的最高工资标准,违背此法令的雇主将受到惩罚。与此同时,物价则呈现下降的趋势。

总体价格指数来看,设定1450/1—1459/60＝100,则1350—1360年为125,1360—1370年为145,1370—1380年为118,1380—1390

为 93，1390—1400 年为 97，1400—1410 年为 115，1410—1420 年为 107，1420—1430 年为 99，1430 年—1440 年为 130，1440—1450 年为 88，1460—1470 年为 99，1470—1480 年为 102，1480—1490 年为 122，1490—1500 年为 96。① 可以说，谷物价格从未恢复到 14 世纪初期的水平。这是造成自营地放弃直接经营的主要原因，也是租地农场经营者不得不面对的难题。家畜及畜产品的价格相对稳定中有所上扬，但此时的许多自营地牧场及家畜饲养仍然在领主手中。与农产品价格下降相对的是，雇佣劳动工资却在上涨。以农业雇工中的脱粒及扬谷为例，若 1330/1—1346/7 的工资指数为 100，则 1350—1351 年为 148，1360—1361 年为 113，1370—1371 年为 121，1380—1381 年为 177，1390—1391 年为 136，1400—1401 年为 149，1410—1411 年为 142，1420—1421 年为 157，1430—1431 年为 148，1440—1441 年为 150，1450—1451 年为 212，1460—1461 年为 203，1470—1471 年为 203。②

对此困境，领主自然要寻求解决的方法。谷物价格下降，使一些自营地试图缩减谷物种植而增加养羊来代替，但对于大多数自营地而言，这不太现实，也解决不了根本问题。此外，在一些地方，领主试图强制农民附着于土地之上，从而出现了"领主的反动"或者"封建反动"。这样的情形，也被称为"新农奴制"。然而，领主的反动或者新农奴制并不成功。最终，出租逐渐成为一种为各类自营地所采取的流行方式。③

自营地出租的时间表，各地自然不同。事实上，14 世纪中后期开始的庄园自营地出租并非什么新鲜事物。早在 12 世纪，英国就有出租

---

① E. Miller，ed.，*The Agrarian History of England and Wales Vol. III 1348—1500*，Cambridge，1991，p. 457.

② Ibid.，pp. 515 – 520.

③ Phillipp R. Schofield，Tenurial Developments and the Availability of Customary Land in a Later Medieval Community，*The Economic History Review*，New Series，Vol. 49，No. 2. (May，1996)，pp. 250 – 267.

庄园的现象，且相当普遍。即使是 13 世纪自营地经营繁荣的时期，英国也不断有出租的现象发生。[1] 但是，14 世纪的自营地出租远比 12 世纪的更加引人注目；而且，它所产生的影响也更为深远。其中行动较早者，在 13 世纪末、14 世纪初就已经开始。当然也有行动迟缓者，则可能维持其直接经营到 16 世纪。但学者们多认为，到 15 世纪后期，英国各类地产中的自营地已经大多出租，甚至最为保守的教会地产也是如此。[2]

14 世纪后期开始，自营地出租相当普遍。让领主加快出租步伐的，仍然是经济因素。在 14 世纪后 20 年，谷物价格下降更加明显。或许是领主们已经放弃了以后还要收回以直接经营的希望，此时的出租多以分割的方式进行，即自营地以小块土地出租给小承租者。在温切斯特主教地产上，承租土地绝大多数都是"庄头和农奴"这样的农民。农民承租者占主导的情形，一直到 16 世纪才有所改变。[3] 不过，有时候领主没有跟承租者一个个打交道，而是将土地以集体的名义租给某一村社或者群体，再由后者去分配。1368 年 6 月 11 日，兰开斯特公爵冈特的约翰的总管和其他人一起做出了出租庄园自营地的决定，包括耕地、草地和牧场共 1 000 英亩和半鲁德（rood），还包括所有渔业。这些都整体性地租给庄园的不自由佃户，而那些奴役佃户每年要支付 162 英镑 4 先令 6 便士。[4] 这些佃户以自己及其继承人的效忠和租金来承租该自营地，然后在他们中间分配。由于采取分割出租方式，普通农民也能够获得承租的

[1] R. H. Hilton, *The English Peasantry in the Later Middle Ages*, paperback, Oxford, 1975. Barbara Harvey, The Leasing of the Abbot of Westminster's Demesnes in the Later Middle Ages, *The Economic History Review*, New Series, Vol. 22, No. 1（Apr., 1969）, pp. 17 - 27.

[2] F. R. H. Du Boulay, Who were Farming the English Demesnes at the End of the Middle Ages? *The Economic History Review*, New Series, Vol. 17, No. 3 (1965), pp. 443 - 55.

[3] R. H. Britnell, *Britain and Ireland* 1050—1530: *Economy and Society*, Oxford: Oxford University Press, 2004, pp. 402 - 403.

[4] E. B. Fryde, *Peasants and Landlords in Later Medieval England*, St. Martin's Press, New York, 1996, pp. 76 - 77.

机会。

降低土地租金和延长土地的租期是吸引佃户的常用手段。诺福克郡冯塞特庄园自营地出租自 14 世纪后期开始：出租租金在逐渐下降。每英亩土地租金的情形如下：1376—1378 年，10 $\frac{3}{4}$ 便士；1401—1410 年，9 便士；1422—1430 年，7 $\frac{3}{4}$ 便士；1431—1440 年，8 便士；1441—1450 年，7 $\frac{3}{4}$ 便士；1451—1460 年，6 $\frac{1}{4}$ 便士；1461—1470 年，7 $\frac{3}{4}$ 便士；1471—1480 年，6 $\frac{1}{2}$ 便士；1481—1490 年，8 便士；1491—1500，7 $\frac{1}{4}$ 便士。[①] 在土地租金下降的同时，冯塞特庄园的自营地出租的租期却在逐渐延长，以至于发展出了一种永久租期（fee-farms）模式（见下页表）。

冯塞特庄园的情况不只是个案，而是此时英国各地普遍现象，有些地方的租期甚至达到 5 000 年的夸张程度。出租年限的变化，从领主方面来看，是其面对当时地多而人少的比例关系而不得不采取的措施，宁可长期出租以保持土地不被闲置。而从承租者来看，则是其争取最大利益的一种体现，因为长期承租不仅租金固定，不会因地租市场波动而波动，而且长期承租所带来的土地性质以及承租者身份的变化也是其所期待的。

英国农奴制形成于 12 世纪末，13 世纪是其鼎盛期，而 14、15 世纪就走向衰落。[②] 一如其兴起，英国农奴制度的衰落问题仍然有诸多难明了之处。首先，英国农奴制度消亡的具体或者精确的时间，并不能够确定。许多学者认为，14 世纪英国农奴制度已经走向衰落，16 世纪已经消亡，

---

① F. G. Davenport, *The Economic Development of a Norfolk Manor，1086—1565*，New York，1967，p. 78.

② R. H. Hilton, *The Decline of Serfdom in Medieval England*，1983，p. 9；P. R. Hyams, The Proof of Villein in the Common Law, *The English Historical Review*，Volume 89，Issue 353 (October, 1974)，721 - 749. 罗杰斯认为："到 15 世纪，维兰制仅只是一种法律拟制（a legal fiction）。"

土地租期长度变化及所占比例(%)①

| 日期 | 案例数 | 租期长度(年) | | | | | | | | | | | | | | | 永久租期 Fee-farms |
|---|---|---|---|---|---|---|---|---|---|---|---|---|---|---|---|---|---|
| | | 3 | 5 | 6 | 7 | 8 | 10 | 12 | 16 | 17 | 20 | 24 | 25 | 30 | 40 | 50 | |
| 1376—1378 | 58 | 0 | 9<br>15.5 | 3<br>5.2 | 38<br>65.5 | 4<br>6.9 | 4<br>6.9 | — | — | — | — | — | — | — | — | — | — |
| 1401—1410 | 33 | 1<br>3.0 | 4<br>12.1 | — | 22<br>66.6 | — | 6<br>18.2 | — | — | — | — | — | — | — | — | — | — |
| 1422—1430 | 39 | 1<br>2.6 | 1<br>2.6 | 1<br>2.6 | 8<br>20.5 | — | 13<br>33.3 | 2<br>5.1 | — | — | 11<br>28.2 | — | — | — | 1<br>2.6 | — | 1<br>2.6 |
| 1431—1440 | 74 | — | 1<br>1.4 | 1<br>1.4 | 9<br>12.1 | 1<br>1.4 | 44<br>59.4 | 3<br>4.0 | — | — | 10<br>13.5 | — | — | — | — | — | 5<br>6.7 |
| 1441—1450 | 64 | — | — | — | — | — | 21<br>32.8 | 4<br>6.2 | 3<br>4.7 | — | 26<br>40.6 | — | 1<br>1.5 | 1<br>1.5 | 2<br>3.1 | — | 6<br>9.4 |
| 1451—1460 | 44 | — | 1<br>2.3 | — | — | — | 1<br>2.3 | 4<br>9.0 | — | — | 20<br>45.4 | 2<br>4.5 | — | 1<br>2.3 | 5<br>11.4 | 1<br>2.3 | 9<br>20.5 |

① F. G. Davenport, *The Economic Development of a Norfolk Manor*, 1086—1565, New York, 1967, p. 77. 本表综合了原著两份表格而成。最后一行的百分比是笔者计算而得出的。

续表

| 日　期 | 案例数 | 租期长度（年） | | | | | | | | | | | | | | | 永久租期 Fee－farms |
| | | 3 | 5 | 6 | 7 | 8 | 10 | 12 | 16 | 17 | 20 | 24 | 25 | 30 | 40 | 50 | |
|---|---|---|---|---|---|---|---|---|---|---|---|---|---|---|---|---|---|
| 1461—1470 | 38 | — | — | — | — | — | 3<br>7.9 | 1<br>2.6 | — | 1<br>2.6 | 5<br>13.0 | — | — | — | 2<br>5.4 | — | 26<br>68.4 |
| 1471—1480 | 31 | — | — | 1<br>3.2 | — | — | 1<br>3.2 | — | — | — | 4<br>12.9 | 1<br>3.2 | — | — | 1<br>3.2 | — | 23<br>74.2 |
| 1481—1490 | 19 | — | — | — | — | — | — | — | — | — | 1<br>5.2 | — | — | 1<br>5.2 | — | — | 17<br>89.5 |
| 1491—1500 | 18 | — | — | — | — | — | 1<br>5.5 | — | — | — | 1<br>5.5 | — | — | — | — | — | 16<br>88.9 |
| | 418 | 2 | 16 | 6 | 77 | 5 | 94 | 14 | 3 | 1 | 78 | 3 | 1 | 3 | 11 | 1 | 103 |
| | % | 0.4 | 3.8 | 1.4 | 18.4 | 1.2 | 22.5 | 3.3 | 0.7 | 0.2 | 18.7 | 0.7 | 0.2 | 0.7 | 2.6 | 0.2 | 24.6 |

但 17、18 世纪仍然可以看到农奴制的残余。① 希尔顿曾经认为,"那些农奴制度维持得最长的地方,通常是建立最早和建立最牢固的地方。"②但诺福克郡的情形并不支持希尔顿的观点。③ 因此,不能夸大农奴解放的程度与范围。由于庄园之存在时间长,故与之伴随的农奴制度一直存在。

农奴制度衰落肇始于作为农奴制核心的劳役的废除。早在 13 世纪英国各地就已经流行将劳役折算。1389 年 9 月 29 日至 1390 年 9 月 28 日的克劳雷村庄头账本中习惯劳役工作完成情况的记录特别详尽,可以看出某些重要的变化。④

**应履行劳役,已完成与未完成的劳役表⑤**

| 劳役种类<br>service | 应履行劳役量<br>(Due) | 已完成量<br>(Acquitted) | 未履行量<br>(Defaulted) | 以货币交付量<br>(Rendered) |
|---|---|---|---|---|
| 犁田(英亩) | 25 | 1 | 15 | 9 |
| 耙田(英亩) | 90 | 11 | 11 | 68 |
| 总面积(英亩) | 115 | 12 | 26 | 77 |
| 赶羊(工) | 75 | 3 | 0 | 72 |
| 运肥(工) | 186 | 12 | 0 | 174 |
| 割草(工) | 50 | 8 | 5 | 37 |
| 运木头到沃尔夫塞<br>(Wolvesey)(工) | 25 | 1 | 0 | 24 |

---

① D. MacCulloch,"bondmen under the Tudors", in C. Cross, D. M. Loades and J. J. Scarisbrick eds. , *Law and government under the Tudors*, Cambridge, 1986. W. R. Brownlow, *Lectures on slavery and serfdom in Europe*, Negro University Press, New York, 1892, reprinted 1969, p. 43.

② R. H. Hilton, *The Decline of Serfdom in Medieval England*, 1983, pp. 49 - 50.

③ Jane Whittle, *The Development of Agrarian Capitalism: Land and Labour in Norfolk 1440—1580*, Oxford: Clarendon Press, 2000, p. 43.

④ N. S. B. Gras, *The Economic and Social History of An English Village (Crawley Hampshire) AD. 909—1928*, Cambridge, 1930, pp. 285 - 293.

⑤ Ibid. , p. 286.

续表

| 劳役种类<br>service | 应履行劳役量<br>（Due） | 已完成量<br>（Acquitted） | 未履行量<br>（Defaulted） | 以货币交付量<br>（Rendered） |
|---|---|---|---|---|
| 浣洗和剪羊毛（工） | 297 | 43 | 37 | 217 |
| 秋季献工（工） | 265 | 63 | 44 | 158(?) |
| 秋季周工（每个工作日）（工） | 950 | 450 | 250 | 250 |
| 运送谷物（工） | 150 | 6 | 0 | 144 |
| 堆放谷物（工） | 6 | 0 | 0 | 6 |
| 冬季周工（一周2天）（工） | 1 394 | 656 | 410 | 328 |
| 总劳役量（工） | 3 398 | 1 242<br>（36.55％） | 746<br>（21.95％） | 1 410<br>（41.5％） |

说明：秋天，从8月1日到9月28日，共计8周又2天（减去节日）；冬天，从9月29日到1月31日。共计43周又6天（减去3个宗教周）。

在1 242个已经完成的工作中，庄头的、铁匠的、3个羊倌和3个犁田人总共完成836个劳役，另外406个则为临时的折算。假如我们将已经完成的劳役加上那些实际以货币付清的工作，则发现在总共应履行3 398个工作中，领主实际上只收到2 246个工作。[①] 就是说，此时真正直接履行劳役的农民已经少于以货币或者其他方式折算的农民了。在拉姆塞的霍利威尔（Holywell）庄园，从13世纪中期开始到1370年间，习惯土地被分为两类：服劳役的份地和纳货币的份地（holdings ad opus and ad censum），前者的佃户要到自营地上服劳役，后者则可以将其劳役的全部或者部分折算为货币。在1370—1371年，该庄园的总劳役为3 179工，其中有16％的劳役被折算。1391—1392年，在总共2 977工

---

① N. S. B. Gras, *The Economic and Social History of An English Village (Crawley Hampshire) AD. 909—1928*, Cambridge, 1930, p. 286.

中,有 965 工被售卖,占比例为 32%。1399—1340 年,占比例为 30%;1400—1401,占比例为 32%。1401—1402 年,比例为 39%;1403—1404,比例为 42%;1404—1405 年,比例为 42%。而在 1362—1363 年则只有 1%被折算。① 到 15 世纪头 10 年,拉姆塞地产上,有些庄园的自营地已经放弃耕种,改为出租,有些则继续保留。② 总之,到晚期中世纪劳役制在各地都已减轻甚至消失,或者只存其名而未有其实。

　　劳役的废除不是农奴解放的全部,农奴解放另一重要方面是自由权利的获得。希尔顿说:"自由身份与自由领有的核心不是劳役形式地租的终止。在农民社会中,基本的自由是农民的权利。"③维兰佃户在晚期中世纪获得了一定的自由权利,如自由迁徙权、自由婚嫁权、自由继承权等。埃塞克斯郡的农民只有少数能在其乡村共同体中度过一生,大多数人在十几岁到二十几岁时喜欢迁移。在 1320 年代—1330 年代,埃塞克斯乡村人口更新率(turn-over)几乎等同于 300 年以后的英国该郡。④这种自由迁徙是农奴自由权利的一大进步。如在 1380 年代,伦敦布商巴黎的西蒙(Simon of Paris)就是迁入伦敦市成为自由市民并且致富的维兰。⑤ 西蒙回到其出生地时因不愿担任庄头(reeve)而被拘禁。地租和各种税费负担的下降显示出农民在土地的保有、土地的继承和转让等方面已有了相当的权利,有些地方的佃户甚至自己选择管事和地租收取人。农奴的自由权利还表现在司法上。农民诉讼其领主,拒绝出席法庭和拒绝担任陪审员的事情并不少见。并且一些担任陪审员的农民还在某些案例的审判上拒绝与领主合作,有的甚至公然对抗。15 世纪中期,

---

① Edwin Brezette Dewindt, *Land and People in Holywell - Cum - Needingworth*, Toronto: Pontifical Institute of Mediaeval Studies, 1972, pp. 69, 86.

② Ibid. , p. 107.

③ R. H. Hilton, *The Decline of Serfdom in Medieval England*, 1983, p. 32.

④ L. R. Poos, *A Rural Society: After the Black Death, Essex 1350—1525*, Cambridge, 1991, pp. 159 - 161.

⑤ R. H. Hilton, *The Decline of Serfdom in Medieval England*, 1983, p. 53.

亨伯雷（Henbury）陪审团对于领主管事所发出的命令两次都不予理睬。① 在自由嫁娶、自由担任圣职、自由转让土地等方面，英国维兰农民也获得了一定的权利。这些自由权利的获得，是依附农民挣脱各种政治依附的开始。

关于英国农奴制度消亡的原因，现有的解释多从经济角度来展开。例如，农奴制度的衰落往往被置于 1348 年黑死病之后。② 潜在的论证就是，社会经济环境的变迁，尤其是人口的剧减（如新马尔萨斯论者所主张的）导致农奴制度解体。农奴的存在是为了领主庄园自营地的经营，为生产劳动提供劳动力。一旦经营有利，领主就会加强对农奴的控制，以保障土地上劳动力的供给；反之，则放弃经营，也就放松了对农奴的控制。在 12 世纪的大陆及英国等地，因为经营不利，领主将庄园承包出去，虽然庄园的性质没有根本的改变，但对农奴的控制不是很严。13 世纪是所谓的耕作经营盛期，于是许多领主尤其是大领主又开始恢复自己经营庄园，对劳动力的需求增加，迫使他们以强制的方式将农奴固着于土地之上，于是出现了所谓的领主的反动。而 14 世纪中叶的黑死病造成了社会经济的大萧条，人口剧减，领主又不能进行自己经营了。于是庄园又被出租，农奴也就获得了更多的自由，农奴制也在 14、15 世纪开始走向衰落。然而，如果法律身份真不那么重要，则如布拉克顿这样的法学家进行的法理乃至法律实践上的努力，意义又何在？此外，对经济要素的鼓吹隐含了一个推论：奴役是可以忍受的，只要经济条件可以接受。更进一步的推论则是：自由在中世纪并不令人向往。

果真如此吗？马克思主义学者所进行的研究提出了反证。中世纪英国大大小小的农民反抗，证明农奴并没有默默忍受其奴役状态。从小规模的聚众反抗与破坏到大规模的起义，农民的反抗从日常走向了非

---

① Christopher Dyer, *Lords and Peasants in A Changing Society：The Estates of Bishopric of Worcester 680—1540*, 1980, p. 369.

② Harry Kitsikopoulos, The Impact of the Black Death on Peasant Economy in England, 1350—1500, *Journal of Peasant Studies*, Issue 29. 2.

常。例如,在威尔特郡的格拉斯通修道院的白德伯里(Badbury of the Abbey of Glastonbury)庄园,1348 年一群维兰佃户试图冲进庄园法庭以证明他们的庄园是古老自营地地位。尽管他们失败了,但 1377 年他们又进行了一次尝试。① 另外,来自理查二世五年(即 1381 年)6 月 20 日的伊莱岛(Isle of Ely)的诉讼(Pleas)中说,亚当·克莱密(Adam Clymme)及其他叛乱分子,闯入了托马斯·索姆奴尔(Thomas Somenour)的私人领地,掠走档卷和绿蜡,加以焚毁。他们携带武器闲逛,还发布命令,任何人无论其身份是自由人还是农奴,都毋需再服从领主的指令去服劳役或者其他惯例义务。后来,亚当被陪审团判有罪。② 有一个值得注意的现象是,在农民的反抗中经常出现焚烧庄园记录的情形。③ 在此,农民对于庄园文字记录以及其背后的庄园法庭的态度值得我们关注。在我们已有的印象中,似乎是那些拥有了庄园法庭档卷副本的农民如何珍惜其文书。换言之,他们十分看重法庭档卷的权威性。但同时,在权威的背后可能意味着强势带来的压迫,故憎恨往往就在权威威严的外表背后隐藏。1381 年的瓦特·泰勒起义缘于政府征收人头税。起义者所提出的一些主张是不成体系的,或者说没有特别的政治自觉。不过,其中的经济条款还是反映了此时农民的处境:"他们要求将来没有任何人处于农奴制之下,没有任何人向任何领主行任何方式的臣服礼或向他服役,每人为他的土地只付每英亩 4 便士的地租。他们还要求,除掉出于自己的善良愿望,并且依照正规的契约规定外,任何人将不再服役于任何人。"④从中不难看出,他们对农奴制和维兰制度的痛恨和对自

---

① Miriam Muèller, The Aims and Organisation of a Peasant Revolt in Early Fourteenth - Century Wiltshire, *Rural History*(2003) 14, 1, pp. 1 - 20.

② H. E. S. Fisher & A. R. J. Jurica, eds., *Documents in English Economic History, England from 1000 to 1760*, London: G. Bell Sons Ltd, 1977, pp. 22 - 23.

③ Christopher Dyer, The Social and Economic Background to the Rural Revolt of 1381, in R. H. Hilton and T. H. Aston, eds., *The English Rising of 1381*, Cambridge: Cambridge University Press, first published 1998, digitally printed version, 2007, pp. 9 - 42, here, p. 12.

④ 见郭守田主编《世界通史资料选辑·中古部分》,商务印书馆,1981 年版,1991 年第 7 次印刷,第 195 页。

由的向往，也可以看出他们期望得到法律保护的愿望是多么强烈。

无论是作为个体的逃亡，还是以村社共同体为单位的集体对抗，甚至是跨地域的大规模起义，都在叙说着农民对奴役的态度，也就是对自由的态度。中世纪英国农民或许没有作为一个阶级的完全意识，也或许其内部的冲突比之于跟领主的斗争更为经常与繁多，甚至于在一定程度上农民之间的争端还要寻求领主的解决，但是，农民对于自由和奴役的态度，并不是完全可以忽视的。从这一意义来说，农奴制度的衰落与消亡乃是农奴斗争的结果。

庄园与农奴制度的衰落，意味着领主对农村社会控制的减弱。这种削弱可能是全方位的。在土地的租赁、继承等方面，领主不再是强势的支配者。例如，瓦威克的托马斯伯爵在赫特福德郡有一个弗莱姆斯特德(Flamstead)庄园曾经租给一个市民，年租为 40 马克。1374 年，其人退租。伯爵的委员会寻求替代者，一个名叫托马斯·佩恩(Thomas Payn)的伯爵佃户同意以一定年限承租，但有一个条件，头两年免除他 6 英镑，这样他才支付每年 40 马克(合 26 英镑 13 先令 4 便士)的租金。这是一个农奴作为平等的一方与领主的委员们(councillors)谈判的例子。[1] 领主提倡长子继承或幼子继承的一子继承制，但如瑟斯克所言，长子继承制在农民中间从来就不流行，只有土地贵族和那些想上升到这一行列中的人才实行之。[2] 在幼子继承土地时，那些年长的儿子事实上已从父亲手中获得了一部分土地。农民中间分割继承的逐渐发展和加强，也就是农民自由处分土地的权利在加强。按 1540 年的《遗嘱条例》(Statue of Wills)，所有自由土地 (socage land)，包括公簿地，都能自由按遗嘱来处置。[3] 事实上，在此法令颁布前一个世纪即已有遗嘱自由处理土地的

---

① E. B. Fryde, *Peasants and Landlords in Later Medieval England*, St. Martin's Press, New York, 1996, p. 78.

② J. Thirsk, *The Rural Economy of England: Collected Essays*, 1984, p. 44.

③ A. Macfarlane, *The Origins of English Individualism: The Family Property and Social Transition*, Oxford, 1978, p. 84.

情形,法令的颁行只是确证了这早已存在的事实。

当然,领主权力的削弱并不意味着他们完全地退出。事实上,在庄园解体之后,许多地方的领主仍然保留着庄园法庭,以行使其权力。15世纪末南牛顿(South Newton)的公簿租地农仍要给领主运输建造房屋的木材。在牛津的库克斯汉姆(Cuxham),领主仍有权从公簿租地农手中获得秋收时所需要的 28 个献工。[①]

农民的身份地位发生了变化,其中最重要的是依附性的维兰逐渐演变为契约性的公簿租地农(copyholder)。约当 14 世纪早期,维兰习惯佃户中出现了一种新的变化,即一些佃户在承租土地的时候能够获得庄园法庭档卷的副本作为凭证,他们也因此被称为"依庄园法庭档卷副本而租地的佃户"。习惯佃户承租土地的义务和条件等内容不仅被记录在法庭档卷中,而且给佃户一份档卷副本作为承租土地的凭证。副本上记录了租地要承担的各种义务及租地的相关条件,如进入费、地租、租地的年限、劳役等。它是档卷副本,也是农民租地的凭证。一旦发生纠纷,农民可以以此作为维护其权利的依据。[②] 从法律意义上看,公簿租地农自维兰演变而来,其核心在于公簿租地保有权(copyhold tenure)自维兰土地保有权发展而来。二者前后相继,正体现了英国农民土地保有权发展的轨迹。在维兰制度下,农民承租土地是依据其身份,而在公簿租地农那里,承租土地是以具有契约性质的公簿。对于农民来说,在庄园法庭上取得一件文书记录,就意味该土地不仅有成文公簿作为凭证,而且为习惯法所确认,也就有了契约的性质。[③] 例如,在约克郡的默斯雷

---

① R. H. Tawney, *The Agrarian Problem in the Sixteenth Century*, Longmans, 1912, pp. 52 - 53.

② Thomas Littleton, *Tenure*, English New Edition Corrected, London: V. & R. Stevens and G. S. Norton, Law Booksellers and Publishers, 1845, p. 30. "这些佃户被称为公簿租地农,是因为他们没有其他关于其土地的凭证,只有法庭档卷副本。"

③ F. W. Maitland, *The Constitutional History of England*, Cambridge: Cambridge University Press, first published 1908, reprinted 1948, p. 49. C. Dyer, *Lords and Peasants in A Changing Society: The Estates of Bishopric of Worcester 680—1540*, 1980, p. 295.

(Methley)庄园，1364 年 10 月 29 日的档卷记载着这样的情形。罗伯特·马切尔以违约诉讼控告约翰·埃蒙森及其妻子希赛莉。罗伯特说，他将 1 牛冈（Oxgang）土地转让给约翰夫妻二人，条件是在合约期间后者不能再次出租或者转让土地，但约翰二人将土地转租和转让给了不同的佃户。这违反了双方的协议，也直接造成罗伯特的损失达 40 便士，故提起诉讼。约翰二人到庭，申辩说自己只是获得了土地，但没有附加任何条件。他们还请求法庭呈现档卷记录，一天后拿出副本（copiam），于是法庭给予约翰夫妻一天的时间来展示其档卷副本（copiam rotulorum）。① 在此类诉讼中，法庭以及被告都确信副本的作用与功效。

公簿租地农最为典型的表达是"凭借法庭档卷副本"而租地；不过，在这一短语背后经常附加有"遵从领主意愿依庄园习惯"的表述。② 与维兰租地比较，公簿租地的表达方式并无不同。领主的意愿和庄园习惯是二者共同强调的内涵。在此，人们不得不回到了梅特兰曾经极感迷惑的问题：领主的意愿到底有多少受到庄园习惯的调适或者控制？③ 换言之，公簿租地农的租约已经完全摆脱了领主的控制，只是依据习惯吗？ 在法庭记录中以"依庄园习惯"租地的情形可能更为普遍。例如，在约克郡的布拉德福德庄园，1349 年 12 月召开了一次法庭会议。在总共 17 起涉及土地承租的法庭档卷记录中，就有 10 起承租土地都是"依据庄园习惯"进行的，且都附有一定的义务；只有 1 起是遵从领主意愿而承租，同样伴随有一定的义务。④ 另外，我们已经提到的那些古老自营地上的佃户就

---

① L. R. Poos and Lloyd Bonfield, eds., *Select Cases in Manorial Courts 1250—1550*: *Property and Family Law*, London: Selden Society, 1998, pp. 70 – 71.

② Thomas Littleton, *Tenure*, English New Edition Corrected, London: V. & R. Stevens and G. S. Norton, Law Booksellers and Publishers, 1845, p. 29.

③ F. W. Maitland, *Select Pleas in Manorial and Other Seignorial Courts*, Volume I, *Henry III and Edward I*, London: Selden Society, 1889, p. xi. 普斯等人称这一问题为"梅特兰谜题"。

④ H. E. S. Fisher & A. R. J. Jurica, eds., *Documents in English Economic History*, *England from 1000 to 1760*, London: G. Bell Sons Ltd, 1977, pp. 108 – 111. A. E. Bland, P. A. Brown and R. H. Tawney, compiled and edited, *English Economic History: Select Documents*, London: G. Bell and Sons, Ltd, 1925, pp. 65 – 75.

经常自称是"依据庄园习惯",而非"依据领主意愿"而租地。① 那么,这是否说明,转变的关键在于摆脱了维兰制下的领主意愿而走向了庄园习惯呢? 而根据郝威尔的研究,在莱斯特郡的凯伯沃斯庄园,14 世纪中期之后最突出的变化就是从"以奴役形式"(in bondagio)租地向"遵从领主意愿"(ad voluntatem domini)租地的转变。表现在庄园法庭的记录中,就是"以奴役形式"租地的案件逐渐减少甚至消失,而与之相对的则是"遵从领主意愿"承租土地的情形在快速增加。一者减少,一者增加,此消彼长,作者认为,这种转变就是从维兰租地向公簿租地的转变。② 这是否又说明,转变的关键从"以农奴形式"的习惯租地走向"遵从领主意愿"而租地呢? 此外,我们还能够看到一些更具有地方特色的表达。在普斯等人所选编的庄园法庭档卷中,我们读到不少诸如"遵从领主意愿凭借树枝"(per virgam ad voluntatem dominorum),"遵从领主意愿依据劳役和习惯凭借树枝"( per virgam ad vountatem domini per servica et consuetudines)之类的表达。③ 1347 年,剑桥郡的维奇翰(Witcham Rectory)庄园,某佃户承租土地的情形如此表达:"遵从领主意愿承租土地给自己及其后代,依据庄园习惯履行惯例行为和劳役。"(tenedas sibi et sue sequele ad voluntatem domini faciendo consuetudines et servicia secundum consuetudinem manerii.)在该庄园这样的表达不止一次出现。这里,将领主意愿与庄园习惯的功能分开了:遵从领主意愿来承租土地,

---

① 梅特兰还特别提到这些人的出现让法官们感到迷惑他们到底是什么身份:居于自由租地农与公簿租地农之间的中间状态。Sir F. Pollock and F. W. Maitland, *The History of English Law Before the Time of Edward I*, Cambridge: Cambridge University Press, first published 1895, reissued 1968, reprinted 1978, Vol. I, p. 403.

② Cicely Howell, *Land, Family and Inheritance in Transition: Kibworth Harcourt 1280—1700*, Cambridge: Cambridge University Press, 1983, p. 52.

③ L. R. Poos and Lloyd Bonfield, eds., *Select Cases in Manorial Courts 1250—1550: Property and Family Law*, London: Selden Society, 1998, pp. 35 - 36, 40 - 41, 42 - 43, 95 - 96.

依据庄园习惯来履行劳役等义务。① 这些难道只是文字记录上的变化? 或者说用语上的变化难道没有反映某些历史实际?②

总之,从庄园法庭记录或者说庄园法庭的实践来看,关于领主意愿和庄园习惯,公簿租地与维兰租地的表达并无绝对的不同,只有地方的差异。那么从维兰租地走向公簿租地,转变的核心到底在哪里?③ 有一些法律学者认为转变的关键是领主的意愿。利特尔顿认为,在行使其意愿之时,领主不能破坏庄园的合理习惯法。④ 显然,利氏解释的中心还是在于领主意愿,即意愿在习惯之先。不过,领主对于庄园习惯也应该尊重。⑤ 布莱克斯通在其著作中就将公簿租地直接表述为依据领主意愿而承租的地产。此类学者们也承认,领主的意愿并不能摆脱庄园习惯的制约,只不过程度有所不同。另一些学者则强调转变的关键在于庄园习惯。不过,这一习惯融合了领主意愿,成为新习惯。例如,密尔松这样说:"这种习惯是为了使领主接纳那位继承人,该继承人的被接纳要在法院的案卷上注册,这是他的权利。注册文件即权利文书。这是我们在考察自由保有土地的可继承性时应当记住的关键之点。对领主法庭而言,至于这种接纳是一种对现存权利的宣示,还是领主所作的一种新的授予,这很久以来一直是一个没有意义的问题。但在现在的情况下,其意义就很大了。对王室法庭而言,其既不是宣示,也不是创新任何权利:土地租佃人是根据领主的意愿占有土地的。"⑥法律史家普拉克内特认为,

---

① L. R. Poos and Lloyd Bonfield, eds. , *Select Cases in Manorial Courts 1250—1550*: *Property and Family Law*, London: Selden Society, 1998, p. 64.

② P. D. A. Harvey, ed. , *The Peasant Land Market in Medieval England*, Oxford, 1984, p. 329.

③ L. R. Poos and Lloyd Bonfield, eds. , *Select Cases in Manorial Courts 1250—1550*: *Property and Family Law*, London: Selden Society, 1998, pp. lxxiii - lxxvi.

④ Thomas Littleton, *Tenure*, *English New Edition Corrected*, London: V. & R. Stevens and G. S. Norton, Law Booksellers and Publishers, 1845, p. 30.

⑤ R. Britnell, *Britain and Ireland 1050—1530*: *Economy and Society*, 2004, pp. 437 - 439. Hilton, *The Decline of Serfdom in Medieval England*, 1983, p. 61.

⑥ 密尔松:《普通法的历史基础》,李显冬等译,中国大百科全书出版社,1999 年,第 174 页。

尽管人们总在讨论所谓的不可记忆的习惯之类的话语，但事实上，"中世纪的习惯能够被制造、被改变、被购买和被出售，它发展迅速，因为它为人所推动，表达他们的法律思想，规范他们的民事、商业及家庭生活。"因此，他发明了一个词语：新习惯（new custom）。在庄园中，当环境发生改变时，那些曾经影响了农民生活的习惯受到了攻击。改变先是让部分农奴脱离奴役地位，发生改变的可能部分是庄园的习惯，部分是习惯的普通法，新的习惯也就生长而成。①

从历史演变的过程来看，公簿租地农身份地位的转变，关键在于公簿持有地得到了王室普通法的认可与保护。公簿持有地的诉讼，不再限于领主的庄园法庭，而是可以到王室的衡平法法庭甚至普通法法庭。在这个意义上，公簿持有地就与自由保有地性质相同了。普通法法庭对公簿租地农案件的受理，标志着普通法保护公簿租地农，将习惯法纳入普通法体系之中。1467 年，大法官丹比（Danby，C. J.）说："假如领主驱逐其公簿租地佃户，他所作所为就错了。因为，其佃户是依据庄园习惯法占有土地给自己及其后嗣的继承人，一如在普通法下拥有土地的任何人。"1481 年，某辩护人辩论说假如领主驱逐佃户而佃户没有得到救济，因为他是依据领主意愿而承租土地。对此，大法官布莱恩（Brian，C. J.）说："这从来不是我的观点，而且我也确信将来也绝不会。因为，在英格兰被驱逐的每个公簿租地农，我理解只要他总是支付其习惯和劳役，则领主驱逐他，他就可以以非法侵入土地对领主提起诉讼。"②

公簿租地农在土地持有权上取得了巨大的进步，也反映了土地的自由持有正成为英国农民发展的方向。马克思对这一发展是持肯定态度的，他甚至提到农民所有权的存在："尽管他们的所有权还隐藏在封建的招牌后面。"③英国学者罗伯特·阿伦甚至认为："公簿租地农和竞争租地

---

① T. F. T. Plucknett, *A Concise History of the Common Law*, 1940, p. 308, p. 311.

② W. S. Holdsworth, *History of English Law*, Volume III, the third edition, London: Methuen & Co. Ltd, 1923, pp. 208 - 209.

③ 马克思：《资本论》，第一卷，人民出版社，1975 年，第 784—785 页。

者法律权利的获得,反映了英国土地所有权的巨大的民主化。"①事实上,无论以公簿租地农(copyholder),还是自由农(freeholder)和契约租地农(leaseholder),他们在所获得的权利,都证明个体农民在土地持有权上的进步与发展。

① R. Allen, *Enclosure and Yeoman*, Oxford, 1992, p. 72.

# 第三章　城市的兴起

城市只占英国社会人口的十分之一左右,但其重要性甚至远超农村。中世纪英国城市与现代城市之间的亲缘关系,让人们不由自主地对其历史产生向往。然而,要书写中世纪英国城市历史,还需抛弃现代城市带来的知识和价值之障碍。

中文的"城市",对应的现代英语术语主要有三个,一是 city,一是 town,一是 borough。它们之间显然存在一定的区别,但似乎又所指同一。大体而言,city 与 civitas 之间对应,强调的是其远超乡村的人口规模、高大的城墙等特征。town 意指那些人口规模有限、地理范围有限的城镇,即从规模乃至特征上都是次于 city 和 urban 的存在。不过,根据雷诺兹的说法,英式英文 town 就有美语中的 city 和 urban 的意思。即是说,town 是所有城市的总称。至于 borough 一词,本来特指在法律、政治等方面享有特许权的城市,但实际上,使用者常常将其视为几乎所有城市的泛指。

不过,城市这一概念并非不言自明。什么是城市?中世纪英国的城市所指又是什么?学界对此的认识和理解是言人人殊。许多英国学者习惯于以人口规模这一标准来定义城市。一些学者认为,人口规模至少在 5 000 以上才可称为城市。另一些学者则认为,人口 2 000 以上即可为城市。甚至有学者将人口 2 000 以下的居民点也纳入到城市研究之中,称之为小镇(small town)。根据戴尔的研究,1270—1540 年间英格兰小镇的数量为 667 个,小镇的定义则是人口少于 2 000 人的居民点,且绝大多数居民点的人口在 300 以上。① 还有学者试图从居民的职业构成来定义城市。大多数学者认为,占总人口一半以上的居民从事非农业职业,是为城市区分于乡村的重要标准。例如,帕里萨主要是从功能和社会性上来界定,认为中世纪城镇和城市是一个“永久和集中的人类聚居地,其中相当多的人口从事非农职业”,并且“城镇居民自己和别人通常认为他们是不同的人”。② 不过,也有学者认为,即使农业职业占据主导的居民点,只要总人口达到一定的规模,就可以称为城市。为此,有学者甚至将农业城市划为单独的一个城市类型。

20 世纪初比利时历史学家亨利·皮雷纳重提城市兴起的问题。他颠覆了传统的关于中世纪早期欧洲城市的认识,认为古典西方城市的衰落大概要到 8 世纪末 9 世纪初,而随后又在 11 世纪兴起。③ 皮雷纳否认加洛林王朝解体后欧洲有城市的存在,但他同时又以一章来讨论此时的“城镇和城堡”。显然,在作者看来,这类带有军事或者行政特征的城堡和城镇不能算城市,因为城市的首要特征是工商业的存在。当皮雷纳视野落到英国的时候,认为同一时期盎格鲁-撒克逊人的 borough 就是城堡,而非城市。因此,皮雷纳的城市兴起问题,核心是工商业城市的兴起。事实上,与皮雷纳同时代的梅特兰及斯蒂芬森等人,也是以这样的视角来认识英国城市的。梅特兰开先河意义的关于英国 borough 起源

① D. M. Palliser, ed. , *The Cambridge Urban History of Britain* , *volume I*, *600—1540* , Cambridge:Cambridge University Press,2000,pp. 505 - 506, 507 - 508.

② D. M. Palliser, ed. , *The Cambridge Urban History of Britain* , volume I, *600—1540* , Cambridge :Cambridge University Press,2000, pp. 4 - 7.

③ Henri Pirenne, Les Villes du Moyen Age Essai d'Histoire Économique et Sociale, Bruxelles Maurice Lamertin, Éditeur, 1927. 亨利·皮雷纳:《中世纪的城市》,陈国樑译,商务印书馆,2009 年。

的研究中，所进行的工作就是考察具有行政和军事特征的古代的 borough 如何演变为有法律保障的工商业的中世纪 borough。① 斯蒂芬森也认为，只有盎格鲁－撒克逊作为军事和行政中心的 borough 不是 town，只有当作为商业中心的 borough 出现，才可以称为 town。"中世纪英国的城市被称为 borough，其名称是古老的，内容却是全新的。"②因此，关于城市兴起问题，与学者们对城市特征的认识有很大的关系。事实上从不同学科出发来讨论中世纪城市兴起，本身就有各自的侧重。在考古学或者地理学范畴，城市的兴起就是城市在外形或者功能等方面如何变为城市。在历史学范畴，关注的是城市从无到有、从少到多、从多到盛的历史过程。一定程度上这就是中世纪的"城市化"（urbanization）问题，即中世纪城市增长与发展的过程。因此，所谓城市的兴起，更准确的说法应该是工商业城市的兴起。

事实上，关于英国城市历史的研究，学者们更多地说从宽泛意义上的表达，即城市的起源来展开。盎格鲁－撒克逊人进入不列颠之后，曾经的罗马帝国的城市遭到了毁坏，但是此时城市衰落的程度在学界仍然有很大的争议。至少，一些重要的罗马城市保留下来，如伦敦、约克等。在罗马统治时期，不列颠形成了约 75 个可以称为城镇的定居点，包括伦敦、坎特伯雷、约克、林肯、温切斯特等著名的城市。5 世纪日耳曼人进入之后，有些城市遭到了破坏，但是将城市的衰落归于日耳曼人可能未必公允。晚近有学者认为，到 5 世纪中期主要的罗马不列颠城市已经抛弃，而且这一现象一直持续一个多世纪。大体说来，罗马不列颠城市的衰落不是日耳曼人入侵的直接后果，但入侵加剧了这一进程。因为，他们的生活方式更注重乡村而非城市。从这个意义上来看，英国城市在蛮族入侵后经历了一段衰落的时期。这一时间大体上从 6 世纪要延续到

---

① F. W. Maitland, The Origin of the Borough, *The English Historical Review*, Vol. 11, No. 41 (Jan. , 1896), pp. 13 - 19.

② Carl Stephenson, The Origin of the English Towns, *The American Historical Review*, Vol. 32, No. 1 (Oct. , 1926), pp. 10 - 21,16, 21.

9、10 世纪。9 世纪末、10 世纪初则是英国城市走向兴起的开始。英国学者戴尔认为,600—850 年是城市化的最早阶段,其特征是断断续续;880—1080 年为城市化稳定发展的阶段。[①] 不过,也有学者认为,在 10 世纪后期之前,英国城市化的历史证据并不充分。[②]

在诺曼征服之前,英国城市主要有两类。一类是从 wic 定居点发展而来。它们是海岸或者河滨的居民点,同时也是物品交易的场所。如伦敦、哈姆威克(Hamwic)、约克和伊普斯威奇(Ipswich)等,它们的发展得益于港口便利条件,并且王室为了控制此类贸易港口在其中起到了重要的作用。因此,此类城市属于王室支持的管理贸易的场所。到 9 世纪早期,大多数 wic 定居点被放弃,只有少数残存。另一类是从 burh 发展而来的城市。burh 本是防御性的堡垒,不过其中许多不仅适宜军事防卫,而且逐渐成为政治、宗教以及经济的中心。例如,阿尔弗雷德国王在温切斯特、埃克塞特(Exeter)、牛津和格洛斯特(Gloucester)等地方建造了新的铸币点,从而促进这几个防御中心的发展。而诸如韦勒姆(Wareham)、克里克拉德(Cricklade)、瓦灵福德(Wallingford)和克赖斯特切奇(Christchurch)等预警堡垒(emergency burhs),则正因其军事要塞的功能而吸引居民得以发展。以至诺曼征服之前,大多数 burh 与那些可称为城市(town)的中心在经济上已经并无本质上的区别。或者说,burh 已经体现了城市化定居点的一些基本特征,如临街的密集建筑物、稠密的居住人口、大量的教堂、种类繁多的手工业等等。[③] 根据阿兰·戴尔的统计,在 973—1066 年间,每个铸币点拥有残留货币在 100 枚以上的城市共有 46 座,最少的瓦特切特(Watchet)城有 103 枚,最多的伦敦和南瓦尔克(Southwark) 有 10 758 枚。[④]。另根据《末日审判书》记载,

---

[①] D. M. Palliser, ed., *The Cambridge Urban History of Britain*, *volume I*, *600—1540*, Cambridge：Cambridge University Press,2000, p. 741.

[②] Ibid., p. 36.

[③] Ibid., pp. 35 - 41.

[④] Ibid., pp. 750 - 751.

1086 年，人口 2 000 以上的城市有百余座，城市总人口占全英格兰总人口的比例至少为 10％。从中可以看出诺曼征服之前英国城市的基本数量。

诺曼征服之后，城市化发展较为迅速。首先，征服者威廉及其后代以及其他大小贵族在英国各地建立了大量的城堡。从城堡发展为城市，是较为常见的路径。有的是以城堡为中心，逐渐吸引居民，形成城市。有的则是城堡建造在城市内外，最后成为城市本身的构成。例如，伦敦城里著名的伦敦塔就是威廉建立的城堡，国王还在城市西部建立了两个小城堡，在约克城也建造了两个城堡。此外，威廉国王建造的其他 31 个王室城堡中，22 个都位于郡城之内。① 1086 年左右，斯塔福德郡的图特伯里(Tutbury)就是围绕诺曼人的城堡成长起来的城市( borough)。在威尔士边境地区的小城市也与诺曼人城堡有关。② 到了安茹王朝，王室政策是牺牲贵族利益，发展王室城堡。有学者统计，1154—1216 年间，可以确定有城堡 327 座。1154 年有贵族城堡 225 座，王室城堡 49 座；到1214 年，贵族城堡 179 座，王室城堡 93 座。③ 尽管并不清楚有多少城堡最终成为城市的部分或者城市本身，但是军事城堡之于城市化的作用是明显的。

其次，以国王为首的各级领主还有意识地创建了大量城市。最直接的方式是，国王及其他领主颁发特许状(charters)，授予某人在某地建立城市。学者巴拉尔德在其英国特许状汇编中，专门列出条目"特许城市的形成"，其下有"创建特许城市的许可状""特许城市的创建""颁给特许城市的自由"等细目。他唯一列出的王室建立城市的特许状，出自 1189年理查德一世之手。理查德国王给巴斯主教雷吉纳尔德颁发特许状，准

---

① D. M. Palliser, ed., *The Cambridge Urban History of Britain*, volume I, 600—1540, Cambridge : Cambridge University Press,2000, p. 60.

② Norman Pounds, *The Medieval City*, Westport, Connecticut, London: Greenwood Press, 2005, p. 15.

③ Allen Brown, A List of Castles, 1154—1216, *The English Historical Review*, Vol. 74, No. 291 (Apr. , 1959), pp. 249 – 280.

许他在其雷德克里夫地产上建立城市,并且主教本人及其继承者享有在城市及市场的自由习惯和特权。[1] 比这更早的例子来自 1124—1153 年间的苏格兰的爱丁堡和 1175 年的格拉斯哥。[2] 更多的特许状是并不是直接准许新的权利,而是承认旧权利以建立城市。例如,1121—1138 年间诺福克郡的伯里圣埃德蒙兹市(Bury St Edmunds)的一份特许状提到,该市的习惯早在国王爱德华、威廉一世、威廉二世和亨利一世时期已经存在,并且由修道院的先辈加以确认过,现在由院长本人再次确认。[3] 1129—1135 年间,威尔顿市的特许状中特别提到,该市的市民将完全享有一如伦敦和温切斯特市民那样的自由。[4] 这些特许状提及的习惯或者来自本城市,或者来自其他城市,其目的都是确认承认先王或者先主们过去的习惯可以用来创建新城市。无论是直接还是间接,总的来说,这类特许状的习惯表达是,同意某人在某地建立城市(borough,burgum)。有时还会许以某些权利,如建立市场、享有自由权利等。据学者们的考证,国王常以 ad quod damnum 为名(意思是"关于有何损害"),即在颁发特许状之前做一番调查,以了解此状是否会对现有的市场造成损害,如果没有,就颁发特许状。[5] 获得特许状的地方就以此为指导来建立城市。这一类城市往往会申明自己得到了国王或者其他上级领主的特许状才建立。例如,1296 年科尔克庄园(manor of Kirkham)宣称自己得到国王爱德华的许可,在其庄园内建立自由城市,如此方将此城市建成。[6] 值得注意的是,此类特许状所认可的或者准许建立的多是 borough,尽管我们

---

[1] Adolphus Ballard and James Tait, eds., *British Borough Charters*, *1216—1317*, Cambridge: Cambridge University Press, 1923, p. 1, p. 380.

[2] Adolphus Ballard, ed., *British Borough Charters*, *1042—1216*, Cambridge: Cambridge University Press, 1913, p. 1.

[3] Ibid., pp. 15.–16.

[4] Ibid., p. 12.

[5] Norman Pounds, *The Medieval City*, *Westport*, *Connecticut*, London: Greenwood Press, 2005, p. 14.

[6] Adolphus Ballard and James Tait, eds., *British Borough Charters*, *1216—1317*, Cambridge: Cambridge University Press, 1923, p. 2.

将其翻译为"城市",但实际上在中世纪这一词语有特别的内涵,它没有涵盖所有城市。因此,特许状下兴起的城市,只是特权城市(borough),梅特兰、斯蒂芬森等人研究的正是此类特权城市(borough)的起源。此外,从诺曼时期开始的王室所颁发的特许状,大多数是关于特许市场的建立。根据学者们统计,1198—1483年,获得英国王室特许状的市场就有2 800多个。[①] 在一些建立城市的特许状中,往往伴随着市场的存在。许多城市也围绕市场而兴起,故而有学者将此类特许状看作城市兴建的前身。但市场与城市还是有很大的不同,从市场兴衰的历程来看,许多市场最终消亡,更不用说发展城市。

教会也是城市兴起的推动力量。诺曼征服之后,教会借机发展力量。教会城市的兴起是相当突出的现象。例如,1066年黑斯延斯战役后,国王威廉在战场旧址建起一座修道院,即巴特尔(Battle)修道院。此后,该修道院获得一个特许状并建立市场。于是,围绕着此修道院聚集起越来越多的商人及手工业者,最后成为一个小城市。英国的索尔兹伯里城最早的核心名为老撒若姆城,建有城堡及大教堂,位于山丘之上。据说,主教及教士们对山上城堡的环境不满意,一望无际的白垩崖地刺痛了他们的眼睛。而山下近水的草地有六条河流在此交汇,环境优美,交通便利。某一天,城堡内的教士们外出收割谷物,返回时城门已经关闭。守城士兵拒绝开门,教士们只好在城外露宿一晚,这一经历坚定了他们将大教堂迁出老城的决心。在遣使征得教皇的同意后,1219年新城建设开始了。新城是按主教理查·普尔的规划而建立的。教堂、房屋、市场、街道、城墙等慢慢建立起来,周围的人们也开始请求主教允许进城居住。这座出现于布尔勒河、埃伯尔河、纳德尔河、亚芬河、梯尔河、威里河等六河交汇之处的新城,就是索尔兹伯里。

城市就在上述不同的力量推动下兴起。从中不难看出,各级领主在

---

[①] R. H. Britnell, The proliferation of markets in England, 1200—1349, *Economic History Review*, 2nd series, 34 (1981), pp. 209 - 221.

城市建设中发挥着相当主动的作用,甚至有些城市从一开始就体现出了非常鲜明的规划特征。1919 年陶特就认为:12、13 世纪"建造城市的热潮"已然标志着中世纪城市规划黄金时代的开始。[①] 学者们关注到的中世纪英国有规划特征的城市不少,如金斯顿(Kingston-upon-Hull)、索尔兹伯里(Salisbury)、温切尔西(Winchelsea)、斯塔特福德(Stratford-upon-Avon)和里奇费尔德(Lichfield)等。这些规划城市的特点主要体现在"规划"二字上。首先,有关的测量人员或者设计人员自己脑海中有关于城市的理想几何图案。其次,他们能够将理想图形与实际的地形地貌结合,从而完成设计。在有计划的城市中,最引人注目的是长方形网格状设计。米德兰地区的斯塔特福德就是典型的规划城市。首先,该城是在老城北面沿阿文河重新设计的。其次,在外观上,该城街道交叉成网格状;有 4 条东西向、3 条南北向的主街道贯穿;每一个街区又细分为诸多的整齐规范的地基以建筑房屋。并且,该城的设计中心突出,如布里奇大街上的交易市场,伍德大街上的家畜市场,还有教堂大街上的行会大厅都是中心所在。莱斯特城,1086 年约 2 000 人,有民房 378 间,教堂 6 座。13 世纪中期,则有 9 大教区,人口过万。城市布局为长方形,城墙沿罗马旧城外修筑,有城门 4 座,城市由东西向和南北向主干道 2 条,城内有教堂、医院、市场、市政厅、学校、旅店等。除了方形网格状规划外,还有发散类型、同心圆类型等规划类型,它们较为突出地体现了中世纪城市规划的特征。从伊丽莎白一世时期开始,出现了一批关于英国城市的地图,这些地图可以帮助我们较为详尽地了解那些城市的布局结构。

　　总之,诺曼征服之后的 12、13 世纪更是英国城市高速发展的时期,是英国城市化的一个重要阶段。此时,不仅城市数量有较为明显的增加,而且城市居住人口数量也有增加。根据 1086 年完成的《末日审判

---

① T. F. Tout, Medieval Town Planning, *The Town Planning Review*, Vol. 8, o. 1 (Apr., 1919), pp. 7 - 36.

书》学者们得出了一些较为具体的数字,当时的特权城市(borough)约有112个(或者111个),此外还有44个交易市场。上述城市还没有包括伦敦、布里斯托尔、温切斯特等大城市。这些城市中人口达到2 000以上的有17个或者更多,伦敦等城市人口更达到1万人以上。因此晚近学者估计,1050年,英国总人口约160万,城市人口约占10%。1 100年,总人口约600万,城市人口约90万,占比例为15%。2 500人以上的城市总共约620座,其中,伦敦人口约8万,2万人以上的城市有2座,1万—2万人之间的城市约8座,5 000—9 999人之间的城市约12座,2 500—4 999人之间的城市约100座。①

　　城市是乡村汪洋中的岛屿。这些岛屿的浮现和兴起,自有其因由。城市的兴起是农村发展的结果,尤其是农业生产力发展的结果。如果没有农业产品剩余的支持,城市人口的生存是不可能的。因此,城市的兴起就是手工业和商业跟农业劳动分离的结果。城市的增长与发展,意味着与之相对应的农村的变迁。农业技术发展使农业有剩余,可以进入市场,而城市化导致城市的需求增加。城市的兴起也是英国社会整体的需求所致。或者说,社会各阶层因各自的利益诉求,从而在城市兴起过程中发挥各自的作业。从手工业者和商人来看,城市是更为集中的生产和交易场所。城市的直接领主则能够从中获取到各种经济利益,如征收商业税、行业税等。至于颁发特许状的领主或者国王同样能够从中获得收益,也正因为如此,这些领主们才积极主动地参与到城市的兴起中。如对城市建设进行规划,当然不是普通人能够参与的事情,地方当局、教会高层乃至国王都在其中发挥了重要的作用。从这个意义来看,不能忽视统治阶级在城市兴起中的积极作用。甚至只从历史文献的角度来看,城市兴起的最大力量就是各级僧俗领主,似乎只有他们留下了大量的可证明城市兴起的特许状。然而,特许状城市的建立许多时候并非国王或者

① Derek Keene,《700—1700的市镇和贸易》,载钱乘旦、高岱编《英国史新探:全球视野与文化转向》,北京大学出版社,2011年,第127—128页。

其他领主有意识地创建,而是本已经在该城生活的居民,尤其是那些工商业者向国王或者领主赎买特许状,从而逐渐成为得到认可并享有一定特权的城市。在后一意义上,城市尤其是特权城市的建立,其主导性在于普通市民。

# 第四章 城市的发展

12、13 世纪是英国城市高速发展的时期,这不仅体现在城市数量的增加上,更为突出的是城市发展出较为鲜明的特征。其中,最为突出的是城市的自由与自治。

自由,在中世纪语境下,主要是特权的体现。在封建原则之下,一切土地都有其主人,城市也不例外。从属于某一主人的城市,从原则看,城市上的一切事务及相关权利都属于领主所有。从城市行政事务的管理,到市场税费的征收,再到市民行为的规范,都由城市领主及其代理人负责。随着城市日益繁荣,这些习惯或者方式成为制约城市进一步发展的障碍;为此,城市市民及其团体组织以各种方式向领主争取管理和控制城市事务的各类权利。法国城市公社运动,就是争取城市权利的市民运动。有学者认为,英国也有类似于法国的公社存在。领主如果同意,就会颁布特别的许可令,即特许状。

从颁发的主体来看,特许状大体有三类,一是国王颁发的特许状,因为英国城市绝大多数为国王所有;一是教会颁发的特许状,教会是除了王室之外在英国最大的土地占有者,因此许多城市特许状是由教会颁发的,如埃克塞特主教颁发给彭任城市的特许状就属于此类;①一是世俗领

---

① Norman Pounds, *The Medieval City*, Westport, Connecticut, London: Greenwood Press, 2005, p. 193.

主给自己所辖城市颁发的特许状。特许状的获得最通常的方式是以钱财来购买，或者说是以金钱来交换领主对某一权利的让渡。亨利一世时伦敦市民因持有特许状而必须向亨利及其继承者交纳年租金300英镑。自然还有领主慷慨大度的权利赐予，不过甚少发生。更激烈的方式则可能是带有武力或者暴力特征的请愿和博弈，最后双方达成妥协而完成权利的转让。

城市特许状首先承认某城市整体上的自由权利。例如，我们读到许多特许状这样表达："顿维奇将永远是一个自由城市"（1200年），"布里奇沃特将是一个自由城市"（1200年），"赫尔斯顿市将是一个自由城市"（1201年），"索姆斯特的威尔斯将是一个自由城市"（1201年），"林恩将永远是一个自由城市"（1204年），"斯塔福德将永远是一个自由城市"（1206年）。①

在特许状赐予的城市整体自由权利之外，更多的是具体的特权赐予，或者是人身受保护的权利，或者是土地财产受保护的权利，或者是工作受保护的权利，或者是免除法庭传唤的权利，或者是免除某种赋税的权利，等等。学者们将这些权利进行了分类，大体上包括市民特权、市民土地保有特权、司法特权、贸易特权、财政特权、行政管理特权等重要方面。一个城市争取到的特权越多，其自由度就越高。然而，只要该城市还是属于领主所有，任何一个城市都不会也没有获得绝对意义上的权利自由。

关于城市居民的人身特权，中世纪英国城市中的居民，可能会因财富地位等而形成不同的等级；但各种特许状中被称为市民（burgensis，civis）的人们都是自由人，既受到国王法律的保护，更受到城市习惯法律的保护。例如，1200年布里德里奇沃特的特许状中说："该城市所有的市民都是自由市民。"1201年哈特勒普尔市的特许状中说："我们准予该市

---

① Adolphus Ballard，ed.，*British Borough Charters*，*1042—1216*，Cambridge：Cambridge University Press，1913，p. 3.

的人民都将是自由市民。"1201 年的威尔斯 WELLS 特许状也说："该城市所有人及其后代都将是自由人。"[1]不仅承认特权城市市民为自由人，而且在许多特许状中接纳非自由人，并给予他们以同样自由的权利。例如，亨利一世授予纽卡斯尔的特许状中规定："假如一个维兰来到城市定居，则在一年零一天之后，他将成为一个市民，他将可以永远住居在那里。"[2]（译文是刘启戈的。见刘启戈、李雅书选译《中世纪中期的西欧》，生活、读书、新知三联书店，1957 年，第 114—115 页。郭守田主编：《世界通史资料选辑：中古部分》，商务印书馆，1981 年，第 134—135 页。）这一特许权得到了后世国王的一再重申。亨利二世在颁发给林肯城、诺丁汉城的特许状，理查一世颁发给哈费尔福德威斯特（Haverfordwest）和北安普敦（Northampton）的特许状，以及约翰王颁发给埃格瑞蒙特（Egremont）、顿维奇（Dunwich）和赫里福德（Hereford）的特许状，都有同样的表达，即：一个非自由人，只要在该城市中住满一年零一天，就成为自由人。[3]当然，这一著名的习惯和法律是否为所有城市适用尚有疑问，但在拥有特许状的城市中，这一法律原则的适用应该极其普遍。[4]正因为享有人身自由，市民在城市中的生活享有许多的特权。例如，市民的儿子享有父亲同等的自由。亨利一世时期的纽卡斯尔特许状规定："假如市民有一个儿子跟其在家中同桌吃饭，那么儿子将享有跟父亲一样的自由。"[5]他们有资格携带武器，免除各种劳役和赋税义务，在法律上不受神命裁判或者决斗裁判的裁决，可以自由选择和掌握其职业，等等。这些都是作为自由人的市民享有的权利。

---

[1] Adolphus Ballard, ed., *British Borough Charters*, *1042—1216*, Cambridge: Cambridge University Press, 1913, p. 101.

[2] Ibid., p. 103.

[3] Ibid., pp. 103 – 105.

[4] C. Stephenson, *Borough and Town: a Study of Urban Origins in England*, Cambridge, Mass: The Mediaeval Academy of America, 1933, p. 137.

[5] Adolphus Ballard, ed., *British Borough Charters*, *1042—1216*, Cambridge: Cambridge University Press, 1913, pp. 101 – 103.

　　关于城市土地保有的特权,1155—1158 年,亨利二世时期授予温切斯特、林肯、诺丁汉以及牛津等城市的特许状中都一再强调,市民在各自城市中以购买、抵押等方式保有的土地,都受到城市习惯法律的保护,除了国王无人可以反对。例如,授予林肯城的特许状这样规定:"此外,任何人在林肯城城内按土地保有权购买土地,保有之达一年零一日,无人反对,而购买土地之人又能证明在此期间内,有申请权之人确在英格兰境内,但未提出异议,则予将准许此人在将来安然保有此项土地,一如其过去,不受任何干扰与迫害。"①burgage 一词本是指市民租用的城市土地,主要是用来建造房屋的宅基地,在一些城市其大小相对固定。后来,它逐渐与其他土地保有类型相区分,被称为城市土地保有权(burgage tenure),因为租用此类土地的条件是自由的,除了向原领主缴纳货币地租,不再承担劳役和其他义务。②在城市中拥有土地的市民还具有自由转让土地的权利,甚至城市土地的承租人也能获得同样的自由权利。1147—1183 年,卡尔迪夫的特许状中规定:任何人即使拥有领主伯爵的半份伯格吉(burgage),也可以享有整份伯格吉土地的权利。如果市民拥有两份伯格吉,且希望出租其中一份的话,则只要他愿意可以将该伯格吉上的权利转让给承租人,承租人将享有此土地上的权利。其他城市中也有类似的规定,如 1194 年彭特弗拉克特(Pontefract)的特许状规定,购买半份宅地(toftum)可以享有整份的权利,一个人在宅地上的房屋不只一间,也可以出租,等等。甚至 1194—1242 年间的奥克汉普顿城(Okehampton)的特许状规定:任何人想要获得城市的权利,可以交纳费用来实现,第一年交纳领主 4 便士,交纳城市 4 便士,第二年只交纳领主4 便士,第三年他将获得城市租地伯格吉或者交纳名为 gablum 的费用,

---

① W. Stubbs, *Select Charters and other Illustrations of English Constitutional History from the earliest Times to the Reign of Edward I*, Oxford: Clarendon Press, 1957, pp. 165 - 168.

② T. R. Slater, The Analysis of Burgage Patterns in Medieval Towns, *Area*, Vol. 13, No. 3 (1981), pp. 211 - 216.

然后就可以安然离开了。① 从这些文献可以看出,市民享有城市租地上的特权。

关于司法特权,即城市有自己独立的司法体系和权利,首先,城市设有自己的法庭,专门处理相关的法律诉讼。市民之间的任何纠纷,都必须在本法庭进行诉讼,不得到城市之外的其他法庭。例如1130年,英王亨利一世给伦敦颁发的特许状规定:"伦敦市民享有充分的权力任命他们所愿的伦敦市民为市长,并任命任何一人或他们所愿的伦敦市民为法官,负责处理按照国王的法令而提出的申诉,遇有讼案即审理;此外无论何人均不得对伦敦人民行使司法权力。凡属市民均不得因任何纠纷而到城墙之外进行起诉……对他们之中的任何人等不得强迫施行。任何市民若因依国王法令而提出申诉而受到控告,得立誓表明其伦敦市民身份,这样就可以在市内进行审理。"②这种规定在几乎所有城市的特许状中都得到体现。所谓城墙之外的法庭,其所指既有其他城市的法庭,更有百户区法庭和郡法庭。即使市民去往百户区法庭或者郡法庭诉讼,也与本城市利益冲突,因此一些城市的特许状中提到该城市免于郡法庭之义务。当然,若有上诉,可以到王室上诉法庭。

其次,城市法庭的司法审判,依据城市习惯法而形成了一定的审判模式,在开庭的时间和地点的确定,以及审法官和陪审员的选任上都有一定之规。法庭处理的诉讼案件包括市民日常生活中的方方面面,有邻里纠纷,有财产侵犯,有人身伤害,有违反法律,等等。法庭受理诉讼,经陪审团裁决之后做出判决。在诸多处罚中,罚金是重要的措施。因此,城市法律独具特色。

关于贸易特权,即城市享有自由贸易的特权:首先,城市享有举行市场或者集市贸易的权利。在这里,排除外来人在本地的经商贸易之权,

---

① Adolphus Ballard, ed., *British Borough Charters*, *1042—1216*, Cambridge: Cambridge University Press, 1913, pp. 101 - 103.

② W. Stubbs, *Select Charters and other Illustrations of English Constitutional History from the earliest Times to the Reign of Edward I*, Oxford: Clarendon Press, 1957, pp. 108 - 109.

强调只有本地人员在本城范围内举行才是允许的。1188—1219 年,埃尔费特城(Elvet)的特许状中说,如果得到领主主教的许可,"我们就能够在城市获得一个市场或集市(forum vel nundinas),附属于市场和集市的所有权利也将归我们所有。"1199—1214 年英费尔尼斯(Inverness)的特许状中说:"我已经在我的城市英费尔尼斯建起一个市场,时间是每周周六。"1154—1189 年(亨利二世时期)彭布罗克(Pembroke)的特许状,准许该城市市民在使徒彼得和保罗节日期间举行 8 天的集市(nundinas)。1194 年,朴次茅斯(Portsmouth)市的特许状,准许该城市在圣彼得节期间举办一年一次为期 15 天的集市。[①] 其他地方集市举行的时间一般也在圣徒节日,持续时间 3 天或 4 天,各有不同。其次,城市有组织自己的行业行会的权利,如商人行会、手工业行会等。1130 年贝弗雷(Beverley)的特许状,准许市民遵照约克城的习惯建立汉萨屋(hans-hus),一种类似于行业大厅的存在。1154 年该城另一份特许状,则准许他们建立商人行会(gildam marcandam)[②],汉萨屋与商人行会都属于城市商业的建筑,有时候可以相互替代,有时候是并列的存在。例如在 1200 年的伊普斯维奇和顿维奇两城市的特许状中就把二者并列,称为 gildam mercatoriam et hansam suam,或者 hansam et gildam mercatoriam。[③]

手工业行会的建立也得到特许状的认可。如 1155—1158 年间特许状,准许伦敦纺织工行会(London Weavers)建立,确认他们享有所有的自由和权利,禁止任何人损害行会的利益。1175 年亨利二世还颁发给牛津的皮革制造者建立自己的行会,享有其应有的权利。这类行会的建立并不是免费的,他们需要向国王缴纳费用,伦敦的纺织业行会每年要缴纳 10 马克给国王。1202 年,约翰国王颁布新的特许状,废除了伦敦城中

---

① Adolphus Ballard, ed., *British Borough Charters*, *1042—1216*, Cambridge: Cambridge University Press, 1913, pp. 173 – 175.

② Ibid., pp. 202 – 203.

③ Ibid., p. 206.

的纺织业行会,为此,国王还要求这些市民每年要缴纳 20 马克。再次,在经商贸易中享有免税、保护安全等权利。当然,所有这些权利几乎都来自领主的让渡。

关于财政特权,即城市拥有自己征收各种赋税的权利,这种权利来自领主的转让或者出租。在英国国王颁发给伦敦、林肯、剑桥等诸多城市的特许状中都表达为某城市以一定的租金出让。有时候出租的就是特权城市本身,有时候则是把其他地方出租给该城市以收取租金。例如,1189 年的伍斯特特许状确认,将该城市以每年 24 英镑出租给全体市民,由后者向财政署缴纳租金。1131 年颁发给伦敦的特许状中则确认,将米德尔塞克斯转让给伦敦,后者要向国王缴纳 300 英亩租金。1137—1145 年间里奇蒙德的特许状中,领主布列塔尼伯爵则将该城市和冯特莱斯的土地永远地转让给里城市民。[①] 在此情形下,城市其实就成了包税人,尤其是当城市直接向财政署缴纳租金的时候。于是城市就取代了领主成为城市中各种赋税的合法征收者,包括市场税、法庭罚金、地租以及各种关税等。要注意的是这些权利并非都包括在城市出租之中,而是城市以一个一个的权利特许状分别获得。例如,某一块空地,某地的磨坊,或者遇难船只的收益等,都有相应的特许状赐予给城市。

关于自由城市的权利中,最重要的是其行政管理特权,这也是自由城市走向自治城市的关键所在,即城市有权选举自己的市政官员管理城市事务。1131 年,伦敦可以选举自己的行政长官(sheriffs,vicecomitem),他负责与国王的法官和财政官交涉,应对与城市有关的各种事情。1199 年的特许状又重申了伦敦市民有选举行政长官的权利。1131 年特许状中确认,伦敦还可以选举政法官(justiciar)的权利,法官要负责有关诉讼事务。1215 年伦敦的特许状中则准许该城每年要选举自己的市长(majorem),以负责管理全城的事务,一年期限一到就要改选。

--------

① Adolphus Ballard, ed., *British Borough Charters*, *1042—1216*, Cambridge: Cambridge University Press, 1913, pp. 220 - 221.

此外,还有城守(prepositi,reeves)、市政官(ballivi,bailiffs)以及法警(Coroners)等,各有其职责所在。①

并非所有城市享有上述全部的自由权利。事实上,哪怕获得一个特许状的任何城市都可以称为自由城市。但如此理解显然削弱了对城市自由的强调程度,因此,自由城市主要是指那些获得了主要特许权利(如人身自由、土地自由、司法自由、财政自由、行政管理自由等权利)的城市。从这个意义来看,对自由城市的强调是与自治联系的一起的,即有鲜明自治特征的城市,才可以称为自由城市。

英国城市的自治可以看作争取自由的逻辑必然。伊普斯维奇、墨尔顿、林恩等城市在不同时期所进行的类似性质的自治实践,很鲜明地展现了英国自治城市的面貌。伊普斯威奇于1200年5月25日从约翰王手中取得特权证书,规定市民可选举 2 名市政官(bailiffs)、4 名法警(coroner,或者验尸官)。② 6 月 29 日全城市民集会于圣玛丽教堂广场,开始选举。此后一直到 10 月,伊普斯威奇市民经过多次选举,选出市政各级官员,有 2 名正直守法者为市政长官,为城市最高行政长官;4 名法警,负责城市治安;12 名市政议员(capital portmen),代表市民参与城市管理,献计献策;2 名小吏(beadles),协助长官等处理相关事宜。此外还有城市商会会长、城市印玺保管员、城市习惯法收集员、监狱看守等。总之,由这些新任命的官员集体宣誓负责管理城市,维持城市的自由和特权,以及负责征收捐税以交纳城市租金,负责逮捕和扣押财物,监督监禁的执行等日常事务。从中可以看出,参与城市自治管理的官员还是相当全面的。

当然,各城市官员的种类和称呼未尽一致。例如,在墨尔顿市,有最

---

① Adolphus Ballard, ed., *British Borough Charters*, *1042—1216*, Cambridge: Cambridge University Press, 1913, pp. 241 - 249.

② Charles Gross, *Gild Merchant*: *A Contribution to British Municipal History*, Oxford: Clarendon Press, 1890, pp. 7 - 8. 此特许状引自格罗斯,原文中并没有 bailiff 和 coroner 这两个用语。在后文中作者才给出了这两个词语,并对伊普斯维奇的选举过程进行了追述。

高的市镇长官,也有执行命令维持治安的警长(constables)、征收赋税掌管钱粮的司库(chamberlain),还有收取罚款的警吏(sergeants at mace)。其他自治城市的情形也大体类似。概括而言,自治城市表现出如下特点。其一,有自己的行政机构管理城市。各城市的官职多少,自然各地不一。自治城市一般有市长,其下则有财政官、司法官、税吏、警吏等。他们负责城市各项事务的管理,一定程度上体现了自治城市的特点。其二,行政机构由市民选举产生。其三,行政机构颁行法律条文管理城市。因此,所谓的自治有两个层面,一是相对于领主而言,城市有自己治理的权利;一是相对于权力的集中而言,城市的权力合法性来源于市民的授予。

相比较于自由城市,绝对意义上的自治城市属于少数。有学者估计所谓的特权城市(borough)在 1509 年有 660 座,不过其中 124 座早在1270 年就已经衰败了,其中能够成为自治城市的自然更少。① 事实上,英文中的 borough 所指只是获得特许状的城市,其中绝大多数为有自由权利的城市,只有少数可能为自治城市。因此,borough 应该理解为享有程度不等自由权利的城市,即自由特权城市而非自治城市。英国王权较为强大,城市的自治没有得到很好的发展。从自由到自治,可能并不存在一种必然。

对于中世纪英国城市的自由与自治,必须更历史地加以认识。对于所谓的城市自由也要一分为二地看。自由,在本质上并非意味着无约束,而是获得了上层领主特许的权利。一座城市,在本质上与其他封建土地并无不同,同样属于某一位或几位领主,这是中世纪封建土地原则的体现。城市要想获取某种自由,其实就是向领主请求某种恩赏。自由与特权,都是他人的赐予。如果领主同意,城市就可以获得某种权利。反之,如果领主不同意,就意味着你无法享有某种权利。即使是自治城

---

① D. M. Palliser, ed., *The Cambridge Urban History of Britain*, volume I, *600—1540*, Cambridge: Cambridge University Press, 2000, p. 506.

市,也只是从国王或者其他领主那里获取了特许状可以自行管理的权利,但是城市仍然在国王的统治之下。无论城市的自由程度如何,在本质上,它都是一个封土。作为封土,这些城市仍然要履行一些义务,无论是实际上的还是名义上的。在英国,国王对于城市财富的渴望从未停止,以封建协助金等形式征收的赋税也一直没有间断。所谓的自由或自治虽有特许状的许可,却并非安全和可靠。国王或者其他领主会以各种理由撕毁协议,重提各种义务。主动权在国王或者领主之手,尤其是当领主身份更迭,新领主往往会期望签署更有利于自己的新特许状。例如亨利二世时期,曾经许可伦敦建立纺织工行会,到了约翰王时期却不遵前王之令,以新的特许状废除了伦敦的纺织工行会,且将行会原先应缴纳的 18 英镑的费用提高到 20 英镑。① 此类撕毁协定之现象,并不少见。从统治与被统治的二元来看,即使统治者改换了对象,被统治者的身份地位并没有真正的改变。

英国城市的发展不仅在于城市的自由与自治,也在于经济本身的发展。正如皮雷纳等人所说的中世纪城市就是工商业中心。自由与自治最终是促进城市经济的发展有积极的促进作用。

尽管工商业一起并称,但在中世纪英国城市中,商人和商业的地位远比手工业者高。可以说,商人阶层的兴起与城市的兴起相始终。在城市发展的早期阶段,是由商人组成的商人行会(gild merchant)管理着包括商业和手工业在内的一切经济活动。商人行会的章程就是经济活动的准则。商人行会兴起于诺曼征服之后,从亨利一世时期开始,商人行会的建立就相当普遍了。在 1103—1118 年间莱斯特城市获得了建立商人行会的特许状。在特许状中,亨利一世说商人的行会可以享有自威廉一世以来的那些习惯。1118—1168 年间,莱斯特城的特许状又重新提及商人行会的建立。大约在此时期,还有贝弗雷(1130、1154 年)、刘易斯

---

① Adolphus Ballard, ed., *British Borough Charters*, *1042—1216*, Cambridge: Cambridge University Press, 1913, pp. 208 - 209.

(Lewes，1148 年)、伯尔福德(1147—1173 年)、约克(1154—1158 年)、奇切斯特(Chichester，1155 年)、牛津(1156 年)、瓦灵福德(Wallingford，1156 年)、林肯(1157 年)、贝德福(Bedford,1189 年)等等城市,都建立起商人行会。① 可以说,在 12 世纪末之前,英国大多数城市都有一个商人行会。

商人行会首先是所有商人的公会,一个城市中的商人必须加入到行会中。1154—1189 年即亨利二世时期,彭布鲁克的特许状中特别强调,经该市市民的决定,所有商人要加入他们的商人行会。②进入商人行会就成为行会人,获得了行会权(gildship)。进入行会者要缴纳一笔入会费,各地名称和数额自有不同。新人入会必须有人担保,新入会者要向同行的兄弟表达忠诚,还要宣誓服从行会法规、服从行会领导等等。城市市民并不总是有资格成为行会会员,至少妇女被排除在外。商人行会是各个城市实际上的掌控者,它从国王等上级领主那里获取特许状,以此来管理城市。城市争取自由与自治的运动,其带有法人意义的主体就是此类商人行会。或者说,就是那些富裕的商人在为代表自己利益的城市争取特权。因此,在一些城市,商人行会往往就是城市行政机构的代名词,行会的首领也就是城市的市政官。行会事务由商人自己负责,不受外人干预。在瓦灵福德 1156 的特许状中,亨利二世还强调除了行会自己的首脑和官员之外,无论是国王的地方官还是司法官都不能干预行会事务。③

商人行会的行规也在许多时候成为城市的法规,一些城市还形成了商人法。这一点在南安普敦城的商人行会规章中有很清晰的反映。例如第 27 条,"本城首席会长(chief alderman)或行政官与十二宣誓之执事,应按照规定与需要经常注意商人、生人与私人,务使彼等所负之债务

---

① Adolphus Ballard, ed., *British Borough Charters*, *1042—1216*, Cambridge: Cambridge University Press, 1913, pp. 203 - 206.

② Ibid. , p. 205.

③ Ibid. , p. 204.

能有充分而切实可靠之担保,且向债权人出立借据。"第 29 条,"首席会长,十二宣誓执事,或行政官应每月一次,或至少一年四次,审核面包与浓麦酒之售价,务使其定价在各方面依谷价为准则。"①这样的条文,要么是说商人行会能够约束城市最高行政官和执事,要么是说这些官员其实就来自于行会。无论哪种情形,都证明了商人行会权力之大。商人行会之权重,自然是因为商业之于城市的作用举足轻重。

在城市发展的相当长的时期里,手工业受到商人行会的支配,或者说此时的手工业在城市中还没有相对独立地位。例如,珀斯(Perth)1165—1214 间的特许状中这样说:"我准许珀斯市民拥有自己的商人行会,除了漂洗工和纺织工。"②虽然从中不难读出对此两类人群的歧视,但商人行会并没有真正将手工业者排除。事实上,随着城市的发展,商人行会的构成越来越复杂,也许从未出现过纯粹意义上的商人行会。例如,12 世纪末莱斯特城市的商人行会的成员,除了少数商人,更有纺织工、染布工、羊毛梳理工、剪绒工、裁缝、内衣商、鞣皮匠、皮革匠、鞋匠、马鞍匠、羊皮纸制造工、肥皂匠、医生、传道士、丝绸商、金匠、面包师、厨师等等。并且随着城市手工业越来越细化,逐渐分化出诸多手工业行业的行会,这就打破了一个城市只有一个商人行会的惯例,也直接导致商人行会逐渐走向衰落。但即使如此,城市中的大商人仍然具有不可替代的地位和作用,甚至许多城市的高层管理人员都出自商人阶层。

商人的存在以及商人行会的发展必然以商业的繁荣为其不二的前提。中世纪英国商业化是学界相当热门的前沿问题,所涉及的问题大概有两个层面,一是商业本身发展的高度,一是整体社会的商业化,即社会如何日渐为商业力量所影响和支配,从而体现出更多的商业性特征。尽管商业并不限于城市,农村也有其商业贸易,但是商业化与城市的联系

---

① 郭守田主编:《世界通史资料选》,商务印书馆,1991 年,第 147—150 页。

② Adolphus Ballard, ed., *British Borough Charters*, *1042—1216*, Cambridge：Cambridge University Press, 1913, p. 205.

更为紧密。具体而言,能够反映商业化程度的历史现象大体有如下几点。

一是,作为商品交换场所的市场在数量上的增加,而且呈现越来越突出的专业化倾向。有学者估计,中世纪晚期在英格兰和威尔士的800多个市镇中,专业化市镇占300多个;其中,133个市镇从事小麦贸易,26个蔬菜集市,6个以上水果集市,牛市92个,羊市32个,马市13个,猪市14个,鱼市30个以上,21个野味和家禽市场,12个奶酪和黄油市场,30多个羊毛和毛线市场,27个以上呢绒市场,革制品市场11个,麻市场8个。[1]

二是,作为商品流通手段的货币在质和量上都有提升。根据历史学家布瑞特里尔等人的研究,英格兰流通中的货币随着时间变化呈快速增长的趋势:973—1059年为2.5万英镑,1086年为3.75万英镑,1205年为25万英镑,1218年为30万英镑,1247年为40万英镑,1278年为67.4万英镑,1298年为60万英镑,1311年为110万英镑。[2] 比较来看,13世纪末的货币是11世纪的36倍。排除通货膨胀因素,可见流通货币增加的速度。此外,有两个相互关联的现象,一方面大城市货币商人越来越多而小城市的在减少,另一方面是铸币厂数量锐减。在盎格鲁-撒克逊晚期有铸币厂至少60个,到亨利二世时期只有30个,到1279年为爱德华一世重新铸币的时候只有11个。[3]

三是,商品在种类和数量上都相当丰富,或者说因生产专业化程度的加强促使产品商品化加强。商品种类的变化在于突破奢侈品的限制而增加了各类生活用品。食品贸易是英国海外贸易的持久商品,在整个中世纪早期尤其是13世纪,英格兰都是食物包括谷物的出口国。1300

---

[1] Joan Thirsk, ed., *The Agrarian History of England and Wales 1500—1640*, vol. IV, London: Cambridge University Press, 1967, pp. 491 - 492.

[2] Richard H. Britnell and Bruce M. S. Campbell, eds., *A Commercialising Economy: England 1086 to c.1300*, Manchester, Manchester University Press, 1995, pp. 62,72.

[3] D. M. Palliser, ed., *The Cambridge Urban History of Britain*, volume I, 600—1540, Cambridge: Cambridge University Press, 2000, p. 120.

年左右,英国奶产品的出口开始增加。羊毛及毛纺织品成为英国最重要的出口商品。13 世纪后半叶,英格兰平均年出口羊毛达到 3 万袋,价值约 1 100 万英镑;最多时达到 3.5 万—4 万袋,价值 1 500 万英镑。随着呢布业的发展,14、15 世纪英格兰年出口呢布达 5 万匹。[①] 这一点从国王商业税收的增加中也能够得到反映。在中世纪英国,国王征收的与商业有关的税包括羊毛出口关税、呢绒出口关税、葡萄酒进口吨税及其他商品进出口的镑税。英国国王年均关税收入分别是,爱德华一世(1272—1307)时,15 870 英镑;爱德华二世(1307—1327)时,12 650 英镑;爱德华三世(1327—1377)时,78 456 英镑;理查德二世(1377—1399)时,47 734 英镑;亨利四世(1399—1413)时,3 万英镑;亨利五世(1413—1422)时,3 万英镑;亨利六世(1422—1461)时,2.5 万英镑;爱德华四世(1461—1483)时,3 万英镑。[②]

　　商业的发展离不开城市。商业贸易经常形成以城市为节点的体系。大体上有围绕地方市场而形成的地方交易网络,围绕一个中心城市的诸多城市交易网络,以大都市尤其是港口为中心的对外交易网络,更有海外交易中心和联盟。例如,在米德兰,考文垂在 14 世纪早期作为整个地区的首府而兴起,东西两边的波士顿港和布里斯托尔港则为其提供服务。而排在考文垂之后的莱斯特城和沃切斯特,则有 100 个以上的小城市作为其依附者。当然,每一个城市又有自己相应的乡村腹地,大体上包括半径 6 英里范围内的所有村庄。[③] 这样的城市体系既是商业的网络,也是文化的网络。

---

① M. M. 波斯坦、爱德华·米勒主编:《剑桥欧洲经济史》,第二卷,经济科学出版社,2004 年,第152 页。
② 施诚:《中世纪英国财政史》,商务印书馆,2010 年,第 190 页。
③ 克里斯托弗·戴尔:《转型的时代:中世纪晚期英国的经济与社会》,莫玉梅译,社会科学文献出版社,2010 年,第 190 页。

**市场辐射范围:人们到市场的距离①**

| 地区 | 占市场的人员的比例(%) | | | |
|---|---|---|---|---|
| | 1-5.5 英里 | 6-9.5 英里 | 10-19.5 英里 | 20 英里及以上 |
| 北部 | 17 | 13 | 20 | 50 |
| 南部 | 31 | 38 | 31 | 0 |
| 东部 | 60 | 25 | 13 | 2 |
| 西部 | 25 | 35 | 25 | 15 |
| 米德兰 | 36 | 14 | 29 | 21 |
| 全英格兰 | 39 | 26 | 20 | 15 |

　　城市与商业贸易的关系更可以从城市在商业中所占比重得到反映。从海外贸易可以看出,各类港口城市都发挥了重要的作用。下表可以反映各港口在不同时期于海外贸易中所占的比重。

**英国主要港口城市(headports)在海外贸易中的重要性,**
**1203—1204 年,1478—1482 年②**

| | 海外贸易的总价值 | | | |
|---|---|---|---|---|
| | 1203—1204 年 | | 1478—1482 年 | |
| | 英镑(£) | % | 英镑(£) | % |
| 纽卡斯尔 | 3 030 | 4.1 | 2 063 | 0.1 |
| 赫尔 | 11 460 | 15.4 | 62 567 | 4.4 |
| 波士顿 | 21 555 | 29.0 | 39 909 | 2.8 |
| 林恩 | 9 780 | 13.1 | 10 626 | 0.7 |
| 雅茅斯 | 1 005 | 1.4 | 14 925 | 1.0 |
| 伊普斯威奇 | 540 | 0.7 | 29 299 | 2.1 |
| 伦敦 | 12 555 | 16.9 | 871 158 | 60.9 |

---

① Joan Thirsk, ed., *The Agrarian History of England and Wales 1500—1640*, vol. Ⅳ, London: Cambridge University Press, 1967, p. 498.

② D. M. Palliser, ed., *The Cambridge Urban History of Britain*, volume Ⅰ, 600—1540, Cambridge: Cambridge University Press, 2000, p. 477.

续表

| 海外贸易的总价值 | | | | |
|---|---|---|---|---|
| | 1203—1204 年 | | 1478—1482 年 | |
| | 英镑（£） | ％ | 英镑（£） | ％ |
| 桑威奇 | 720 | 1.0 | 79 117 | 5.5 |
| 奇切斯特 | 1 950 | 2.6 | 11 685 | 0.8 |
| 南安普敦 | 10 680 | 14.4 | 109 606 | 7.7 |
| 梅尔科姆·威默斯 | — | — | 31 089 | 2.2 |
| 埃克塞特和达特茅斯 | 255 | 0.3 | 42 489 | 3.0 |
| 普利茅斯和福威 | 840 | 1.1 | 13 422 | 0.9 |
| 布里奇沃特 | — | — | 9 850 | 0.7 |
| 布里斯托尔 | — | — | 103 353 | 7.2 |
| 总计 | 74 370 | 100.0 | 1 431 158 | 100.0 |

手工业与商业互为表里。没有手工业的存在，商业是不可想象的，正是手工业的分工促进了商业的发展。同样，商业的发展也会推动手工业的繁荣。值得注意的是，商人与手工业者的身份有许多时候是不分的。一个制鞋匠，当其在制作鞋子的时候，他是个手工匠人；当其当街售卖其产品的时候，他又是一个小商人。手工业自然不限于城市，农村也存在手工业，但在城市中手工业有更为集中的体现。

大体而言，中世纪盛期英国城市手工业的发展有几点值得特别关注。

一是手工业门类日渐齐全。它们与城市社会生活有直接的关联。除了涉及市民日常生活的那些大众行业，如衣食住行、生老病死，还有一些专门为少数人服务的手工行业，如奢侈品制造、书籍制造、教堂用品制造、武器设备制造等。从城市人口的职业构成，大体上可以了解城市手工业的一般状况。例如，13 世纪的索尔兹伯里城，有以下可知的行业：杂货商、布匹商、酒商、酒店老板、外科医生、裁缝、屠夫、理发师、面包师、厨师、酿酒师、金匠、铁匠、木匠、制弓匠、制瓦匠、锡蜡匠、制鞋匠、漂洗工、马鞍工、制革工、染色工、油漆工、装订工、制羊皮纸工、手套工、建筑工、织布工、制箭工等等。在门类众多的行业中，最具影响力的还是毛纺织业、建筑业和采矿业等行业。毛纺织业，后来发展成为英国的民族工业。一般而言，从羊毛原料到呢布成品，中间包括羊毛清洗去尘去油、梳毛、纺线、织呢、漂洗、染色、绷晒、修整等工序，相应地也就出现了梳毛工、织布工、漂洗工、染色工等工种。建筑业也形成了采石、打磨、雕刻、木材加工、模型铸造、玻璃制造、玻璃彩绘等等工种。

二是手工业技术的提高。以毛纺织业为例。13 世纪出现了水力漂洗磨坊这一重大技术革新，即利用水力带动木锤代替人力清洗，效率提高了数倍，故被学者称为 13 世纪的工业革命。不仅如此，在英国一些水力资源丰富的地区，围绕水力漂洗坊而诞生了一个个毛纺织业中心，如英国北部约克郡和西部山区及东盎格利亚等地区正是如此，甚至可以看作手工业促成新城市诞生的典型。此外，在毛纺织业中还形成了具有革命性意义的生产制度。最典型的是外派制度，或者家内制，即商人资本控制毛纺织业的生产。商人将所购买的羊毛分给纺线工人，由后者纺成毛线，随后商人再回收毛线，再依次由织工将毛线织成呢布，漂洗工人漂洗呢布，染色工人印染呢布，直到最后由承包商人将修整后的呢布投向市场。可以说，几乎所有的环节都由商人控制，各个工种的工人只是负责具体的手工劳动。

三是手工业者形成了自己的行会组织。手工业者多是个体作坊经营。从原材料的购买、产品的制作到最后的销售，都是独立完成。这种前店后坊的方式，属于典型的小生产模式。不过，在城市中的小生产者，并非绝对自由。事实上，他们的生产经营受到城市手工业者的组织——行会的管理和监督。一般较大的手工行业都有各自的行会组织。早在 1155—1158 年伦敦的纺织工就获得了特许状，可以建立自己的同业行会。特许状还要求行会每年向国王缴纳 2 个金马克，并禁止任何人损害该行会，否则将处以 10 英镑的罚款。1175 年牛津的特许状，准许成立鞋匠行会(Cordwainers Guild),除非是行会成员否则不允许做生意。外来的鞋匠们也要入此行会,享有同样的权利。[①] 1175 年,牛津另有关于建立纺织工行会的特许状。不过,该特许状透露出来的信息值得关注,早年该市的纺织工行会每年向国王缴纳 60 马克的款项,而现在只能缴纳 15 马克了。为此国王对其贫穷深表悲悯,将该行会每年的费用降低到 42 先令。[②] 此后,各城市中手工业行会逐渐增加,到 13 世纪几乎所有城市中都有大大小小的行会。制革者有制革行会,制刀者有制刀行会,制鞋者有制鞋行会,制马刺者有马刺行会,凡此种种,不一而足。有时候,同一大行业内部的小工种也有各自行会,如英国呢布行业中的纺织、漂洗、染色及修整等工种都有各自的行会。后来,由呢布修整工行会发展出了呢布商公会,控制了整个呢布的生产。

行会是同业者的组织。行会一般由行业师傅组成,师傅手下还有学徒和帮工。要成为行业师傅,一般需要经历七年左右的学徒生涯,还要在学徒期满后为他人帮工多年,最后以成品送行会成员审核,通过后方可成为师傅而从业。这一模式,对于技术的传承和发展起到了积极的作用。不过,师傅与学徒、帮工之间的矛盾冲突也时有发生。尤其是当行会只保护师傅们的利益的时候,以致出现了游离在行会之外的帮工组织。

行会的职能主要体现在经济领域。在行会,成员的经济活动实行严格的控制和管理,主旨是排斥竞争,使小手工业者能够在简单的条件下维持生产和生活。对内是消除同业者的竞争,对外是维持本行业的垄断地位,不允许其他任何组织和个人插足本行业。为此,一般行会都制定出了较为细致的规则和制度,这就是行会的章程。虽然各行会章程因行

---

① Adolphus Ballard, ed. , *British Borough Charters*, *1042—1216*, Cambridge: Cambridge University Press, 1913, pp. 208 - 209. corvesars 和 cordwainers 之间有区别,但具体所指,并不清楚。

② Adolphus Ballard and James Tait, eds. , *British Borough Charters*, *1216—1317*, Cambridge: Cambridge University Press, 1923, pp. 283 - 284.

业的差异而有很大的不同,但一般主要涉及以下几方面的内容。首先,对从事本行业人员的加以限定,如限制招收学徒、限制外国人及非本行业人员从事本行业等。1227 年的赫里福德(Hereford)特许状中规定:"任何非本行会之人,除非本城市民同意,不得在城里或者郊区从事任何行业。"1226 年的斯特尔灵市的特许状规定:"我们绝对禁止任何外来商人在我们斯特尔灵城里切割呢布出售,除非是在基督升天节和圣彼得受缚节日( the feast of St Peter ad Vincula)之间。"1202—1210 年间的基尔肯尼市(Kilkenny)的特许状中规定:"不允许外来商人在本城出售呢布或者拥有卖酒的小酒馆,除非他在本城侨居 40 天,假如他想侨居更长的时间,必须得到市民的共同同意,并缴纳给城市的费用,如此他方能逗留。"1294 年的切斯特费尔德市 (Chestefield)特许状规定:除非是本城市民,或者愿意满足本人及本人的继承人和全体市民的意愿,否则无人将成染色工人或者皮革工人或者鞣皮切割工人。除了市民,在本城无人可以切割肉食和鱼类出售。① 其次,对生产中具体各环节的给予细致的规定,如对生产条件、生产规模、生产过程、原材料的数量与质量、产品质量、产品价格、劳动者工资等方面都有严格的限制。原则上是要求手工业者讲诚信、守道德、不以次充好、不哄抬价格、不恶意竞争等,对于违反规定者有相应的处罚。

从城市共同体的角度来看,无论是商人行会还是手工业者行会都带有共同体的特征。他们在经济世界中主张道义,在道义原则下经营经济。因此,很多时候,行会在城市中代行了市政机构的职能。行会所颁行的章程就是城市的法规,行会还是直接的执法机构。例如,英国曾经颁发过《面包和啤酒法令》以规范此二类行业的生产与经营。法令非常细致,对于违反者第一次、第二次及第三次都是处以罚款,此后则直接承受肉体的惩罚。面包师傅将被处以戴手枷之刑,啤酒师傅则处以背粪车

---

① Adolphus Ballard and James Tait, eds., *British Borough Charters*, *1216—1317*, Cambridge: Cambridge University Press, 1923, pp. 285,285,288.

之刑。在城市中监督执行此法令的不仅有城市的各类官员,更有行会的参与。

　　行会规章所反映和揭示的是行会为维持小生产者的简单再生产所进行的种种努力。行会规章表现出几个鲜明的倾向,一是行业垄断,二是平均主义,三是反对竞争。这些特点,在当时有其合理性。对于小商品生产的延续,城市经济的稳定和发展,都产生过积极的作用。然而,行会的分化和不平等终究不可避免。或者行会与行会之间贫富相差悬殊,或者同一行会内部,师傅与师傅之间有贫富差别,或者师傅与帮工学徒之间的不平等。在中世纪晚期,这样的分化和不平等激起了社会的巨大动荡。

　　晚期中世纪的社会经济大变迁同样也在城市上得到反映。不过,对城市变迁的认识,学者们有很大的争议。曾经占据主导的观点是,城市在晚期中世纪走向了衰落。晚近有学者认为,关于城市的衰落的认识可能源于研究者以及历史的记载者的夸大,其实城市是否衰落尚有疑问。①

　　所谓的衰落大体上是从经济角度出发得出的结论。一般包括城市人口数量下降、经济困境及城市规模的缩减。当然,从时间上来看,即使是衰落,也并非骤然发生。有些城市还维持了一定的惯性。衰落可分为两个时期,14 世纪中期到 15 世纪前期,为缓慢走向衰落的时期;15 世纪开始方有显著的衰落。而从空间来看,因各种因素的作用,在衰落的大环境中仍然有一些城市维持其规模与财富,一些还有所扩展,甚至有一些城市属于新兴的。

　　城市的衰落可以从城市人口的减少得到反映。首先是大多数城市的总人口减少,或者说城市变得比过去小。例如,依据 1377 年的人头税和 1524—1525 年的世俗协助税可以看出,波士顿的人口从 5 700 降至

---

① Jennifer I. Kermode, Urban Decline? The Flight from Office in Late Medieval York, *The Economic History Review*, New Series, Vol. 35, No. 2 (May, 1982), pp. 179 – 198.

2 000—2 500,其排名也从全国第 10 名落到第 51 名。1390 年代,波士顿年出口羊毛 3 000 袋和呢布 3 000 匹,而到了 1540 年代分别只有 200 袋和 100 匹。[①] 1377 至 1524—1525 年间,林肯城在全国的排名从第 6 名掉到第 12 名,人口可能减少了三分之一。1428 年,该城的 17 个教区报告其居民少于 10 户;1515 年,该城大量房屋毁弃,以至于治安法官被当局警告不能任其继续如此。斯坦福城,1300 年有人口约 5 000,1377 年只有 3 000,16 世纪早期更是只有不足 2 000。[②]

其次,城市从业人口的减少。城市的衰落可以从城市职业种类及从业人口得到反映。1400 年的时候,约克仍然是英格兰首屈一指的郡城。1377 年约克的财富仅次于伦敦,有人口约 1.1 万人,15 世纪早期约有 1.2 万人,到了 1548 年只有约 8 000 人。1400 年,约克城羊毛纺织工行会有成员 50 名,到 1561 年时,只有织工约 10 人(另有 14 人之说)。1395 年,约克出口呢绒 3 200 匹,而到了 1470 年代,年出口呢布仅有 922 匹。[③] 1440 年,考文垂城人口逾万;1500 年,约在 8 500—9 000 人之间;1520 年,约为 7 500 人;1523 年,约 6 000 人;16 世纪中期,约为 4 000—5 000 人。1450 年考文垂有织工 57 人,1522 年只有 37 人;到 16 世纪晚期已经基本没有漂洗作坊了。[④] 此类事例很多,大体上可以反映城市因人口减少而产生的行业衰落。

下表可以看出从业人员的数量及各行业比重的变化。[⑤]

① D. M. Palliser, ed., *The Cambridge Urban History of Britain*, *Volume I*, *600—1540*, Cambridge: Cambridge University Press, 2000, p. 631.

② Ibid., p. 632.

③ J. N. Bartlett, The Expansion and Decline of York in the Later Middle Ages, The Economic History Review, New Series, Vol. 12, No. 1 (1959), pp. 17 - 33.

④ 刘景华:《西欧中世纪城市新论》,湖南人民出版社,2000 年,第 127—128 页。

⑤ D. M. Palliser, ed., *The Cambridge Urban History of Britain*, *Volume I*, *600—1540*, Cambridge: Cambridge University Press, 2000, p. 329. 最后的统计是笔者所计算。

| | | 约克 | 诺里奇 | 坎特伯雷 | 切斯特 | 温切斯特 |
|---|---|---|---|---|---|---|
| | | 1450—1509 (%) | 1450—1499 (%) | 1440—1499 (%) | 1450—1499 (%) | 1300—1339 (%) |
| | | N=3532 | N=1448 | N=504 | N=153 | N=421 |
| 商业 | 饮食业 | 17 | 16 | 28 | 20 | 21 |
| | 其他 | 12 | 10 | 9 | 16 | 28 |
| 手工业 | 纺织业 | 24 | 31 | 28 | 24 | 20 |
| | 皮革业 | 11 | 12 | 11 | 16 | 9 |
| | 金属业 | 11 | 7 | 8 | 8 | 4 |
| | 其他 | 6 | 9 | 11 | 12 | 1 |
| 服务业 | 运输业 | 4 | 5 | 0 | 1 | 3 |
| | 建筑业 | 5 | 5 | 0 | 2 | 5 |
| | 其他 | 10 | 6 | 5 | 2 | 9 |
| 总计 | 百分比 | 100 | 101 | 100 | 101 | 100 |

说明:N 为从业人员的数量。

　　一些重要港口在呢布出口中的重要性发生的根本变化。以 1352—1430 年为第一个阶段,1430—1510 年为第二个阶段。各个港口城市在这两个时期的变化分别如下:纽卡斯尔,正 86 和负 140;霍尔,正 89 和负 18;波士顿,正 76 和负 1 803;林恩,无数据和负 88;雅尔茅斯,正 89 和负 251;伊普斯威奇,无数据和负 109;伦敦,正 95 和正 64;桑德威奇,正 89 和负 388;奇切斯特,正 27 和正 58;南安普敦,正 84 和正 20;布里斯托尔,无数据和负 4。① 从这些变化不难看出,在第一个阶段这些城市仍然在呢布出口页上占据重要地位,而到了第二个阶段它们的地位就急剧下降了,甚至达到负增长的境地。如伦敦这样的大都市,即使还维持着一定的增长,但也有下降的趋势。这一情形同样反映在其他如酒类的进口贸易商。②

---

① D. M. Palliser, ed., *The Cambridge Urban History of Britain*, *Volume I*, *600—1540*, Cambridge: Cambridge University Press, 2000, p. 479. 第 479 页表格。
② Ibid., pp. 481,490.

这种衰落不只是后来者的统计和分析,事实上,当时的诸多城市市民对此有切实的体会和感受。例如,1487 年约克城的市政官员就直接向国王亨利七世抱怨,城里善良的居民不及曾经的一半。1530 年代,马斯特·鲁普斯特(Master Lupset)感叹,那些城市和小镇过去拥有比现在更多的人口。[①]

另外,有一个现象可以反映晚期中世纪城市变化的情形,即 1350 年后新增城市数量很少,几乎所有幸存下来的城市都是此前建立的,甚至是1300 年之前建立的。1350 年之前,英国约有 2 000 个居民点可称为市镇,其中 600 个是自由和自治市。而到伊丽莎白统治初年,市镇不及 750 个,许多自治城市也逐渐衰落。[②]。这从下表更能够得到清晰的反映。

英国市场的变迁:16 世纪存留的数量及百分比(%)

|  | 1200 年之前 | 1200—1249 年 | 1250—1299 年 | 1300—1349 年 |
|---|---|---|---|---|
| 南部 | 34(71) | 4(22) | 1(7) | 1(8) |
| 东米德兰 | 28(65) | 11(48) | 5(19) | 3(14) |
| 西米德兰 | 32(78) | 22(47) | 13(29) | 3(12) |
| 东盎格利亚 | 50(54) | 18(30) | 14(15) | 2(5) |
| 北部 | 53(73) | 17(44) | 18(20) | 2(4) |
| 西南部 | 22(69) | 8(42) | 8(25) | 2(18) |

还可以从税收或者城市财富的变化得到反映,相当多的城市在社会经济大变迁中从富有变得贫困。1420 年代,林肯城因为贫困而被部分免去税收,在 40 年代被全部免去税收。1445 年,林肯城又免交以后 40 年所有的什一税和什伍一税。

城市的新发展也有一些迹象。例如,虽然晚期中世纪总人口减少了,但城市人口比例却在增加。学者们估计到 15 世纪末 16 世纪早期,

① R. B. Dobson, Urban Decline in Late Medieval England, *Transactions of the Royal Historical Society*, Fifth Series, Vol. 27 (1977), pp. 1 - 22, pp. 20, 22.

② 彼得·克拉克、保罗·斯莱克:《过渡期的英国城市:1500—1700 年》,薛国中译,中国劳动出版社,1992 年,第 7—8 页。

城市人口占总人口比例达到近 20％。此外,各种具有新功能和新结构的城市有所发展,如呢布漂洗及制造业中心、船舶制造中心、矿业开采中心等,甚至还有因旅游娱乐而形成的城市。新的发展,还可以从城市体系的变化得到反映。曾经的围绕某个中心城市而形成的体系,如今有不少因中心城市的衰败而消散,新的体系则因新中心城市的兴起而形成。①

　　下表的排名依据的是城市的财富,可以较为直接地反映城市的变迁。尽管像曾经排名第 3 的约克、第 7 的雅茅斯,分别下降到第 11 位和第 20 位,并且曾经排名第 5 和第 8、第 9 的城市则完全下榜;但更多的是曾经排名落后的城市上升到前列,如诺里奇从第 6 升到第 2,考文垂从第 10 升到第 5,埃克斯特从第 28 升到第 6。诺里奇的人口,1377 年为 3 952 位纳税人,即有约 5 000 人;1524 年的人口则可能达到 1 万人。②

英国城市财富排名变化③

| 1524 | 城市 | 1334 | 1524 | 城市 | 1334 |
|------|------|------|------|------|------|
| 1 | 伦敦 | 1 | 11 | 约克 | 3 |
| 2 | 诺里奇 | 6 | 12 | 莱丁 | 40 |
| 3 | 布里斯托尔 | 2 | 13 | 科切斯特 | 53 |
| 4 | 纽卡斯尔 | 4 | 14 | 伯里圣埃德蒙兹 | 26 |
| 5 | 考文垂 | 10 | 15 | 莱文汉姆 | — |
| 6 | 埃克塞特 | 28 | 16 | 沃斯特 | 36 |
| 7 | 索尔兹伯里 | 12 | 17 | 梅德斯通 | — |
| 8 | 林恩 | 11 | 18 | 托特奈斯 | — |
| 9 | 伊普斯威奇 | 19 | 19 | 格洛斯特 | 18 |
| 10 | 坎特伯雷 | 15 | 20 | 雅茅斯 | 7 |

---

① 戴尔:《转型的时代:中世纪晚期英国的经济与社会》,莫玉梅译,社会科学文献出版社,2010年,第 187—190 页。

② D. M. Palliser, ed., *The Cambridge Urban History of Britain*, *volume I*, *600—1540*, Cambridge: Cambridge University Press, 2000, p. 656.

③ Ibid., p. 329.

### 1337—1381 至 1524—1525 年小市镇人口变化①

|  | 样本数 | 衰减数 | 小变化数 | 增加数 |
|---|---|---|---|---|
| 伯克郡 | 2 | 1(50.0%) | 0(0.0%) | 1(50.0%) |
| 剑桥郡 | 2 | 1(50.0%) | 0(0.0%) | 1(50.0%) |
| 康沃尔郡 | 4 | 0(0.0%) | 2(50.0%) | 2(50.0%) |
| 德文郡 | 28 | 1(3.6%) | 3(10.7%) | 24(85.7%) |
| 埃塞克斯郡 | 13 | 2(15.4%) | 6(46.1%) | 5(38.5%) |
| 格洛斯特郡 | 7 | 3(42.9%) | 3(42.9%) | 1(14.%) |
| 汉普郡 | 2 | 0(0.0%) | 1(50.0%) | 1(50.0%) |
| 莱斯特郡 | 5 | 4(80.0%) | 1 | 0(0.0%) |
| 林肯郡 | 1 | 1(100%) | 0(0.0%) | 0(0.0%) |
| 诺福克郡 | 4 | 0(0.0%) | 2(50.0%) | 2(50.0%) |
| 北安普敦郡 | 8 | 3(37.5%) | 4(50.0%) | 1(12.5%) |
| 牛津郡 | 9 | 5(55.6%) | 2(22.2%) | 2(22.2%) |
| 茹特兰郡 | 1 | 1(100%) | 0(0.0%) | 0(0.0%) |
| 索美塞特郡 | 6 | 3(50.0%) | 0(0.0%) | 3(50.0%) |
| 斯塔福德郡 | 13 | 10(76.9%) | 2(15.4%) | 1(7.7%) |
| 苏塞克斯郡 | 1 | 0(0.0%) | 0(0.0%) | 1(100%) |
| 瓦威克郡 | 1 | 0(0.0%) | 0(0.0%) | 1(100%) |
| 威尔特郡 | 20 | 11(55.0%) | 2(10.0%) | 7(35.0%) |
| 总计 | 127(100%) | 46(36%) | 28(22%) | 53(42%) |

　　城市的新发展或者转型不仅体现在此类相对直观的数据中，更反映在城市内在结构的变化中。其一，诞生了新的生产方式。主要为家内制的出现，这是商人及其资本控制生产的表现，带有资本主义的某些特征。其二，城市阶级结构也发生了变化。城市市民或者中产阶级成为具有巨

---

① D. M. Palliser, ed., *The Cambridge Urban History of Britain*, *Volume I*, *600—1540*, Cambridge: Cambridge University Press, 2000, p.536. 表中百分比，除了统计之外，都是笔者所计算。

大影响力的阶层。其三,城市商业和手工业管理组织也发生了变化。赫里福德15世纪末有行会20个。伦敦1422年有行会111个,15世纪中期以后行会数量只有70多个。在竞争中合并重组,形成了在各自行业更具影响力的组织,并且以公会名之。如15世纪末、16世纪初形成的伦敦皮革公会,是整合了皮革商、手套匠、鞣皮匠、钱袋匠、皮囊匠等行会后的产物。而14世纪后期发展起来的呢布商公会则将是整个呢布行业的龙头,因为只有该公会拥有国王特许的"唯一制造呢布的权利"。15世纪的伦敦,此类公会有12个之多,其他的小公会则更多。① 要特别注意的是,此类大公会并非只限于对其名下行业的管理,而是跨越界限涉及几个或者多个行业。更重要的是,公会逐渐参与城市事务的管理,成为城市中实际权力的掌握者。从这一点来看,公会与城市早期的商人行会有类似的特点。

晚期中世纪英国城市的变迁,可观察到的衰落和发展的现象共同存在。对这一矛盾的理解,体现了学者们的不同学术路径。马克思主义史学家在20世纪关于从封建主义向资本主义过渡的大讨论,强调的是旧的封建结构中成长出新的社会结构。尤其是希尔顿关于小城镇在社会过渡或者转型中发挥了积极作用的理论,得到了晚近学者的支持和进一步阐发。② 不过这种衰落与转型的较量,一直持续了数个世纪。

---

① 李增洪:《13—15世纪伦敦社会阶层分析》,中国社会科学出版社,2005年,第118—120页。

② R. H. Hilton, Medieval Market Towns and Simple Commodity Production, *Past and Present*, 109 (1985), 3-23. R. H. Hilton, *English and French Towns in Feudal Society: A Comparative Study* (Cambridge, 1992), 84-6, and 1014. Spencer Dimmock, English Towns and the Transition c. 1450-1550, *Past and Present* (2007), Supplement 2, pp. 270-285.

# 第四篇

## 社会生活

# 第一章　宗教生活

　　社会生活史将视角从宏大叙事转向微末叙事，从政治中心转向社会，从事件转向日常，从官方转向民间。人是生活的主体，人不仅是自然的人，人更是处在社会之中。人首先分性别，有男女之分。人都会经历生老病死，过自然人的一生。但同时，无论男女，人都是社会的存在，其或漫长或短促的一生也受到社会的支配。社会中的人受到社会习惯、道德、法律、宗教等多种要素的作用与影响，故其生活往往凸显了这些要素与力量的特点。中世纪英国社会的人们，受到社会力量的作用是多样的，其中最为突出的有两大要素，一是社会有其等级和阶层之分，一是社会的宗教信仰。前者可理解为社会的世俗权力，后者可理解为神圣权力。借用中世纪的双剑理论，我们以为中世纪大众的生活就是在两把剑作用之下的复杂呈现。

　　基督教化在英国经历了漫长的历程，尽管其中有反复，但中世纪英国的正统信仰就是基督教的三位一体。这个社会的人们自然受到天主教的教义影响，尽管其程度不一。我们看到，天主教的组织机构和人员已经与整个社会结合在一起。在最底层的村庄，一般都有教区的存在，教区神父负责信徒们的信仰生活。教堂是教区生活的中心。在教区之上有主教区，再上就是大主教区。中世纪英国有坎特伯雷和约克两大主教区,另外各个郡都有数量不等的主教区。它们作为罗马教会在英国的代表,负责英国基督徒的信仰乃至世俗生活。当诺曼征服之后,分封给教会的主教和修道院长全部地产的 26%,此后教会占全国地产的比例约三分之一。这些地产的管理、耕种,产品的销售甚至教会商业的经营等,都离不开普通信徒,教会以此来影响以及支配大众就成为一种必然。在实际的生活中,教会对于信徒的支配是灵魂与世俗交互作用。例如,对信徒的日常信仰活动,往往与经济挂钩。洗礼不是免费的,主持结婚也要收费,死后葬礼及墓地都要收费。

　　除了教会的教义,世俗社会还有其自身的统治方式。中世纪欧洲有社会三等级理论,在英国的一些文献中也有所反映。如 9 世纪的阿尔弗雷德、12 世纪的索尔兹伯里的约翰,对此都有论述。中世纪的人群被此理论分为三类:祈祷者、作战者和劳作者。约 1130—1140 年的沃切斯特的约翰的编年史中,记载了国王亨利一世所做之梦,梦中国王看见王国的三个等级——教士、骑士和农民抗议征收高额赋税。且每一个等级都有属于自己的象征之物,农民随身带着农具,骑士身披锁子甲头戴铁盔携带不同武器,教士则手执牧杖。[1] 一定程度上,三等级理论只是教会人士对于建构基督教理想社会的一种期望。落到历史实际,则是教会试图以基督教道德伦理来约束好战的骑士、接受最底层的农民,从而能够实现以教会为首的基督教这一躯体的和谐稳定与发展。如果只批评基督教以意识形态愚弄大众,自然是不公允的。即使是从教会对于劳动者之于社会作用和贡献的肯定,就不能抹杀这一理论的价值。11 世纪初法国拉昂主教阿德尔伯罗(Adalbero of Laon)这样说:"信徒的共同体是单一的躯体,但社会的状况按照等级来看则是三重的。……另一个阶级是农奴,这一不幸的种类除了牺牲自己的劳动外一无所有。拿一个算盘算一算,谁能够统计得出他们所遭受的愁苦、步行的旅程、他们的艰苦劳

---

[1] Frédérique Lachaud, "Dress and Social Status in England before the Sumptuary Laws", in Peter Cross and Maurice Keen, eds., Heraldry, *Pageantry, and Social Display in Medieval England*, Woodbridge, 2002, p. 111.

动？农奴为其他人提供了钱财、衣物和食物。没有农奴，就没有自由人的存在。没有他们，有一件事情能够被完成吗？除了他们，有谁愿意挺身而出？我们看见国王和高级教士使自己成为各自农奴的农奴：宣称养活农奴的主人，其实是由农奴养活的，而农奴从未看见停止流泪和叹息。因此，上帝所创造的居所——我们认为是一个——被分为三：一些祈祷，一些战斗，一些劳动。这三个团体共存，不能被分开。"①

当然，以三等级理论来区分英国社会的等级只是一种理论的概括，它可能会使英国社会的实际简单化了。至少有几点区分值得注意。教士等级中，在俗世的教士和修行的修士就是两大类别。世俗统治者中，骑士只是到晚期才成为贵族的标志，此前贵族与骑士之间是有很大鸿沟的。更不用说，晚期中世纪还滋生了众多贵族，如商人贵族、官僚贵族以及地方小贵族乡绅等。劳动者中，先有乡村与城市的两大劳动者类别，前者多为农民，后者多为手工业者。在农村劳动者中，有自由和非自由之分，在自由与非自由之间还有许多中间状态的劳动者。此外，在城市和一些地方还有商人的存在。英国中世纪的法律文献对社会等级也有自己的理解和区分。例如，14、15 世纪英国的反奢侈法令中将人群分为骑士以上的贵族等级，从骑士属于一个等级，从骑士以下则有商人、市民、手艺人等构成的城市等级，农夫、羊倌、牛倌、雇工等构成的农村等级。② 总之，英国中世纪属于一个等级构成复杂的社会。尽管三等级理论以社会和谐来作为等级存在的理由，但这个社会的本质其实是统治与被统治，支配与被支配。即使中世纪英国还没有形成严格意义上的阶级，但各级领主对大众的支配是不争的事实。

在三等级理论中，教士是祈祷者。有只为自己祈祷的，是修士；有既为自己更为信徒祈祷的，是神职员。中世纪英国神职员可分为大品和小品。前者指担任执事（又称助祭）以上职务的人员，包括执事、大执事、神

① Georges Duby, *The Three Order*：*Feudal Society Imagined*，Chicago，1982.
② A. R. Myer, *English Historical Documents*，IV，1327—1485，London，1996，pp. 1173 - 1174.

父、主教、大主教等；后者则指担任助祭以下职务的人员，包括司门员、襄礼员、驱魔员等。担任神职员有严格的条件限制，如成年男性、合法婚生、身份自由、身体健全、无不良记录等。最重要的是，须得到教会或者世俗权威的支持。成为神职人员往往享有一些特权，如人身得到保护、不受世俗法庭的审判、免除各项社会服役（包括军役）。担任教会神职，也有相关的仪式，如剪发礼、宣誓礼等。一些地方还出现了带神秘特征的神启仪式，即负责主持仪式的教会人士让接受神职的教士显示其当选本职位是上帝的选择和启示。在七圣礼仪中，只有此神职授予礼仪是关于平信徒变成教士的仪式。

神职员主要负责以教堂为中心开展教会事务。这些事务包括本教区信徒的洗礼、坚信礼、忏悔礼、婚礼、圣餐礼、终敷礼几大圣礼，也包括本教区内部的邻里关系的处理、维持社区的平安稳定、反对和杜绝异端邪说的出现等，还有处理与外部的宗教以及社会事务等等。当然，作为神职人员，自我的约束与规范也是其日常生活的构成部分。教会对他们也有具体的乃至硬性的要求和规定。守贞是第一法则，即神职人员不能有世俗的婚姻。其次是清贫，要求他们摒弃世俗物质诱惑，谨守使徒一般的美德。

神职人员主持的是教会的宗教礼拜仪式，乃是为信徒而祈祷，是信徒与上帝之间的媒介，其职能颇似原始宗教时期的祭司。只有通过他们，信徒才能阅读和理解圣经以及上帝的语言，才能理解各种教义和教规，才能理解礼拜仪式的内涵。正是这一独特的位置造成了他们在信徒的宗教生活中无与伦比的地位。因为，"指导灵魂是最高的艺术"，为正确地、完美地以及神圣地履行，教会对于神职人员的任职资格、道德品行、个人能力等都有严格的要求与考察，对于在职人员的履行职责的态度、方法和效果等方面也往往会做出较为细致的规定。例如，第四次拉特兰宗教会议颁布的第14、15、16条款对教士的各种违背教规的行为，如拥有世俗婚姻、贪吃、酗酒、狩猎、豢鹰、观看哑剧娱乐、赌博掷色子、衣着不得体等等，都主张严加惩处。不仅对于小教士如此，对高级教士的放荡行为也严加禁止。会议第 21 条款还规定,听取忏悔的神父必须为忏悔者保守隐私,如若泄露将会受到严厉的处罚:免除其职务,甚至将其终身禁闭在修道院。①

尽管如此,神职人员违反教会规定、渎职、腐败、道德败坏等情形仍然不能避免。对此,第四次拉特兰会议决议中进行的批评已经透露出了许多信息,例如,拒不放弃世俗婚姻生活,暴饮暴食,走狗驱鹰,呼朋唤友,聚赌掷色,狎妓玩伶,如此这般不一而足。至于实际生活的事例则更是不胜枚举。有人违背教士守贞的原则与教民发生性关系,有人买卖圣职,有人持有大量私产,有人甚至杀人越货。

与在俗世的教士不同,修士在本质上属于远离尘世的人群。修道院是修士集体修行的场所。虽然同称为中文的修道院,但中世纪英国的修道院名称并不统一。我们所知道的名称有 monastery,abbey,priory,houses,nunnery,convent 等,每个名词都有特定的含义。根据大英百科全书的解释,monastery 是修士团体或者修士居住的场所,而 abbey 则是给修士团体居住的复杂的建筑群;不过,有时候 abbey 也用来指小修道院。priory 的本义是由修道院中的长老或者资深修士负责的一个修行小组。从性别来看,nunnery,convent 属于修女院,此外女院长管理的 abbey 也叫修女院;其他属于男修道院。从规模来看,abbey 是一系列建筑物的总称,它要比 monastery 大,最小的是 priory。所以,重要的区别可能在于 abbey 很少用来指修行的团体,而 monastery 则既可指团体也可指居所。现代研究者习惯用宗教修行团体(religious houses)来称呼所有这些修道机构或者组织,诺尔斯等人将其分为四类:自主的修道院(autonomous abbey)、自主的小修院(autonomous priory)、依附的小修院(the dependent priory)、小修行团体( small houses,priories or cells)。②

---

① Canons of the Fourth Lateran Council, 1215, in Harry Rothwell, ed., *English Historical Documents*, *1189—1327*, London, 1975, pp. 643 - 6766.

② David Knowles, C. N. L. Brooke, Vera C. M. London, eds., *The Heads of Religious Houses England and Wales*, I, *940—1216*, Cambridge, 2004, p. 1.

修道院的结构是,院长为最高管理人员,其下有老修士、新修士、见习修士等成员。当然,也有修道院没有院长。修道院有自己的修行规章来规范修士的生活。因理念及规章的不同,英国形成了不同的修道体系。12 世纪是英国修道院迅速发展的时期,诸如本尼迪克特修会、克吕尼修会、西多会、加尔都西修会、奥古斯丁修会、普雷蒙斯特拉特修会、吉尔伯特修会等大修会都建立了诸多修道院。此外,还有一些地方特性明显的小修会,如布克法斯特( Buckfast)、布伊尔德法斯( Buildwas)、拜兰(Byland)、弗坦斯(Foutains)、福尔纳斯( Furness)、吉尔弗科斯(Jervaux)、克尔克斯托尔( Kirkstall)、好人修会(monasteries of bonhommes)、里弗勒克斯( Rievaulx)、罗歇( Roche)、萨维尼(Savigny)、丁特恩(Tintern)、三一修会( trinitarian houses)、瓦勒·克鲁克斯(Valle Crucis)等,诸多修会也建立了不少修道院。还有骑士修道团体,如圣殿骑士团、医院骑士团、圣约翰骑士团等。根据诺尔斯的估计,1066 年爱德华去世的时候,英国有修道院 50 座,约 850 名修士;1150年,有修道院 290 座,修士 5 500 人;1216 年,有修道院 700 座,修士 1.3万人;1348 年前,有修道院 780 座,修士 1.75 万人。[1] 另有人认为,最多的时候,英国修道人士在 1.65 万—1.7 万人。[2] (见刘城《英国中世纪教会研究》,首都师范大学出版社,1996 年,第 73—76 页。)根据学者的估计,在 1200 年前后英国有医院团体 585 个,其中 1080—1200 间建立了259 个(占比例为 44%)。[3] 1215 年召开的拉特兰宗教会议,参加的主教有 412 人,修道院院长有近 1 000 人。[4] 可见整个基督教世界(包括英国)修道院发展的程度。修会及修道院如此繁多,相互之间的竞争乃至冲突不可避免。

---

[1] David Knowles, *The Religious Orders in England*, vol. 2, Cambridge, 1979, p. 256.

[2] M. Powicke, *Oxford History of England*: *The Thirteenth Century*, Oxford, 1985, p. 446.

[3] David Marcombe, *Leper Knights*: *The Order of St Lazarus of Jerusalem*, Woodbridge, 2003, p. 32.

[4] David H. S. Cranage, *The Home of the Monk*: *an account of English monastic life and building in the middle ages*, Cambridge, 1934, the digital version, 2010, pp. 86 - 87.

诺曼征服后进入英国的修士对于本土修士缺乏尊敬甚至充满敌意。圣阿尔班斯的保罗蔑视英国前辈的坟墓,称呼他们为无知的傻瓜。阿宾顿的阿斯勒姆拒绝为英国圣徒设立节日,因为英国人就是莽汉。有些地方还对所谓的英国圣徒遗物进行审查,以确定其是否神圣。① 伟大的圣贝尔纳与可尊敬者彼得之间的争论可能不仅限于文字,也会反映到西多修会与克吕尼修会的实际修行生活中。13 世纪的托钵僧修会的兴起则在根本上打破了基督教世界的格局。古老而顽固的本笃会甚至都不得不承认世界已经改变了。1230 年有一个英国本笃会小修院院长改换门庭,投入到加尔都西修会,他也因此受到惩罚。② 造成的此类混乱,甚至引起罗马教的警惕。1215 年的第四次拉特兰会议第 13 条款反对此种乱象:"我们严厉禁止任何人成立新的宗教修会。"③随着社会变迁,尤其是黑死病等灾难的降临,晚期中世纪英国修士数量大减。14 世纪中期到 15 世纪初约有修士 8 000 人,到 15 世纪末有 1.2 万人。也有学者估计 1348 年后有 6 500 人,1422 年有 9 500 人,1500 年有 1 万人,其中 3 000 人是托钵僧。④ 修士总人数的减少体现在修道院的规模的缩减上。12 世纪,有修士 50 人以上的本笃会修道院约 50 座,有的达到 150 人。到了晚期中世纪,这些修道院的规模都大为缩减。1500 年,坎特伯雷的基督教教堂修道院从 150 减少到只有 70 人,圣奥尔本斯修道院从百人减少到 57 人,格洛特修道院 50 人,雷丁修道院 40 人,伯里圣埃德蒙修道院 60 人,威斯敏斯特修道院 46 人,伊利修道院 42 人。⑤

---

① Dom David Knowles, *The Monastic Order in England : A history of its development from the times of St Dunstan to the fourth Lateran council*, 940—1216, Cambridge, 1976, pp. 118 – 119.

② Robert Brentano, *Two Churches*, *England and Italy in the Thirteenth Century*, Berkeley, 1988, p. 239.

③ Harry Rothwell, ed. , *English Historical Documents*, 1189—1327, London, 1975, pp. 643 – 676.

④ R. N. Swanson, *Church and Society in Late Medieval England*, Blackwell, 1993, p. 83.

⑤ E. F. Jacob, *Oxford History of England : The Fifteenth Century*, 1399—1485, Oxford, 1985, p. 294.

　　修道院的兴盛与衰落,与整个社会发展变迁相始终。或者说,中世纪的修道院与世俗社会存在密切的关系。几乎所有修道院的建立都离不开世俗力量的支持,从财富到政治方面都是如此,甚至许多修道院直接属于某一个领主。或者说,许多修道院往往为世家大族所控制,其主要负责人往往出自大家族。同时,修道院与世俗教会之间的关系也非常复杂。许多小修会的修道院往往从属于地方主教。有时候,一些主教座堂也建立修道院。因此当世俗力量大力支持,修道院就发展迅速,反之就陷入衰落。例如,耶路撒冷的圣拉扎鲁斯修会(The Order of St Lazarus of Jerusalem)在 12 世纪于英国建立的时候,就受到世俗力量的保护和馈赠。约 1146 年,诺福克郡的威廉·德·奥比尼,阿伦戴尔伯爵给该修会在威孟德翰赐予土地,此人是威孟德翰修道院的建立者,还建立了一个麻风病医院。1150 年代,奥比尼的表亲罗吉尔·德·莫布雷赐给 2 卡鲁卡特土地、1 座房屋和 1 个磨房。这些土地财产位于莱斯特郡,且留下了赐予文书。因为罗吉尔的贡献,他被看做该修会在英国的创始人。他们家族也一直为该修会提供保护和支持。[1] 国王亨利二世曾经给林肯郡的医院团体颁布了特许状,不仅赠予了土地财物,还有特权。1176 年 1 月 25 日,亨利二世下令国库每年赐予该修会 40 马克(合 26 英镑 13 先令 4 便士)。这一赐予得到理查一世、约翰王以及亨利三世等国王的确认。不过,实际赐予的数字有变化。[2]

　　给捐赠、赋予特权,这些世俗领主的举措行为除了宗教虔诚之外可能还有其他的利益诉求。前文提及的罗吉尔及其后代的利益已经与该修会紧密联系在一起,所以经常会参与到管理中。英国王室同样如此。据学者考证,早在亨利三世的时候就有此类干预发生。当时伊弗沙姆修道院欠债,1236 年国王颁布敕令要求所有与债务相关的骑士、自由人、市

① David Marcombe, *Leper Knights*: *The Order of St Lazarus of Jerusalem*, Woodbridge, 2003, pp. 34 - 36.

② Anthony Emery, *Greater Medieval Houses of England and Wales*, *1300—1500*, *volume iii*, *Southern England*, 2006, pp. 49 - 50.

民以及佃户,免除该修道院的债务。此后,还有不少因债务问题而请求国王帮助的事情。一般是国王发表命令减免债务,另外还委托几位官员去处理债务,直到问题解决。虽然实际上国王对这些修道院有保护和控制的权利,但此时的这类行为类似于王室帮助修道院渡过难关。然而,1293年国王任命斯坦利修道院院长去监管阿美斯伯里小修道院的时候,已经变成了王室的直接管理和干预了。到爱德华三世的时候,这些保护敕令变成了常规行为。在爱德华三世颁发过委任状的36个修道院中,有32个被描述为王室修道院(royal foundation),2个类似于王室修道院,剩下的2个则受直属封臣保护,但后者属国王保护的对象。①

一个修会或者修道院的发展,取决于某些关键人物,正如西多会的迅猛发展得益于圣贝尔纳的个人魅力和才干。从圣贝尔纳建立修会开始到他1153年去世,40年间就在欧洲建立起343所西多会修道院,其中68所由明谷修士直接建立。到1500年,欧洲共有西多会男修道院738所,女修道院644所。② 托钵僧起初不立修道院,受圣方济各等人的影响,13世纪英国有托钵僧数千,即使经历黑死病也有2 000人。15世纪末16世纪初,随着英国社会经济的恢复,修道院及修士人数又有增加。然而,16世纪英国国王亨利八世解散修道院,则宣告了团体修道在英国的终结。

修士生活有本质上的共性,即他们属于禁欲的团体。本笃会规章中的三大原则,服从、守贞和清贫是后世修会共同遵守的圭臬。本笃会规章成为后来诸多规章的基石。诸修会规章的要义大体在于如何克制欲望,以求灵魂为上帝所接纳。修士要克制的欲望包括作为人的口腹之欲、男女之欲、声名之欲、权力之欲等。因此,他们日夜祈祷,念诵经文,不修边幅,不贪钱财,不喜美食,远离异性的诱惑,保持缄默,辛勤抄写经

① K. L. WoodLegh, *Studies in Church Life in England under Edward III*, Cambridge, first, 1934, digitally printed version, 2010, pp. 1 - 6.

② C. H. Lawrence, *Medieval Monasticism*: *Forms of Religious Life in Western Europe in the Middle Ages*, London, 1997, p. 183.

文,甚至在田地中如农夫一般劳作,希望通过此类日常行为来求得灵魂拯救的机会,更有人甚至能够以沉思冥想的方式与上帝沟通。

修士的日常生活体现在其每天的时间安排上。一般修道院将一年按三个季节来安排,即冬季时间表、四旬斋时间表和夏季时间表。冬季时间开始于9月13日,直到圣灰星期三(Ash Wednesday 大斋首日),一般只在下午2点吃一餐;四旬斋时间(Lent horarium)就是复活节前的四十天斋戒期的时间安排,一天也是一餐,不过是在晚祷后的5点半或6点;夏季时间则从复活节直到9月,一天可以吃两餐,一餐在中午,一餐在晚上6点。午餐后可以有午睡的时间。[①] 尤其值得注意的是,早期修道院的每一天从早上2点开始到晚上6点半休息。在冬季时间,所谓的"上午",会从早上2点到午后2点,长达12个小时。夏季时间,上午也长达10个小时。

一天的时间大体上是这样安排的:2点起床后是唱诗班的祈祷,要吟诵15首赞美诗。5点有一次对于圣徒等进行赞美的祈祷。天亮后是晨祷(Prime),约6点开始直到7点左右结束。此后到8点是在回廊读书的时间,8点修士回到宿舍开始洗漱,然后再回到唱诗班参加早上的弥撒。弥撒结束时间可能在9点。随后是修士的会议,在会上大家进行精神交流,犯错者忏悔并接受处罚。10点左右,会议以赞美诗结束。接下来是长时间的劳动,有手工劳动、知识劳动等。劳动一直持续到12点半。然后,第6次的祷告开始,接着吟唱最高弥撒。此时侍者和食堂朗诵人员准备食物。下午2点左右,修士们都来到食堂用餐。3点到5点是第二次阅读时间。随后是晚祷。之后穿上夜鞋,完成濯足。接着有一个短小的公共朗诵,以及夜祷告(Compline)。7点之前回宿舍休息。[②]

---

① Dom David Knowles, *The Monastic Order in England*, pp. 448 – 449.

② 另根据祈祷书的"十字架时间"安排,顺序如下:Matins, Prime, Terce(第三个祈祷时间,约上午9点), Sext(中午耶稣被钉上十字架), None(第9个小时耶稣失去生命), Vespers 和 Compline. Charity ScottStokes, *Women's Books of Hours in Medieval England: Selected Text*, Cambridge, 2006, pp. 46 – 47.

从上可以看出,修士每天的日常生活主要有祈祷、阅读和劳动。本笃会章程对此三点都有明确的规定,后来的诸多修会也一再强调和实践。宗教礼拜仪式,大体包括祈祷、朗诵和唱赞美诗等上帝的工作(opus dei)。修道院被当时的教会史学家称为"祈祷的堡垒"(fortresses of prayer)。祈祷是修士每天的必修课。每天礼拜仪式性的祈祷(liturgical prayer)所占时间约 4 小时。教堂的钟声会提醒祈祷的时间。读书被称为精神阅读(lectio divina),对于修士提高精神境界和修养大有益处。如果某人懒惰或者不识字,那么就给他找点其他的活计,以免让他闲得无聊。一般修会阅读的时间大概也有 4 小时。阅读作品自然是以圣经及教父作品等宗教书籍为主。修道院藏书是古老的传统。1247 年格拉斯通伯里修道院有 400 册藏书。伯里修道院到 16 世纪解散之前有藏书 2 000 册。坎特伯雷基督教堂修道院,1170 年有 600 册书,1300 年达到 1 850 册,解散之前有近 4 000 册。而实际的著作数量可能要在此数字上乘以 4,因为当时往往将几个作品放到一册书中。管理图书的人叫馆员(armarius)。① 许多修道院都有一个称为书写室(scriptorium)的地方,它是修士读书或者抄书的房间。房间内有桌子,桌上有书,地上可能铺设有干草等保暖物。在这里修士们阅读尤其是抄写制作图书。绘制彩色插图,包括开头第一字母都需要花很大功夫来完成。有些艺术品中还有刺绣。本笃会达勒姆修道院的修士很重视圣经的研究,有许多版本的圣经。② 大学兴起之后,修士与其有不可分割的关系。他们或去任教,或去学习。1290 年本笃会大宪章规定,修士 20 岁以后必须上大学。四分之三到牛津,四分之一到剑桥。③ 西多会起初不是一个有文化的修会,后来也不得不重视知识。

---

① David H. S. Cranage, *The Home of the Monk : An Account of English Monastic Life and Building in the Middle Ages*, p. 46.

② James G. Clark, ed. , *The Culture of Medieval English Monasticism*, Woodbridge, 2007, pp. 86 - 103.

③ David H. S. Cranage, *The Home of the Monk : An Account of English Monastic Life and Building in the Middle Ages*, p. 10.

　　本笃会章程中就规定修士应该从事手工劳动(opus manuum)(第48章)。劳动所占时间约6个小时。后来西多会创始人圣贝尔纳甚至认为修士每日应该轮流犁田。是故,西多会修士都是种田和养羊的好手。当然,不能设想修道团体的人每天都在地里劳动。事实上,随着修道院制度的发展,农田中的那些重活计都是依附农民来做的。修士们的手工劳动主要集中在修道院里面。早年,可能修道院都是修士自己动手建造。不过,越到后来修士亲自劳动的情形越少,多是雇人来完成工作。①

　　祈祷、阅读和劳动,都是为了让修士的修行更为有效,避免因懒惰、懈怠而失去了目标。事实上,修士在日常的衣食住行上都要力戒享乐奢华,崇尚节俭清苦。修士的衣着很简单,有上衣、无袖短袍、长袍、帽子、鞋子等;修士的衣着很正规庄重,在祈祷、唱诗、做弥撒等场合所穿戴的长袍、帽子、鞋子都要体现此点。普雷蒙斯特拉特修会的规章禁止不穿长袍、不戴僧帽的行为。② 修士的饮食要遵循修会的章程所做的规定。故而,各修会修士的饮食大体一致,又不尽相同。所谓一致,是说修士饮食强调节俭,反对贪食,吃饭不是因为享受美食而是身体的需要。修士的食物也很简单,一般只有面包、豆类、奶酪或者蛋类,差别则在于修会各自的侧重点有所不同。例如,在本笃会修道院内,冬天修士只吃一餐饭,夏天才吃两餐,斋戒期间更要节食。本笃会是严格的素食主义者,除非生病,修士不允许吃四足动物的肉。本笃会还强调,每餐只有两盘烹制的食物(称为pulmentum),有时候会有新鲜水果蔬菜,此外还有一磅重的面包。不过12世纪的克吕尼修道院中的修士已经享受着3—4盘食物了。③ 西多会恢复本笃会的严厉规章,同样禁止吃肉食。奥古斯丁修会则在饮食上与世俗上层更为接近。1377—1378年博尔顿修道院的

---

① David Knowles, *The Monastic Order in England*, pp. 4 - 7.

② Joseph A. Gribbin, *The Premonstratensian Order in Late Medieval England*, Woodbridge, 2001, p. 73.

③ C. M. Woolgar, D. Serjeantson, T. Waldron, eds., *Food in Medieval England : Diet and Nutrition*, Oxford, 2006, pp. 215 - 216.

肉食消费表情况显示,在餐柜中储藏的肉类,包括 3 头公牛、32 头母牛、16 头小母牛、38 头阉牛、88 头猪、20 头绵羊。此外,还有其他数量难以确知的肉食和大量的鱼。①

修士还要特别在意自己的日常的行为。本笃会的规章中禁止高谈阔论,主张沉默少言。这一点成为后世各修院中的沉默原则。在克吕尼修道院中的沉默修行到了极致,需要以手势语言(sign language)来进行日常的交流。10 世纪早期,沉默修行开始在克吕尼修道院中实行和推广。其神学意味,大概是说在天堂是永恒的静寂。从修行的角度来看,它所进行的仍然是对欲望的克制,克制人喋喋不休的说话的欲望。有些极端的例子被该修会拿来劝诫修士保持沉默少言。有贼夜半来偷马,宁愿失去马匹也不能因高声示警而破了禁言的戒律。因此,该修会的修士在一些特定的时间和场合不许说话。例如,圣灵降临节的下午,四旬斋节的周一、周三、周五,圣诞节和复活节的整个节期,修士不许讲话。在教堂、宿舍、食堂和厨房禁止讲话。夜晚也严格禁止讲话。在做圣事的重要场合,不许讲话。修士布仑丹(Brendan)这样警告同伴:"管住你的嘴别说话,以免你愚蠢的语言玷污了那些弟兄。"②

自然,因为不能说话,交流就只能通过其他方式,最突出的就是手势语言。为了达到准确交流的目的,手势语言也需要训练和学习。手指可以表达数字,例如,"30"在罗马人那里就用左手的拇指和食指指尖相连接,并且被杰罗姆表述为婚姻状态;"60"就是左手食指将拇指压倒,这是寡居状态;"100"则是右手食指指尖与拇指正中连接,象征着处女的王冠。③ 手指可以形象地表示物体。例如,面包以食指和拇指成圆形来表示,因为面包是圆的。在克吕尼修道院中有 118 个手语词汇,分类来看

---

① C. M. Woolgar, D. Serjeantson, T. Waldron, eds., *Food in Medieval England*: *Diet and Nutrition*, pp. 194－195.

② Scott G. Bruce, *Silence and Sign Language in Medieval Monasticism*, *The Cluniac Tradition*, c. 900－1200, p. 53.

③ Ibid., pp. 56－57.

有食物(victus)、衣物(vestitus)以及神圣的事物( divinum obsequium)，还有关于人、行为、性质以及抽象概念之类的手语。[①] 性质或者特征之类的事物用手势语言来表达显得较为抽象，如舔手指表示甜的蜂蜜，以手指按压喉咙表示酸的醋。

当然，每个修会、每个修道院乃至每个个体的修士，都可能展现各具特点的修行方式。加尔都西会强调严肃、静默和沉思，也主张修道院之间的自由流动。方济各会、多明我会等修会的托钵僧则在清贫之外更注重对俗世大众的传道，是在教会体系之外的布道团体。这些人到教徒中间宣传信仰传播教义，以教徒的馈赠为生活来源，严格说来，对于以教堂为中心的布道体系是一种冲击。其中既有教众的听取布道的分流，也有物质财富的分流。矛盾不可避免，为此教皇不断颁布敕令来调节和规范托钵僧与地方教会的关系。其中涉及托钵僧讲经布道、听取忏悔、主持葬礼、收取相关费用等多方面的内容，结果是托钵僧与地方教会达成妥协，后者认可前者的布道等权利，但要经过地方教会的同意；各主教区分出一定比例的人口由托钵僧主持忏悔；托钵僧可以主持葬礼，但有关收入也由双方分享。[②] 个体修士的行为，往往湮没在集体之中。

然而，修行中易于获取的声名、财富以及美色美食容易让修士及其团体迷失，忘记自己修行的道路，甚至忘记了修行的终极目的。一代代的修道院似乎都在先清贫后富裕、先自律后堕落的怪圈中打转。克吕尼修会以反对拥有财富为主张，却最终被西多会当作腐败堕落的批判对象，而西多会又沦为托钵僧讨伐的靶子。一些本应隐世的修士成为当世名流，一些本应清贫的修士成为财富的占有者，一些堕落的修士的道德底线甚至都不及普通信徒。12、13 世纪已经有一些对于修士的批评声音出现，著名的如威尔士的吉纳尔德、沃尔特·马普和一些讽刺作家。吉纳尔德对黑、白修士进行了对比。他谴责黑衣修士(克吕尼修士)聚敛财

---

① Scott G. Bruce，*Silence and Sign Language in Medieval Monasticism*，*The Cluniac Tradition*，*c. 900 - 1200*，p. 63.

② 刘城：《英国中世纪教会研究》，首都师范大学出版社，1996 年版，第 91—92 页。

富,却为富不仁。他们宁愿穷人在门前饿死也不愿意放弃所吃的 13 道食物。他赞扬白衣修士(西多会修士)不靠地租和赋税而靠自己的劳动生活,他们宁愿舍弃那并不丰富的食物来拯救任何一个穷人。吉纳尔德还对那些组织不全、纪律松散的乡村小修道院大加谴责。吉纳尔德对一些修道院院长之类的人物的贪婪进行了文学性的刻画与批评。① 沃尔特·马普是英国宫廷的教士,其作品《宫廷轶事》(de nugis curialium)对于后人了解亨利二世的宫廷很有价值。与吉纳尔德不同,马普的批评对象是西多会。他批评西多会贪婪地掠夺土地和财富,摧毁村庄和教堂;尽管西多会也行善,但与他们所掠夺的财富相比,那些善行不值得一提。他甚至称西多会修士放弃穿裤子为下流。② 上述两位作者各自的偏向性可能影响到他们观察和批评的客观性,如果将二人合起来看,还是能够反映中世纪修会修士的一些生活缺点。在他们二人之外,一些讽刺作家对于修士们日常生活中的点点滴滴都加以嘲讽。周五吃肉、穿昂贵的衣服、午夜礼拜、让人筋疲力尽的唱诗等等都是黑衣修士被批评的内容;只吃两盘食物、艰苦的劳动、缺少休息、不吃肉却吃鸟、贪得无厌等等则是白衣修士被批评的缺点。③

　　如果说上述行为多是小节,那么诸如伤害、死亡等就属于严重的罪行了。1221 年沃切斯特的巡回法庭披露了这样一件事情,波德斯里(Bordesly)的院长带着修士来到斯通教堂,带走了威廉·布拉塞;威廉因哈芬顿的菲利普的死亡而被指控,但他受到波德斯里一个修士的庇护。④ 修士犯错,可以公开忏悔,有时候是相互揭发。对于犯错的修士,修道院也会进行相应的惩处。犯小错者,要从公共桌子隔开,吃饭必须晚 3 小时,只能在低矮的地方呆着,禁止参加弥撒,禁止在公开场合阅读,禁止领受圣体。犯下严重过错者,则处以在静室(quire)长时间缄默的处罚,每周只供应两天的面包

---

① David Knowles, *The Monastic Order in England*, pp. 664 - 665.

② Ibid.

③ David Knowles, *The Monastic Order in England*, pp. 677 - 678.

④ Robert Brentano, *Two Churches*, *England and Italy in the Thirteenth Century*, p. 239.

和水;最羞辱的是让其匍匐在静室门口,每个要进房间的人都踏着那个罪人的身体而入。此外还有对肉体的惩罚,以树枝或棍棒抽打是常见的。有时候还会监禁。修女则是修士中因性别差异而独立出来的群体,她们拥有修士共有的特性,也有独自的特点。在男权社会中,男人们歧视妇女甚至无视妇女,但他们又认可、肯定乃至推崇修女。女性修士,不仅是中世纪修道生活中的重要构成,更是一类独特的存在。

妇女进修道院修行的原因多种多样,也因此造成了修女构成的多样。有人因家境贫困而入修道院,但实际上贫困的修女并不多,甚至极少。修女的真正主体构成是相对高贵的家族。有时候,为逃避婚姻的束缚,有些贵族女孩会选择成为修女;有些寡妇也会如此选择。还有女性可能因为生活中的挫折而修行。除了此类消极的原因,更有诸多女性是主动进入修道院,即远离尘世的纷扰,在灵性生活中寻求灵魂的拯救。例如12世纪英国高德斯托修女院(Godstow Nunnery)的建立就是一个世俗女子因上帝的感召而发起建立的,此女名埃迪娃(Dame Ediva),本是温切斯特地方的一个富家独生女。她后来嫁给了一个骑士,且生育了一子二女。在丈夫去世后,埃迪娃女士梦见上帝召唤她前往牛津附近建立一个为上帝服务的场所,她来到靠近牛津的宾塞,晚上有声音对她说:"埃迪娃,埃迪娃,起来!去吧,不要迟疑! 从苍穹而来的天上之光照射的地方,就是服务上帝的修女们所在地,你会找到24位最好的女士。"此后,埃迪娃在当地建立起修女院,她还向国王亨利一世汇报了有关情形。该修女院也由埃迪娃担任院长,有24名修女一起修行,其中就有她的两个女儿。[1]

早期修女修行多与男修士一起,后来则出现为众修女集中修行的独立的修女院。盎格鲁-撒克逊前期有40多座修女院,而871—1066年间的史料只提到9—10所修女院。据沙龙·埃尔肯斯(Sharon Elkins)估计,1275年英国约有142座修女院,其中至少有120座建于12世纪,而

---

[1] Emilie Amt, ed., *Medieval England*, *1000—1500*, *A Reader*, Broadview Press, 2001, pp. 111 - 112.

且大部分建于 1130 年之后。<sup>①</sup> 根据诺尔斯等人的研究,940—1216 年间英国能够找出负责人姓名的修女院共计 80 座,另有 50 座没有负责人姓名。新版后来又补充了 12 个修女院的名字。即是说,这时候的修女院总数约 142 座。<sup>②</sup> 又根据史密斯等人的研究,1216—1237 年间有负责人的修女院共计 140 座,并没有提及无负责人的修道院。<sup>③</sup> 13 世纪后期修建的修女院就很少了。根据大卫·贝尔的研究,晚期中世纪英国有手抄本或印刷书籍的修女院约 144 座。<sup>④</sup> 比较这几个数字可以看出,中世纪英国修女院在鼎盛的时候大约在 140 座。1175 年枢机主教代表修格给教皇亚历山大三世写信,称此时英国有修女 1 500 人。<sup>⑤</sup>

晚期中世纪修女院发展基本停滞,只是保持了原来的状态。并且由于社会经济变迁的影响,修女院遭受了规模缩减、财产减少、修女人数减少等等情形。根据 1535 年的税收评估报告,当时平均财产在 5 英镑以下的修女院所占比例 50% 以上,没有一个修女院的财产超过 30 英镑。而同一时期大多数男子修道院的财产值在 10—25 英镑之间,有些更达到 50—70 英镑。学者们对修道院布局进行研究后还发现,修女院的空间格局和建筑质量都明显低于男子修道院。<sup>⑥</sup> 但这一比较并不是说男修道院有多么富裕,而只是说明了女性即使在修行中其地位也不及男性。如我们所知,教会对女性一直持歧视的态度。虽然修行女性因克己而受到男性赞美,但对修行妇女的警惕与歧视并没有真正消失。

---

① 转引自李建军《从修道生活试析中世纪英国贵族妇女的地位》,《首都师范大学学报》,2005 年第 5 期,第 27—33 页。

② David Knowles, Vera C. M. London, eds, *The Heads of Religious Houses England and Wales*, I, *940—1216*, Cambridge, 2004, pp. 207 - 224. 数字为笔者统计。

③ David M. Smith, Vera C. M. London, eds, *The Heads of Religious Houses England and Wales*, II, *1216—1377*, Cambridge, 2004, pp. 537 - 626. 数字为笔者统计

④ David N. Bell, What Nuns Read: the state of the question, in, James G. Clark, ed., *The Culture of Medieval English Monasticism*, p. 115.

⑤ David Knowles, *Monastic Order in England*, p. 207.

⑥ 转引自李建军《从修道生活试析中世纪英国贵族妇女的地位》,《首都师范大学学报》,2005 年第 5 期,第 27—33 页。

　　从组织结构上来看,修女院与男修院并无根本的不同。一般有院长
负责管理,不过多为修女担任。还有负责具体事务的管理人员,如仓库
管理员、宿舍管理员、器物管理员等。修女中也有等级的区分,如新修
女、高级修女等。修女院的规章制度,因修会的不同而各异,不过,大体
上都源自本笃会的规章。一般而言,守贞、清贫和服从是所有修士要遵
守的三大原则。修女的日常生活包括祈祷、劳动和读书等内容。大卫·
贝尔曾经对修女们的阅读做过研究,揭示她们所阅读的书籍和相关问
题。在144座修女院中,有48座修女院拥有图书或者图书记录,占比例
为40%。作者找到了141份手抄本,还有17部印刷书籍,其中10部来
自西翁(Syon)修女院。另外,这些书籍中的60%出自1400年之后。再
来看看这些书籍的内容:礼拜仪式类(liturgical),超过50%;非礼拜书籍
由拉丁文、法文和英文三种语言写成。其中,拉丁文书籍16卷(23%),
法语书籍7卷(10%),英语书籍48卷(67%)。拉丁文书籍主要包括圣
经、圣徒传记(vitae sanctorum)、安布罗西的著作、波伊提乌斯的《哲学的
慰藉》、本笃会章程,彼得·科摩斯特的《经院哲学史》(*Peter Comestor's
History Scholastica*)等等。法语书籍包括圣经、教父传记、圣徒传记、罗
伯特·格罗塞特斯特的《爱的城堡》(Chateau d'amour of Robert
Grosseteste)、吉约姆的《动物寓言集》(Bestiary of Guillaume Le Clerc)、
佩克翰的彼得的《光明之诗》(Peter of Peckham's Lumiere as Lais)。至
于英语书籍则有如下作者的作品,约翰·卡普格拉夫(John Capgrave)、
乔弗里·乔叟(Geoffrey Chaucer)、沃尔特·希尔顿(Walter Hilton)、托
马斯·霍克勒夫(Thomas Hoccleve)、彼得·埃德里(Peter Idly)、尼科
拉斯·乐福(Nicholas Love)、约翰·李德盖特(John Lydgate)、纳斯辛顿
的威廉(William of Nassington)、理查德·罗勒(Richard Rolle)、理查
德·惠特福德(Richard Whitford)等。[1] 从这些信息中可以看出修女们

---

① David N. Bell, What Nuns read: the state of the question, in James G. Clark, ed., *The
Culture of Medieval English Monasticism*, pp. 113-133.

阅读的兴趣所在,至于如何评价修女们的阅读能力还需谨慎。

另外,关于阅读不是没有限制的,阅读的时间、地点、对象都有规定。例如,奥古斯丁修会规章中涉及阅读的规定有两条,一个是说在食堂的诵读,从开始吃饭到结束都要听这种习惯诵读;一个是说每天只有在特定的一小时能够阅读,其具体所指是什么学者们没有给出确定的解释。而本笃会章程关于阅读有几点规定,如在食堂由朗诵员进行的诵读(规章第 38 条);在修士会议室的先于晚祷的晚读(第 42 条);每天私人阅读的时间(第 48 条)在工作之前和午餐之后,以及休息的时候。因此,所谓阅读多是公开的集体听诵读者朗诵,私人阅读的时间和空间都受到限制。禁止修女个人拥有书籍,她们少有可能私人阅读书籍。只是到了中世纪晚期和近代早期,用玛丽・埃勒尔的话说,公共阅读的概念向近代阅读观念的转变才发生。①

英国历史上能够留下名声的妇女有许多是教会女性,尤其是修女。例如,诺里奇的朱莉安(Julian of Norwich,约 1343—1416)这样的修女写下了许多具有神秘主义特征的文字。朱莉安是诺里奇一个教堂中与世隔绝的隐修女,其著作《神圣爱情的显现》(*The Revelations of Divine Love*)披露了她在 1373 年 5 月的神秘幻觉体验,她经历了让她几乎死亡的疾病之后,她看见了基督受难的形象,从此对上帝无限的虔诚。② 而灵修生活的重要,甚至将修女提高到普通男性地位之上。在修女中也偶有违反规章的失足者,她们或钟情于美食华服,或沉溺于情欲,甚至发生有悖于世俗伦常的同性爱恋。在英国有些修女院的修女表现得非常世俗(worldly),她们的服装与俗世并无不同,具有流行时尚的特征。③ 乔叟对坎特伯雷故事中的女尼(修女)的描写很有意味:"我还注意到她的外

---

① Mary C. Erler, Private Reading in the 15th-and 16th-Century English Nunnery, in James g. Clark, ed., *The Culture of Medieval English Monasticism*, pp. 134 – 146.

② Edmund Colledge, James Walsh, eds., *A Book of Showing to the Anchoress Julian of Norwich*, Toronto, 1978. Austin Cooper Omi, *Julian of Norwich*, *Reflections on Selected Texts*, London, 1987, 2001.

③ James g. Clark, ed., *The Culture of Medieval English Monasticism*, p. 151.

衣十分整洁。臂膀上套着一串珊瑚念珠,夹着绿色的大颗珠子,串珠上挂有一只金质的饰针;针上刻的是第一个字母,后面接着一句拉丁成语,意思是'爱情战胜一切'。"①

　　无论性别,正是这些男女修士成为中世纪英国文化的创造与推动者。一般的历史著作,如编年史、年代记、传记等大都由修士们创作于修道院。各种神学哲学的著作,尤其是修道院的神秘主义作品也来自于修士,至于在修道院里抄写书籍传播文化更是修士体力劳动的直接产物。

　　人口中的绝大多数是基督教徒,普通信徒(即平信徒)又占基督徒的大多数。一个平信徒的每天、每周乃至一生都受到教会的影响乃至支配。基督徒的每一天可以说都受到教会的影响,在每天的时时刻刻都有教会的影子。在有教堂或者修道院的村庄和城镇,每天的时间节奏是由教堂的钟声来安排的。清晨 6 点,敲响的是晨祷钟,也是唤醒信徒们起床的钟声,虔诚的基督徒还会在梳洗后做一番晨祷。上午 9 点,敲响的是劳作钟,此时修士等人开始白天的功课,普通手工业者和农民则开始白天的劳动。中午 12 点,敲响的是午祷钟,也是吃午饭的时间。下午 6 点,敲响的是晚祷钟,也是劳作者收工的钟声。当夜幕降临,几乎所有的劳动和活动都将停止。

　　一天如是,一年如是。基督徒的每一年的时间节奏和生活安排都受到教会的左右。基督教世界一年中的重要节日几乎都与教会有关。基督教的新年其实开始于基督降临节(Advent),时间是圣诞节前的四个星期,约开始于 11 月底,直到圣诞节。它事实上是为圣诞节做准备。12 月 25 日为圣诞节,3 天之后是圣婴节,随后的圣诞节节期还有包括 1 月 1 日的公历新年以及 1 月 6 日的主显节在内。2 月 2 日是圣烛节 (Candlemas),庆祝圣母的贞洁,也是治疗仪式的一部分。为此节日,教民要向教堂奉献蜡烛。在达勒姆教区教民因为拒绝缴纳蜡烛而受到谴责。神父甚至威胁若不在规定期限内补齐,就将采取绝罚的措施。2 月

---

① 杰弗雷·乔叟:《坎特伯雷故事》,方重译,上海译文出版社,1983 年,第 4 页。

14 日为圣瓦伦丁节,是纪念殉道圣徒瓦伦丁的节日。3 月有圣大卫节和圣帕特里克节。3 月 25 日是天使报喜节(Annuciation)。3 月里最大的节日是四旬斋节(Lent),复活节前 40 天人们要克制欲望、禁食和节食,不能有肉欲的享乐。在这一节日中,神父在一次次的布道中让信徒反省自身的罪并做出忏悔。达勒姆的神父瑞彭(Ripon)认为,罪就是疾病,"基督作为你的医生,并且神父代替基督作为你的医生"能够为你治病,而悔罪就是良药。① 春分月圆后的第一个星期日,是纪念耶稣复活的复活节,往前延伸还有星期五的耶稣受难日、星期六的圣星期六日,往后延伸还有复活节后的星期一。对于经历了四旬斋节的信徒来说,整个复活节期最重要的就是接受圣餐(communion),因为它意味着你的罪被宽恕了,你又可以领受圣餐了。复活节后 40 天是耶稣升天节。复活节后的第 7 个星期日(Whit Sunday)为圣灵降临节(Pentecost)。复活节后第 8 个星期日为三一主日(trinity sunday),即三位一体日。1311 年教皇克雷芒五世规定基督圣体节(Corpus Christi)为三一主日后的星期四。这些都与耶稣基督有直接的关联。4 月 23 日是纪念英国守护神的圣乔治日。6 月 24 日为施洗者约翰节,6 月 29 日是圣彼得和圣保罗节。7 月 2 日为圣母往见节。8 月 15 日是圣母升天节。9 月有圣米迦勒节。10 月 31 日为万圣节夜。11 月 1 日为万圣节,11 月 2 日为万灵节。还有一些地方性的宗教节日,一般多为当地教会保护圣徒,如达勒姆有圣奥斯瓦尔德节(8 月 5 日)、圣巴特罗缪节(8 月 24 日)。另有些节日可能与民众的日常生活直接相关,如在英国各地有犁耕节(Ploughday),一般多在圣婴节后的星期一,标志着一年中犁耕的开始。5 月 1 日的五朔节祈求农业生产风调雨顺,五谷丰登。

一年如是,年年如是。基督徒的人生节奏就是教会的节奏。从出生到死亡,都有基督教的色彩。所谓七圣事,正是对信徒从摇篮到墓地的

① Margaret Harvey, *Lay Religious Life in Late Medieval Durham*, Woodbridge, 2006, pp. 30 – 31.

支配。从 13 世纪起,七圣事、七宗罪、七善行之类的说法已经在英国社会中广泛流传。

孩子一出生,等待着他的就是洗礼。根据教义,婴儿若不受洗就夭折,其灵魂进不了天堂,因此尽快给孩子洗礼成为常态。1—3 天是婴儿洗礼的最佳时间。洗礼基本上都是在教堂由神父来主持的。如果来不及到教堂,则可以由接生婆来完成。未及施洗就死去的婴儿的灵魂被放置到了地狱外围或者边缘(limbo)。婴儿被教父抱到教堂,神父问孩子是否信仰三位一体的宗教,教父代替孩子回答"我信仰"。孩子脱掉衣服后被浸入洗礼池中三次(象征三位一体),然后抱出,并在其前额涂上神圣的膏油。神父说:"我以圣父、圣子、圣灵的名义为你洗礼。"最后,教父从神父手中接过孩子,以象征纯洁无罪的白布包裹住孩子,完成洗礼。有些地方以洒水或泼水来代替浸入水中。[1] 1485 年,伦敦曾经审理过两件关于洗礼的案子。一件指控是,一个教徒其孩子出生已经两天了还没有受洗。另一件指控是,一个教士为已经被接生婆洗礼过的孩子进行了再洗礼。[2] 洗礼,本是皈依者接受信仰的仪式,是受洗者接受信仰在先,受洗在后。这在蛮族诸王国的基督教化过程中有很多著名的事例。然而,在一个成型的基督教社会,洗礼的对象几乎都是婴儿,洗礼也就成为一个由成人选择、婴儿接受的洒水受洗过程。教会的解释是圣水可以洗涤原罪。无论这一仪式多么神圣,都不能否认洗礼已经在信仰之先的实际。因此,此类洗礼可看做教会对未来信徒的预定。摇篮中的孩子已经在教会的支配之下:在其家人纳了一笔钱购买洗礼用的圣水之后,他或者她已经被打上了基督徒的烙印,有了一个教名。

坚信礼是给年幼孩子的信仰确认。它与圣灵的降临有直接的关系,因此这个仪式往往被描述为接受圣灵赐予的礼物("圣灵的七件礼物"是中世纪神父经常阐述的主题)。主教巡视其辖区,给年幼的孩子以祝福,

---

[1] Joseph H. Lynch, Phillip C. Adamo, *The Medieval Church：A Brief History*, London, 1992, 2014, pp. 287－288.

[2] 转引自刘城《英国中世纪教会研究》,首都师范大学出版社,1996 年,第 226－227 页。

并在其前额涂抹圣油,一边如此说:"我以十字架符号为你留下印迹,且以救赎的圣油为你确认信仰,以圣父、圣子和圣灵的名义。"不过,早期中世纪的坚信礼的管理很松散,可能的理由是粗心的主教未必愿意下马为那些孩子祝福,另外孩子们四处乱跑难以管理。到13世纪的时候,主教开始在教堂或者庄园的祷告室为孩子们主持坚信礼,即程序变成父母带着孩子到教堂找主教,而不再是从前的主教到辖区找孩子。① 与洗礼相比较,坚信礼很不正规,也没有做记录。教区信徒接受坚信礼的人数、年龄等信息并无确切的史料。并且,整个教会只有数百位主教,不足以为全体教民完成坚信礼。因此,许多信徒一生都没有接受过坚信礼。从教会的视角来看,坚信礼是以圣灵的名义对信仰的加强。从个体来看,它是年轻人自主的信仰选择,是对他人加之于身的信仰的确认。但是,这种个体信仰的确认观念是现代的产物,中世纪的坚信礼更多是教会或者父母确认孩子信仰的行为。即使个体真的可能经历过无数的怀疑、质疑、否认等等痛苦历程,教会神职人员也会以各种方式来引导年轻人走向上帝。

　　每天都进教堂当然只有最虔诚的基督徒才能做到,他们还会在教堂的单独的小房间内为自己每日所做的错事乃至罪孽向神父坦白,请求主的谅解,这就是忏悔礼。忏悔礼的实行与爱尔兰僧侣传教有关,到8、9世纪基督教世界已经逐渐推广。13世纪,私人忏悔成为圣事之一。忏悔的内容多与教会的那些禁令和限定有关,如信仰上的动摇、接触或者认同异端分子、日常行为中违背教规等。教会所设定的忏悔分为三步,内心的痛悔为第一步,强调的是发自内心对罪过的悔恨与认识;口头坦白罪恶为第二步,是指以语言将罪恶呈现;悔罪补偿(satisfaction)为第三步,指神父对忏悔者的罪恶做出祈祷、斋戒、禁欲、施舍等处罚,以期达到悔罪和补偿的目的。一般有40天只吃面包和水的斋戒处罚,还有长时

---

① Margaret Deanesly, *A History of The Medieval Church*, 590—1500, London, 1969, 2005, p. 191.

间的祈祷、长途的朝圣以及鞭笞肉体的惩罚。① 忏悔的处罚分私下和公开两种。例如,国王亨利二世为其属下杀死托马斯·贝克特而不得不接受在坎特伯雷大教堂门前公开忏悔的惩罚。1299年,约克大主教下令西赛里亚(Cecilia de Stanton)女士因犯通奸罪而进行公开忏悔。她必须在6个星期日绕着斯坦顿教堂步行,且接受鞭打;她还要到诺丁汉和宾汉的市场接受6天的鞭打。如果她拒绝,就会被开除出教会。② 犯下罪过的人,意味着失去了上帝的恩典,故需要忏悔来挽救。为此,1215年,第四次拉特兰宗教会议规定,信徒每年必须忏悔一次。14世纪英国坎特伯雷大主教萨德伯里对此有所强化,他规定每年圣灵降临节、圣诞节和复活节的三大节期是举行忏悔礼的日子。如果一年中教徒没有进行过忏悔,就要受到教会法庭的处罚,情节严重者不得进入教堂,死后不得按照天主教仪式举行葬礼。忏悔仪式是基督教诸多仪式中真正能够触及信徒内心世界的一种。敞开心扉,坦诚地将内心最柔软或者最脆弱、最阴暗的部分揭示给上帝以及神父和教会。这种行为,在忏悔者那里是求得内心的安宁,在教会则未尝不是一种支配。尤其值得注意的是,所谓的忏悔并非总是自愿和自主的,许多时候是神父提问加以诱导。事实上,在掌控了他人内心隐秘的信息之后引发社会道德伦理乃至政治危机的事情并不少见。

弥撒礼(Eucharist)是所有圣礼中最为宏大、庄严、神圣的仪式。主日那天信徒们聚集在教堂,聆听神父的布道,宣读信经,领用带有宗教神圣特征的酒和饼。这一布道仪式就是弥撒。弥撒礼的核心就是领用圣餐。耶稣曾经说过:"我的肉真是可吃的,我的血真是可喝的。吃我肉喝我血的人常在我里面,我也常在他里面。"③因此,信徒们相信所领用的酒和饼其实就是耶稣基督的血和肉所化,此为化体说。到底酒和饼中基督

---

① 刘城:《中世纪西欧基督教文化环境中"人"的生存状态研究》,北京师范大学出版社,2012年,第120页。
② Joseph H. Lynch, Phillip C. Adamo, *The Medieval Church*, pp. 295 – 296.
③《圣经:约翰福音》,6:55 – 56。

的血和肉如何存在、为何存在等问题,在神学家那里争论不休。不过,争论并没有阻止信徒的信仰。在中世纪,教会规定,年满 12 岁的信徒一年中至少一次在复活节期间领受圣餐。圣餐只对经历过悔罪的信徒开放,是对他们忏悔行为的认可,是对他们的又一次接纳。弥撒是基督徒的团契生活,具有增进信徒之间的感情交流,分享信仰经验,以及了解和帮助信徒解决实际生活困难等作用与功能。当然,它也是基督徒归属感的最为具体的对象。

基督徒男女的婚姻是由教会在理论上加以规范的,在实践中也往往由教会主持。从订婚的通告到结婚的仪式,都在教会的主导下完成。婚礼多在教堂门廊下举行(在英国直到宗教改革后才将婚礼放到教堂内部来举行),以公开的仪式来彰显教会婚姻的原则。随后,还要给一对新人以婚姻的祝福和弥撒。教会对于婚姻的控制自不限于婚礼这样的神圣仪式。事实上,教会往往以不同的方式控制着从婚姻的结成到婚后的生活整个过程。违反了教义,就是结婚的障碍,在婚礼之前就已经加以阻止。如果某些人违背教规而强行结婚,教会就采取谴责、攻击乃至绝罚等方式来反对。婚后,若夫妻双方有违背婚姻道德的行为,教会也会加以处罚。

终敷礼(Rite of Extreme Unction)是信徒临终的告解和涂油仪式。对于基督徒而言,灵魂的救赎是生命的意义所在。死亡的恐怖不在于肉体的消亡,而在于灵魂不能进天堂。教会被赋予了赦免信徒灵魂罪孽的权利,故教士对信徒临终的告解和涂油就具有绝对的神圣与威能。正常的、好的死亡就是由教士主导终敷礼仪之后的平静离世。信徒临终忏悔自身的罪,祈求教会的帮助与上帝的宽恕,点燃的蜡烛握在信徒手中,周围的人们为其诵经祈祷,神父以膏油涂抹其面部,直到最后时刻的来临。不好的死亡就是没有得到教会的宽宥而抱憾死去。罪犯的灵魂得不到救赎;有些因特殊原因而得不到教士主持死亡仪式的人群,教会以特别的方式事先赦免他们的罪孽,例如,教会认为一些意外死亡的人其灵魂应该事先就与上帝有所沟通。11 世纪末的十字军将士就明确得到了教会的赦免,其他人群可以用金钱来购买这种赦免的凭证,这就是后来赎罪券的由来。12、13世纪的欧洲兴起了炼狱观念,认为灵魂不升天堂也不下地狱者,只能前往中间状态的炼狱,在那里等待最终审判的来临。灵魂在炼狱中所待时间的长短取决于信徒自身,也可以求助于亲朋。赎罪券的功效正在于它可以缩减灵魂在炼狱的刑期。

死者的埋葬和身后的财产处理等事务,也少不了教会的参与。死者的遗体被清洗干净后以布匹包裹,送到教堂埋葬。早年只有神父可以葬在教堂里,到13世纪一些贵族也可以。至于普通人只能葬在教堂庭院里,没有棺木或者坟墓标志。富裕家庭则会有石棺来装殓死者。教堂庭院埋葬死者可以看作是教会在公共空间的宗教活动,无论是表达对死者的思念还是对生者的激励,都具有强烈的宗教功能。① 死者葬入墓地并不意味着万事的终结,丧葬费、墓地费、神父服务费等费用都随之而来。在英国希尔地区的圣玛利亚教堂,在葬礼时为死者敲响最大的钟一下,收费6先令8便士;连续敲响次大的钟一小时,收费12便士,敲响半日,收费3先令4便士;依次递减。15世纪末该教堂还明文规定,办事人员可向葬在教堂内的死者家人收取2先令,如果葬在教堂庭院,成年人收8便士,儿童收4便士。此外,还要向教堂缴纳13先令4便士(葬在教堂内),或者2先令(葬在教堂庭院)。② 因此,在英国的许多地方,死者往往在生前留下遗嘱对土地财产做出安排,好请教会人士来为自己做祷告、主持葬礼、引导灵魂去往天国。于是,大量土地财产流入教会手中。这种财产被称为死手权,即土地到了教会手中再也不会流动,成为死手。封建土地法律对于此种情形是非常警惕和反对的。③

除了这些与信徒生死相关的礼仪,教会还有常态和非常态的手段来处理与信徒有关的事情。在经济上,教会对所有信徒征收其收入的十分之一作为奉献,是为什一税。有一封13世纪的书信,是某教区大执事写

---

① Jeffrey L. Singman, *Daily Life in Medieval Europe*, The Greenwood Press, 1999, p. 31.
② 转引自刘城《中世纪天主教信仰的仪式化》,《首都师范大学学报》,2002年第4期。
③ Christopher Daniell, *Death and Burial in Medieval England*, London, 1997, 2005.

给乡村神父(dean)的,告知后者要征收教会税,同时要改正他所辖教区神父(chaplains)的不良行为。那些人经常去酒馆与俗人一起厮混,弄得自己不像一个教士。因此,神父有改正之责。① 撇开大执事对乡村神父渎职行为的批评不论,单看他以书信的方式敦促小神父收税,就可以了解教会对于经济收入的关注程度。而对于农民来说,什一税包括各种收入,有其田地里所收获的粮食谷物,还包括菜园果园里的蔬菜水果,也包括牧场上的新生家畜和奶产品,还有现金收入等。因此,教会的存在就不只是一个精神上的符号,而是与广大信徒的日常生活时刻相伴。

在社会经济层面上,教会就是以精神权威及世俗权威支配劳动者的领主。如众所周知,英国教会占有近三分之一的全国土地财富。在大小不一的教会地产上,众多自由和非自由的农民直接为教会领主所控制,进行生产和劳动。英国许多城市的领主也是教会的主教或者修道院院长之流,他们同样支配着城市各个阶层的生产和生活。更重要的是,教会与世俗统治力量在许多时候共同对信徒加以控制以维护基督教世界的稳定。前文所述的七大圣事,在本质上表现为一种精神的控制。同时,也反映了教会对于普通大众的信仰及日常生活的高度警惕,严防巫术、迷信乃至异端行为的发生。1236 年英国地方法令中规定"施洗盆必须保存在安全的地方以防巫术"。这一法令是对罗马教会颁布法令的回应,第四次拉特兰会议中规定,要将圣餐礼和终敷礼所用的器具保管在安全的地方。②

中世纪英国发生过不少违背基督教教义和教规的传道者,其中有些被教会权威定性为异端。对这些异端分子,教会的宗教裁判所会进行法律上的审讯,一旦定罪就会实施惩罚,从监禁到流放甚至火刑都是处罚的手段。1381 年英国农民起义中的精神领袖约翰·保尔宣传反天主教

---

① Martha Carlin and David Crouch, eds. , *Lost Letters of Medieval life*, *English Society*, *1200—1250*, 2013, pp. 177 - 178. 这一短信的年代和地址,编者都没有说明,大体上在第四次拉特兰会议之后。

② 阿萨·勃里格斯:《英国社会史》,陈叔平等译,中国人民大学出版社,1991 年,第 78—79 页。

的教义,主张人人平等,他被称为疯子神父,起义失败后也遭到镇压。晚期中世纪英国最著名的异端是罗拉德教派,其领袖人物威克里夫也遭到教会的迫害。因此,要理解中世纪基督徒的宗教生活,应该理解他们所生活的时代。个体的信仰其实寄生于信仰的共同体之中。

从摇篮到墓地,似乎人人平等。但如果仔细考察,会发现在宗教生活上,人与人因社会地位的差别而大有不同。在接受教会的宗教性服务上,上层阶级要远比普通大众更受优待,或者说前者比后者更具有特权。我们看到国王或者世俗贵族家庭都有自己的小教堂(chapel),有专职的神父(chaplain),甚至有专门的机构来为他们服务。没有一定的地位和财富,没有主教的许可,此类家庭小教堂不可能建立起来。教会所许可的家庭小教堂只可以进行祈祷和做弥撒,洗礼、婚礼葬礼等牧民服务需要特别的许可。① 征服者威廉的家庭神父甚至还为国王家族的诺曼底公爵们撰写传记。给贵族举行的各种宗教仪式也体现了特权,如专门的忏悔室和忏悔牧师,特别的弥撒、特别的临终仪式、特别的祈祷仪式等等。此外,有地位或者有钱的教徒死后可以安葬在教堂里面,其他人只能葬在教堂的庭院。1087 年 9 月征服者威廉去世,遗体被运回圣埃蒂安修道院(foundation of StEtienne in Caen)安葬,前来参加葬礼的有僧俗两界众多名流。编年史家奥德维克・维塔利斯称其为僧侣、教士和俗人大聚会的场合。② 即使是违反了教义教规,贵族的处罚要比普通教徒更注意方式方法,能不公开就尽量不公开,能减免就减免。可见,即使是宗教生活也不免打上世俗的烙印。

---

① Nicholas Orme, Church and Chapel in Medieval England, *Transactions of the Royal Historical Society*, Sixth Series, Vol. 6 (1996), pp. 75 – 102.

② Leonie V. Hicks, *Religious life in Normandy*, 1050—1300, *Space*, *Gender*, *Social Pressure*, Woodbridge, p. 1.

# 第二章　物质生活

在宗教的层面上,所有的基督徒都是兄弟姊妹,人人都经历着从生到死的那些过程。在世俗社会中,在生与死的过程中,人的历程因社会等级地位的差别而相距甚远。从人们所必需的衣食住行等日常需求中,最能反映这种社会差别。同时,我们还可以看到,即使是基督徒的日常物质生活,也受到教会伦理道德以及教义的作用和影响。

住宅是建筑的一种。中世纪的住宅自有属于建筑学上的那些值得关注的内容,包括建筑材料、建筑技术、建筑风格等。尽管这些内容各有其特殊性,但学者们仍然会从时间和空间的角度概括它们所呈现出来的共性特征。考古学、建筑学、历史学等学科研究证明中世纪建筑技术在逐渐改进和提高。从建筑材料来看,中世纪英国住宅与宗教建筑一样经历了从土木向石材的转变。土木建筑流行了很长的时间。以土筑墙的技术相当普遍,一般是以夹板做成需要的空间模型,然后往里填充土壤,再一层层夯实,撤去夹板后就成为土墙。木料一般作为房屋的框架而使用,尤其是整体性框架中的立柱、横梁、檩子等材料多使用木材。有的也用木头做墙壁。

而如果从社会的角度来,住宅建筑共性的形成不是因为地理环境或者人口密度,而是因为人们在社会中所处的阶级地位。换言之,这些变化只有在社会生活中才能深刻地理解。不同的阶层，有不同的住宅，这是可见的情形。地位越高，房屋越好。富裕者，房屋好；贫穷者，房屋差。不同的住宅究竟反映或者揭示了这些阶层怎样的不同，这是需要深入思考的问题。更进一步的讨论则是，不同住宅背后的不同，也许还隐含着某些共同。

贵族阶级的住宅是城堡，从技术风格来看，中世纪城堡经历了不同的发展阶段。诺曼征服时期，最典型的是被称为"高丘和堡院"（motte and bailey）的城堡。高丘是人工堆砌的土丘，堡院则是土丘下以壕沟和木墙圈围的居住和生活的地区，里面有数量不等的住房、仓库、马厩、厨房等建筑。在当时的环境下，这种城堡具有较强的防御功能，只要将吊桥拉起，堡门一关，它就是一个相对独立和安全的所在。诺曼人将这种城堡形式在英国确定且推行了开来，威廉一世本人曾经建立此类城堡约50座，以巩固其对被征服地区的统治。不过，随着时代的变迁，许多堡垒或被毁坏或被改造，只有少数被保留下来。高丘和堡院城堡，从本质上来说属于土木城堡。尽管后来也有将石头用于此种城堡类型的建筑实践，但最终因为石料的出现而改变了城堡建造的风格。人工高丘因不足以承载石质塔楼而被放弃，代之以完全用石料建成的城堡主塔。主塔高3—4层，内设大厅、卧室、储藏室、祈祷室等。堡院仍然构成城堡的前区，不过防御木墙为石墙所替代，且石墙上建有防御垛口，堡门两侧还建有防御高塔。11世纪末、12世纪初英国开始兴建此类石头城堡。英国罗切斯特城堡经历征服者威廉、罗切斯特主教甘道尔弗以及12世纪初的坎特伯雷大主教科尔贝尔几代人的修建，该城堡主塔高115英尺，还有四角的10英尺高角楼。它是英国幸存的诺曼城堡中最高的主塔。[①]

不论风格如何变化，城堡都是贵族地位、权力和生活方式的象征。城堡的功用，除了保护主人的生命财产，更彰显主人的身份地位。或者

---

① Marilyn Stokstad, *Medieval Castles*, London, 2005, p.38；里斯贝罗：《西方建筑：从远古到现代》，陈健译，江苏人民出版社，2001年，第51—55页。

说,当城堡的军事功能逐渐削弱,其政治的和社会的功能就得以凸显。不是所有人都有资格建造和拥有城堡,只有那些获得国王特许并拥有身份地位的贵族才有资格。即使同为男爵贵族,在各郡中也分有城堡和无城堡两类。有学者研究显示,1327 年之前,英国有文献记载的男爵 132人,其他可推定的男爵 72 人,共计 204 人。其中有男爵头衔又在分封地有城堡者,只占总人数的 35％。其他男爵在该封地只有庄园建筑。① 正因为如此,作为贵族阶层居所的城堡,就成为所在地区的显耀存在。城堡往往是地方权力的中心,是周围村庄在其控制之下。领主的城堡往往与暴力是同义词,它也被看做暴力的体现。事实上,领主建造城堡要花费大量的钱财和人工,这些自然要落到劳动者身上。穷人因造城堡而服劳役遭受的苦楚,在《盎格鲁-撒克逊编年史》中多有记载。1066 年,巴约主教奥多和赫里福德伯爵建造城堡范围遍及全国,使可怜的百姓深受其苦。② 1076 年国王威廉在诺丁汉、约克和林肯等地建造城堡。为建筑城堡,在林肯有 166 座房屋被拆毁,在诺里奇有 98 座房屋被拆毁。③ 1137年,国王斯蒂芬逮捕了一些权贵,强迫他们交出城堡。但是"有势力的人个个都在筑城堡,他们据守城堡与他(国王)抗衡,弄得国内城堡充斥。他们因建造城堡而使这个国家不幸的人民深受压迫"。④

一座城堡,如果成为贵族集中生活的所在,或者说权力与文化方式的所在,就是宫廷。最初的城堡具有突出的军事功能特点,后来的城堡逐渐演变为居住的场所,其功能也逐渐多样化,具有政治中心、经济中心乃至文化中心等功能。所谓宫廷,不限于王室所有,一般大小贵族都有自己的宫廷。宫廷是一个聚集了贵族直系亲属、依附人群以及仆役的所在。领主很少直接管理宫廷事务,多由管家负责。管家手下是一帮管理

---

① N. J. G. Pounds, *The Medieval Castles in England and Wales : A Social and Political History*, Cambridge, 1994, pp. 66 - 67.

②《盎格鲁-撒克逊编年史》,寿纪瑜译,商务印书馆,2004 年,第 218—219 页。

③ Susan Reynolds, *An Introduction to the History of English Medieval Towns*, Oxford, 1977, p. 43.

④《盎格鲁-撒克逊编年史》,寿纪瑜译,商务印书馆,2004 年,第 303 页。

具体生活的管事,如负责饮食的膳食长,负责衣着和起居的起居长,负责马匹交通的马厩长,负责维持宫廷安全的警卫长,负责处理文书的秘书长。这些人员,若属于王室内府就是国家官员了,而在一般贵族领地也有类似的官员职责和功能。宫廷更是文化生活的中心。一般宫廷都聚集了教士、游吟诗人、杂耍艺人等人士。在宫廷中,有不定期的文化集会,诗人吟唱诗歌,乐师演奏乐器,侍女舞蹈,这些都是常见的情形。至于骑士与贵妇人之间的隐秘爱恋,不是能够宣之于众的文化形式;但是一种宫廷文学问答,名为爱情法庭的游戏,倒有些文化的意味。

宫廷文化突出体现在各种盛会之中。在那里,美食华服、歌舞杂技等等都得到集中的展示和表演。盛会的理由有不少,如一场战争的胜利、一次重要的婚礼,尤其是骑士的比武。除了战争,贵族所能够做的事情并不多。因此,他们经常进行各类聚会、游猎甚至比武等娱乐活动。贵族的骑士比武分为集体比武和个人比武。集体比武是两方各由一个大贵族带领一帮骑士比武较量。从规模来看,有数人到几百人不等。有时候,贵族们会把现实中的恩怨带到比武中,于是比武就演变为一场真正的厮杀。

没有城堡的贵族只能居住在庄园房屋中,典型的庄园房屋习惯上被称为府宅(hall)。考古学揭示中世纪早期庄园府宅大体可分为一层和两层两种类型。一层府宅(ground-floor hall),由开放的大厅、两头的辅助房间等构成。两层府宅,每层 3 间。底层中间为客厅,是吃饭起居的房间。左边为厨房,是为家人准备饮食的房间。右边为酒窖或者储藏室,储藏物品所用。楼上有卧室、起居室(solar,位于储藏室上方)及其他房间。晚期中世纪的庄园府宅结构变得更为复杂。庄园府宅在许多时候兼有公共建筑和私人建筑的双重特征,私人是指其作为领主家庭的住所,公共是指庄园大厅就是领主举行法庭诉讼或者其他集会的所在。

中世纪晚期,英国社会发生剧烈的变化,传统贵族受到冲击,新的权势阶层兴起,尤其是乡绅阶层成为地方上不可忽视的力量。例如,到了14 世纪,格洛斯特郡一半左右的庄园都在乡绅之手。这一群体包括骑士和从骑士(esquires)，1340 年代约有 50 人，另外还有 30 人享有骑士身份(knighthood status)，1400 年他们的数量减少了一半。[1] 作为新崛起非传统贵族的外在标志的庄园府宅，尚不能与城堡相提并论。这些拥有了权力和地位的新人，缺少像城堡这样能够代表和反映这些优势的东西，于是建造象征提升身份地位的城堡，成为这些人的一种时尚。小领主无力建造完整的城堡，只好加固其住宅，最终形成具有一定防御能力的住房，有时候也被赋予"城堡"的头衔。例如，1290 年鲁德罗的劳伦斯(Laurence of Ludlow)继承了一座庄园，并且从爱德华一世处获得了"建造城堡许可证"，于是他给已有的庄园府宅添加了幕墙、护城河以及带角楼的主塔。一座新城堡就这样诞生了。[2]

中世纪英国农民的住宅，也经历了一些变化。诺曼征服前后，大量农民居住在茅屋内。所谓茅屋，就是以黏土、秸秆、树条等材料搭建的房屋。这种房屋没有任何功能区分，所有人与物都在一个屋顶之下。茅屋容易搭建也容易朽坏，不属于持久的住房。考虑到占人口比例 38％ 的维兰中应该有许多穷困者，故可以相信此时的农民中大多数还居住在存续时间较为短暂的茅屋内。12 世纪开始，大多数农民居住在一种被称为长屋(long house)的住房里。长屋一般分为二间和三间两种类型。二间式，就是一间为生活起居的所在，另一间圈养牲口(byre)。三间式，就是中间一间为厅堂，有火塘可烧煮饭菜；两头各一间，一为家庭成员的卧室，一为圈养牲口的所在。中世纪晚期，长屋逐渐减少。富裕农民开始建造两层住宅，是有些类似领主的庄园府宅。普通的一层住宅也不再是人畜共住的结构，而是人和牲口分开安置。两层的房屋在该地区有 15 世纪末的三个例子，这大概说明在 15 世纪末农村地区房屋有朝着两层房屋发展的趋势。

学界还特别关注农民住宅的质量。20 世纪 70 年代起，学界大都认

---

[1] Anthony Emery, *Greater Medieval Houses of England and Wales*, *1300—1500*, volume iii, *Southern England*, 2006, p. 79.

[2] Marilyn Stokstad, *Medieval Castles*, 2005, p. 54.

为整个中世纪英国农民家庭的房屋大概都只能维持一代人的时间。晚近的研究则强调农民住宅的质量在不断的改进。从 13 世纪开始,许多农民逐渐采用了全木架构的房屋建筑方式,尤其是著名的曲木架构。有些地方的农民还采用了石头作为建筑材料。例如,林肯郡的戈尔多(Goltho)村庄,13 世纪之前的农民房屋属于简单的草墙建筑(cobwalled building),13 世纪之后全木结构取代了早期的不耐久的结构。

对农民房屋的研究有几点值得特别注意。其一,农民属于领主,或者至少在领主权力的控制之下。故而,理解农民房屋的存在特点,不能忽视领主权的支配作用。农民的房屋往往与其份地相伴随,领主将土地给农民租种,其中就包含着土地的附属建筑。在一般租种协议中,往往有要求农民维护房屋、维修房屋的内容。1306 年,在拉姆赛修道院地产的埃尔顿村,农民埃尔德萨必须找人担保他维护住宅的居住条件,直到下一次法庭开庭之前。1308 年,该村的农民威廉同样要维持住宅的良好状况,到交还的时候必须跟接受的时候一样。1331 年,该村有三个村民因为没有维护好住房每人被罚款 12 便士。[1] 从这一点来看,农民的房屋在理论上属于领主所有。但在历史的实际中,房屋已经成为农民的私有财产。为了居住,农民愿意且事实上也在进行房屋建筑的投资。因此,农民住房在中世纪一直在改进中。有研究表明,农民的房屋规模似乎与农民家庭的规模相伴随。扩大的家庭,房屋规模就较大;核心的家庭,房屋规模就小。这也是农民财富与房屋规模成正比的表现。有学者认为,不只是因为财富的增加农民才改善住房条件,还有生活方式或者文化心态的作用。正如乡绅模仿贵族一样,农民也模仿领主。

市民住宅在漫长的中世纪一直在逐渐变化和发展。1086 年的末日审判书反映当时的城市约 10 万人,占总人口比例不到 10%。戴尔研究认为,在此时,有一些边农和茅屋农事实上居住在城市中,一些贫困的市

---

① Frances Gies, Joseph Gies, *Life in a Medieval Village*, Harper Collins e-books, 1991, p. 92.

民居住在茅屋(cottages)之中。[1] 12、13 世纪,英国市民住宅类型以曲木架构的木头房屋为主导。其建造一般是以石头作为地基,再以曲木搭接成房屋构架,墙壁则以枝条编织,上面涂有石膏。城市曲木住宅一般临街开门,门面狭窄,因不能顺街道铺开故房屋往往向后延伸,形成功能不一的空间。房屋临街部分为商铺,渐次有厨房、工作间、储物间、卧室、庭院等。这就是典型的前店后场格局,临街的部分作为出售产品的店铺,后面则是制造生产产品的作坊。[2] 需要注意的是,虽然同为曲木住宅,因主人的财富等因素的作用,也有不小的差异。既有平房,也有二层楼房,还有三层以上的楼房。14、15 世纪,英国市民住宅的变化主要体现在两个方面,一是石料等耐久性材料在住宅建造中使用较为普遍,二是住宅建筑中出现了新的盒式结构。所谓盒式结构,就是房屋的壁骨从第一层一直连到屋顶,避免了突堤式的悬挂。[3] 总之,市民住宅在不断变化和发展呈现出自己的特色。有学者将其描述为从乡村建筑传统在城市的采纳和延续(rus in urbe),最终走向城市自身风格的历程。[4]

城市市民住宅的多样性是城市市民等级地位以及财富的表现。除了居住在城市中的教会和世俗贵族,市民中也存在等级差别。商人行会的首领和手工业行会的首领等都是城市的市民贵族,一些富有的商人和手工业者构成城市中的富裕阶层,普通手工业者是最大的城市平民阶层,在他们之下则有学徒、帮工以及其他贫穷的城市工资劳动者。15 世纪约克的一个富裕工匠,其遗产价值 30 英镑。根据 1524—1525 年城市税收估算资料,萨福克郡的拉文翰(Lavenham)市要缴纳 180 英镑的纺织税,而该城市一个富裕的寡妇就缴纳了 50 英镑。13 世纪晚期石匠年收

① Christopher Dyer, *Everyday Life in Medieval England*, pp. 241 - 255.

② Jane Grenville, *Medieval Housing*, pp. 165 - 171.

③ 里斯贝罗:《西方建筑:从远古到现代》,陈健译,江苏人民出版社,2001 年,第 75—76 页。

④ Jane Grenville, *Medieval Housing*, 1997, pp. 157 - 192. Jane Grenville, "Urban and Rural Houses and Households in the Late Middle Ages: A case study from Yorkshire", in Maryanne Kowaleski, P. J. P. Goldberg, ed., *Medieval Domesticity: home, housing and household in medieval England*, Cambridge, 2008, pp. 92 - 123.

入约 3—5 英镑,15 世纪增加到 5—7 英镑。扣除付给仆人的生活费等,15 世纪一般工匠年利润约 3—5 英镑。约克城一个贫穷的上弦工人(stringer),1436 年死后留下财物价值总共 6 英镑[1];地位不同财富不同,住宅也随之不同。有权势的市民贵族甚至可以拥有带防御性的住宅。富裕市民往往拥有多排、多层住宅。底层两排临街门面作为店铺。向后延伸的空间,一排包括私室、作坊、储藏室、牲口棚等,一排包括起居室(parlor)、大厅、厨房等。两排房屋之间是露天庭院。第二、三层住其家人,仆人居住在阁楼。二楼有客厅或者索拉屋(solar)作为起居室。房间内有壁炉以及排烟的烟囱。[2] 至于普通手工业者的住房一般为平房,临街门面作为店面,后屋中有作坊、生活起居、卧室、储藏室等房间。即使不考虑住宅中的家具装饰,仅就住宅本身而论,差别也是明显的。除了少数富裕的商人和手工业行会首脑,大多数手工业劳动者的居住条件都很一般,甚至很糟糕。作坊跟生活区的混杂,牲口与人生活在同一屋檐下,没有取暖设备、缺少卫生设施等情形都很普遍。

了解中世纪英国大众的饮食,存在着不同的角度。

首先,可以从相对静态的视角来了解饮食的构成、制作等。从总体上来看,中世纪英国的食物构成相当广泛,包括谷类、豆类、蔬菜、瓜果、肉类、鱼类、贝类等。调味品则有食盐、蜂蜜、糖、醋、酸果汁、玫瑰水、橄榄油等。奶产品有牛奶、黄油、奶酪(芝士);饮料有啤酒、麦酒、葡萄酒、红酒、蜂蜜酒、苹果酒、梨酒、火酒(aqua vitae)、蒸馏酒等。

食物的制作方法有煮、炖、烤、焙等几种。《坎特伯雷故事》中提到行会商人们带的厨师会各种烹调方法:"他们带了一个厨师同路,为他们烧鸡和髓骨、酸粉馒头和莎草根。他对于伦敦酒最内行。他能煨、煎、焙、

---

[1] Christopher Dyer, *Standards of Living in the Later Middle Ages*: *social change in England c.* 1200–1520, Cambridge, 1989, pp. 195–196.

[2] Frances Gies, Joseph Gies, *Life in a Medieval City*, Harper Collins e-books, 1981, pp. 43–46.

炖,能做精美的羹,又善于烤饼。"①大铁锅(cauldron)之类的厨具是炖、煮食物的基本工具,一般或悬挂、或三足立地架于火上,将食物置于锅中或煮或炖。烤炉则是焙烤面包等食物的工具。上层阶级家庭一般都有厨房,有炉灶、烤箱、操作台等设备,还有专门的厨师烹制食物。一般家庭则多在屋里架起一只锅,进行简单的食物炖煮。在农村,农民烤制面包必须到领主的专门烤炉,城市中则有专门作坊出售面包。厨师是中世纪手工行业的一种,师傅靠手艺吃饭,受同业行会的管辖。随着实践和社会需求的增加,烹制食物的技艺也在不断进步中。厨艺对于食物色彩及色彩的搭配非常重视,白色、绿色、黄色、红色、蓝色等色彩都是盘中常见的颜色,因为他们明白色是提升食物水准、增加食客食欲的最关键的环节。对食物香味的重视,直接反映在对各种香料的发掘和使用,为此上层阶级不惜高价从外国乃至遥远的阿拉伯等地进口香料。根据学者们的估计,欧洲每年进口胡椒 1 000 吨,生姜、肉桂、丁香等合计 1 000 吨。② 即便如此,一个家庭一年能够用到的胡椒也只在 20—25 克。因为食物容易变质,故多以食盐腌制来保存。胡椒、香料等属于奢侈的调味品,普通人家只有使用本土产的香料。15 世纪帕斯顿家族的玛格丽特在写给儿子的信中提到了一些相关信息:"我给你寄去 5 先令,用来买糖和海枣的。我要三到四磅糖,其余的是海枣。写信告诉我伦敦的物价,包括胡椒、丁香、肉豆蔻种衣、生姜、桂皮、杏仁、大米、科林斯葡萄干、良姜、干藏红花柱头、谷物和蜜饯的价格。"③从中不难看出,作为一个乡绅家庭主妇,玛格丽特对于各种香料非常熟悉,也很关心它们的价格。

在中世纪英国,手抓食物一直是大众进餐的主要方式。《坎特伯雷故事》对于一位女尼(修女)的进餐有非常细腻的描写:"她学了一套道地的餐桌礼节,不容许小块的食物由唇边漏下,她手捏食物蘸汁的时候,不让指头浸入汤汁;然后她又把食物轻送口中,不让碎屑落在胸前。她最

① 乔叟:《坎特伯雷故事》,方重译,上海译文出版社,1983 年,第 10 页.
② Melitta Weiss Adamson, *Food in Medieval Times*, London, 2004, p. 65.
③ 奈特编:《帕斯顿信札:一个望族的兴衰》,广西师范大学出版社,2005 年,第 199—200 页。

爱讲礼貌。她的上唇擦得干净,不使杯边留下任何薄层的油渍;她进食时一举一动都极细腻。……她养育了几只小狗,喂的是烩肉、牛乳和最佳美的面包。"①从这一段文字中我们可以了解到一些信息,如至少到乔叟生活的年代,英国中上层阶级中仍然在以手抓食物的方式进餐。

特别值得一提的是,从 14 世纪开始,英国跟大陆一样出现了一类关于食物天堂的描写,即食物王国(land of cockaygne)。在那个梦幻的世界,人们不用工作,女人美丽,睡觉到自然醒,各类供应充足。那里,城墙以香肠建造,门窗以鲑鱼、鲟鱼和鳕鱼建造,房梁以黄油建造,橼子以烤鳗鱼建造,阁楼以姜饼建造,屋顶则铺满馅饼;纺线杆和转轴以脆饼制成,桌面以煎饼制成,板凳和椅子以肉派制成。那里的河流流淌着葡萄酒、波尔多红酒、雪莉酒、麝香葡萄酒、啤酒。人们免费享受各种美食。那里一年中没有四季,都是 5 月;100 年中有 4 次宗教节日,且只有 1 次持续半日的禁食。约旦河流经此地,河水让人们永远年轻。② 这真是懒人的理想国、吃货的天堂。

然而,以这样的观念来看饮食,大概只能存在于梦想之中。现实中人们的饮食受到各种因素的影响与制约。教会对于信徒的饮食有宗教道德上的限制和要求。作为信徒并不能肆无忌惮地暴饮暴食。一方面,教会经典中承认饮食是自然的也是不可缺少的;另一方面,圣经等经典又教导人们,饮食只是为维持生命的目的,不可超越此本分而求口腹之乐。正如圣经所说:"你们的心不要沉湎于酒食。"(路加 21:34)又说:"我们吃也无损,不吃也无益。"奥古斯丁对这句话的解释是,"前者并不使我富裕,后者并不使我匮乏。""所以,食物若叫我弟兄跌倒,我就永远不吃肉,免得叫我弟兄跌倒。"(林前 8:13)③追求口腹之乐是教会所极力反对和谴责的,贪吃甚至是七宗罪之一。在修道院系统中,

① 乔叟:《坎特伯雷故事》,方重译,上海译文出版社,1983 年,第 4 页
② Melitta Weiss Adamson, *Food in Medieval Times*, pp. 175 - 176.
③ 奥古斯丁:《忏悔录》,周士良译,商务印书馆,1994 年,第 214 页。这些是奥古斯丁辑录的圣经中的表达,分别出自提多书、罗马书、提摩太前书、哥林多前书、歌罗西书等。

食物往往与灵魂拯救之间建立起联系，节食是拯救之路，贪食则是自毁之路。

中世纪英国，有权有势的贵族阶层的饮食属于其奢侈生活方式的体现。这种奢侈既体现在其日常状态的饮食中，更体现在非日常状态的饮食中。贵族阶级日常的饮食大体遵循中世纪大众的食谱，如面包、各种肉类、鱼类、蔬菜水果、甜点和饮品等。区别更多地体现在数量和质量以及珍稀之物，即贵族家庭消费的食物数量远比普通家庭多，烹调的菜肴也更为精致。贵族们特别钟爱各种珍稀菜肴，如野猪肉、野牛肉、熊肉、野兔肉（家兔1176年才引入英国）、大雁、天鹅、野鸡、孔雀、海豹、鲸鱼等野生之物。即使是家养的牲口，也择其优质的食用，如牛肉、羊肉、猪肉等常见的肉食中，他们偏爱小牛肉、小羊肉和小猪肉之类的小且嫩的肉食。

西蒙·德·孟福特的妻子埃莉诺是国王亨利三世的妹妹，曾留下家族账簿。据载不仅食用大量面包，而且辅以大量的肉食、各种家禽肉、鱼，还有梭鱼、松鸡一类的美味佳肴。稻米是稀罕之物，香料价格昂贵，一磅胡椒价格从10便士到2先令4便士不等，一磅生姜的价格从10便士到1先令6便士不等。一年中糖的消费量略微多于胡椒的消费量。菜肴味道重，色泽鲜艳，往往以橘黄色番红花或深红色果汁染色。烤制的点心是主食。加斯科尼葡萄酒是主要饮料。用酒花酿造啤酒的历史不早于13世纪。[1]

根据现代学者的估计，一个成年人每天需要摄取2 000千卡热量。下表是索尔兹伯里的米特福德主教家每餐所食用鱼类的热量。显然，该家庭每餐只是鱼类的热量就已经很高了，若加上其他肉类、奶制品类和主食，热量大大过剩了。[2]

---

[1] 阿萨·勃里格斯：《英国社会史》，陈叔平等译，中国人民大学出版社，1991年，第88页。

[2] C. M. Woolgar, D. Serjeantson, and T. Waldron, eds. , *Food in Medieval England : Diet and Nutrition* , p. 127.

| 鱼类 | 1406 年 10 月每餐的热量(千卡) | 1407 年 3 月每餐的热量(千卡) |
|---|---|---|
| 鲱鱼 | 611 | 1 331 |
| 牙鳕鱼 | 290 | 86 |
| 鳕鱼 | 20 | 137 |
| 鳗鱼 | 313 | 11 |
| 总计 | 1 234 | 1 565 |

以现代饮食营养的角度来看,中世纪贵族每天的食物所含热量显然是过剩的。以中世纪教会观点,中世纪贵族日常饮食中每日所消耗的食物也远超维持身体所必需的质量。

可见,即使是日常的饮食消费,贵族家庭的奢侈也展现无疑,至于非日常的饮食就更是奢侈无比了。甚至可以说,在许多时候,食物不是为了果腹,而是为了炫耀。1387 年 9 月 23 日理查德二世和兰开斯特公爵的宴会。第一道菜,以鹿肉饼和牛奶麦片粥开席,随后是被称为旺达布鲁斯(Viaundbruse)的肉汤。紧接着是烤野猪头、烤腰腿肉、烤天鹅、烤家猪肉,自然少不了各种调味汁。第一道菜以伦巴第的蛋糕和索特提(sotelty)结束。第二道菜开始以浓汤,称为格里(Gele),然后是来自叙利亚的白盘(White Dish),再继之以烤家猪、烤鹤鹬、烤野鸡、烤苍鹭、烤家鸡、烤欧鳊,接着又是馅饼、切肉和烤两岁大的兔肉(conies)。第二道菜也以索特提结束。第三道菜以杏仁粥开始,随之以伦巴第式的炖菜,然后是烤鹿肉、鸡肉、兔肉、山鹑、鹌鹑、百灵鸟,接着是被称为"Payne puff"(bread puff)的油炸馅饼、果冻、甜乳酪和被称为 Longe Fritours 的蛋饼,最后以必不可少的索特提结束。① 在这样的宴会中,菜肴不限于英国本土,还有意大利菜、法国菜甚至更为遥远的叙利亚菜,其奢华之风几乎让人忘记那是中世纪的英国。

从上述事例可以看出,非日常的筵宴就是一场主人及其食物的表

---

① Melitta Weiss Adamson,*Food in Medieval Times*,p. 101.

演。在相当长的时间里，聚众饮食是社会交流的方式和习惯，对于贵族而言更是如此。宴席上食物的种类和数量的多少，跟主人的财富及慷慨程度有关。当然，对贵族而言，食物尤其是宴会还有权力交际的功能。向来宾显示自身的实力，同时也借此来拉拢关系。在此，宴会就是博弈的场所，食物就是博弈的棋子。当甲方和乙方相遇于宴会之中，吃与不吃，吃多或者吃少，都是权力的表现。一个好厨师、一种好食材都是主人的力量所在。有学者将宴会描述为"看食物"的表演。① 此外，仪式让食物和宴会充满了别样的趣味，例如，宴会开始要吹号角，饮酒要吹号角，敲响王室的钟声。酒之于贵族的重要性，体现于此种场合的媒介作用。如果从两性关系来看，食物在这种场合也是媒介，正如中国哲人饮食与男女并提一样。贵族将食物吃成了奢侈，在暴饮暴食之中，在大肆炫耀之中，食物已经变成了符号。有音乐家们演奏和演唱，可能还有杂耍、摔跤、马戏等各种表演。在这样的宴会表演中，基督教的那些节食的教义早已经被贵族抛诸脑后。

农民的饮食情况可以从不同的史料中得到反映。在中世纪英国农村，农民之间存在一种赡养协议，即土地财产的继承人有赡养前任的义务和责任，为此双方达成协议。协议中列出了提供给被赡养者的食物。英国学者戴尔根据此类协议试图还原中世纪英国农民的饮食状况。

**1240—1458 年赡养协议中的谷物构成比例(%)②**

|  | 小麦 | 杂粮 1 | 黑麦 | 大麦 | 杂粮 2 | 燕麦 | 杂粮 3 | 豆类 | 总计 |
|---|---|---|---|---|---|---|---|---|---|
| 贝郡 | 41 | — | — | 40 | — | 5 | — | 14 | 100 |
| 剑桥 | 40 | — | 4 | 33 | 6 | — | — | 17 | 100 |
| 埃郡 | 73 | 1 | — | 2 | — | 16 | — | 8 | 100 |

① Stephen G. Nichols, Seeing Food: Anthropology of Ekphrasis, and Still Life in Classical and Medieval Examples, *MLN*, Vol. 106, No. 4, *French Issue: Cultural Representation of Food* (Ssp., 1991), pp. 818 - 851.

② Christopher Dyer, *Standards of Living in the Later Middle Ages: social change in England c. 1200—1520*, p. 153.

续表

|  | 小麦 | 杂粮 1 | 黑麦 | 大麦 | 杂粮 2 | 燕麦 | 杂粮 3 | 豆类 | 总计 |
|---|---|---|---|---|---|---|---|---|---|
| 汉普 | 36 | 3 | 2 | 48 | — | 8 | 1 | 2 | 100 |
| 亨郡 | 51 | — | | 21 | 2 | 7 | — | 19 | 100 |
| 诺郡 | — | — | 21 | 74 | | 5 | | | 100 |
| 索郡 | 63 | 8 | 2 | 4 | | 10 | | 13 | 100 |
| 萨郡 | 43 | — | — | 43 | | | | 14 | 100 |
| 萨里 | 72 | | | 16 | | 12 | | | 100 |
| 沃郡 | 37 | 3 | 11 | 13 | 8 | 24 | — | 4 | 100 |

说明：1. 贝郡指贝德福郡，有协议书 6 份。剑桥，有协议书 11 份。埃塞克斯郡，有 18 份。汉普郡，有 35 份。亨廷顿郡，有 7 份。诺福克郡，有 5 份。索姆塞特郡，有 8 份。萨福克郡，有 11 份。萨里郡，有 6 份。沃切斯特郡，有 13 份。

　　2. 杂粮 1，指小麦和黑麦混合；杂粮 2，指大麦和燕麦混合；杂粮 3，指小麦、大麦和黑麦混合。

　　从表中我们可以了解农民的饮食构成。其中，小麦的平均百分比为 45.6％，大麦平均百分比为 29.4％，燕麦平均百分比为 8.7％，豆类平均百分比为 9.1％，黑麦平均百分比为 4％，杂粮 1 平均百分比为 1.5％，杂粮 2 平均百分比为 1.6％，杂粮 3 平均百分比为 0.1％。据此，可以知晓农民的主食来自小麦、大麦、燕麦、豆类及杂粮。但这一谷物构成比重并不等于食物构成比重，尤其是最高比例的小麦在农民的食物构成中可能非常小。理由很简单，小麦被称为现金作物，是用于出售以换取货币的谷物。用小麦做面包，那是少数富裕农民家庭的福利，贫穷人家极少能吃到白面包。相反，以黑麦和小麦混合的杂粮，或者大麦、小麦和黑麦混合的杂粮等所做的黑面包才是农民的主食。此外，要注意到农民的食物也随着季节而发生较大变动。例如，8—12 月份的收获季节和屠宰季节，食物相对丰富。最艰难的时刻则是每年的早夏时节，储藏的东西消耗殆尽，谷物价格上涨，而新一年的谷物还未成熟，正是青黄不接的时节。为此，有些村庄的村规说，贫穷的农民可以到地头摘点青豌豆和蚕豆以度时日。[①]

　　农民饮食最大的差异则缘于各自家庭经济状况。什么样经济状况

---

① W. O. Ault, *Open-Field Farming in Medieval England：A Study of Village By-Laws*, 1972, pp. 38 - 40.

的家庭才能够满足家庭成员的日常消费所需呢？在三田制下,农民每亩收成为 13 蒲式耳。有 30 英亩土地的农民家庭,其粮食总量为 260 蒲式耳,扣除什一税后为 234 蒲式耳,则家庭成员食物消费所占比例为 30.7%。15 英亩的农民家庭,其粮食总量 130 蒲式耳,扣除什一税后为 117 蒲式耳,则家庭食物消费所占比例为 61.5%。土地规模在 10 英亩的家庭,其粮食总量为 91 蒲式耳,扣除什一税后为 81.9 蒲式耳,则食物消费所占比例为 87.9%。至于 5 英亩的农民家庭,其粮食总产量为 39 蒲式耳,扣除什一税后只有 35.1 蒲式耳,根本不能满足家庭所需要的粮食消费。在凯伯沃斯庄园的农民家庭食物消费,占 30 维尔格特者总收成的比重为 20%—30%,占半维尔格特者总收成的比重为 47%—70%。学者们估算的数字虽然有差异,但都清晰地说明,小持有者不仅消耗掉几乎全部的粮食谷物作为食物,而且还有很大的缺口。10—15 英亩的农民家庭在消耗掉大量的谷物总量之后,方能够满足热量的需要。30 英亩土地以上的富裕农民才有相当比例的余粮。因此,一个持有 30 英亩土地,且能够有公共放牧权的富裕农民,能够为其 5—7 口人的家庭提供足够的面包、粥和麦酒。他们也可以比较经常地吃到奶产品和咸肉。如果年成好,他们也可以拿现金买点鱼和肉,或者做好的布丁、派等。他们维持每天 2 000 千卡热量的需求没有困难。15 英亩土地持有者,则难以给一个 5 口之家经常吃上肉或者喝麦酒。15 英亩以下的小土地持有者,由于产出的粮食不足以让家人吃饱,则需要购买谷物来补充。

　　上述概括也得到其他文献的支持。例如,14 世纪后期兰格伦的《农夫皮尔斯》一书中提到,贫穷的皮尔斯的茅屋中有"两份绿毛奶酪,一些酥乳和奶油,一块燕麦糕,两条麸糠面包和蚕豆。他还有欧芹、韭葱和卷心菜。他没有鸡蛋和腌肉"[①]。对穷人而言,每天的饮食大概只能是粗粮面包、蔬菜,加上杂粮

---

① "two green cheeses, some curds and cream, an oat cake, and two loaves of bran and beans. He also has parsley, leeks and much cabbage, but no money with which to buy pullets, no eggs and no salt meat." Melitta Weiss Adamson, *Food in Medieval Times*, p. 90. 兰格伦:《农夫皮尔斯》,沈弘译,中国对外翻译出版公司,1999 年。沈弘的译文有所不同,第 90 页。

粥等。那些养羊和牛的农民能有牛奶和奶制品等偶尔改善一下伙食,肉类只有在特别的日子里才会端上饭桌。"每日饮食最多不超过 5 磅用大麦或者杂麦(小麦与黑麦或者豆类混杂)粗粉制作的粗糙而富有营养的面包,以及肉、干酪、牛奶或奶油、蔬菜和大量淡啤酒。"①

在《农夫皮尔斯》一书中,一个富裕约曼农的饮食情况就要好得多。他有培根、鸡蛋、奶酪、黄油、牛奶、奶油、洋葱、大蒜和酿酒的麦芽。在乔叟的书中提到一个自由农的饮食情况:"他早餐时最爱吃酒泡面包。……他的家总是公开的,在乡间他简直是个款待宾客的圣徒,像圣求列恩一样。他的面包和酒都是最上等的;谁也没有他藏酒丰富。家中进餐时总有大盘的鱼面糊;酒肴在他家里像雪一样纷飞,凡是人所能想到的美味他都吃尽了。他的饮食跟着时季变换。他在笼里喂了许多肥鹧鸪,鱼塘里养了很多鲈鱼之类。他的厨师如果烧出的汤不够辛辣,不够浓烈,或是器皿不整齐,这个厨师就倒了霉。"②

除了赡养协议,学界还从中世纪农业雇佣工人的饮食记录中了解到一些信息,如他们的伙食结构、摄入热量等。下表是不同时期不同类型的人群的饮食状况。③ 从表中可以看出,农场工人每日摄入热量比一般农民来要高许多。

| 地点 | 时间 | 观察类型 | 摄入热量（千卡） | 面包(克) | 年耗肉食（千克） |
|---|---|---|---|---|---|
| 诺福克郡 | 1342 | 日雇工(收获) | 5 368 | 1 300 | 73 |
| 诺福克郡 | 1424 | 日雇工 | 5 735 | 700 | 219 |
| 英国 | 1400 年代 | 肉食阶级 | 4 750 | — | — |
| 英国 | 1400 年代 | 大众 | — | — | 72 |
| 英国 | 1826 | 大众 | 2 050 | 260 | — |

① 阿萨·勃里格斯:《英国社会史》,陈叔平等译,中国人民大学出版社,1991 年,第 88 页。
② 乔叟:《坎特伯雷故事》,方重译,上海译文出版社,1983 年,第 9 页。
③ Massimo Liv-iBaccii, *Population and Nutrition*, *an essay on European demographic history*, 1991,digital version,2008,pp. 8,82,94,118. 本表格系笔者依据几份表格综合而成。

这种情形的出现与农场工人伙食的特殊性有关。一般来说,他们的饮食由雇主提供,但有时其费用又计入到工人的工资中。因此,雇主会提供面包等主食,也可能提供一定的肉食或者鱼类,还有饮料。显然,农场工人的饮食不能与农民日常的饮食等同起来。

城市市民的饮食,与普通农民相比,大体上并无本质的不同。但如果从食物来源上看,城市无法自给,要靠乡村来供养。一些市民可以从自己的土地中获取食物供应,许多市民可能有庭院种菜或者饲养牲口,他们中的绝大多数不能自己生产食物,而必须到市场购买。普通家庭不能也没有能力自己焙烤面包,只有到面包店购买。酒虽然不是每日的必需品,也少不了好杯中物的人。根据学者的研究,中世纪英国城市中已经有一种可称为快餐(fast food)的食物,即已经做好的可以即食的食物。11、12 世纪的英国城市中,此类快餐需求记录逐渐增多,尤其是那些重要的朝圣地。有意思的是,在英国伦敦等地,这些快餐店主要卖的是热气腾腾的食物,如热蔬菜、热面包、热派、热排骨、热羊腿、热烤肉、热烤鸡、热糕饼、热脆饼、热烙饼等等。①

这些行业的存在既为市民提供各类食物,同时也以行会的方式对各个行业的生产和经营进行管理。例如,在贝弗里城的《面包法令》(de assisa panis)中这样规定,每年由城市的 12 位管理人员和 6 位市民一起来负责这一年的面包和啤酒法令的落实。无论何时只要认为有必要,他们都可以取走面包,然后由城市市长在 6 位市民面前来称面包的重量,辨识面包的质量。违反法令的人将受到罚款和其他处罚,②类似面包法令的城市食物法令,还有《啤酒法令》《屠户条例》《反对渔夫和垄断者的条例》等③,这些法令中的规定都与市民的日常生活相关。

①　Martha Carlin, Joel T. Rosenthal, eds., *Food and Eating in Medieval Europe*, London, 1998, pp. 27 - 30.

②　Arthur F. Leach, ed., *Beverley Town Documents*, The Publications of Selden Society, Voloume XIV, 1900, pp. 8 - 9.

③　Ibid., p. 910.

要注意的是,城市中的法令和条例,许多是城市管理机构自行颁布或者通过法庭审判裁决后公布的;也有许多属于王室颁布的法令,在王国城市中通行。例如,《面包法令》就是英国国王颁布的,贝弗里城的官员和市民只不过是保障法令的落实。1202 年,英王约翰政府就颁布了《面包法令》。亨利三世时期(1216—1272),《面包法令》又作了修订,规定当每夸特小麦的价格为 12 便士至 12 先令时,一法寻白面包的价格按固定比率波动。面包师如有违犯,课以罚款,严重者受枷刑。1321 年,伦敦一家面包作坊因为面包重量低于法定标准而被指控,后法庭判决业主游街示众。

城市的这些法令体现了管理者维持城市食物供给稳定,抑制价格上涨,保障大众饮食质量和身体健康的目的。然而在实际生活中,一旦市场产生,那些法令所能产生的效果到底如何,大有疑问。

更重要的是,各种法令可以规范城市食物市场,也可以平抑物价,但法令并不能左右城市不同阶层的饮食。面包再便宜,对于穷人来说总是不可承受的昂贵;香料、美酒再贵,对于城市富裕家庭来说,仍然是日常饮食中的不可缺少之物。富裕的市民可以吃最白的"瓦斯特尔"(wastel)面包,喝来自法国的葡萄酒;而穷人只能吃黑面包(brown bread)、洋葱、葱韭、凝乳和浓汤,或者一年到头的食谱都是大麦面包或者燕麦面包和水。14 世纪早期,伦敦制作白面包的师傅仅 21 人,而制作黑面包的师傅有 32人。这一定程度上反映了普通大众尤其是穷人对于黑面包需求的情况。

关于服饰的史料,有些来源于书面文献,有些是流传下来的文物,有些则来自于雕刻和绘画等可视材料。服装为人体而制作。中世纪衣服主要有上衣(tunic)、内衣(under tunic)、外袍或者罩衣(gown)、下裤(breeches,但不是现代意义上的裤子 trousers)、长筒袜(hose)、鞋子等。服装的材料主要以亚麻、呢布为主;丝绸是舶来品,只有少数人能够穿戴。

中世纪英国服饰的变化,只是服饰历史的一个方面。其实,服饰的演化变迁与英国社会的诸多领域的发展变迁有直接的内在关联。甚至可以说,服饰反映了英国社会的历史。在中世纪,穿衣打扮不只是个人的喜好,其中有众多力量和要素影响到人们的选择。简单来说,教会认为衣服从其功能意义上来看重在遮羞,进而有保暖之效。圣经中记载,"当时夫妻二人赤身裸体并不羞耻"。女人在蛇的诱惑下,与亚当一起吃了神禁止他们吃的善恶树上结的果子,于是"他们二人的眼睛就明亮了,才知道自己是赤身裸体,便拿无花果树的叶子,为自己编作裙子"。这说明服装起源于羞耻,衣服的功用是遮羞。教会同时也强调服饰的圣洁特征,这些原则在圣经中有不同的表达。例如,"又愿女人廉耻、自守,以正派衣裳为妆饰,不以编发、黄金、珍珠和贵价的衣裳为妆饰。""你们不要以外面的辫头发,戴金饰,穿美衣为装饰。""你上我的坛,不可以用台阶,免得露出你的下体来。""要给他们作细麻布裤子,遮掩下体;裤子当从腰达到大腿。""现在你们要把身上的妆饰摘下来,使我可以知道怎样待你们。""艳丽是虚假的,美容是虚浮的,惟敬畏耶和华的妇女,必得称赞。""妇女不可穿戴男子所穿戴的,男子也不可穿妇女的衣服,因为这样行为都是耶和华神所憎恶的。"①因此,教会极力反对将衣服穿成对肉体的炫耀和诱惑。并且在实际的规范中演化为对服饰制作和穿戴的一些基本规定,如反对暴露、淫荡、不体面的衣着,反对奢华的衣着;主张衣服的简朴、得体和圣洁。

如果从服饰美学的角度来看,基督教文化追求神圣感、抑制尘世欲望等审美标准及伦理准则,在很大程度上抑制了中世纪服饰在审美上的发展。例如,在色彩上崇尚黑、白、灰等暗色,在式样上反对繁复,崇尚简洁。值得注意的是,在这样的审美原则下同样滋生了造型夸张、装饰华丽、色彩艳丽的服装,尤其是表现在贵族和教会高层的服饰上。这种情形,应该反映了宗教信仰或者宗教情感在服装上的体现。例如,男子的尖头鞋和女子的圆锥形帽,以及女子的 Escoffion 头饰,在外形上体现了对哥特式教堂风格的模仿。因此,夸张的服饰外形背后有令人动容的神

---

① 《圣经:提摩太前书》,2:9;《圣经:彼得前书》,3:3;《圣经:出埃及记》,20:26;《圣经:出埃及记》,28:42;《圣经:出埃及记》,33:5;《圣经:箴言》,31:30;《圣经:申命记》,22:5。

圣韵律。甚至可以这样说,中世纪服饰中的任何一种颜色,任何一种形状,或者任何一种符号,其背后都有意味无穷的基督教象征内涵。例如,羊是基督的象征,鹈鹕是基督受难的象征,十字架是受难与拯救的象征。鸽子是天使的化身,象征幸福、和平、神圣。白色,纯洁;蓝色,神圣;紫色,威严;绿色,青春;金色,善良;红色,牺牲。拿我们熟知的结婚礼服来看,白色的圣洁与黑色的肃穆庄重相交汇,黑白二色是天地间最为原初的色彩。外形上,十字,与十字架联系在一起;圆形,与无穷宇宙联系在一起,象征永恒与完整。条形或者锥形,象征着对无尽上苍的崇拜。这正是其矛盾之处,在对人体美的外在限制的同时,又极力凸显服装的华美与繁复,后者甚至被拔高到赞美上帝的程度。从这一意义来看,中世纪的服饰无处不在地体现着基督教的精神。

而在实际生活中,中世纪人们的穿衣打扮呈现出与教会精神紧紧跟随、若离若即,乃至直接违背等多种状态。早期妇女的服装以遵从教会主张为主流,女子的内衣、外衣以及头饰等都以包裹遮盖身体为目的,不得显露女性身体的特征。而随着社会的发展,背离教会精神的趋势越来越明显。从贵族的服饰历史来看,所展现的恰恰是教会所要限制的,一方面男女身体的特征渐渐凸现,另一方面是奢华特征的展示。因此,贵族服饰的风格总体上处于一种文化矛盾之中。男女服饰一方面要表现男人的强壮和女人的柔美,另一方面又要遵守教会的节欲原则,所以服饰体现出既保守含蓄又不乏奔放的特点。例如,男人往往穿着紧身的上衣和紧身的绑腿,为的是凸显作为武士的力量;女人的紧身上衣凸现的是突出高耸的胸部和纤细的腰身。据说,女性腰身完美的尺寸是10—13英寸,真正能够达到标准腰身者,其实极少。但在紧身束带的勒束之下,女性的胸部隆起,对男性产生更强烈的性的吸引力。一如人类历史上的其他自虐或者他虐的行为,紧身衣对于女性的身体和心理产生了巨大的伤害,如胸腔及脊椎骨的畸形。[①]

---

① 杰弗里·雷根:《愚昧改变历史》,陈海宏译,山东画报出版社,2007年,第1—4页。

服饰跟教会观念的冲突只是问题的一个方面,另一方面服饰更体现了人在社会中的存在。不同的阶级和阶层,在社会习惯和法律中都表现出了不同的衣着特征。首先,服饰反映了社会的等级特征。服饰是生活方式的表现,也是群体认同的外在标志。以衣取人,正是这个时代的特征。贵族与平民之间的服饰差别,是各自社会地位的直接体现。甚至可以说,社会等级比土地所有权有着更为明显的外在表现。[①] 从材料来看,贵族的衣服用的是精致的亚麻、天鹅绒、呢布、动物毛皮,乃至从大陆过来的丝绸和缎子。帕斯顿家族的约翰三世在给母亲的信中提到要买呢布做紧身上衣。"请派人送给我两厄尔做紧身上衣的精纺毛线,以供我在这个寒冷的冬天穿着,就是那种差不多像丝一样的……即使比别的要贵也没有关系,因为我想把我的紧身上衣做成全毛的,以纪念诺福克,而不要做成冈纳式样。"[②]从中不难看出他对衣服料子的看重。有些样式的衣服只有贵族能够穿戴,平民禁止涉及。贵族可以穿长袖外衣,可以穿大氅披风,可以穿尖头鞋,可以戴金银珠宝,平民则被禁止。尖头鞋的鞋尖长度甚至代表穿者的地位,一般规定为 6 英寸,绅士 12 英寸,贵族 14 英寸,王族不限制。甚至衣服的颜色也贵贱有别,贵族可以穿鲜亮的颜色如红色、蓝色、绿色等,而平民则只能穿灰暗的颜色如黑色、灰色等。即使是同样的上衣、头巾、帽子等,贵族也往往能够以特别的装饰来展现其品位和地位。14 世纪开始一直到 16 世纪都铎王朝都在不断重申的限制服饰法令,与其说是反对英国大众在服饰上的奢侈,毋宁说是对各等级服饰特征的确认和固化。

英国最早的服装立法(act of apparel)是 1363 年,1604 年所有此类法令都被废除。在两个半世纪中,颁布了 10 个主要此种服装法令。1363 年的《反奢侈服装法令》(A sumptuary law against excessive

---

① Frédérique Lachaud, "Dress and Social Status in England before the Sumptuary Laws", in Peter Cross and Maurice Keen, eds., *Heraldry, Pageantry, and Social Display in Medieval England*, Woodbridge, 2002, pp. 105 - 124.

② 奈特编:《帕斯顿信札:一个望族的兴衰》,广西师范大学出版社,2005 年,第 137 页。

apparel)开宗明义地说:"因为一些人群不道德和奢侈的服饰违背了他们各自的等级地位,给国家造成了巨大的破坏和贫困。"这句话所反对的不是抽象意义上的奢侈,而是基于等级身份做出的评估。符合等级身份,就不是奢侈;反之,就是奢侈。因此,法令开始按社会等级来逐一设定服装的标准。领主的仆人、马夫之流,只能穿该阶层的衣服或者长筒袜,服装总价格不能超过2马克。他们不能穿戴金、银、刺绣、搪瓷亮色的服装,也不能穿丝绸。他们的妻子所戴的面巾不能超过12便士。手艺人和约曼,也只能穿自己阶层的衣服和裤子。他们不能佩戴宝石,不能穿戴丝绸衣服、白银衣物,不能佩腰带、刀、纽扣、指环、袜带,不能穿戴珠宝、丝带、链子,不能穿带刺绣的、亮色的衣服,不能穿带毛皮衣服,羔羊皮、家兔皮、猫皮和狐狸皮除外。从骑士和所有位于骑士以下的土地或者租金收入少于100英镑的绅士阶层,不能穿着超出他们等级的衣服或者裤子。但是,如果从骑士年收入达到200马克,则他们可以穿价值5马克的衣服,可以穿银质衣服或者丝绸,可以穿戴丝带、腰带及其他饰物。他们的家人可以穿戴白鼬毛皮的衣服,貂皮衣服除外,且可以在头上戴宝石饰品。

此外,商人、市民、手艺人,无论在伦敦还是其他城市,只要收入达到500英镑,他们及其家人就可以如同年收入100英镑的从骑士阶层穿戴衣物。如果商人等年收入达到1 000英镑,则他们及其家人就可以跟年收入200英镑的从骑士阶层一样穿戴衣物。其他如马夫、约曼或者商人的仆人等不能越过关于约曼的规定。骑士阶层及教士阶层可以穿戴他们阶层的衣物。最后是农夫、牛倌、羊倌等阶层,除了价值不超过12便士的毯子或者手工织造的衣物,不能穿其他的。任何人违背此法令将被没收其不适合其等级的穿戴的衣物。[①] 在随后的时间内,此法令一再被英国国王及其政府重申,虽然内容上会有一些细微的差别,但主旨并没

---

① A. R. Myers, *English Historical Documents*, IV, *1327—1485*, London, 1996, pp. 1173 - 1174.

有改变,即大众的服饰要符合各自的等级身份,不能僭越。

贵族属于社会上层的存在,其服饰也就具有特权。最高的王室,更是在服饰上尊荣独享。黄金服饰以及紫色丝绸是国王及其家族的独享的服装的颜色。紫色是特别的颜色,只有帝王才能穿着。根据 1463 年的限制服饰法规定,如果违反此限制将被罚款 20 英镑。英国王室锦衣库账簿记载(great wardrobe account),1333—1334 年,从兰斯购买的特拉布(tela)长度为 1 080 厄尔(ell),从巴黎购买的特拉布长度为 1 399 3/4 厄尔,而来自英国本土的特拉布有 1 513 厄尔。而 1334—1335 年,兰斯的特拉布的价格是每厄尔 24—30 便士,则购买兰斯布料花费约 200 英镑;同一时期,巴黎的布料价格是每厄尔 8—12 便士,则购买巴黎布料花费约 56 英镑;同一时期,英国本土布料价格是每厄尔 4—5 便士,则购买英国本土布料花费约 32 英镑。三地布料花费,合计约 288 英镑。这在当时不是一个小数目。①

王室以下的贵族,因其等级身份可着丝绒和锦缎衣饰。贵族的上衣斗篷往往装饰有精美的刺绣,腰间还有闪亮的配饰,头发上的装饰更是可以凸显贵族追求的极致。贵族女性的头上,或金或银,或皮或革,或锥形或方形,以变化多端的方式来等彰显头发和装饰背后的存在。1345—1346 年的男爵托马斯·德·伯克利,一年各种消费支出为 1 308 英镑,其中与服饰有关的支出是,服装(clothing),142 英镑,占比例为 11%;家庭服饰(household cloth and silver),45 英镑,占比例为 3%;合计 187 英镑,占比例 14%。这还没有算上包括在其他类中的如靴子、鞋子的费用。②

上层社会的穿衣打扮留下文献资料相对丰富一些,至于农民穿着衣服的问题,并不特别清楚。赡养协议、农民的遗嘱、死后财产清单等文献

---

① Robin Netherton, Gale R. Owen-Crocker, eds., *Medieval Clothing and Textiles*, volume 2, Woodbridge, 2006, pp. 80,81.

② Christopher Dyer, *Standards of Living in the Later Middle Ages: social change in England c. 1200—1520*, p. 70. 表格.

会反映相关信息。一般而言,男人的衣物包括短外衣、内衣、短裤子、长袜子或者绑腿等,女人的衣物则有长外衣、长袜子等;他们脚上穿的是木屐或者皮做的鞋子或者长靴子,头上戴的是无檐或者小檐帽子;冬天或者有厚的羊皮或者有羊毛披风。这些衣物大都是由粗羊毛或者亚麻纺织而成。(这意味着农民要自用一部分羊毛或者亚麻以做衣服)富裕农民中偶尔有一些特别的服饰,比如一件精致的羊毛大衣等。尽管如此,农民在衣服上仍然有不小的花费。根据戴尔的估计,14 世纪较富裕的退休农民每年所收到的衣物价值一般为 4 先令 6 便士(外衣 3 先令、鞋 6 便士、内衣 1 先令),要是外衣隔一年更新一次则其衣物价值为每年 3 先令。还有学者估计,在黑死病之前,一个拥有 18 英亩土地的农民家庭全家的衣服消费约为 9 先令,占现金购物消费总额(12 先令 10 便士)的 70.1%。而该家庭来自谷物和畜产品的现金收入总额为 37 先令 6 便士,衣服消费所占比重为 24%。这与罗杰斯的估计大体类似。至于衣服的更新折旧的周期,肯定是相当长的,但并没有一个确切的时间。

在农民的赡养协议中,会提到每年提供一套衣服之类的说法,这并不说明接受者的衣服折旧是一年一次。许多农民或者只有一套衣服,从遗嘱中读到的信息也一再提到把衣物遗赠给儿子和女儿。有许多时候,农民也从领主或者雇主那里得到一些旧衣物。因此,衣物破旧、式样传统等词语用来形容农民的衣着并不为过。造成这种状况的原因,有我们提到的农民家庭经济状况,也有农村劳动工作环境,还有国家社会力量的束缚与限制。如我们看到的,1363 年的反奢侈服饰的法令对于农民的衣着有特别的规定:农夫、牛倌、羊倌等阶层,除了价值不超过 12 便士的毯子或者手工织造的衣物,不能穿其他的。① 1483 年的反奢侈服饰法令中规定农业雇工和仆人及其家人不能穿着价格超过 20 便士的服装,他

① A. R. Myers, *English Historical Documents*, IV, *1327—1485*, London, 1996, pp. 1173 - 1174.

们还不能穿超过 18 便士的长筒袜。他们的妻子不能戴方巾。[1] 因此,农民及其他劳动者只能穿黑色、灰色、灰褐色之类的衣服,他们的衣物只能是粗麻、粗毛织物。无论男女,上衣都很短小。男子上衣及膝,衣袖短小;夏天甚至上身裸露,只穿宽敞麻裤,冬天穿短外衣和无袖套头衣。劳动妇女穿无袖或短袖上衣(jerkin),衣身及腰。妇女也穿中间开缝的长袍,可便于劳动。农民的鞋子以木鞋及其他制作简便的鞋子为主。

　　城市市民的服饰也有其等级区分。制作服装是中世纪城市中的重要行业。与此有关的行会众多,有织工行会、漂洗工行会、拉绒工行会、羊毛工行会、呢布染色工行会,最后是成衣的裁缝。[2]《坎特伯雷故事》中提到某位商人的穿戴:"还有一个商人,留的是八字胡须,穿的是花色衣服。高高骑在马上,头戴一顶法兰德斯的獭皮帽,一双整洁的鞋子用华贵的扣子扣起。"[3]如我们看到的,英国的反奢侈服装法令甚至承认城市富裕商人可以按照贵族等级来穿衣打扮。1363 年的法令规定,商人、市民、手艺人,无论在伦敦还是其他城市,只要收入达到 500 英镑,他们及其家人就可以如同年收入 100 英镑的从骑士阶层穿着衣服。如果商人等年收入达到 1 000 英镑,则他们及其家人就可以跟年收入 200 英镑的从骑士阶层一样穿着衣服。[4] 可见,不同经济状况的市民,服装上的消费差别很大。理查德家存有羊毛线和亚麻线,可以理解该家庭会自己纺线织布,并制作衣服。这是所有穷人穿衣的主要来源。此外,给富人做仆人者可能从主人那里获得一些赏赐的衣物。穷人还会从市场买些二手衣服,甚至穿那些被绞死的罪犯的衣服。

　　无论是在国家法令还是社会实践中,中世纪英国大众的服饰与其社会地位及经济水平有直接的关联。地位越高,衣着越华丽昂贵。反之,

---

① A. R. Myers, *English Historical Documents*, IV, *1327—1485*, London, 1996, pp. 1198 -
　1199.

② Jeffrey L. Singman, *Daily Life in Medieval Europe*, 1999, pp. 36 - 37,193 - 194.

③ 乔叟:《坎特伯雷故事》,方重译,上海译文出版社,1983 年,第 7 页。

④ A. R. Myers, *English Historical Documents*, Ⅳ, *1327—1485*, London, 1996, pp. 1173 -
　1174.

亦然。不过,随着社会经济的变迁,一些非贵族等级的人们试图突破界限,甚至政府也不得不承认财富到了一定程度可以与身份等级相若。于是就出现了有趣的现象,一方面政府以法律的方式突出高贵者的衣着的特殊性,另一方面则是不少平民闯入贵族服饰的禁区。我们知道,平民中从不缺乏对贵族生活方式的模仿者,尤其是富裕农民和富有的市民。坎特伯雷故事集中有几个讲故事的人物,都属于平民阶层,但衣着却很有些讲究。著名的巴斯妇的服装是这样的:"她的巾帕是细料的;我敢发誓,她在礼拜天所戴的头帕称起来倒有十磅重呢;她脚上的袜子是鲜红色,绑得很紧,鞋子又软又新。"又说她:"头上缠好围巾,戴着一顶帽儿,倒有盾牌那样大。穿着一条短骑裙,臀部很宽,脚上一双尖头马刺。"[1]她的这身打扮总的来说与其身份并不完全吻合。至少作为一个戴温帕尔头巾的寡妇,衣着鲜红色的袜子显得有些抢眼,短骑裙也有些过分。而那个医生,"他自己的饮食是有节制的,决不过度,但有营养,且易于消化。……穿的衣裳是红色和淡蓝色,绫绸做里子。"可以看出医生的不凡。那个修道僧,"他一切的娱乐都寄托在骑、猎两件大事上,也不怕为此挥霍。我看他衣袖口所镶的细软黑皮是国内最讲究的货色,一颗金铸的饰针扣住兜颈;宽的一端还有一个情人结。……一切肉食中他最爱的是红烧肥天鹅。"那个游乞僧,"他的半边法衣是用双料毛丝布所制,从鼓起象一座钟的衣柜内取出。"乔叟对这两个僧侣的衣着的描述不无嘲讽,所针对的既有他们的不守戒律,似乎也有他们的僭越。甚至那个自耕农也穿了一件斗篷,"他按照农作物和田产而付什一税。穿的是一件农民的斗篷,骑的是一匹牝马。"[2]这可能揭示一种模仿和变化。

中世纪的英国是一个基督教信仰为主导的世界,因此人们的衣食住

---

[1] hir cover chiefs flu fine weren of ground, i dorste swede they weyeden ten pound, that on a Sonday weren upon hir heed. hir Hosen were of fyn scarlet reed, ful streite yteyd, and shoes ful moyste ad newe. (453 - 457) ywympled eel, and on hir heed an hat, as brood as is a bokeler or a targe; a footmantel about hir hipes large, and on hir feet a paire of spores sharpe. (470 - 473)(乔叟:《坎特伯雷故事》,上海译文出版社,1983 年,第 12 页)

[2] 乔叟:《坎特伯雷故事》,第 11、5、7、13—14 页。

行都受到教会教义及伦理的影响。基督教会对于世俗大众饮食、服装乃至住房等方面都有积极的主张,世俗大众的日常生活也不同程度地实践教会的教导。当然,大众因各自的世俗理由,也会呈现出与教会主张相背的情形。例如,在饮食方面,无论是为食物而挣扎的农民,还是以食物而展现的贵族,似乎都与教会的教义有不少距离。前者是想达到以饮食来维持生存的底线,却似乎总也不能到达;后者则在追求口腹之乐的过程中离此底线越来越远。然而,饥饿与贪吃,到底谁的罪更大呢? 在服饰方面,贫穷的人们无力以衣服遮蔽自己的身体,富贵的人们努力不用服装遮蔽自己的身体,都与教会的主张背离。更有甚者,世俗大众的日常生活往往以宗教的神圣面目而呈现。当耶稣的肉体和鲜血与世俗的食物之间产生了关联的时候,大众的日常饮食直接在这样的比喻、联想和神圣的观照之下。一个基督徒的日常饮食就带有不可揣测的神秘与神圣。食物是具体的,也是抽象的;食物是世俗的,也是神圣的。[①] 为了身体的健康,人要吃好的食物。为了灵魂的健康,人要吃来自天国的食物。[②]

同样地,中世纪服饰以世俗与神圣共存的形式呈现。男女的服饰既为了各自的身体,同样也要体现教会的教义乃至对上帝的赞美。刺绣服装上的宗教图案和故事,让世俗的衣服提升到了神圣的层面。教皇英诺森四世(Pope Innocent IV)就很羡慕英国制作(opus anglicanum)的华美与精致。它们通常以亚麻或者丝绸为面料,也有使用天鹅绒面料,再使用贵金属线刺绣出诸多不可复制的基督教的图像,尤其是圣徒的画面最为突出,且以宝石(gemstones)点缀,这些图像讲述了许多故事。如耶稣的生平,使徒们的事迹:怀抱圣婴的玛利亚,天使报喜,施洗者约翰,持有

---

① Charity Scott-Stokes, *Women's Books of Hours in Medieval England*: *Selected Text*, Cambridge, 2006, p. 63.
② Ibid. , p. 147.

天国钥匙的彼得,持有双剑的保罗,扛着十字架的安德鲁,朝圣的詹姆斯。[1] 这些长袍和无袖短袍(chasuble)主要是教会人士所穿。在诺里奇的朱利安那里,穿衣是一个具有神圣色彩的词汇。她经常说,上帝以他的爱来覆盖(穿衣)我们。我们的灵魂和肉体从头到脚都在上帝的善的覆盖之下。[2]

  另一方面,中世纪英国社会是一个等级社会,人们的日常生活与其身份地位密不可分。少数人奢华的生活与绝大多数人的贫困生活形成鲜明对照。同样是穿衣吃饭,贵族与平民之间的差异是惊人的。与上层阶级相比,食物对于穷人的意义有本质的不同。穷人的饮食方式首要的是果腹,是生存,一切能够用来填饱肚子的都是食物的构成。贵族用以喂养牲口的燕麦是农民的主食,小麦的麦麸是农民的食物构成,为了生存,他们与自然界斗争,开垦土地种植雇佣饲养家畜,猎获森林中的动物,在江河湖海中捕鱼。对于贵族而言,饮食是一种炫耀的生活方式,无论是食物构成的稀奇古怪,还是惊人的数量,或者饮宴时的歌舞表演,都是贵族生活方式的体现。对于贵族来说,服饰与个人及家族的面子有关。仔细说来,服饰就是无声的语言,叙说着穿着者的家境、身份、地位、品位等内涵。没有合适的首饰,丢的不仅是自己的更是家族的面子,这一点可以清晰地反映在将族徽绣在衣服上的习惯。大概自十字军东征之后,族徽渐渐成为贵族家庭的象征符号。13、14世纪之后,在衣服上绣家族族徽成为一种流行时尚,有些已婚妇女还把婆家娘家的家徽分别绣在衣服左右。这些所反映的正是服饰与家族身份地位之间的紧密关联。贵族统治者能够过着富足乃至奢靡的生活,源于他们对劳动者的剥削。这一点其实已经在中世纪三等级理论中得到了阐释。1020年左右法国拉昂主教阿德尔伯罗这样写道:"农奴为其他人提供了钱财、衣物和食

---

[1] Susan Leibacher Ward, "Saints in Split Stitch: Representations of saints in opus anglicanum vestments", in, Robin Netherton, Gale R. Owen-Crocker, eds., *Medieval Clothing and Textiles*, volume 3, 2007, pp. 41 – 54.

[2] Austin Cooper OMI, *Julian of Norwich*, pp. 27, 29, 126.

物;无农奴,则无自由人的存在。没有他们,有哪一件事情能够被完成呢? 我们看见,国王和高级教士们使自己成为他们农奴的农奴;宣称养活其农奴的主人,是由其农奴养活的。而农奴从未看见停止过流泪和叹息。"尽管主教大人的目的是让教会和世俗贵族接受和承认农奴在三等级中的地位,却在不经意间直指中世纪基督教社会的本质。事实上,如果没有社会生产力的发展,统治阶级不可能过上奢华的生活。例如,正是英国呢布制造技术的进步,贵族们穿高级精美的呢布才有可能。从技术上来看,正是 1300 年之后英国呢布最后工序水平的提升,提高了英国羊毛纺织业的档次,也提高了产品的质量。至少将英国呢布从只知道粗纺毛呢(worsteds)提升到了精纺毛呢(woollens)的水平。①建筑业的技术进步,才使贵族们能够居住上高大宽敞的房屋。

中世纪英国大众的日常生活所呈现的宗教社会及世俗等级社会的两大特征,不可割裂开来看。正如我们已经看到的,教会与世俗并不是分离的存在,相反二者在许多时候以共生的面目出现。从等级社会的角度来看,教会与世俗统治者之间的契合程度要远大于与普通信徒间的契合程度。可以说,凡贵族支持的,教会也支持,反之亦然。

---

① John Oldland, "The Finishing of English Woolens, 1300—1550", in, Robin Netherton, Gale R. Owen-Crocker, eds., *Medieval Clothing and Textiles*, volume 3,2007, pp. 97 - 118.

# 第三章　婚　姻

　　婚姻是组建家庭的前提之一。家庭是社会存在的细胞。在基督教文化的大背景下,英国婚姻和家庭的形成与发展自然受其影响。当然,在基督教之外还有诸如日耳曼的文化传统、古代罗马的法律与习惯以及封建制度、领主权制度等不可忽视的要素也发挥着作用。

　　对于婚姻的观察,有自然的、宗教的、社会的等不同的视角。① 理解中世纪婚姻,宗教的视角当为首选。从圣经传统到早期中世纪的奥古斯丁等教父神学家,都对婚姻有所论述。在圣经中,关于婚姻的思想很难称得上一致。《创世记》所表达的是婚姻为一种注定、一种必须。耶和华神说:"那人独居不好,我要为他造一个配偶帮助他。""为此人应要离开父母与妻子连合,二人成为一体。"②但在新约中,婚姻的结成是一种被动、一种不得已。使徒保罗说:"男人不亲近女人倒好。"这是鼓励独身。但婚姻并没有被禁止,它一如轻度的恶,是被允许的。对于那些不能自我克制的人,婚姻可以避免淫乱。"与其欲火中烧,倒不如嫁娶为妙。"③

---

① John Witte, JR. , *From Sacrament to Contract*:*Marriage, Religion, and Law in the Western Tradition*, Louisville, 1997, pp. 2 - 3.
②《圣经:创世记》,和合本,2:18,2:24。
③《圣经:哥林多前书》,7:1,7:8.

从中世纪英国的婚姻发展历程来看,婚姻的基督教化是相当清晰可见的。在 6 世纪末圣奥古斯丁到英国传教的时候,他曾经就如何对待和处理盎格鲁-撒克逊人的婚姻实践而与教皇格列高利一世(Gregory the Great)进行过讨论。① 虽然教会尽力推行其婚姻的主张,但面对日耳曼社会中的同居及其他婚姻乱象,教会也不得不采取妥协的态度。9 世纪丹麦人入侵以后,他们的婚姻状况也属于非基督教的。男人多妻,男人与女人多以姘居的方式结合,对于血缘的限制也不严格,这些都是当时社会的常态特征。当时有历史学家将其表述为丹麦婚。"(征服者威廉)的母亲以'丹麦式'(more danico)嫁给了诺曼底伯爵罗伯特。"②"丹麦婚配偶在法律上不过是享有荣耀的情妇,与之结婚的贵族男子将在决定基于政治、经济理由缔结'合适的婚姻'后,断绝与前者的关系。自然,因丹麦婚而出生的子女法律地位弱于因教会婚而出生的子女。"③可以说,直到晚期盎格鲁-撒克逊时期,贵族男性事实上都实行着姘居的、一夫多妻的婚姻形式。这种日耳曼社会的婚姻,强调的是一种社会事实,而非法律地位。即使在日耳曼法律中,合法的婚姻也可以经由抢劫、购买以及双方同意而结成。④ 不过,到了 11 世纪早期卡努特王(King Cnut)统治的时候,关于婚姻的立法已经以基督教精神为支撑。妻子或者丈夫通奸,都将交给主教裁决加以惩处。卡努特的法律既可以理解为基督教婚姻对丹麦婚姻的宣战,也可以看做丹麦婚习惯强大到必须以法律的方式来加以限制和禁止。诺曼征服之后,才真正开始对丹麦婚的打击。威廉一世利用权力极力摧毁丹麦婚习俗,其中有本人因丹麦婚而出生并得名"私生子威廉"的原因,更有教会与威廉相互利用而达到各自目标的原因。最重要的是,正是在威廉统治时期,教会法庭或者精神法庭开始与

① 比德:《英吉利教会史》,陈维振、周清明译,商务印书馆,1991 年,第 67—82 页。
② 乔治·杜比:《骑士、妇女与教士》,上海人民出版社,2008 年,第 56—57 页。
③ 亚历山大:《英国历史中的三次危机》,林达丰译,北京大学出版社,2008 年,第 6 页注释 11。
④ James A. Brundage, *Law, Sex and Christian Society in Medieval Europe*, 1990, pp. 127 - 128.

世俗法庭分离开来。从此,婚姻法律的职权都属于教会了。当然,教会在婚姻法律中的权威的建立不是一蹴而就的。亨利一世曾经主张依据古老的习惯法,通奸的男人的罚金应该归国王,而通奸女人的罚金归主教。12世纪英国著名的法学家格兰威尔也承认国王的法庭没有权利和能力去审理婚姻案件,此类案件要由主教来裁决。因此,梅特兰说:"英国的婚姻法就是教会法。"①

经过持续、漫长且不无痛苦的调试,到12、13世纪英国逐渐接受和实践着基督教的婚姻原则。英国教会是主动采用还是被动接受罗马教会的婚姻主张,学界不无争论。梅特兰曾经这样说:"若说英国教会接纳或者采用了天主教婚姻法,那是不真实的。没有人做过此类事情。英国教会的统治者从未意识到他们有挑拣或者选择自己法律的自由。"②不过,无论主动还是被动,从12世纪中期往后婚姻的原则在英国教会的立法中得到了具体的体现。1215年到14世纪末,英国宗教会议颁布了一系列有关婚姻的法令。这些法令中规定,必须遵守正确的婚姻结成形式,包括牧师要在结婚之日询问双方是否相互同意,是否受到武力或者恐惧的威胁而被迫同意,是否存在结成婚姻的障碍,等等。此外,对于主持婚姻仪式的牧师的责任有细致的要求,例如,牧师不能为尚未三次在教堂公开通告结婚的人主持仪式;如果某人身份不明,牧师在未能证明该人身份之前,不能为其主持婚姻。最后,男人要说,我接纳你为我的妻子;女人则同样说,我接纳你为我的丈夫。③ 这就是英国法令所一再强调的婚姻的同意原则。这一原则的采用被有的学者强调为个人对婚姻的自

---

① Sir Frederick Pollock, Frederic William Maitland, *The History of English Law before the Time Edward I*, Volume II, Cambridge, 1978, pp. 367 - 368.

② Sir Frederick Pollock, Frederic William Maitland, *The History of English Law before the Time Edward I*, Volume II, Cambridge, 1978, p. 373.

③ "Ego N. accipio te in meam. Similiter et mulier dicat: Ego N. accipio te in meum." Conor McCarthy, *Marriage in Medieval England: Law, Literature and Practice*, Woodbridge, 2004, pp. 26 - 27.

主,使个人在婚姻伴侣的选择上摆脱了家庭、封建领主甚至国王的控制。①

英国法令所处理的秘密婚姻主要有四类:交换同意誓言的时候证人不足或者没有证人;婚姻的结成没有三次公开通告;婚姻的仪式是在秘密的地方进行的;结婚仪式上,结婚对象身份不明。在各地的法令中都有谴责和禁止秘密婚姻的表达。例如,索尔兹伯里关于秘密婚姻的法令(85号)中规定:"我们同样禁止秘密婚姻,命令婚姻应该在教堂前公开举行,且为此目的应该有牧师在场。"②牧师如果主持了秘密婚姻,将受到停职3年的处罚。③ 对秘密婚姻或者不正确婚姻的禁止,在法令颁布者看来,不仅事关法律的权威,而且与婚姻的崇高有关。因此,下面的一则索尔兹伯里法令"关于婚姻的尊严"(De reverentia matrimonii),有郑重劝诫的意味在其中:"我们命令,婚姻应该荣耀且尊严地举行,而非在旅馆聚众饮食、可笑且下流地举行。任何人不得为了更便利地与其发生性关系而以芦苇或其他材料制成的套索——无论其贵贱——来绑缚妇女的手。任何人不得因为害怕自己沦为笑柄而强迫自己举行结合仪式。从现在起,如果没有牧师在场或者三四个善良守信的人为了此目的而被召集在一起,任何人不能被给予婚姻的承诺。"④在这里,法令对于两性关系的严肃与荣誉有特别的强调。

基督教会在英国的组织和人员也对基督徒的婚姻生活进行实际的指导和引领。作为圣事的婚姻必须有教会教士在场主持,这意味着教会不可替代的作用。除了主持婚礼,英国教士同样关注到信徒的日常婚姻

---

① Michael. M. Sheehan, "The formation and stability of marriage in the fourteenth-century England: evidence of an ely register", in, *Marriage, Family, and Law in Medieval Europe, Collected studies*, edited by James K. Farge, Toronton, 1996, p. 40.

② "Prohibemus similiter clandestina matrimonia, precipientes quod publice fiant in facie ecclesie, presente sacerdote ad hoc vocato. " Conor McCarthy, *Marriage in Medieval England: Law, Literature and Practice*, Woodbridge, 2004, p. 29.

③ Conor McCarthy, *Marriage in Medieval England: Law, Literature and Practice*, Woodbridge, 2004, p. 30.

④ Ibid. , pp. 31 - 32.

生活。通过信徒的忏悔，他们深入到信徒婚姻中的最细微之处。为达到此目的，教会不只颁布法律而且有相关的机构组织和人员来处理各种违犯法律的婚姻状况。甚至有教会各种手册指导教士如何了解教徒的内心和私密行为，从而对其加以控制。因此，在地方牧师的忏悔室里，教会的触角可以触及信徒的私密行为。12、13世纪英国有弗莱姆伯若的罗伯特(Robert of Flameborough)、乔布翰的托马斯(Thomas de Chobham)等人的《忏悔手册》，指导神父如何询问忏悔者。罗伯特的手册中这样提问：你犯下淫荡之罪吗？你曾经因淫荡而玷污吗？曾经有过反自然的性交吗？曾与男人有过吗？与教士还是俗人？（两者。）已婚的俗人还是单身的？（两者。）与多少已婚的人？你与他们多长时间了？你与女性表亲有过性关系吗？你与怀孕妇女有过性关系吗？你曾经在神圣的地方和神圣的时间与人私通吗？如果有，是什么地方、什么时间、什么身份下与什么人进行什么情形的私通？你找过妓女吗？等等。[①] 从中不难看出教会对于教民婚姻生活细节的关心，更可以看出教会婚姻原则已经对最隐秘的婚姻生活都在发挥作用。

如果说教会法关注婚姻的神圣性，那么英国世俗的普通法关注的则是婚姻的民事特征。正如法律史家布莱克斯通所言："英国法律仅将婚姻关系看成一种民事契约。婚姻关系的神圣性完全属于宗教法的管辖范围，因此世俗法院并不拥有将不合法的婚姻判定为一种罪行的裁判权，而只能视之为一种民事上的不便。"[②]但实际上，世俗法律不可能完全无视婚姻问题，尤其是涉及财产权利的时候。在诸如寡妇产、孩子继承权等问题上，普通法给予了特别的关注，并且在寡妇财产等问题上，英国普通法法学家找到了婚姻的民事契约与神圣性相结合的方法。根据13世纪英国法学家布拉克顿的原则，除非在教堂门口接受馈赠，没有妇女能够主张寡妇财产。这一原则可能无害于婚姻的有效性，却影响到了新

① Robert of Flamborough, *Liber Poenitentialis*, ed. J. J. F. Firth, Toronto, 1971, 195 sq.
② 布莱克斯通：《英国法释义》，游云庭、缪苗译，上海人民出版社，2006年，第482页。

娘的寡妇财产能否获得。在这里,它要求的不是宗教的仪式,似乎也不是神职人员的在场,而是一种公开性。在教堂门口将嫁妆公开地交到新郎的手中,就是向世人宣布将来新娘继承寡妇财产正源于此刻的馈赠。①

　　赠送并展示嫁妆是婚礼不可或缺的一部分。作为父母通常会以实物性的财产送给女儿作为嫁妆。新娘本人则亲手将嫁妆交给新郎,以此作为对她守寡期间获得寡妇产权的交换。而约克地区更是由女方的男性亲属将嫁妆交给新郎,似乎有特别强调和见证的意味。换言之,一个寡妇只有按照教会仪式的要求在教堂入口处举行的婚礼上被正式授予她丈夫的土地时,才可以依法享有继承其亡夫遗产的权利;教会法和普通法都认为,临终时的婚姻并不能使寡妇获得亡夫的遗产继承权,甚至如果该婚礼没有按照教会的礼仪举行,连孩子也不能享有继承权。在孩子继承权问题上,普通法和教会法一样面临着诸多难题。即使没有真实婚姻,但有一种被称为"推定的婚姻"的情况,即婚姻因不同原因而无效,但孩子已经出生,那么孩子是否合法就成为法学家们争论的问题。大体上,普通法法学家承认孩子的合法性可以继承财产。不过,梅特兰认为,普通法法学家们对这一问题的认识基本上是听从教会法的裁决。教会说,这个孩子是合法婚生;国家就说,他可以有继承权。反之,他就没有。②

　　总之,普通法参与到教会法的婚姻事务中,主要是体现在财产方面。对于婚姻的建立、婚姻的解除以及婚姻的有效性等问题,普通法基本不做任何主张,甚至普通法在婚姻中对于财产权利的有效性也在很大程度上要依赖教会法的支持。事实上,只有通过教会法才能确认寡妇财产正好说明它在财产事务上缺乏效力。从另一角度来看,世俗的普通法支持了教会的婚姻法及其实践。所以,我们看到,民事与神圣在教堂门口的婚礼上得到了共同的展示。这是普通法能够参与神圣婚姻的理由,也是

---

① Sir Frederick Pollock, Frederic William Maitland, *The History of English Law before the Time Edward I*, Volume II, Cambridge, 1978, pp. 374 – 375.

② Ibid. , pp. 376 – 377.

教会婚姻法律接纳或者妥协世俗事务的表现,更是普通法支持教会法的体现。

当然,英国社会适应和采用教会的那些主张和原则是一个漫长而复杂的过程。教会事实上在不断向世俗妥协。起初,教会对于血缘亲等要求很严格,七等亲之内结合即为非法。而这对于婚姻范围或者婚姻地理非常狭小的中世纪英国而言,是几乎难以推行的。于是,1215 年第四次拉特兰宗教会议将此限制放宽到四等亲。至于贵族社会纳妾姘居现象,教会也采取了通融的方法,即没有正式婚姻之前男人可以如此行事。具体到那些大人物们的婚姻选择上,教会尤其是教皇还可以对所谓的婚姻障碍给予特别的宽宥,在理论与实践中教会也在逐渐变得宽松。但总的来看,诺曼王朝时期,所谓丹麦婚在贵族世界一直相当普遍。威廉二世(1087—1100 年在位)更是"纳妾姘居,因此去世时没有留下继承人",他就没有过教会意义上的婚姻。亨利一世虽有教会婚姻的妻子,却以纳妾姘居的方式而生有 20 多个私生子。安茹王朝推行教会婚姻也并不得力,在上层社会也多有与教会婚姻模式相悖的情形。[①] 可见,推行教会婚姻非常艰难。

许多时候,在婚姻的圣洁性上,英国社会就采用了上帝赐福方为神圣的理论。在英国有关教会礼仪的著作特别指出,结婚之时华盖高举过新郎和新娘的头顶,更能向参加婚礼的教民说明圣事婚礼拜仪式中祈求上帝赐福的重要意义。但值得注意的是,普通大众习惯将婚礼放到教堂门口举行,以此向世人宣告婚姻的合法有效,这也是强调合法婚姻实质在于双方的同意。[②] 对于中世纪英国大众而言,婚礼在教堂门口举行有其内在的原因,这就是婚礼的世俗性,尤其是其背后的经济特征。事实

---

① 约翰·吉林厄姆、拉尔夫·A. 格里菲思:《中世纪英国:征服与同化》,沈弘译,外语教学与研究出版社,2007 年,第 192、199 页。

② Christen Peters, Gender, Sacrament and Ritual: The Making and Meaning of Marriage in late Medieval and Early Modern England, *Past & Present*, No. 169 (Nov., 2000), pp. 63 - 96.

上,教堂门口婚礼完成后,往往还有世俗婚礼,或者可称为结婚宴会。在1500 年前后的胡贝尔霍姆(Hubberholme),世俗宴会之后,新娘要回娘家住一个月,等新郎接回后再进行有亲朋好友参加的婚礼典礼,这是真正的世俗婚礼,典礼包括喜酒、午宴、晚宴和第二天的早餐等。① 在这里,结婚仪式其实表现为两个部分,一是教会的,一是世俗的,尽管它们看起来合二为一,但在仪式和内涵上二者存在本质的区别。英国的婚姻实践中一直是两种模式的共存,往往是先有教会婚姻仪式,再有世俗婚姻仪式。

观察中世纪英国的婚姻,除了宗教的视角,还应该有社会的视角。从中世纪英国文化习俗的构成来看,除了基督教这一宗教性力量,还有诸多习惯、制度或者文化力量。日耳曼人接受了基督教并不意味着他们的原有文化习俗消失,罗马文化传统也以不同的形式存留下来,英国最古老的凯尔特文化传统不仅在边区也在社会的最深层次中存在,加之后来丹麦人和诺曼人入侵带入的新的蛮族文化要素,这些都成为基督教推行其婚姻模式的阻碍。世俗社会制度或者权力与教会婚姻模式之间存在张力。如果从组织或者制度来看,在教会之外,中世纪英国还有封建制度、家族亲属制度、领主制度、村社制度、行会制度等。关于婚姻,这些制度都有自己的习惯和原则。当宗教意义上的婚姻规范遭遇世俗力量的时候,碰撞乃至矛盾不可避免。

封建制度与教会婚姻模式之间存在张力。从封建国家制度层面来看,尽管制度性的国家在婚姻中缺位,但作为国家象征的国王及王室其实从未真正远离对其臣民婚姻的干预。这里包括两个层面,一是国王对封建制度下直接封臣的婚姻干预,一是对间接封臣及臣民的婚姻干预。按照封建原则,作为最高封君或者领主的国王享有对其封臣的婚姻监护权。所谓婚姻监护权,就是封臣的婚姻要经过国王的同意,正如学者佩

---

① Christen Peters, Gender, Sacrament and Ritual: The Making and Meaning of Marriage in late Medieval and Early Modern England, *Past & Present*, No. 169 (Nov., 2000), pp. 63 - 96.

因特所说,"如果国王不同意,没有一个直接封臣能够将其女儿出嫁;如果一个直接封臣死后留有未婚的女儿,国王能够将其许配给他所满意的人;没有国王的同意,一个直接封臣的遗孀不能再婚。"①亨利一世(1100—1135年在位)将费兹·哈蒙斯(Fitz Hamons)的女继承人嫁给了他最年长的私生子罗伯特。亨利的另一个私生子小罗伯特则接受了奥克汉普顿(Okehampton)伯爵领地。斯蒂芬王将沃伦大地产的女继承人嫁给他的第二个儿子威廉,后来,这个女继承人又被亨利二世嫁给了他的私生子哈墨林。亨利二世还将布列塔尼女公爵和里奇蒙德女伯爵康斯坦茨嫁给他的三子杰弗里,将格洛斯特伯爵之女伊莎贝尔赐予其四子威廉。理查德一世则给其私生子兄弟长剑威廉娶了索尔兹伯里伯爵的女继承人。亨利二世的臣子杰弗里·费兹·彼得娶了曼德维尔伯爵领地的女继承人,威廉·马歇尔也因国王的赐予而得到了克莱尔家族的伊莎贝尔,她先后为斯特里贵尔(Striguil)、彭布罗克(Pembroke)和莱恩斯特(Leinster)伯爵的遗孀。② 在这样的情形下,教会的那些原则和主张显得特别苍白无力。

　　国王坚持婚姻监护权力,有其政治以及经济等方面的理由,如通过婚姻削弱某些贵族的势力打击敌对的力量,也可以通过婚姻来增强某些势力培植支持自己的力量。封臣的婚姻就成为国王纵横捭阖的手段。当然,还有直接的经济收入。1130年的《国库卷档》(The Pipe Roll)是最早的王室账簿,记载有因监护权或者婚姻权而获得的收入:杰弗里·德·曼德威尔欠继承金866英镑13先令4便士;杰弗里·德·克林顿为某位未成年人的监护权而支付了80马克(合53英镑6先令8便士);切斯特伯爵拉努尔弗二世为继承已故父亲的地产欠下1 000英镑的债

① Sidney Painter, *Studies in the History of the English Feudal Barony*, New York: Octagon Books, 1980, pp. 66 - 67.
② Ibid. , p. 71.

务。① 亨利二世的时候,曾经对各地被监护人的土地财产等情况进行调查,1185 年汇编成册《十二郡妇女、男孩和女孩卷档》(Rotuli de Dominabus et Pueris et Puellis de XII Comitatibus)。该卷档列出了林肯、北安普敦等 12 郡 128 个家庭,既有较大的直接封臣家庭(占 31.3% 比重),也有骑士家庭(占 56.3% 的比重),还有侍从家庭(占 12.5% 比重)。这样的调查对于国王左右寡妇或者未婚的女孩的婚姻自然有很大的帮助。苏珊·约翰斯依据卷档所做的研究表明,此时贵族妇女再婚率至少在 1/6,最高可能会达到 1/3。② 这一数字未必就是妇女愿意再嫁的证据,也可能是领主对寡妇婚姻操控的结果。

国王还经常将一些婚姻以法令或者特许状的方式颁布,从而对大众的婚姻产生事实上的影响。亨利一世的加冕誓言中有专门的几条涉及婚姻监护权利,如除非嫁给国王的敌对势力,国王不强迫寡妇改嫁、不强行干预封臣女儿及其他女性亲属的婚姻选择等。③ 约翰王时期的大宪章有类似的表达:"监护人不能强迫被监护人与社会身份低的人结婚";"只要封臣的遗孀愿意寡居,就不得强迫她改嫁。但如果她保有国王的封土,就必须提供保证,未获得国王的同意不得改嫁;如保有其他领主的土地,也要获得该领主的同意方可改嫁。"④虽然从内容上看,这些法令是对直接封臣的让步,但也从另一个方面说明了在世俗法律的形式上国王对于臣民婚姻享有的权利。许多关于婚姻的法令更可能是双方合作的结果,例如,皮特斯特别指出,最初的 1215 年大宪章并没有规定寡妇继承权的比重,而 1217 年经过修订的大宪章明确规定只有经过教会婚姻仪

---

① Robert Bartlett, *England Under the Norman and Angevin Kings 1075—1225*, Oxford, 2000, p. 164.

② Susan M. Johns, *Noblewomen*, *Aristocracy and Power in the Twelfth-Century Anglo-Norman Realm*, *Manchester*, 2003, pp. 165 - 188.

③ Emilie Amt, ed., *Medieval England*: *A Reader*, Broadview Press, 1985, pp. 95 - 97.

④ Harry Rothwell, *English Historical Documents*, *1189—1327*, London, 1975, pp. 317 - 318.

式的寡妇才享有其亡夫三分之一土地财产的继承权。① 这表明封建的大
宪章与教会婚姻仪式之间所产生的联系。

至于具体到国王本人的婚姻,各种利益的考量往往与教会婚姻模式
之间存在张力。考察自威廉一世开始的国王的婚姻或者与国王有关联
的婚姻,就会发现教会婚姻模式的影响相当有限,或者说矛盾冲突随处
可见。1174 年年仅 7 岁约翰就由父亲亨利二世为其定下了格洛斯特伯
爵的女儿伊莎贝尔为妻,1189 年才真正完婚。在这期间,约翰另跟其他
女性已经生下 5 个子女。1200 年,约翰跟伊莎贝尔离婚,给出的是教会
式的理由:双方为表亲结婚,且未能就此获得教皇的特许。结婚时不曾
提及,离婚时方才想起。随后约翰准备娶葡萄牙国王的女儿,却不想在
途中看上了昂古莱伯爵 12 岁的女儿伊莎贝尔,并于 1200 年 8 月 24 日结
婚,而此女早已许配给法国贵族吕西南的修格。② 可见约翰王的婚姻史
中几乎没有符合教会婚姻原则的地方:近亲结婚、已婚拥有侍妾、强娶他
人之妻,件件都是罪过。是否因为约翰王这个另类才有此类极端情形
呢? 显然不是。英国其他国王的婚姻也是大同小异。这种情况可能反
映了最高世俗权力世界的婚姻现实,即他们并不依赖教会而完成婚姻,
只有当需要的时候才想起教会。

其他贵族的婚姻情形,也一如国王。正如我们所看到的国王享有对
直接封臣的婚姻支配权,在封建制度下所有领主都享有同样的权利。乔
治·杜比曾经指出,中世纪欧洲存在两类对立的婚姻模式,即基督教会
模式和贵族模式。③ 二者的冲突同样存在于英国。从传统的家族战略来
看,教会的行为其实是在破坏贵族的亲属网络,体现了家族亲属制度与
教会婚姻模式直接的矛盾。为了家族繁衍,从王室到普通贵族,都会采

---

① Christen Peters, Gender, Sacrament and Ritual: The Making and Meaning of Marriage in
late Medieval and Early Modern England, *Past & Present*, No. 169 (Nov., 2000),
pp. 63 – 96.

② 亚历山大:《英国早期历史中的三次危机》,林达丰译,北京大学出版社,2008 年,第 60—61
页。W. L. Warren, *King John*, Berkeley, 1961,1978, pp. 64 – 69.

③ Georges Duby, *Love and Marriage in the Middle Ages*, Chicago, 1994.

取措施来规避教会的禁令。这是不同于教会同意原则的婚姻联盟观念，它一直持续到中世纪晚期。在此原则下，婚姻有其目的，如家族之间的战略合作、达成和平的协议、土地财产的转让等。英国教会法学家威廉·林伍德在其著作《职权》(Provinciae)中认为，应该禁止未成年人的婚姻，但又说如果它能够达成建立和平的目的，则可以例外。① 贵族们其实都在很好地实践着这位法学家的主张：亨利一世即位后不久，为了寻求政治联盟，他将10岁的女儿玛蒂尔达嫁给30多岁的德国皇帝亨利五世(1105—1125年在位)；1125年皇帝去世，1128年亨利一世又将玛蒂尔达嫁给了不足14岁的安茹的杰弗里，目的是结盟以对抗亨利的侄子佛兰德尔伯爵威廉·克利托。约翰王将其总管的女儿玛格丽特许配于一个雇佣军首领，掌控武力的意图明显，女方的意愿自然不在考虑之列。当时的编年史家马修·帕里斯如此评价这桩婚姻："这是高贵者对卑贱者的婚姻，是虔诚者对邪恶者的婚姻，是美丽可爱者对丑恶可憎者的婚姻，是一方的意愿被违背而一方使用暴力的婚姻。"1348年，英国两位领主霍尔内(Hoerne)和阿尔克尔(Arkel)向教皇请求，特许霍尔内能够娶阿尔克尔的11岁的女儿，以结束二者之间的冲突。该请求得到批准。②

在政治利益、经济利益的驱动下，血缘亲等之类的婚姻禁忌与障碍也会显得无足轻重。为了达成婚姻或者解除婚姻，贵族往往试图越过教会设定的障碍，例如，在1374—1382年伊莱主教区122件婚姻案中，有12件涉及违背了教会条款，其中5个违反了近亲婚姻障碍，1个违反了血亲婚姻障碍。③ 1349年兰开斯特伯爵向教皇请求特许有四等亲血缘关系的两位领主的孩子结婚，以达成和平。④ 不仅如此，教会也会对贵族的战略联盟或者利益诉求给予妥协。1354年，教会给布列塔尼公爵的信

① Conor McCarthy, *Marriage in Medieval England*：*Law*, *Literature and Practice*, Woodbridge, 2004, p. 80.
② Ibid., p. 80.
③ Ibid., p. 37.
④ Ibid., p. 80.

中这样写道,公爵的长子约翰娶英国国王爱德华的女儿玛格丽特,尽管存在血缘上三等和四等亲的障碍。教皇还如此安排:若玛格丽特死亡,就娶另一个女儿玛丽,若约翰死亡,就由公爵的次子娶玛丽。① 可见,贵族甚至教会本身对于违背教会婚姻原则是何等的坦然。

普通大众的婚姻则受到各级领主权的支配。农奴的婚姻受到领主的控制,这是领主制度的体现。从理论上来看,农奴的一切包括他本人都归领主所有,婚姻自然也包括在内,归领主控制。领主首先力图将农奴的婚姻控制在领主的庄园内,即农奴的婚姻对象只能在庄园内找。庄园内的婚姻较少受控制,但当农奴要与外庄园之人结婚,领主就要行使其权力。即使同意,也要获得经济上的补偿。严格意义上的结婚金是指农奴的女儿出嫁在庄园之内所缴纳的费用,后来扩大到无论庄园内外婚姻,也无论是嫁女还是娶妻都要缴纳结婚金,且必须缴纳结婚金。在1066年的舍鲁兹伯里,当找丈夫的时候,处女要交10先令,寡妇交20先令。13世纪,在萨默塞特郡(Somerset)的阿施科特(Ashcot)庄园,农民根据其持有土地的大小来缴纳结婚金。半维尔格特土地(约15英亩)持有者,如果结婚要缴纳1便士炉灶金( hearthpeny)和2蒲式耳谷物,如果不结婚就减半。5英亩土地持有者,如果结婚缴纳1便士炉灶金和5只母鸡,如果不结婚就减半。同在该郡的巴特赖特(Butleight),1维尔格特土地(约30英亩)持有者,若娶妻,缴纳2蒲式耳谷物,若不娶就减半。半维尔格特土地(约15英亩)持有者,娶妻缴纳1蒲式耳谷物,若鳏居则交一半。② 比缴纳罚金更严重的是,只要对自己有利,领主有时候会强迫农奴结婚。在1335年的布赖特沃尔瑟姆,至少有6个寡妇在继承丈夫的份地后,无力承担相应的劳役,于是领主命令,要想保住份地,"就得给

---

① Conor McCarthy, *Marriage in Medieval England*: *Law*, *Literature and Practice*, Woodbridge, 2004, p. 86.

② Jean Scammell, Freedom and Marriage in Medieval England, *The English History Review*, new series, volume 27, issue 4(nov. 1974), pp. 523 - 537,533.

自己找个丈夫"。① 总之,正如贝内特所言,"领主把婚姻控制在庄园内的做法,无疑严重限制了年轻人择偶的范围,尤其严重的是,使得他们与教会的关系陷入僵局。"②

在这些力量的作用下,下层阶级的婚姻模式并不固定,有最常见的教堂门前公开结成的婚姻,有并不打算结婚的同居男女,有在证人面前相互誓约的秘密婚姻。

教会在婚姻上的"移风易俗"并非易事,英国普通大众的婚姻实践有长久且多样的习惯传统。在英国这个尊奉习惯的国家,教会的主张必然遭遇到重重阻碍。以双方同意原则来看,其实行并非易事,至少在逻辑上人们会产生疑问:一旦同意是否真的意味着要立刻接受对方为妻子或者丈夫? 或者双方同意就能够产生符合条件的婚姻吗? 实际生活中也经常发生这样的事情,例如,12 世纪,威廉与女子奥布里相互同意结为夫妻,不过并没有立刻完婚,而是将女子送回家中等待婚礼的来临。然而,威廉却另娶了郡长的女儿爱利丝,且生下了几个孩子。显然,威廉违背了与奥布里的誓约。③ 再有,如果当事人双方有一人否认曾经的誓言,婚姻如何成立呢? 例如,教皇亚历山大三世曾经判决过这样一个案子。牛津的一个侯爵奥布里为其弟弟杰弗里与埃塞克斯伯爵的 3 岁女儿安妮订婚,11 岁时杰弗里本人又与安妮订婚。但不久安妮的父亲失宠,家道败落,于是侯爵想摆脱这个没有婚姻价值的 12 岁女孩。安妮没有放弃,而是不断上诉,最终将案件上达教皇法庭。教皇判决安妮胜诉,侯爵要领回其妻子。④ 双方的同意最终演化为一人的同意和外力的强制。至此,同意原则已经从内在情感退让给权力。正如豪布鲁克所言:"这一原则容易阐述,却极难应用于实践。"⑤

---

① 亨利·贝内特:《英国庄园生活:1150—1400 年农民生活状况研究》,龙秀清等译,上海人民出版社,2005 年,第 217 页。
② 同上书,第 218 页。
③ 转引自薄洁萍《上帝作证:中世纪基督教文化中的婚姻》,学林出版社,2005 年,第 72—73 页。
④ 转引自薄洁萍《上帝作证:中世纪基督教文化中的婚姻》,学林出版社,2005 年,第 72 页。
⑤ Ralph. A. Houlbrooke, *The English Family*, *1450—1700*, Longman, 1984, p. 79.

遵守教会婚姻规范,故有合法的婚姻生活,反之,若没有合法的婚姻生活,非法的婚姻就不可避免。事实上,存在着教会不得不接受的秘密婚姻,所谓秘密婚姻,就是以不正确的非公开的方式结成的婚姻。在1374年3月至1382年3月的伊莱教区,122件诉讼案中,有89件是有关秘密婚姻的;在坎特伯雷主教区,1411—1420年间41件以同意誓言结成的婚姻中,有38件属于秘密婚姻。[①] 而关于近亲结婚的禁忌,似乎所有的阶层都能够找到突破此禁忌的理由。贵族有自己的婚姻对象,甚至形成了内婚制。这自然限制了贵族择偶的范围,也自然形成了对教会原则的违反。农民因其生活地理狭窄,婚姻市场同样狭窄,违反教会原则也就成为必然。在一个规模有限的庄园或者村庄中,农民几乎不可能遵守禁止近亲结婚的教规。

关于婚姻中的夫妻关系,也存在类似的情形。从理论上对夫妻生活给予指导,直到在实践中给予法律上的限制,都是教会婚姻规范的题中之义。1215年第四次拉特兰会议宣布每个基督徒每年至少应忏悔自己的罪孽一次,目的是在道德上对基督徒加以约束。然而,人的自然的欲望在许多时候会冲破道德的藩篱。在中世纪的骑士传奇文学中,因为情爱而违背道德准则的特里斯当和伊瑟,就是如此。在英国本土的骑士文学高文爵士与绿衣骑士的系列故事中,此种骑士爱情在实际上表现为一个男人对已婚妇女的爱恋与占有。在乔叟的坎特伯雷故事中的巴斯妇也属于敢做敢为的另类,至于在身体上纹上爱情字眼的修女则大概表达了自己隐秘的欲求。在各阶层中婚前性行为以各种方式而存在,在15世纪的约克郡,约翰沃卡尔与阿莉丝已经订婚,但在婚前发生了性关系,结果可能因约翰否认有婚约,阿莉丝因通奸而被处罚。[②] 贵族男女的姘居是常态的存在。13世纪末,坎特伯雷教区有一个骑士犯通奸罪,因其骑士身份不宜公开惩罚,最后以罚款代替。而女方尽管已经有孕在身,

---

① Conor McCarthy, *Marriage in Medieval England: Law, Literature and Practice*, Woodbridge, 2004, p. 28.

② Ibid., p. 32.

却因为身份地位低下而被绕着教堂鞭打 5 次。[①] 农村中耦合式的露水夫妻,则是平民的同居式婚姻。在外地为人做奴仆的男女之间,或者仆人与主人之间的性关系,都是合法的婚姻之外的存在。这类情形甚至在教会人士中也有。[②]

在实际生活中,离婚或者解除婚姻比结婚更难。一般而言,一桩不能继续维系的婚姻,必有诸多不能继续的理由,但最为关键的理由未必就是教会所认可的理由。正如我们一直强调的,贵族为了自身的政治经济等利益,会毫不犹豫地选择结成婚姻,也会因此而解除婚姻。亨利二世晚年囚禁其妻子埃莉诺,似乎也可认为是一种变相的离婚,或者说不能离婚的变相处理方式。约翰王与前妻伊莎贝尔的离婚则是为了另一桩与葡萄牙公主的联姻。根据赫尔姆兹和多纳胡埃等人的研究,1372—1375 年坎特伯雷主教法庭的 98 件婚姻诉讼案中,有 10 件是与离婚有关的;约克主教法庭,14 世纪的离婚案所占比例为 19%,15 世纪为 13%。[③]可见,即使是教会法庭也不能阻止婚姻的解除或者无效发生。

总而言之,婚姻的建立与解除,以及婚姻中的夫妻关系,受到更为具体的历史语境的作用,并不会因教义和法律的规定而变得空泛。前文所描述的那些碰撞、矛盾或者冲突现象,都是在承认基督教婚姻模式为主导的前提下来展开叙述的,换言之,更多的、常见的是婚姻所呈现出的基督教特征。[④] 不过,这并不能也没有根除其他婚姻要素,教会的干预是其

---

① Conor McCarthy, *Marriage in Medieval England : Law, Literature and Practice*, Woodbridge, 2004, p. 114.

② C. N. L. Brooke, *Gregorian Reform in Action : Clerical Marriage in England, 1050—1200*, Cambridge Historical Journal, Vol. 12, No. 1 (1956), pp. 1 - 21.

③ Richard H. Helmholz, *Marriage Litigation in Medieval England*, Cambridge, 1974, p. 74; Charles Donahue, jr. , *Law, Marriage and Society in the Later Middle Ages : Arguments about Marriage in Five Court*, Cambridge, 2007, pp. 185 - 188, p. 199.

④ 其实,基督教内部同样争议不休,异端如罗拉德派也试图在婚姻和家庭问题上表达自己的主张。Dyan Elliott, Lollardy and the Integrity of Marriage and the Family, in Sherry Roush and Cristelle L. Baskins, eds. , *The Medieval Marriage Scene : Prudence, Passion, Policy*, Tempe, 2005, pp. 37 - 53.

一,主人的干预是其二,团体的干预是其三,家庭的干预是其四,风俗习惯的干预是其五。如果从中世纪晚期及近代早期世俗婚姻的观点来看,它所突破的不仅有教会婚姻中的某些原则,更有世俗社会中的习惯与伦理。例如,在择偶标准上,爱情成为了非常重要的一项,这可能既与教会原则又与世俗伦理都有着距离,另外,父母及家族的意见正在逐渐为当事人的意见所取代。因此,对于结婚的男女及其家族来说,婚姻除了情感、宗教等之外,更涉及具体真实的人、土地、钱财。一桩婚姻的结成就是在社会各种力量作用下的结果,在这诸多力量中,教会看似掌控一切,却又不得不对其他力量妥协,这或许才是中世纪英国婚姻的真实状态。

# 第四章　家　庭

关于家庭结构,学界形将其分为三种类型,一是扩大的家庭(extended family),即所有直系亲属共同构成的多代家庭;一是主干家庭(stem family),即单一直系亲属家庭,由父母及已经结婚的孩子共同组成的家庭;核心家庭(nuclear family),即父母与未婚的孩子组成的家庭。传统观点认为,中世纪英国以扩大的家庭以及主干家庭为主导,核心家庭是近现代的产物。20 世纪中期以来的家庭史研究修正了此观点,认为在中世纪英国核心家庭已经成为主导了。① 许多学者认为中世纪英国的家庭以核心家庭为主导,即一对夫妻及其孩子组成的家庭,故又称为夫妻家庭(conjugal family)。这一结论既来自诸多地方个案的研究成果,也有全域性研究成果的支持。占人口比例 1%—3% 的贵族家庭暂且不论,广大农民家庭以核心家庭为主要模式是得到历史证明的。从考古材料来看,农民家庭的房屋直到 15 世纪都并不宽敞,其面积大体上只能容纳核心家庭生活,因此结婚的孩子就必须出去重建家庭。因为建筑房屋昂贵,通常的做法是结婚的孩子为父母建造房子供其退休生活。这也是养老协议的一种。另外,各种书面文献也都显示核心家庭是主导。如在

---

① 见拉斯莱特等人的研究。

末日审判书和国家人头税的税收表册中,简单家庭都是征税的单位。14世纪英国人头税(poll tax)记录了所有年满 14 岁(1377 年)和 15 岁(1379 年和 1380 年)的纳税人的名字,学者们对此的研究揭示绝大多数英国家庭属于核心的夫妻家庭。[①] 在一些验尸官留下的调查中,围绕一个炉灶或者一个房屋形成的家庭也是简单的父母孩子家庭。至于学者们通过庄园档卷重建的农民家庭,同样是核心家庭为主导。[②] 因此,扩大的家庭不用说,即使是主干家庭在农村社会也很少,或者存留的时间很短。不过,这里只有推理,很难加以证明。结婚的孩子会另立门户,但他们结婚后多久会出去,并无定规。如果停留的时间长,则这样的家庭就具有突出的主干家庭特征。

不过,在强调核心家庭的主导性的同时,不能忘记英国家庭结构的复杂性。因时间和空间的差异,还存在着扩大家庭,也存在着主干家庭,上层阶级的大家庭结构是常见的存在。农民社会中退休父母与已婚子女一起居住的情形也不少见。20 世纪 40 年代美国学者霍曼斯就认为,在英格兰中部种植区域之外,黑死病之前的农民家庭以共同家庭(joint household)为主导。[③]

家庭结构与家庭生命周期这一概念之间有密切的关系。按照家庭生命周期理论来理解,任何一个微观的家庭都有其自然的生命周期,即家庭都要经历其诞生、成长与发展以及最后的衰老等不可避免的过程。其起点是一对新婚夫妻开始独立组织家庭,中间经历若干年的发展,终点则是孩子们另组家庭。家庭生命周期受到初婚年龄、生育年龄和生育年限、婴儿死亡率、孩子成活率、身体的生理状况、老年问题等诸多因素的作用。因此,考察这些要素的变迁来建立微观的家庭生命周期,就显

---

① P. R. Schofield, *Peasant and Community in Medieval England*, Palgrave, 2005, pp. 83 - 84.

② Barbara Hanawalt, *The Ties That Bound*: *Peasant Family in Medieval England*, Oxford, 1986. Wally Seccombe, *A Millennium of Family Change*: *Feudalism to Capitalism in Northwestern Europe*, London, 1992, p. 92.

③ G. C. Homans, *English Villagers of the Thirteenth Century*, Cambridge, 1941.

得至关重要。

初婚年龄,是家庭生命周期这一理想类型中的起始要因。初婚年龄晚意味着初育年龄晚,也意味着家庭生命周期的长度随着减少,更意味着成年孩子的婚姻起步较晚。依据现代尤其是 20 世纪的情形,人口学家哈吉纳尔概括出了因初婚年龄不同而形成的两种婚姻模式,一是西北欧婚姻模式,一是东南欧婚姻模式。前者属于晚婚,男子结婚多在 25 岁之后,女子多在 20—24 岁之间;后者属于早婚模式,男子多在 20 岁左右,女子多在少女后期(17—19 岁)。[1] 但能否用晚婚或者早婚来概述中世纪英国的婚姻情况,不能作绝对观。从理论上看,教会的合法初婚年龄是男 14 岁,女 12 岁。据此,我们完全可以得出中世纪婚姻属于早婚的结论,哈吉纳尔也认为中世纪欧洲婚姻属于东南欧的早婚模式。然而,哈吉纳尔提出的模式是学界一直在讨论乃至激烈争论的问题:中世纪英国的婚姻到底是晚婚还是早婚? 早在 20 世纪 40 年代,霍曼斯就提出 13 世纪英国村民实行的是晚婚模式。[2] 更多地方个案性质的研究也支持霍曼斯的晚婚模式说。

贵族的婚龄与农民相比更呈现早婚特征。林肯的圣修格的传记讲述了一个事例。一个大地产的女继承人,4 岁的时候嫁给了一个大贵族,两年后男人死了,她立刻再嫁。第二个男人后来也死了,大概 11 岁的女孩又嫁给第三个男人。[3] 这种幼儿婚姻(child marriage)虽然不是中世纪贵族结婚的常态年龄,但在当时已经引起了道德家们的谴责。在 1185 年对部分英国贵族妇女的调查统计(Rotuli de dominabus)中,列举了寡妇及其子女年龄,其中 14 位未满 30 岁的寡妇初次生育年龄平均为 18.4

---

① J. Hajnal, "European Marriage Pattern in Perspective", in, D. V. Glass, D. E. C. Eversley, eds., *Population in History: Essays in Historical Demography*, London, 1965, pp. 101 - 146.

② G. C. Homans, *English Villagers of the Thirteenth Century*, Cambridge, 1941, pp. 154 - 158.

③ Angela M. Lucas, *Women in the Middle Ages: Religion, Marriage and Letters*, New York, 1983, pp. 89 - 90.

岁,由此推算,她们的初婚年龄最多不超过 17 岁。① 若男性大于女性 23
岁结婚,则此一时期的男性初婚年龄在 20 岁左右。可见,这一史料所反
映的贵族群体大体上属于早婚。罗赛尔研究英国王室封臣的继承人登
记册,得出结论如下:爱德华一世时期(13 世纪末),贵族男子平均婚龄是
24 岁;爱德华二世时期(14 世纪初),婚龄降为 22 岁;到爱德华三世的时
期,婚龄为 20 岁。就是说,到 14 世纪中后期,贵族男子的婚龄是呈下降
趋势的。②

　　早婚还是晚婚看似影响初育年龄,但一落到具体的人与事上就显得
苍白无力。例如,13 世纪,伯克利的第三位勋爵莫里斯(Maurice
Berkeley)娶祖希勋爵之女伊娃为妻,二人都是 8 岁。这对夫妇 14 岁之
前已经生育,子女也是 8 岁结婚。③ 赫尔里希推算出的部分贵族妇女初
育年龄为 18.4 岁,虽然可以看做早婚模式下妇女的初育年龄的参考,但
不能将这些数字等同于历史本身。同样地,晚婚模式下的初育年龄在 20
岁左右的说法也只是一种推理。有学者对一些教区孩子受洗登记记录
进行研究,发现在晚期中世纪和近代早期已婚夫妇中有三分之一在婚后
一年内生头一个孩子,三分之二到五分之四的夫妇在两年内生第一个孩
子。④ 这些材料说明,在婚后 1—2 年内生第一胎是可信的。当然,那些
不要孩子的夫妇例外。更晚一些(1550—1849 年)的英国教区登记材料
证明,20—24 岁结婚的妇女中,有 5％的妇女在婚后 5 年中没有怀孕;如
果是 25—29 岁结婚的妇女,这一比例上升到 9％;35—39 岁结婚,该比
例上升到 24％;40—44 岁结婚,比例上升到 44％。此外,在 1575—1700
年间,英国有 13％—27％的人口没有结婚。⑤

　　从初育年龄开始,就进入妇女的生育期,自然也是家庭的发展期。

---

① 赫尔里希没有将 30 岁以上的寡妇纳入计算。David Herlihy, *Medieval Households*,
　Harvard University, 1985, p. 105.
② 萨哈:《第四等级:中世纪妇女史》,林英译,广东人民出版社,2003 年,第 147 页。
③ 同上书,第 146 页。
④ K. Wrightson, *English Society 1580—1650*, London, 1993, p. 104.
⑤ Berry and Foyster, *The Family in Early Modern England*, pp. 162, 163.

学者们认为,20—45 岁期间,都属于妇女的生育期。因为有哺乳期的间隔,两年一个孩子是正常的。因此,从理论上而言,生育期的妇女一生平均生育孩子共 13 胎。根据普斯的研究,15 世纪埃塞克斯的 Walden 教区,每 1 000 人口的出生率接近 30[①],这在中世纪不能称为高出生率,大约接近现代中等出生率的水平。更常见的情形是妇女经常怀孕,但也经常经历流产和婴儿的死亡。从生理角度考虑,妇女怀孕生产时存在的诸多危险,肯定会减少生育孩子的数量。妇女年龄小,生孩子很危险;妇女年纪越大,生孩子危险同样越大。加之中世纪对妇女生产的医学知识不足,高产妇死亡率和高婴儿死亡率是不足为奇的。因此,在自然与社会各种因素的作用下,中世纪妇女生育孩子的实际数量肯定与理论上的有很大的差距。有学者估计,1550—1599 年间,年龄在 20—44 岁的已婚妇女的所生孩子的数量平均为 6.53。[②]

很明显,孩子多家庭规模就大,反之亦然。那么,中世纪英国的核心家庭的规模为多大呢? 对此问题,学界也有争论。20 世纪前期,罗赛尔根据 1377 年人头税估计,每个家庭 13 岁以上人口平均为 2.3 人,平均家庭规模为 3.5 人。[③] 他的这一结论遭到后来不少学者的反对。哈勒姆利用斯帕丁农奴名单及其他统计资料,估计 13 世纪末韦斯顿、墨尔顿和斯帕丁庄园的农民家庭规模分别为 4.37 人、4.72 人和 4.81 人。斯密斯利用庄园档案估计伯里郡和萨福克郡的两个庄园农民家庭规模分别为 4.7 人和 4.9 人。[④] 拉兹估计中部英格兰的海尔斯欧文的农民家庭规模为

---

① L. R. Poos, A Rural Society: *After the Black Death*, *Essex 1350—1525*, Cambridge, 1991, p. 93.

② Barbara Hanawalt, *The Ties That Bound*: *Peasant Family in Medieval England*, Oxford, 1986, p. 217.

③ J. C. Russel, *British Medieval Population*, 1948, p. 24.

④ H. E. Hallam, "Some Thirteenth-Century Censuses", *Economic History Review*, 2nd series, vol. 10, no. 3(1958), pp. 340 - 361. p. 340. H. E. Hallam, "Further Observations on Spalding Serf Lists", *Economic History Review*, 2nd series, vol. 16, no. 2 (1963), pp. 338 - 350.

4.7人。① 郝威尔认为莱斯特郡的凯伯沃斯庄园农民家庭人口 13 世纪末为 4.84 人,1379 年则降为 3.72 人,15 世纪则为 3.96 人。②早年戴尔认为西米德兰地区每个农民家庭有孩子 1.92 个,最近计算农民家庭生活水平时也持一家五口说。③ 这些估计或者依托地方庄园档案材料,或者依据相对大范围的调查材料,或者以全国性材料为基础,差异在所难免。对于此类估计,我们也要注意到各自的不足。例如,庄园法庭档案中由于女性和 12 岁以下的孩子出现的机会甚少,故显然存在缺陷。即使那些遗嘱文献也存在缺陷,因为不是所有活着的孩子的名字都会出现在遗嘱中,至于人头税也对 13 岁以下孩子没有提及。材料虽有不足,但某些总趋势的估计还是可以在相关研究基础上做出来。哈纳瓦尔特认为,14 世纪黑死病之前英国农民家庭人口平均为 5 人,14 世纪晚期和 15 世纪初期则可能降为 4 人,而 15 世纪晚期和 16 世纪则又为平均 5 人。④ 综合生育率、死亡率等因素,中世纪英国一个成熟期的农民家庭为 5 口之家,还是比较可取的估计。

如果设定无论贵族还是平民家庭都是核心家庭,那么贵族家庭的规模当与农民家庭的规模相去不远。罗赛尔曾经对诺曼征服后英国 18 位国王的合法子女数量进行过考察,从威廉一世到亨利七世,22 桩婚姻共生育了 94 个孩子,平均每对夫妻生育 4.3 个孩子。若将其中 6 桩没有孩子的婚姻不计算在内,则平均每对夫妻生育 5.9 个孩子。根据 12 世纪的文献,苏珊·M.约翰斯对盎格鲁诺曼英格兰贵族家庭寡妇的孩子问

① Zvi Razi, *Life*, *Marriage and Death in a Medieval Parish*: *Economy*, *Society and Demography in Halesowen*, *1270—1400*, Cambridge, 1980, pp. 83 - 97.
② C. Howell, *Land*, *Family and Inheritance in Transition Kibworth Harcourt 1280—1700*, Cambridge, 1983, p. 125.
③ C. Dyer, *Lords and Peasants in a Changing Society*: *The Estates of the Bishopric of Worcester*, *680—1540*,1980, p. 231. C. Dyer, *Standards of Living in the Later Middle Ages*, *social change in England c*. *1200—1520*, 1989, p. 134.
④ Barbara Hanawalt, *The Ties That Bound*: *Peasant Family in Medieval England*, Oxford, 1986, p. 95.

题进行研究,如下表。①

| 单位孩子数 | 妇女人数 | 占已知妇女总数的百分比(％) | 孩子总数 |
|---|---|---|---|
| 0 | 22 | 20 | 0 |
| 1 | 27 | 25 | 27 |
| 2 | 6 | 6 | 12 |
| 3 | 9 | 8 | 27 |
| 4 | 11 | 10 | 44 |
| 5 | 7 | 6 | 35 |
| 6 | 6 | 6 | 36 |
| 7 | 10 | 9 | 70 |
| 8 | 4 | 4 | 32 |
| 10 | 2 | 2 | 20 |
| 11 | 2 | 2 | 22 |
| 13 | 2 | 2 | 26 |
| 总计 | 108 | 100 | 351 |

　　苏珊的研究显然能够反映更大范围的贵族家庭的情形。结合上述几个研究,我们可以做如下推算:当孩子数分别为 3.25 个、3.4 个、4.1 个、4.3 个和 5.9 个的时候,加上夫妻 2 人,一个贵族核心家庭的规模就分别为 5.25 人、5.4 人、6.1 人、6.3 人和 7.9 人,确实与农民核心家庭规模基本相同。

　　核心家庭最大规模之时就是家庭生命周期成熟的时期。成熟也往往意味着衰落的开始。父母不可能一直与所有孩子共同生活在一起。当孩子们一个个长大或娶妻或出嫁另立家庭,核心家庭的生命周期走向结束。从建立到衰落,现代学者设定的家庭生命周期长度为 25 年。② 根

① Susan M. Johns, *Noblewomen*, *Aristocracy and Power in the Twelfth Century Anglo Norman Realm*, p. 175. 最后一栏数字是笔者的统计。

② A. V. Chayanov, *On the Theory of Peasant Economy*, Manchester, 1986, pp. 57 – 58.

据斯通等人对近代社会家庭的研究显示,在整个近代早期可能只有不足50%的夫妻能够维持到孩子长大离开家庭之后。[1] 在中世纪英国,家庭生命周期可能更短。有数据表明:只有2.9%的家庭婚姻长度能够达到26年以上,8.8%的婚姻长度为21—25年,却有23.5%的家庭的婚姻长度在0—5年。这应该是中世纪家庭生命周期的实际状态。[2]

人们常说家庭是社会的细胞,既然如此就更应该将这一细胞放到社会这一机体之中。事实上,人们言及家庭时总与该家庭所处的社会地位联系在一起,故有贵族家庭、骑士家庭、乡绅家庭、农民家庭、市民家庭等称呼。下面我们就从这一角度来讨论社会中的家庭。

贵族家庭的结构不能简单地以核心家庭来表述。如果从夫妻为家庭核心来看,贵族家庭自然可以称为核心家庭。因为无论生养多少孩子,都是夫妻血缘的延续。不过,家庭的血缘成员可能并不会如人们所期望的那样因婚姻而出现细胞分蘖。许多时候,孩子即使已经长大甚至结婚,却仍然与父母居住在一起。如此,就形成了扩大式的家庭存在:第一代的夫妻及其孩子、第二代夫妻及其孩子,也许还有第三代的夫妻或者孩子。这样的扩大极限取决于个体生命的生物极限。学者达弗雷对亲等的计算可以帮助我们理解这样的家庭状况:假如一个女性16岁怀孕生子,则在她64岁的时候成为家庭中的高祖母,膝下有子辈、孙辈、曾孙辈和玄孙辈。等她80岁的时候,家庭已经是至少6代同堂。[3] 贵族家庭赖以生存的经济基础是其封土,而封土是履行骑士义务的单位。在封建制度形成之初,上层领主鼓励甚至强迫封臣维持封土的完整,以便其更好地履行骑士义务。如此一来,不能分割土地结婚的孩子们就只能停留在家庭内。随着封建制度的发展,土地的转让分割成为一种不可逆转之势,贵族家庭的孩子也可以因此而获得土地结婚以建立家庭。大体

---

[1] L. Stone, *The Family, Sex and Marriage in England, 1500—1800*, Harper & Row, publishers, New York, London, 1977, p. 56.

[2] Philadelphia Rickets, *High-Ranking Widows in Medieval Iceland and York*, p. 145.

[3] D'Avray, *Medieval Marriage*, Oxford, 2005, p. 106.

上,长子会跟父母生活在一起,即使结婚了,如果没有另建房屋,也不会搬出去。其他的孩子则可能会随着结婚而离开。因此,家庭的纵向发展可以形成四代同堂,而横向发展则受到限制。[①] 在此情形下,家庭也就逐渐走向夫妻式的核心模式。因此,受土地财产的作用和影响,贵族家庭的结构大体上经历了从扩大式向核心式演变的历程。

然而,贵族家庭也并没有因为血缘亲属的分离而成为简单的夫妻核心家庭。贵族家庭的结构往往因非血缘的成员的加入而产生变化。为了管理家庭事务,贵族家庭往往雇佣管家、仆役。这些人并非只是受雇于主人,而是与主人家庭一起生活,有些人甚至耗尽一生。当此之时,他们就都是家庭的成员,主人及直系亲属也将他们视为一家人。此外,一些依附者也往往被看做家庭的构成部分。这一点在中世纪晚期表现得极其突出。随着封建依附关系逐渐转向货币化,许多有势力的贵族家庭豢养了大量武装扈从。扈从不只是为获取钱物而为贵族打仗,而且往往在行为方式上以其主人家族成员自居。这些非血缘成员的加入自然意味着贵族家庭结构的改变和规模的扩大,约成书于 1471—1472 年的《爱德华四世的家庭黑皮书》(*Black Book of Edward IV's household*)认为,在家庭规模上,一个公爵应该为 240 人,一个侯爵为 200 人,一个伯爵为 140 人,一个子爵为 80 人,一个男爵为 40 人,一个骑士首领(banneret)为 24 人,一个骑士为 16 人,一个从骑士为 10 人。我们还可以从近代早期的英国找到旁证。根据 17 世纪格里高利·金的统计,一般乡绅家庭平均规模为 8 人,骑士为 13 人,高等贵族为 40 人。[②]

总之,贵族家庭不是普通意义上的核心小家庭,而是由夫妻、管家、奴仆以及其他依附扈从组成。

无论家庭类型如何,在父家长制度下,父亲和家长的权威至上。一般父亲即为家长,偶尔有推举的非父的男性担任家长的情形。妻子和孩

---

① 劳伦斯·斯通:《贵族的危机:1558—1641》,于民、王俊芳译,上海人民出版社,2011 年,第269 页。

② R. Houlbrooke,*The English Family*,*1450—1700*,London,1984,p. 24.

子都要服从于父家长的权威。具体体现在,家庭事务的决策权、子女的监护和教育权、财物的支配权、财产的处理权等都在父家长之手。

夫妻关系中,丈夫是绝对强势的一方。妻子地位的低下,既与基督教世界对女性的贬低和谴责有关,又与女性在社会和家庭中的分工有关。圣经中最著名的说法是:"男人是女人的头";"男人不是由女人而出,女人乃是由男人而出。并且男人不是为女人造的,女人乃是为男人造的。"[①]在英国教会法令中,即使是转向贞洁婚姻,妻子也必须征得丈夫的同意。英国索尔兹伯里法令(89号)中规定,若已婚人士拟转向宗教生活,除非通过教会官方的允许,不得接纳。牧师要教导妇女不要轻易发誓,除非与丈夫仔细商议或者听取了牧师的建议。奇切斯特法令(30)同样规定:除非经丈夫同意或者牧师的建议,已婚妇女不得发誓。没有主教的允许,夫妻中的一方不能过宗教生活。[②] 在英国世俗习惯和法律中,妻子谋杀丈夫,其罪等同于封臣杀害封君、仆人杀害主人、教徒杀害主教。甚至,丈夫殴打妻子被法律和习惯所认可。实际生活中也不时有殴打甚至杀死妻子的情况发生。妇女,无论是妻子还是女儿,在家庭中的地位都很低。

在实际生活中妻子的地位取决于诸多具体的要素。例如,一些贵族妇女,往往在丈夫出门在外的时候承担起管理家庭的责任。此时,一个王后就是国家的摄政者,一个公爵或者伯爵夫人就是领地的执政官。帕斯顿家族的玛格丽特在丈夫约翰在外任职时,家内大小事情,甚至包括法律诉讼和外人的武装侵犯等都是由她亲自主持。为此,丈夫对此也不得不表示感谢。1465年7月13日约翰·帕斯顿一世写给妻子玛格丽特的信中这样说:"我向你致意,且要感谢你,因为你的辛苦以及在上一个过去的周一你与前来的那个无法无天的家伙(unruly felechep)交涉。我已经听约翰·霍布斯说了这件事。真心地说,你表现得很得体和适度,

---

① 《圣经·哥林多前书》,11:3,8,9.

② Conor McCarthy, *Marriage in Medieval England*: *Law*, *Literature and Practice*, Woodbridge,2004,pp. 116 – 117.

尽情地维护了你我的尊严,并使你的对手蒙羞。"①

夫妻关系中最直接的体现是财产关系。在评价妇女地位的时候,妇女能够继承财产成为一个重要的标志。不过,这一问题要仔细斟酌。最重要的是习惯和法律都强调,女子在婚姻中其实无法控制或者支配自己的嫁妆,只有成为寡妇,才有所谓的寡妇产为妇女所支配。这一点在梅特兰的法律史关于"丈夫与妻子"部分有详细的阐述,大体归之于如下几条法律表述:"法律裁定,丈夫在世时,妻子一无所有,不能用自己的钱购买任何东西。""只要丈夫还活着,她就不能拥有她的财物。""凡妻子所拥有的,都是丈夫的;反之,却不成立。"②可见,妻子在婚姻中其实是没有财产处分权,只有名义上的属于她的那份寡妇产在那里。甚至许多时候,丈夫可以以合法或者非法的方式让渡妻子的财产,尤其是如果生育了后代。只有当丈夫去世,妻子才可继承丈夫三分之一的财产。从这个意义上来看,妻子不是在共享在世丈夫的财产权利,而是在跟其他继承人一起分享继承权,且此继承权的很大部分由其婚前嫁妆构成。

贵族家庭中的父母与孩子的关系,主要体现为作为家长的父亲跟孩子的关系。现代人往往以亲情来理解家庭的和睦与否,照此标准中世纪贵族家庭可能都是缺乏亲情的存在。贵族家庭的父亲是不会试图理解孩子们的感受的。1497 年,有意大利游客记录下了访问英国的印象。"英国人有几种恶劣的法律和习惯,其中一个直到今天仍然在发挥作用,我们认为是最严重的。该法律规定,一个男人去世后必须把所有的财产留给妻子,完全将孩子排除在外,因为他们对孩子没有任何感情,只是慷慨地爱他们的妻子。因为妻子同样不喜欢孩子,所以最后她们往往从仆

① Norman Davis, ed., *Paston Letters and Papers of the Fifteenth Century*, Oxford, 1971, pp. 134 – 135. Norman Davis, *The Paston Letters: a Selection in Modern Spelling*, Oxford, 1983, p. 124.

② Sir Frederick Pollock, Frederic William Maitland, *The History of English Law before the Time Edward I*, Volume II, Cambridge, 1978, pp. 399 – 436, 432.

人中挑选丈夫而无视孩子。"①此意大利游客的印象是否正确,尚有疑问,但也有文献证明父母对孩子并非放任自流,而是进行主动教育。15 世纪英国上流社会为人父母者可能读过当时较为流行的抚养孩子的诗歌,诗歌名为《好妻子如何教育女儿》《智慧的男人如何教育儿子》。好妻子对女儿的教育是全方位的。在宗教信仰和道德上,教导女儿要热爱上帝和教会,要尽可能进教堂,要缴纳什一税,要接济穷人,不要轻视任何人;在为人处事或者待人接物上,教导女儿要言行得体,说话要轻柔,不要大笑,走路不要太快,不要与陌生人交谈,要远离罪恶,不要去酒馆,不要去斗鸡场。其他还有如何面对追求自己的男人,一旦结婚如何对待丈夫,等等。父亲对儿子的教育,大体类似:敬畏上帝,虔诚祈祷,谨言慎行,远离酗酒、赌博以及淫荡等罪恶,娶妻不是娶她的钱而是她的温顺谦和、谨慎善良,对妻子不要颐指气使,不要无礼地对待妻子,等等。② 这种对子女的教育似乎可以看做一种父母之爱。

父亲行事只以自己的意愿以及家庭的利益为重,父亲权威就体现在安排孩子的婚姻、前程以及财产继承等事情上。父亲对子女婚姻的安排并不考虑孩子的意愿,但是,也不能据此认为父子或者父女关系就是冷漠,按照现代人的物质原则来看,中世纪贵族家庭的家长似乎很少无视子女的物质生活基础。无论是为儿子娶妻子还是为女儿出嫁,都会准备彩礼或者嫁妆。库珀尔依据一些学者的研究,对贵族婚姻嫁妆(marriage portion)问题进行过汇总。资料显示,1300—1350 年间,11 个贵族家庭嫁妆平均为 1 200 英镑。1351—1400 年 15 个贵族家庭嫁妆平均为 950 英镑,1401—1450 年 16 个家庭平均为 1 100 英镑,1451—1500 年 28 个家庭平均为 700 英镑,1475—1524 年 34 个家庭平均为 750 英镑。③

---

① P. J. Goldberg, translated, and ed., *Women in England*, c. 1275—1525, *Documentary Sources*, Manchester, 1996, p. 133.

② Emilie Amt, ed., *Medieval England 1000—1500*, *A Reader*, Broadview Press, 2001, pp. 410 - 419.

③ J. P. Cooper, Inheritance and Settlement by Great Landowners, pp. 306 - 308. in J. Goody, J. Thirsk, E. P. Thompson, eds., *Family and Inheritance*, Cambridge, 1979.

在土地财产的继承问题上，父亲同样不会询问和照顾孩子的意愿。从英国封建法律来看，所有的封建土地都是不可继承的，封土的保有者只有占有和使用的权利；而在封土的实际层面，几乎所有的土地都是可转让和继承的。因此，自由土地的继承是社会习惯。概括来说，英国社会存在多种土地财产继承习惯。一是长子继承制（Primogeniture），一是幼子继承制（Borough English, Ultimogeniture），一是诸子分割继承制度（partible inheritance）。大体上，上层社会以长子继承制为主，但是长子继承制也非绝对地排除对其他诸子的安排。事实上，贵族家庭给年幼的孩子准备财产及继承的情形俯拾皆是。试举数例。1360 年，牛津伯爵约翰·德·维尔，给他的第二个儿子 6 个庄园的继承权（in reversion）；1377 年去世的德文伯爵修格·柯尔特雷给他存活的 4 个年幼的儿子每人 7—10 个庄园作为继承权。① 这一类材料还有不少，大体所能反映的情形就是，贵族家庭尽管实行长子继承制度，但不会听任其他孩子处于窘困的境地。

从晚辈对长辈的态度来看，中世纪的父子关系强调的是孩子要顺从父亲。圣经中说：当孝敬父母，使你的日子，在耶和华你神所赐你的地上得以长久。② "你们作儿女的，要在主里听从父母，这是理所当然的。要孝敬父母，使你得福，在世长寿。这是第一条应许的诫命。你们作父亲的，不要惹儿女的气，只有照着主的教训和警戒养育他们。"③要注意的是，尽管此处的 honora 被翻译为中文的"孝敬"，但其本意更在于"敬"而非"孝"。法国学者阿里埃斯认为中世纪不存在童年概念，它是近代的产物。因此，情感交流的缺乏是一种常态。孩子对父母缺少亲近，只有敬畏。

如前文所述，学界大体上认同英国农民家庭的结构是夫妻式的核心家庭占主导，但核心家庭存在的情况也是复杂的。夫妻成立家庭，有了

①  Linda E. Mitchell, *Family Life in the Middle Ages*, 2007, pp. 313 - 315.
②《圣经：出埃及记》,20:12.
③《圣经：以弗所书》,6:1 - 4。拉丁文版本。

孩子,这是核心家庭的起始状态,一旦孩子成年,就意味着他们要结婚成家,而成家后的孩子是否离开家庭,何时离开以及如何离开家庭都不是容易回答的问题。核心家庭有开始,但父母及孩子未必愿意让其终结,更常见的方式是延续父母所建立的家庭。即是说,即使孩子们要成家离开,也必有一个孩子来守住父母家的房屋炉灶,也就是守住家庭。当这种情形发生的时候,就是主干家庭的形成。当父母还能够主持家庭事务的时候,表现出来的是父母—儿子—孙子的逻辑关系;可是一旦父母年老,家庭事务事实上由儿子负责,家庭的逻辑关系是儿子为中心,父母和孙子为辅助。此时的家庭与以夫妻为中心的核心家庭是类似的存在,换言之,核心家庭与主干家庭在不知不觉间进行了转换。

同样地,如果几个孩子共同维持父母留下的家庭,就有联合家庭的出现。这种情况不只是出现在假设中,实际上英国农村的一些习惯和社会经济的变迁会促使其形成。从农民土地持有情形来看,土地的规模其实是与家庭结构和规模相互对应的。120英亩大小的海德犁田往往对应着一个扩大的家庭,四分之一海德如果从继承习惯来分析,长子继承制度往往会驱使其他诸子离开家庭,于是离开的孩子另组家庭,成为小家庭;分割继承则可能导致诸子共同维系家庭的土地财产。当然,情况可能朝相反的方向行进。

此外,家庭结构与规模之间并不总是一致。即使作为核心家庭,其规模不一定小,这在很大程度上取决于家庭的经济实力。家庭越富裕,孩子往往也越多。并且,不同的时代社会经济环境也会形成不同的家庭规模。例如,在英国凯伯沃思庄园,黑死病之前农民家庭平均规模为5人,黑死病之后下降为3.96人。[1] 其他地区也大体类似,估计黑死病后平均家庭规模在3—4人。

此外,有两个为人忽视的现象要特别讨论,它们都在事实上影响到

---

[1] Cicely Howell, *Land, Family and Inheritance in Transition, Kibworth Harcourt, 1280—1700*, Cambridge, 1983, p. 125.

了家庭的规模。其一，接纳前任佃户为家庭成员。在中世纪英国农村，农民从领主手中租种土地，并达成相应的租佃契约。一旦佃户去世或者其他原因，租佃契约就结束，土地重新回到领主手中。其他人再从领主手中租种此块土地，又开始新一轮的租佃。在这种情况下，前后两位租地的农民并没有直接的交集。但是在有些情况下，是农民之间进行交涉，最后报领主同意，即前任佃户把土地转让给后来的佃户，后者要承担某些责任和义务，其中或许就有负责前任佃户的生活起居。于是，后者的家庭中就有了一位或者多位没有亲属关系却吃住在一起的成员。其二，值得注意的现象是，晚期中世纪许多农民家庭往往雇有仆人，例如，在格洛斯特郡的坎普斯福德(Kempsford)，第一次评估的 118 个纳税人中有仆人 30 人，第二次调查又挖出隐瞒的仆人 39 人，其中 19 个妇女。希尔顿还估计，英国科茨沃兹地区，每 8 个家庭中就有 1 个家庭雇佣仆人。在该地区的巴克兰(Buckland)，有 30 个种地家庭，其中一半的家庭有成年的儿子或女儿，5 个家庭有长住仆人(living-in servant)。[①] 仆人往往居住在雇主家中，成为家庭(household)中的一员。农民家庭结构和规模是复杂的，希尔顿下面这一段话很具有概括性："在其最大程度上，家庭可能包括祖父母，或者如我们将看到的，甚至包括自前一个家庭的租佃中存留下来的没有亲戚关系的老一辈。家庭可能有下一辈已婚的夫妇，即儿子及其妻子或者女儿和女婿。家庭可能有一个或者多个未婚的男性或者女性成员，有同辈的，也有祖父母的子女。家庭有已婚夫妇的孩子。最后家庭可能有 1 到 2 个同住的仆人。而在其最小程度上，家庭可能只有一个寡妇或者一个鳏夫，或者一个未婚的男性或女性。最后这些人可能会因社会和领主的压力而被迫迅速结婚；寡妇和鳏夫如果年轻也会如此。一个核心家庭将开始又一个可能导致三代家庭的周期。"[②]

农民家庭同样是父权制家庭。作为一家之主的父亲或者丈夫在家

---

① R. H. Hilton, *The English Peasantry in the Later Middle Ages*, Oxford, 1975, pp. 32 - 33.
② Ibid., pp. 28 - 29.

中享有绝对的权威。家庭的土地是由男人从领主那里持有,有了他才有土地以及随之而来的相关事务。因此,男人是家庭的顶梁柱,没有他们往往意味着土地丧失和家庭的瓦解。1412 年亚当·亚当斯(Adam Adams)与其儿子理查德离开了格洛斯特修道院地产的阿普利顿(Upleadon)庄园,去格洛斯特工作,他的女儿们也随之到其他村庄居住,家庭已经不再。1423 年奥克斯希尔(Oxhill)的农奴约翰·库普尔死亡,他的女儿也随之外嫁到斯瓦克利弗(Swalcliffe),他的遗孀则带着 12 岁的儿子和 8 岁的小女儿离开再嫁。只有长子兼继承人还继续居住在该村庄,又一个家庭解体。①

　　农民家庭的夫妻关系并不太容易确切了解。一些庄园法庭的诉讼中以及教会法庭的诉讼中透露出某些信息。正如史学家埃琳·鲍尔所指出的,农民没有机会也没有能力阅读教会或者世俗知识阶层对妇女及婚姻权利的那些论述,但是下层识字的牧师或者流浪的艺人会有所宣传,所以农民家庭中丈夫的权威与整个社会是一致的。②但是,丈夫在家庭中的权威更可能来自地方习惯。在诸多庄园法庭的记录中,常有丈夫殴打妻子的情形。而地方法律对于此类家庭暴力往往并不重视,只有当出现真正的伤害如以刀具等致使妻子流产等,才会对当事人处以罚款。

　　当然,夫妻关系受到多方面因素的影响,有幸福的夫妻关系,也有不幸的。一个能干的会操持家务、抚养教育孩子的妻子,就是农民家庭中不可缺少的一环。有些家庭的妻子还是重要的手艺人,能够纺织、制衣、酿酒。③这样的妻子,甚至受到当时诗人的赞美。在文学作品中,常有女性在家庭中表现得很强势。乔叟书中的巴斯妇,其地位应该属于劳动者阶层(如果巴斯是职业,则说明其家庭属于手工业者),在她的 5 次婚姻

---

① R. H. Hilton, *The English Peasantry in the Later Middle Ages*, Oxford, 1975, pp. 106 - 107.

② Eileen Power, *Medieval People*, London, 1965, pp. 29 - 30.

③ Marjorie Keniston McIntosh, *Working Women in English Society*, 1300—1620, Cambridge, 2005.

中似乎一直都是占据主导地位,几任丈夫被其握于股掌之间。[1]

正如在贵族家庭所看到的,农民家庭中的夫妻关系也体现在财产关系上。妻子将嫁妆带入夫家,就有了可以继承寡妇产的权利。当然,丈夫在世一日,妻子就无权处理自己的财产,更不要说丈夫的财产。一旦丈夫去世,妻子可继承丈夫三分之一的财产。1276 年,海尔斯欧文的庄园法庭记载这样的案例:威廉·勒·特宁将其一半的持有地赠与威廉·勒·阿切尔,条件是后者跟自己的女儿茱莉亚娜结合;只要他们一直结合并赡养他,等自己及妻子去世后,老威廉愿意将所有的持有地都给他们。假如他们不能结合,他们将只能拥有一半土地。[2] 1279 年,萨里郡(Surrey)的妇女玛蒂尔达拥有 12 英亩土地及一个宅院,她跟菲利普的婚姻的前提条件是,将自己的土地交给那个男人前妻的孩子。婚后,土地给了孩子们。后来菲利普死亡,玛蒂尔达成为寡妇。两个星期之后玛蒂尔达试图重新获得自己的土地,并改嫁他人。最后她虽然改嫁了,却失去了土地。[3] 这个事件中,玛蒂尔达并没有获得自己的寡妇产。不过,总体上,寡妇产还是受到习惯保护的。

家庭关系中,亲情关系远不及财产关系。或者说,更可观察的是财产关系。这一点在家庭财产继承方面有更清晰的体现。在农民社会,继承制度也是多样的。造成不同继承习俗的原因,肯定是多样的,且与各地区的社会经济环境有关。长子继承制倾向于长子一个人继承土地,而排除其他孩子的继承权。该制度实行的地区是英国农业种植的核心地区,即中部米德兰以敞田制度为主导的地区。西北部多森林地区,较少依附份地,多分散的农场和圈围的土地,其习俗则倾向于分割继承。东南部沼泽地区乃幼子继承制,将继承权交给幼子,体现了父母以及兄弟对于幼小孩子的一种

---

① 杰弗雷·乔叟:《坎特伯雷故事》,方重译,上海人民出版社,1980 年。

② P. J. Goldberg, translated, and ed., *Women in England*, *c. 1275—1525*, *Documentary Sources*, Manchester, 1996, p. 140.

③ Robert C. Palmer, Context of Marriage in Medieval England: Evidence from the King's court circa 1300, *Speculum*, volume 59, issue 1 (Jan., 1984), pp. 42 - 67,53.

特别关照。至于男子均分制（Gavelkind）则是肯特地区古代习惯的某种遗留。虽然继承制度差异存在，但在实际生活中任何一类制度（何况这些最多只能称为习俗）都不是绝对的。例如，在林肯郡就实行的是诸子析产制度，这与米德兰模式颇为不同。在实行幼子继承制的地区，也在发生着改变。例如，在萨里郡东部（East Surrey）的布克翰（Bookham），1339 年有两个维兰佃户请求修道院院长改变幼子继承为长子继承，其理由是幼子继承"对所有的效忠者和佃户都是严重的摧残和损害"。院长同意在一年内改为长子继承制，其他村民也同意。为此他们花费了 40 先令①，更重要的是即使在实行比较严格的一子（unigeniture，长子或者幼子）继承的地方，也同样会为其他孩子提供土地和财产，虽然没有继承之名，但有继承之实。即使女子也会以嫁妆的形式获得财产与土地。

　　无论是何种形式的遗产继承习俗，家庭成员基本上都拥有依赖土地以求生存的权利。或者说，农民事实上总能够在维持家庭土地的完整与提供家庭成员以生存基本保障之间寻求到一种相对的平衡。因此，我们在许多地方看到的史实是，与主流的继承习俗相伴随的是许多变通的手段。例如，1268 年 10 月诺福克郡的霍沙姆（Horsham ST Faith）庄园，尼科拉·海恩持有 6 英亩不可分割的土地，但是在当地依据习惯持有土地的人应该依据其能力来维持兄弟们的生活。因此，尼科拉应该维持其兄弟罗伯特的生活，每年给 4 先令费用，分两次付清。②

　　家庭关系中，并非只是父母对子女的单向关系，同样也存在子女对父母的反馈。在中世纪英国农村社会，孩子赡养父母确实为当时的习惯和实践。中世纪英国有一个著名的故事，讲的是儿子不愿意赡养父亲，老人有意让儿子得知其藏有不少钱财，于是儿子将父亲接到家中养老送终。当然，所谓钱财是根本没有的。这则带有劝喻性质的故事谴责了儿

---

① Barbara Hanawalt, *The Ties That Bound: Peasant Family in Medieval England*, Oxford, 1986, p. 69.

② L. R. Poos, Lloyd Bonfield, eds. , *Select Cases in Manorial Courts 1250—1550: Property and Family Law*, London, 1998, p. 2.

子的不道德。在晚期中世纪英国农村,有一种赡养协议,即孩子为年老退休的父母每年提供生活物资,从粮食、蔬菜水果到衣着都在其中。

从上可见,农民家庭中的关系有突出的经济利益色彩,即使是亲人之间的经济活动和经济关系也都必须以契约的方式得到体现。土地在家庭内部的转让是一种,寡妇产的确认是一种,父子赡养协议是一种。或者说,情感也许体现在物质之中。从这个意义来看,继承制度、遗嘱制度、领主权制度等都在其中发挥了作用。当然,我们要认识到,因为资料的缺乏以及研究者视野所限,现有的关于农民家庭夫妻关系、父子关系的认识都是片面的。甚至可以这样说,对于人类社会任何时间任何地区的家庭关系的判断,超出研究者可感知和认知的范围就属于臆断了。

中世纪英国是一个阶级社会,少数人统治着多数人。统治阶级和被统治阶级虽然共同生活在一个天地之中,却各有自己的世界。表现在婚姻家庭上,作为统治者贵族阶级与被统治阶级劳动者阶级也许会有某些共性,但更多地凸显了各自阶级的特征。正如马克思所指出的:"婚姻都是由当事人的阶级地位来决定的,因此总是权衡利害的婚姻。"[①]人们的婚姻受到他们各自身份地位的影响。从基督教的统一性来看,所有基督徒都是兄弟姐妹,但是贵族阶层从未向非贵族的基督徒敞开婚姻的大门。贵族男性可以拥有非贵族的女性甚至农奴的女儿,但她们只能是以非婚姻的方式存在;贵族女性不能嫁给非贵族的男人为妻子,若女方一意孤行就意味着放弃自身的身份等级。当然,即使男人在理论上优越于女人,但一个贵族女性远比低等级的男性更具有婚姻的选择权。中世纪晚期,大约430个出席上院法庭的贵族中,64%娶贵族女子为妻;而那些贵族所娶的平民妻子中,36%是父家的遗产继承人。[②] 在家庭同样如此,

---

① 《马克思恩格斯选集》,第 4 卷,人民出版社,1995 年,第 69 页。

② Joel T. Rosenthal, Aristocratic Marriage and the English Peerage, 1350—1500, Social Institution and Personal Bond, *Journal of Medieval History*, 1984, September, p. 182. Anna Dronzek, Gender Roles and Marriage Market in Fifteenth-Century England: Ideas and Practices, in I. Davis, M. Muller, S. Rees Jones, eds., *Love, Marriage and Family Ties in the Middle Ages*, Brepoles Publishers, 2003, pp. 63-76.

当时的英国政府甚至都以阶级或者等级地位来规定家庭规模的大小,以法令来规范不同地位的人们的衣着,禁止下等阶层的人们僭越穿上等阶层人的衣服,等等。

在一个阶级社会中,无论男人还是女人,也无论父母还是孩子,他们各自身份地位的变化或者所谓的解放,更多地取决于社会经济的变迁。从这一意义来看,理解婚姻家庭变化和发展,根本在于深层次的社会经济环境的整体变迁,而非表象的某些主张、政策或者制度。晚期中世纪的英国家庭比较于早期中世纪所发生那些明显的变化,正是社会经济大变迁的结果。在农民家庭中,农奴的解放让他们获得了相当的自由,于是领主对农民婚姻的控制逐渐削弱乃至消失。在人口总数下降的情形下,各个家庭的规模并没有因为疾病等因素而剧减,相反因为富裕程度的提高,家庭规模是有所上升的。贵族家庭同样经历了显著的变化。在血缘家庭之外,更大规模的家户式家庭成为一种突出的现象。家户式家庭的组成,体现了家长的权威还有经济力量的威能。尤其是乡绅,他们不具有贵族的血统、法律特权以及文化的生活方式,然而他们以其财富以及伴随财富而来的地方权力,成为一支不容忽视的力量,到晚期中世纪甚至影响到了英国议会的选举。乡绅家庭也属于家户式家庭。最后,随着社会经济的变迁发展,教会本身对世俗社会的控制也在削弱,晚期中世纪是一个逐渐从宗教神圣走向世俗的时期,这是世俗撼动神圣的过程。为此,我们看到英国婚姻家庭中的许多方面已经与教会产生了距离,早期中世纪所主张的结婚的四大前提已经不再是教会的前提,而且婚姻的世俗特征成为人们认可的一种存在,或者说婚姻的神圣性逐渐削弱。

总之,要深入理解中世纪英国的婚姻与家庭,还需要回到历史的语境之中。

# 第五篇

## 思想、文化与教育

# 第一章　中世纪政治思想

　　在中古西欧社会,基督教的神权政治文化传统,将国家与教会都看作是神的统治机构,教会负责拯救人类的"灵魂",而国家则负责统治人类的"肉体"。从"灵魂得救"高于"肉体生活"的信条出发,又主张教权高于俗权,包纳着教、俗权"二元相分、对立"的意向,但在中古前期,由于教权弱小并依附于王权,这样的意向尚处于沉潜状态,而其中神权国家观的轴心——"王权神授"的理念则得以张扬。基督教的这一神权政治理念可谓源远流长,《旧约全书·申命记》的第十七章,已载有摩西要求以色列人让耶和华神为其选立国王的告诫,《新约全书·罗马书》第十三章则对信徒宣称,任何权柄皆为神所命定,故应对世俗权威恭敬服从,否则就是违抗神命而受到惩罚。在《旧约全书》的"撒母耳记""列王记"等不少章节中,还载有耶和华神为以色列人、犹太人选立国王的传说。

　　朗格兰的作品《皮埃尔的农人》,正是在这种尖锐的社会矛盾和普遍的不满情绪中问世的。

　　威廉·朗格兰(William Langland)出生在赫里福德郡的勒德伯雷,关于他的生平材料很少。他的父亲可能是农夫,而他自己是受过教育但没有圣职的教堂助理人员,曾经在伦敦待了很长时间,生活贫苦。《皮埃尔的农人》是一首头韵体的长诗,这首诗有几个版本,以 1377—1379 年的版本最为完整,约有 7 500 行。在这首诗中,作者采用了中世纪文学通用的手法,以梦境开始:夏日的早晨,诗人在马尔文山上入睡。他梦见一片平原,东边有真理城堡,西边是灰暗的塔楼,里面居住着罪恶。平原上聚集着各种身份、阶层和职业的人:国王、骑士、僧侣、商人、手艺人、农夫、乞丐、小丑等等,他们是奔走于真理与罪恶之间的人类的代表。上流社会充满着欺诈、傲慢、奢侈、嫉妒、愤怒、贪婪等,其中很多人开始忏悔,寻求真理但又找不到路。这时,农夫皮埃尔出现了,他已为真理服务 50年,来为人们指路,但他先要耕完自己的土地。一些香客前来帮助,有人提议让他们来祷告,皮埃尔以饥饿来吓唬他们。乞丐和劳动者抱怨工资低,暗示当时国家的强制劳动立法。"真理"带信给彼尔斯,发放免罪符,在与牧师关于免罪符的争论中,皮埃尔声言要放弃劳作改做祈祷苦行生涯。诗人在皮埃尔的谈话里,展示农民和雇工的贫困景象和深重灾难,诗中生动描写道:"劳动者没有土地维生,只能靠双手活命";"因无钱就餐,只能以过时的蔬菜充饥";"在匆匆行走中饥肠辘辘,抓些废弃之物来充饥;如此受肚子折磨,以至于他双眼泪涌。"[1]诗人还梦到皮埃尔去找寻"良善""甚善"和"至善",以许多寓意形象来体现自己寻找社会公正、进步的心境。

到了公元 4—5 世纪时,"王权神授"的理念又被早期教父们所弘扬。其时,深受罗马帝国君主政治熏陶而又被罗马帝国的严重统治危机所震撼的早期教父为了拯救时世,在议定教义时着力阐发《圣经》中的"微言大义",将其中朦胧零散的"王权神授"观念转化为系统的神权政治理想。按照他们的解释,人类因"原罪"而堕落,需要神命的统治权威加以拯救,这个权威只能由上帝设立。与教会一样,国家也是一个神权统治机构,世俗政府的权威是神批准的;上帝为了统治人间,就命定一个国王作为他在尘世的政治代表。上帝为国王设立了"职位"(Office),并"授权"给

---

[1] J. Taylor et al. , ed. , *Politics and Crisis in Fourteenth Century England* , Gloucester,1990, pp. 63 – 65.

国王使其就职。国王有"上帝的影像（Image）和映像（Reflection）"，是上帝的代表（Vicar of God），是"承蒙上帝的恩典"（by the grace of God）来进行统治的"神命"的君主。苛暴的国王代表上帝惩罚人类的罪恶，仁慈的国王代表上帝施惠于民众，任何人都须绝对服从王权的权威。同时，教会也要求国王尊重和服从"神法"，维护教会权益和社会秩序，仁慈、公正地进行统治。① "王权神授"的理想在教会和君主的倡导下，在中古前期绵延不断，并在英国深深植入社会土壤。

"诺曼征服"后，随着封建王权的发展和强化，也随着罗马教廷神权的崛起，教、俗权之争显现，"王权神授"的观念因"王权派"教士的宣传而在社会上迅速传播。

11纪末、12世纪初，当罗马教廷否认世俗国王的"神命君主"的身份与地位、鼓吹王权服从教权的新神权主义的"教权至上"论时，英国的"王权派"教士继续崇奉"王权神授"的政治理想，对教廷的理论与要求予以反驳。亨利一世时，教士弗琉里的休（Hugh de Fleury）曾经向国王宣读了一篇论文抗议教皇格里哥利七世有关国王权威起源于人的罪过与王权必须服从教权的言论，声称这些观点荒谬至极，与所有的权威都来自上帝之使徒的教义大相悖逆，认定王权是上帝安排的神权，因为在世俗的世界与宗教的天国中，都有神的权威及相应的神权统治制度。② 也正是在此时，由所谓的"鲁昂的匿名者"所著的政论小册子问世，进一步鼓吹"神命"的王权有权统治教权。据史家估计，这本小册子是一位鲁昂牧师会成员所作，在其中的《论高级教士和国王的圣职就任》一文里，作者宣称，通过世界上唯一最隆重崇高的涂油加冕典礼，国王不仅是俗人，而且是"神授之王"，是上帝在尘世的影像，上帝授权使国王成为教会和臣民的统治者、保卫者和指导者，"值得所有人作为主要的大主教和最高主

---

① R. W. Carlyle & A. J. Carlyle, (1903—1936), *A History of Mediaeval Political Theory in the West*, London. 1903—1936, V1, pp. 149 - 150.

② Ibid., V. 3, p. 98.

宰来加以崇拜"。而主教享有的涂油加冕典礼远不如国王的隆重,主教为王施行此礼也说明其地位在王之下,因此就须受王统治。在其中的《论罗马教皇》一文中,作者批驳了教权高于王权的论调,声称教权只可为人治疗灵魂、赎除罪过,而王权则负有保护教会、统治国家的责任,是上帝对王的"授职";"谁力图剥夺王的这种'授职',谁就是力图行动来抗拒上帝的安排和命令"。①

　　这本小册子产生在教皇加强干涉英国政治之际,其论断多指向教廷。当然这并非是偶然现象,在 12 世纪初,社会上就流传着一句诗文:"狂暴的大海水势汹涌,却不能冲洗掉一个涂油国王的芳香。"②亨利二世时,"王权神授"的政治理想在臣民中更为扎根,在《财政署对话集》前言中,国王的国库长、主教理查德·菲兹·尼尔(Richard Fitz Neal)指出,必须敬畏和服务于上帝命定的王权,"因为整个权力是吾主上帝的权力"。即便国王贪婪独断,臣民也不应议论或惩罚,国王的存亡兴衰只是"根据上帝而不是人的判决"。③ 在当时的宫廷中,为获权势而向国王阿谀献媚的风气极盛,王之御用文人布罗依斯(Brois)素为刚直不阿之士,对此相当反感,但他结合当时的情况仍这样论证国王的权威:"我必须承认,辅佐吾主国王乃神圣职责,因为他是一圣者和上帝之基督,他所受的国王涂油之礼并非徒然。如谁未意识到或极为怀疑他的权力,腹股沟瘟疫和淋巴结核病的消除便确可对此作证。"④可以说,通过象征着"王权神授"的涂油加冕典礼及国王对此礼效应的宣扬,英王作为神命的最高政治权威的形象,逐步在王国中树立起来。

　　斯蒂芬王统治时期,英国爆发争夺王位的大内战(1139—1154 年),

---

① D. C. Douglas,& G. W. Greenaway, ed. , *English Historical Documents*, V. 2,pp. 666 - 667,491.

② H. A. Cronne, *The Reign of Stephen 1135—1154*, London,1970, p. 140.

③ D. C. Douglas, & G. W. Greenaway, ed. , *English Historical Documents*, V. 2, p. 491.

④ Ch. Petit-Dutaillis, *Feudal Monarchy of England and France*, p. 115. 在当时的西欧,受"王权神授"传统的影响,人们普遍将这类病视为特殊的"国王病"(king's ill),认为只有国王借助上帝赐予的恩典才能将之治愈。

严重冲击了封建王权的统治秩序，一度导致地方分裂割据的严重局面，从而促使人们对王权的神圣性与权威性进行思考。而在12世纪中期，教皇权威进一步拓展，英国教会对教廷的政治向心力开始加强，如何区分教、俗权的权力边界也引起众多关注。正是在这样的社会背景下，酝酿出索尔兹伯里的约翰（John of Salisbury）的"王权神授"的政治学说。

索尔兹伯里的约翰社会阅历十分丰富，曾任坎特伯雷大主教提奥波德（Theobald）的秘书，也是国王亨利二世的朋友，并与坎特伯雷大主教贝克特、教皇犹金三世（Eugene Ⅲ）与阿德里安良四世（Adrian Ⅳ）等教会高层人士关系密切。他晚年在法国的夏尔特定居，1176年成为夏尔特教区主教，于1180年在当地去世。约翰才华横溢、学识广博，是当时西欧的一位著名学者，对基督教的《圣经》与早期拉丁教父的神学颇为精通。同时，受英国、法国初期城市文化复苏的熏陶，他谙熟希腊罗马的古典文化，曾经研读过柏拉图的《理想国》、西塞罗的《共和国》和《法律篇》、维吉尔的民族史诗《伊利亚特》、普鲁塔克的《希腊罗马名人合传》及6世纪拜占庭的《查士丁尼法典》等著名的文献。这些使他能够立足于基督教的神学传统而广泛吸收古典文化的思想营养，在反思与探讨社会现实时阐发自己的政治理想。

约翰的著述十分丰厚，有历史著作《教皇本纪》、政治讽刺诗《恩拉替卡斯》（*Entheticus*）、哲学论文《逻辑论》等。他在1159年撰成的《论政府原理》（*Policraticus*）一书，则是12世纪以前中古西欧唯一的一部重要的政治理论著作，其中包含着当时最为集中的"王权神授"学说。

与以往的神学家不同，约翰在阐发"王权神授"的政治理想时，借鉴了古代的国家观和自然法。约翰认为，在政治中实行国王一人统治的政体，是绝对合理的，自然界常出现的"单一"治理方式即可佐证。古代哲人柏拉图和西塞罗都强调，人的共同体（Commonwealth）应效法自然，这种古训应当遵守。他指出，自然是国家政体的最佳模式，是人的"最好的生活指南"，蜜蜂的群体组织即是一例。在蜂群中，既有采蜜者、储蜜者，也有驱赶寄生虫的保卫者。尤为重要的是，蜂王负责指挥整个蜂群，否则,蜂群就难以安全生存和有序劳作。由此约翰推理道,同样,人的社会共同体也须如此,需要由一个首领来统治。不然,其成员的生存和工作就无保障,就会陷入无政府混乱状态,也就无公正和幸福可言。① 因此,国家由国王来统治才是合理的。那么,国王又是怎样产生的呢? 约翰认为是由上帝所安排的,因为上帝是最伟大的造物主,是一切权力和恩泽的源头。他指出,在基督教社会,上帝为统治尘世,就命定国王为最高统治者,让他代表自己行使部分神的统治权力,"国王权力来自上帝,王权是神权的一部分"。约翰解释说,王权之所以是神权,还在于上帝的授权并非是永久性的分权,而是临时的赐予且常予之监督,不让它与自己完全分离。他强调,王权统治表明的是"上帝仅通过一只下属的手来行使这种权力"。因此,上帝对王的权力可以授予和加强,也可将之撤回或削弱。在这里,约翰似认为血统和"选择"原则都不能有力证明王权的合理性,只有寓王权的合理性于自然法特别是神性之中,赋予了王权以神权的内涵,才能证明国王的天然而神圣的权威。

既然王权是上帝神权之一部分,国王拥有的权力就是一种神圣的公共权力,与"私人仅仅对其私家事务负责"不同,君主承担的是对整个共同体的责任,他高踞于共同体之上,享有尊严与权威,这是合理与合法的。对此他解释道:"因为没有什么比君主的需要应当被满足而对人民更有利了,因为他的意志被发现与正义对立是不可能的。由是,根据通常的定义,君主就是公共权威,是上帝的最高权力在人间的一种影像。"② 正因为如此,君主就可为维护国家安全和公共利益而行使统治权力。在这方面,约翰颇受罗马法的影响。他提出,"王的意志将具有一种决断力量,最恰当的是,在他满意的地方就拥有法律的力量"。对王的这种权威,人人都须尊崇和服从,不得轻视与违抗。因为"谁抵抗统治权力,谁就是抵抗上帝的命定",就要受到严惩;此外,"国王为惩恶扬善,维护法

---

① *The Statesman's Book of John of Salisbury*, translated by, J. Dickinson, New York, 1927, pp. 245 – 248.

② *The Statesman's Book of John of Salisbury*, pp. 3 – 5.

律尊严,可以使用刀剑"。① 由此,约翰将叛逆国君罪(Lese Majeste)定为十恶不赦之首罪,并对此种罪行的表现作了种种界定,如欲谋害国王及其行政官员,武装反抗国王的统治秩序,临战逃脱而抛弃国王,煽动民众暴乱,向外敌提供兵甲钱谷,劝阻外国人归顺国王,有意让囚犯越狱等等。约翰主张,对于这些罪行,应根据罗马皇帝查士丁尼的法律处以死刑,罚没财产。约翰甚至认为,碰撞国王雕像也应视为如此,"无论在任何时候擅自在任何程度碰撞了君主的无生命的雕像,也应受到最残酷的死刑的惩罚,正如古人所认为的那样"。由此他还主张实行株连法,将此类罪犯之子一同处死,以警示民众;剥夺其后裔对其家族、亲戚的财产、职位、爵位的继承权乃至享有荣誉和誓证的权利,使之成为赤贫如洗的乞丐,并让其永负先辈的辱名。对同谋犯和教唆者及其侍从和他们的后代,一应按此方式严惩。对其中的告密者,则予以宽免和恩赐。②

在证明王权政体合理和神圣的同时,约翰竭力将王权的运作纳入基督教传统神学伦理政治的轨道,提出了"王道"说与"暴君"论,从而进一步阐发了他的"王权神授"的政治学说。在他看来,王权虽系神权的一部分,但由于各个国王的品质,好恶有所不同,其实施权力时也就会有仁慈与暴虐之分,为此就应倡导"王道"政治,反对"暴君"政治。"行王道者则被视为王"③,这是约翰"王道"说的一大政治命题。约翰认为,"王道"就是贤明君主治理王国的善道,而国王要行此道,就必须尊重法律,并以法律来统治国家。他指出,"在暴君和国王之间有这样一个唯一的主要区别,即后者服从法律并按法律的命令来统治人民"。什么是他所指的"法律"呢? 约翰指出,"法律是神的赠礼,平等的模式,正义的标准,神意的反映,福祉的卫士,人民联合与团结的纽带,限定责任的准则,因此是抗击恶行与破坏者的堡垒,是对暴力与所有邪事的惩罚"④。这种"法律"极

---

① *The Statesman's Book of John of Salisbury*,p. 9.

② Ibid.,pp. 260 - 363.

③ Ibid.,p. 107.

④ Ibid.,pp. 32,35.

为抽象和宽泛，显然是当时人所认定的那种以上帝为轴心的涵盖万象的自然法的真理，其中蕴含的则是教会传统神学的伦理政治准则。据此准则，约翰认为，所谓"王道"，就是国王按照上帝旨意来保卫国家和教会，公正、仁慈地对待臣民。因此，他指出，一个贤明的君主，能捍卫共同体利益，就像蜂王那样将劫掠蜂房的寄生虫驱除出去；能尊重和支持教会，"广泛地扩展宗教崇拜"；能惩恶扬善，主持正义，"贬抑高傲者而擢用谦卑者"，"对贫苦者慷慨，对富有者吝啬"，公平地"酬报美德，惩罚恶行"。国王若行"王道"，就会像恩泽万物的旭日受臣民景仰。他声称，"我相信君主是另一个太阳"。① 约翰认为，国王要成为一个遵循法律而行"王道"的贤明君主，既要进行自我意志的磨炼，也要博学政术，更要敬畏和诚爱上帝，听从神的法律。为树立一个理想的"王道"模式，约翰还竭力在古典时代的政治史中去寻找证据。他列举了古希腊、罗马政坛中的贤明精干的伟人如亚历山大、凯撒等，以其"仁慈""节俭"等作为国王效法的楷模。他还以其时的英王亨利二世作为贤明君主的现实典范，赞誉其勇敢贤明的国王品格。

在颂扬贤明君主时，约翰对"暴君"统治也作了尖锐的抨击。在他看来，只有依法律来行使权力的人才是国王。相反，"暴君就是依靠武力统治来压迫人民的人"，就是"使法律化为乌有和将人民沦为奴隶"的统治者。② 由此约翰提出了"诛暴君"的又一重大政治命题。他声称，暴君滥施苛政，压迫人民，使正常的社会秩序难以维持，给国家和人民带来灾难。此外，异教国家的君主也是暴君。约翰指出，暴君是人民公敌，诛灭暴君也就是正义合法之举，"诛杀一个暴君也是合法的"。③

然而，约翰并没有公开声张臣民"诛暴君"的权利，他所说的"诛暴君"主张也未能进一步演绎下去，因为这与他所阐发的"王权神授"的理论基调毕竟大相悖逆。受根深蒂固的基督教神权政治文化传统的制约，

---

① *The Statesman's Book of John of Salisbury*，p. 364.
② Ibid.，p. 335.
③ Ibid.，p. 364.

他没有也不可能放弃"王权神授"这一固有的神权政治信仰。因此他认为，对暴君的惩罚只能由上帝的权威来行使，人不能惩处行使一部分神权的国王。也正因为如此，约翰不仅在惩处暴君的问题上，而且在对暴君本身的解释上都陷入难以自拔的理论矛盾。故他指出："暴君是上帝的大臣"，上帝让他们去惩罚邪恶者，去考验与磨炼善良者。在约翰看来，由于上帝授予国王权力时也有惩罚臣民罪过的目的，暴君仍然是"上帝的神命之君"，是"上帝的大臣"。① 王权的神圣性与合法性，也不会由于出现了暴君而不存在，况且暴君也不是多数，只是在上帝让某个国王惩罚臣民的罪恶时，王权实施才显示出暴政的特征。对此，他又强调，"事实上，因源于上帝，整个权力是好的"。个别的暴君并不会使整个"神授"王权的形象得以改变，"这正如在一张画中，一种黑色或其他某种画面本身显得很难看。然而，作为整个作品的一部分，它又是可爱的"。

这样一来，对约翰来说，国王之暴政的根源反倒不是由王的品格决定的，而是臣民行邪作恶所招致的结果，故暴君的存在也是合理的，"虽没有什么东西比暴政坏，但即便是一个暴君的统治也是好的"。因此，约翰强调，臣民也应该服从暴君，国王的封臣更必须履行"神圣的效忠义务"，无论有何理由，"谁都不应诛杀与他以誓约或效忠义务相联系的暴君"。② 值得注意的是，约翰所谓的"暴君"概念涵盖范围十分宽泛。在他看来，除了苛暴的国王外，滥用职权的官员、教士和专横的贵族乃至民众中的邪恶者，也都属于"暴君"之列，故他指出，"在私人之中，也有一大群暴君"。③ 结合当时的时代背景来看，约翰"诛暴君"主张的主旨其实聚焦在如何树立国王合法而神圣的政治权威、避免王国政治动荡之上。

在中古前期的西欧，约翰的《论政府原理》可以说是唯一的一部重要的政治专著，其中所阐发的系统的"王权神授"的政治学说，被史家誉为

---

① *The Statesman's Book of John of Salisbury*，p. 351.
② Ibid.，p. 351.
③ Ibid.，p. 372.

"未中断的教父文化中最成熟的理论形式的高峰"。① 为了满足国王政治集权及妥当处理教俗关系的需要,约翰的学说表达了规范王权的目的,同时反映了巩固国王的神圣权威的政治意向。

在中古英国,还有一种"法治"传统,主要由三种观念或习惯组成。其一是日耳曼人的"法律"观念。中古之初的盎格鲁-撒克逊人的蛮族王国从日耳曼部落脱胎而来,要依据先有的部落习俗即"法律"来统治,这种"法律"通过记忆而世代传承,因此,"法律是被发现的、公布的、'找到的',而不是被制定的"。② 国王在制定"新法"时,要派人去各地搜集已有"法律",在贵族会议上加以讨论、整理与增减,然后颁布。国王不能单独立法,"法律"是"找到"的与共同议定的,这样,"法律"的权威当然就高于国王的权威,国王理应遵守"法律","王在法下""法大于王"的观念也就普遍流行。

其二则是"封建法"的观念。在中古英国,随着封建化进程发展,所谓"封建法"即封建习惯也逐渐形成。在以土地分授与占有为基础的封君封臣制中,有关占有、继承、支助、服军役、监护、婚姻的一整套封建习惯也逐渐约定俗成,被视为古已有之的永恒的习惯。同时,"日耳曼法"关于法律为共同体所共有、任何统治者都不能改变法律的观念,在调节封建等级关系时仍然发生影响,"日耳曼的习惯法概念也就被轻易地吸收进那些制约封君与封臣之间的联系的原则之中。"③"封建法"是建立在封君与封臣之间个人"约定"之基础上的,双方都应按照"约定"的规则来行事,否则"约定"就会自动解除。所有这些特性,都使"封建法"也被看作是被"找到的"古已有之的"良法",也使它被贵族用作抵制国王"暴政"的依据。这同样可被看作是"王在法下"或"法大于王"的反映。

其三是"神法"观念。在中世纪的英国,涵盖了整个基督教的信仰、

---

① *The Statesman's Book of John of Salisbury*, introduction.
② N. Zacour, *An Introduciion to Medieval Institutions*, London, 1978, p. 123.
③ Ibid. , p. 129.

教义与伦理准则的所谓"神法"，也浸润在社会政治观念之中。基于"神法"高于并制约着"人法"的神圣信条，基督教将国家看作是神的机构，鼓吹"王权神授"；同时也依据"灵魂得救"高于"肉体生活"的信条，主张教权高于俗权。在教会看来，上帝神命的国王当然须服从"神法"来实行公正、仁慈的统治，否则就是违背神意的"不合法"的专制暴君。

上述三种观念在积淀与流传过程中逐渐融为一体，构成了一个朦胧的"法治"传统，它并没有作自然法和实体法、神法和人法的具体区分，而是将"法律"看作是古已有之的、体现了"神意"与"正义""公平"的普遍法则，既对社会成员也对君主有着至高无上的制约力。在中古之初，"日耳曼法"的确曾借助于残存的部落体制约束了王权，贵族会议的"集体立法"习惯及其拥有的对国王的选举权与废黜权，都限制了王权的发展。不过，随着社会的变化，基督教的"王权神授"理想与封建法的效忠精神，在某种程度上消解了"日耳曼法"对王权的制约。同时，由于不存在成文法，没有文字记载，"随着时间的推移，日耳曼的记忆就消失越多"，社会受"旧的蛮族传统"的影响就日益减小。[1]

罗马法的传播为英国本土的法治传统注入了新的因素。1149 年，罗马法学家、意大利学者威卡利亚（Vacarius），应坎特伯雷大主教提奥伯利特的邀请到英国牛津开罗马法讲座，在英国开启了罗马法的风气。12 世纪的格兰维尔和 13 世纪的布拉克顿等法学家，都程度不同地吸收了罗马法的政治原理。罗马法强调君主的意志就是法律，宣扬"君权至上"的法理原则，这对日耳曼"王在法下"的法律传统和封建法的习惯构成了有力的挑战，使得法学家们在审视君权的地位时常常作出前后抵牾的表述。此外，罗马法中一些弹性的原则也给当时与日后英国的君主政治带来相当的影响，例如，罗马法主张，凡向所有人征取税物应该征得所有人的同意，但如果君主说明了此举的必要性，那臣

---

[1] B. Guenee, *States and Rulers in the Later Middle Europe*, NewYork, 1985, p. 39.

民就必须支持。① 这一原则为日后君主通过议会征税提供了有利的法理依据。

基督教"神法"中的"王权神授"主张,实际上也多有利于王权发展而为君主所援用。依照这种主张,国王是"承蒙上帝的恩典"来统治的、终身在职的"神命"之君,任何人都必须服从。即使国王是昏君暴君,也仍然是"神命"君主,惩罚君主只能由上帝实施。不过,随着社会变化,"王权神授"的观念逐渐弱化,"法治"传统的世俗色彩日趋浓烈,产生了一些著名的法学家以及相应的法律和政治学说。

其中格兰维尔(Ranulf de Glanvill)是12世纪英国著名的法学家,在亨利二世时期步入政坛。1163—1175年间,他先后任约克、沃里克、莱斯特、兰开夏郡等地的郡守,并曾作为王室调查团成员赴地方惩处官员腐败,也曾率军攻打苏格兰。1176年被任命为王家法官巡查北部巡视区办案,1180年升任王国宰相。正是在他的策划和支持下,亨利二世顺利完成了司法改革。1189年亨利二世去世后,格氏被新王理查一世剥夺职位而受监禁,在缴纳1.5万镑巨额罚金获得自由后不久去世。

亨利二世统治时期,国内政治一度动荡,国王权力迅速强化,司法权拓展,这些都促使格兰维尔进行思考。在此基础上,他撰写了《英王国的法律及习惯》一书,提出了巩固王国统治秩序的"法治"主张。

在《英王国的法律及习惯》一书中,格兰维尔极力用法律为国王的政治权威辩护。在他看来。法律无外乎是"正义""公平"的象征,是除邪扶正、稳定社会秩序的强大武器。他指出,国王不仅应以武力镇压反叛者,"也应当配置法律和平地统治其臣属和他的百姓"。他声称,通过这样的统治,"我们的最杰出的国王就可以在和平与战争时期,用他正义之手的力量,粉碎暴烈的与失控的横蛮举动;用他的公平的权杖,为恭顺者和服从者主持正义"。格兰维尔还强调,"我们的最杰出的国王"通过他对敌

---

① 参见:G. L. Harriss, King, *Parliament and Public Finance in Medieval England to 1369*, Oxford,1975,p. 22.

对暴行的武力平定向世人昭示,"他的声望现在已经传遍全世界,他的壮举甚至抵及大地的边缘";在和平时期,他对臣民的统治也十分公正,"因为他的高贵的法庭被如此严格的公正考虑所调控",没有一个法官草率定案或违背公正。① 格兰维尔在书中也谈到了英王国的"习惯"对国王立法的影响,指出"国王也听从那些在法律和习惯上精熟、聪慧之人、对法律事务有才干之人的建议"。不过,他还是把"习惯"摆在"王国法律"之后,认为"每一个决定都为王国的法律和那些习惯所支配"。在这里,格兰维尔试图将罗马法的原理融入到王国的法律之中,建构起一个既符合英国的习惯法又伸张君主权威的法律体系。由此他指出,"英国的法律虽然未写下来,但无疑应该被称为法律(因为君主所喜好者即具有法律效力,这本身就是法律)。我的意思是说,那些法律可能都是通过君主的法律,在贵族们的建议下,遇到疑难时在他们的会议上作出决定,然后公布的"。② 显然,对于君权与法律之关系的问题上,格兰维尔虽然肯定本土习惯法的权威,但最终仍把国王视为法律的制定者,将法律看作是王权政治统治的强有力的工具。

布拉克顿(Henry De Bracton)是 13 世纪英国著名的法官与法学家,他的政治法律学说在中世纪英国思想史上占有重要地位。

布拉克顿最初是大法官威廉·雷利(William Raleigh)的助手,1245年担任亨利三世巡回法庭的法官,1248—1257 年成为王座法庭的法官。同时,他还是一位神职人员,从 1259 年起,相继担任了数个重要的教职,并一度担任埃克塞特大教堂的法官。布拉克顿在 1257 年从王座法庭退职时,英国正经历以西蒙·德·孟福尔为首的贵族对英王的武装反叛,这一剧烈的政治动荡对他的晚年生活深有影响。1264 年,他被责令将他拥有的大量诉讼卷档归整到王国财库之中备查,而在去世前的一年,他又被任命为一个由教、俗贵族和法官组成的委员会的成员,去听取那些

① *Glanville*, A Translation of Glanville by J. Beames, Colorado, 1980, p. 27.
② Ibid. , p. 29.

曾经支持孟福尔的贵族的上告。

剧烈的政治冲突与君权旁落,对布拉克顿深有刺激,而司法审判的丰富实践,又使他熟谙王国的习惯法和正在形成的普通法及教会法、罗马法。正是在此基础上,他对如何用法律建构王国稳固的统治秩序作深层思考进而对英国的法律制度进行系统整理和探究,从中提炼出解决当时政治现实的"法治"思想。由此,他撰写了《论英国法律与习惯》一书,阐发自己的政治主张。这部重要的政治法律文献,被后世誉为"英国中世纪法学的王冠和鲜花"。①

在《论英国法律与习惯》一书中,布拉克顿将传统的"王在法下"观念与基督教的"王权神授"观念有机地整合起来,提出了借"法治"理想演绎的一大命题:"国王在任何人之上,但在上帝和法律之下。"②在他看来,王权的合法性源于两个方面:一是"神授",王权源于上帝的授予,是神权的一部分,"国王是上帝在人间的代理人",因此,国王必须代表上帝公正地统治,维护社会秩序和正义,惟有如此,臣民方能服从君主,和谐生活。③二是基于法律,"法律使国王成其为国王,如国王不依法律而统治,国王必须将法律赋予的权力归还法律。没有法律的地方就没有国王"。④ 在这里,布氏力图将王权合法性的两个基础连接为一体,因此他强调,上帝是正义之源,法律基于上帝的意志而产生,它规范人和万物各得其所,从而实现持续而永恒的正义。⑤

出于两方面的合法性,布拉克顿阐述国王的政治权威。他指出,国王拥有固有司法权(ordinary jurisdiction),诸法官只拥有委任司法权(delegated jurisdiction),其权力必须由国王授权方具合法性。具有委任

---

① Sir Frederick Pollock and F. W. Maitland, *The History of English Law*, V. 1, pp. 206 - 207.

② G. E. Woodbine, ed., *Bracton on Laws and Customs of England*, Harvard, 1968. V. 2, p. 33.

③ Ibid., V. 2, pp. 305,20,166.

④ Ibid., V. 2, p. 33.

⑤ Ibid., V. 2, pp. 22 - 23.

司法权的法官无权审理所有案件，只能有选择地审理某一部分案件。同时，他还主张国王以武力来维护法律秩序，他说："善治其国者需要法律和武力，二者兼具，在战争与和平时期皆可达于秩序。二者相辅相成、不可分割，如果武力不足以对抗敌人，王国则失去防卫；如果国王不能有效地实施法律，正义将不复存在，将没有人可以给予公正的判决。"①显然，布拉克顿认为王权必须善用武力并依法而治，以维护王国的秩序和正义。

从王权的合法性出发，布拉克顿还尽力阐发"王在法下"的理念。他指出，既然是法律造就了国王，国王就处于法律之下，应该受到法律的限制。没有广泛的同意，国王不能变更或订立法律："尽管国王的意志具有法律效力，但并非任何事情都依国王意志轻率而行。国王必须咨询贵族，经过商讨之后才能订立新法。"而在为政过程中，"国王除依法行事之外，不得做任何事"。②

依法行事也是秉承上帝的意志来统治。如果不守"神法"，就将成为"暴君"而失去合法性，因为"暴君不再是上帝的臣子和代理人，而是魔鬼的代理人"。③ 不过，布拉克顿并不认为臣民有约束国王、惩处违法国王的权利。在他看来，国王的行为不受任何人约束，对王权判断的权力属于上帝，如果国王一意孤行，只能等待上帝的审判。

与亨利二世时期相比，布拉克顿所处时代已经有了大的变化，一方面，此时的英国虽然已形成了较为完备的普通法司法体系，传统而分散的司法审判让位于王室法庭，有利于王权对王国实现较为有效的统治。然而，封建贵族和教会势力仍旧强大，并利用以往的"法治"传统来限制乃至反叛王权，打断了国王集权的进程。在此情况下，布拉克顿的"法治"理想比较客观地反映了当时的政治现实，表达了既限制王权、又挺立王权的矛盾立场。他的思想在很大程度上将索尔兹伯里的约翰的"王权

---

① G. E. Woodbine, ed., *Bracton on Laws and Customs of England*, V. 2, p. 19.

② Ibid., V. 2, p. 305.

③ Ibid., V. 2, pp. 110, 305.

神授"学说向前推进了一大步,对英国议会君主制的形成和运作产生了深远的影响。

随着政治现实的变动特别是议会君主制的形成和发展,基督教"王权神授"的政治观念不断弱化,"王在法下"的政治主张开始从观念层面上升到制度层面,这样的思想发展趋势在15世纪酝酿出福特斯鸠的"有限君权"学说。

约翰·福特斯鸠爵士(Sir John Fortescue)是中世纪后期英国最著名的法学家和政治理论家,被誉为"自索尔兹伯里的约翰以来的第一位天才的政治理论家"。[1]

福特斯鸠生活在英国社会急剧动荡的时代,其时,王权与大贵族的利益冲突日益激化,"百年战争"也时断时续,国内外矛盾相互交织,对封建秩序形成有力冲击。14世纪末,因转嫁战争带来的财政负担而多次征收人头税,导致了1381年瓦特·泰勒领导的农民大起义;接着,贵族结帮拉派,与王权进行多次较量,最终于1399年废黜了安茹王朝的理查德二世而建立兰开斯特王朝。但这个王朝并不稳固,在其开国君主亨利四世统治时期(1399—1413年),由于其不具有严格的合法性,贵族以其"非法继承王位"不断反叛。亨利六世在位期间,教、俗贵族利用"变态封建主义"盛行的局面结党营私,结成不同的政治集团互相争夺,进而威胁王权。对法战争的沉重财政负担,战争失败和在大陆领地的丢失,也引起国内普遍不满,1450年的春夏肯特爆发了小贵族凯德率领的起义,波及南部许多郡和城镇,一度威胁到伦敦。尤其严重的是,约克家族乘此动荡争夺王位,于1461年推翻兰开斯特王朝,亨利六世虽然一度复辟,但仍然无力回天,1469—1471年被史家称为是"自1066年以来英国历史上政治最动荡的时期"。[2] 在动荡纷争的局势中,教、俗贵族和正在兴起的市民和乡绅(gentry)阶层却越来越多地参政议政,议会君主制得到明显

---

[1] B. Wilkinson, *Constitutional History of England in the Fifteenth Century*, p. 202.

[2] A. Tuck, *Crown and Nobility 1272—1461*, p. 319.

发展。议会不仅获得了制定法令、批准税收乃至某种程度的司法审判权,而且卷入对君主废立的活动,在 1399 年和 1461 年的王朝更替中,大贵族就利用议会来废黜君主和对新王的确认,尽管议会成员的意见并非一致和自愿,但这至少表明议会已在王国政治中扮演重要的政治角色。

福特斯鸠不仅参与了这一时期议会君主制的运作,而且直接卷入了王朝变革的政治动荡,这些亲身体验构成了其政治学说的源头活水,因而被看作是"事实上是以观察和实践为其政治理论的第一个中世纪作家"。① 福特斯鸠出生在德文郡的军功贵族家庭,据传他曾在牛津大学埃克塞特学院学习。1420 年,他进入林肯法学院(Lincoln's Inn),并在 1424—1430 年间担任院长。该院是一个培养世俗法律人士的专业团体,从事法律问题的研究与教学。由于熟悉法理和审判,加之十分忠诚,福氏不久就受命参与王国的政务,从 1430 年开始,他在诸多郡担任过王家法官,1442 年被任命为王座法庭的主审法官,不久更因成绩卓著而被封为爵士。福氏调查审判的不仅有包括大贵族谋反在内的刑事案件,也有涉及到国王宗主权的民事案件。在这期间,福特斯鸠还 8 次被选入议会参与议政。在接下来的"玫瑰战争"中,他站在兰开斯特家族一边参加战争。1461 年兰开斯特军队被彻底击溃,他被约克派剥夺财产和爵位。此后他随亨利六世逃到苏格兰的爱丁堡,被任命为中书令,负责反对约克家族的宣传工作,两年中他撰写了包括《论自然法的本质》(De Natura Legis Nature)在内的诸多作品。1463 年夏,他和王后、王子等流亡到法国,期间撰写了《英国法律颂》(De Laudibus Legun Anglie)一书。1470 年,他访问巴黎游说法王出兵英国以恢复亨利六世的王位,同时,他促成了沃里克伯爵与王后玛格丽特之间的联盟协定。1471 年 4 月,他与王后、王子返英从事复辟活动,最终失败被俘,但得到新王朝的宽恕,成为约克家族的爱德华四世之王廷会议的成员而重新议政参政,直至 1479

---

① Sir John Fortescue, *De Laudibus Legun Anglie*, ed & translated by H. D. Hazeltine, Cambridge, 1942, *General Preface*, p. 45.

年去世。① 大约从他归顺新朝时开始,他着手撰写《英国的统治方式》,并将此书呈献给爱德华四世,陈述安邦治国之道。可以说,福特斯鸠的后半生亲自卷入了英国历史上空前持久、异常剧烈的大内战,目睹了两个王朝在腥风血雨中的交替。空前的政治震荡给福氏以巨大的思想震撼,促使他对王朝的兴衰更替进行深刻的反思,构建起"有限君权"的政治学说。

福特斯鸠的"有限君权"学说是基于对君权的属性和地位的界定而阐述的。在中世纪前期,国王是根据封建习惯来统御私家臣属的各级封臣的最高宗主,公共君权与私家宗主权融为一体,因此流行的政治观念把王权看作是公私不分、教俗混合的个人权威。从 14 世纪开始,这种观念逐渐发生变化,王权作为"公共"权威的色彩日益鲜明。随着以阿奎那为首的"托马斯主义"政治理论开始探讨王权的公共属性,英国的政治观念也开始将国王和王位区分开来,逐渐滋长出"君权(Crown)"这一政治概念,福特斯鸠对君权属性的审视和界定正是以这一观念为参照的。

在福特斯鸠的政治视野中,可以根据其统治的方式将君主制国家划分为两类:"王家统治"(dominium regale)和"政治的和君主的统治"(dominium political et regale)。在前一类王国中,君主根据自己制定的法律来统治,不经过民众同意而随意征调税物。而在后一类王国中,君主以反映民意的法律来统治,只有民众同意才能抽税。在他看来,"王家统治"的君主制实行暴政,民众受害;而"政治的和君主的统治"的君主则是依据举国一致赞同的法律来治理国家,对民众和君主都有利,确保民众获得君主的公正统治。福特斯鸠举例说,当下的法国是"王家统治"的典型,不听取三级会议的意见滥征税物,且为避免激怒贵族而只向民众征调,搞得民怨沸腾,民不聊生,国王只有依靠贵族和招募外籍人来从征戍卫,"这就是他的'王家法律'的后果"。② 法国的司法审判没有正规的

---

① 参见 Sir John Fortescue, *De Laudibus Legun Anglie*, ed & translated by H. D. Hazeltine, *Chronology of Fortescue's Life*.

② Sir John Fortescue, *On the Laws and Governance*, Cambridge,1997,pp. 83 - 84,89.

程序,且常常在君主私人宫室中进行审问。这些都说明,在法国,"君主所喜好者就有法律的力量",君主实行的是暴政。而在英国则不同。由于法律的力量,英国不会出现削夺他人财产、强买他人货物的情况。"如果没有在他的议会中所表达出的他的整个王国的承认或同意",君主不能随意对臣民征调税物,"也不能改变他们的法律或制定新法律"。① 因此,在英国,民众食物丰足,财产殷实,英国还有正规的司法程序,不经审理就不得逮捕任何人和罚没其财产。也正是因为有了"更好的法律的统治",英国富裕和强大,能够打败那些敌对的王国。所有这些,都是"政治的和王家的法律的结果"。②

在两类王国的划分的基础上,福特斯鸠演绎出自己的"有限君权"主张。

在福特斯鸠看来,王国是民众的政治共同体,而君权则是置于这个共同体之上的最高公共权威而非私家权力,对国家和民众负有抗击外敌、保卫王国、清除内部奸邪、保卫民众的职能。履行这些职能,才是理想的、为民的君主。

君主如果仅仅实行"王家"的统治,那就会为一己私利而盘剥天下,这样的暴政会危及君主本身和王国的福祉。福特斯鸠进而指出,只有建立"有限君权"的体制,即建立"政治的和君主的统治",才能消除这样的暴政,确保民众的生命财产和王国的长治久安。"有限君权"的根本,是将君主置于法律的限制下,因为法律体现了民众意愿,应当为君主尊重与遵守。君主不能将自己的意志当成法律,"不能够任意改变他的王国的法律"③。尽管此前罗马法的"凡君主喜好者即有法律效力"的信条传播进来,但"英国的法律不认可这样的准则,因为英国的君主对民众实行的不仅是王家的统治,而且是政治的统治。因此,他为他在加冕典礼上

---

① Sir John Fortescue, *De Laudibus Legun Anglie*, pp. 85 – 87.
② Ibid. , p. 90.
③ Ibid. , p. 25.

所做的遵守法律的誓约所约束"①

　　但福特斯鸠对两类王国的划分和"王在法下"的主张,并非是要否定君权。相反,在其"有限君权"的学说中,他提出巩固君权的财政和政治行动,以消除英国动荡纷争的乱象。

　　在财政上,福特斯鸠抨击君主随意征取税物,但从维护君权的地位和尊严出发,他仍然声张君主征调税物的天然权利。在中古英国,按照封建法的原则,国王"靠自己的收入来生活"。不过,君主毕竟不是私家领主,他承担着维护王国和平与安宁的公共职责,难以仅靠王领的收入去履行。为了有效处理国政和对外战争,英国君主也征收国税,并利用宗主权来征调封地继承金等扩大财源。这样做常常导致王权与贵族之间的纷争,议会形成后,君主的征税权更受到制度的限制。福特斯鸠深感财源对于巩固君权的关键作用,他指出,由于用法律来统治,英王的税物征调有限,缺乏牢固的物质基础,因此,应该从确保王国的稳定和安宁着想,在"必需品上"让君主"拥有充裕的收入"。② 因为如果君主贫穷,就要借贷而付利息,其收入必然减少,进而更多地去借贷,形成恶性循环,最终财力远在臣属之下,效忠贵族日益减少,其荣耀、地位必然被贬低,自身安全也就无法保障。并且,如果不富有,君主将用极端手段去获取财物,公正、正义就会被践踏,王国的和平与安宁也将随之消失。③

　　为了强化自己的观点,福特斯鸠还进一步论证,君主所需费用有三类:第一类是"君主的日常费用",包括王室生活费,国王卫队和臣仆的费用,支付朝臣高官的薪酬,维护苏格兰交界地区安全和对大陆加来港占领的费用,维持君主为政的费用等。第二类是君主维持海上安全与优势的花费。第三类则是"君主的特别费用",包括外交费用、新建宫室费、地方治安费、对外防务费等。他强调,必须保证这几类费用充足,才能消除封建割据和篡夺君权的隐患,有效地对抗外敌,维系王国的平安。

---

① Sir John Fortescue, *De Laudibus Legum Anglie*, p. 79.

② Ibid., p. 92.

③ Ibid., p. 93.

基于上述考量,福特斯鸠提出了一些君主开源节流、增加财力的具体措施。首先是收回某些封地,让所有接受土地恩赐的臣属,在受封人死后归还给"君权"(crown)。其次是民众资助,如果收回封地还解决不了问题,民众就应"乐意资助君主",让他以"合法理由"在盐、酒、牲畜等商品的买卖上征税。① 再次是审慎赐予臣下官员,不让臣属以此敛财。

在政治层面上,福特斯鸠提出重组"御前会议"(King's council),由其辅政以巩固君权。

作为英王的议政决策机构,"御前会议"在召开的时间、地点与参加人员上常常与议会叠合。随着议会发展,这一会议逐渐与议会分开。虽然议会有了立法与批准税收的功能,但"御前会议"(特别是王廷随时召集的"小会议")的仍具有重要的咨询决策功能。为了巩固君权,福特斯鸠将目光投射到这一机构上。

在福特斯鸠看来,君主要安邦治国,必须消除"御前会议"紊乱、松散的状态,使之成为一个高效而保密的统治中枢机构。为此,君主应按新的方式进行组建,在各地挑选最忠诚、明智的教俗贵族各 12 人参加,辅佐君王。同时,还需从他们中挑选出教俗贵族各 4 人,负责每年的"会议"。由国王再从这 8 人中挑选 1 人作为"首席朝臣(Capitalis consiliarius)",让他"根据国王的喜好"来履行职责。重组后的"御前会议"在诸多要政上需向君主承担咨议任务,更要参与议会的立法过程并在其中提出建议。另一方面,君主需加强控制,因此应由中书令、国库长等要臣负责召集会议,君主则作为主席,"拥有对整个会议的至高无上的支配权"。②

福特斯鸠的"有限君权"学说在英国政治思想史上具有十分重要的地位。在阐发自己的政治理想时,福氏突破了基督教神权政治传统的禁锢,摈弃了"王权神授"的陈旧信条,而以世俗的"人"的眼光来考量王权

---

① Sir John Fortescue, *On the Laws and Governance*, pp. 105, 107 - 108.
② Ibid., pp. 115 - 116.

的属性与功能,将君主统治的神圣性与合法性寄寓在君权的运作中。此外,福特斯鸠将君主制划分为"唯有王家的统治"和"政治的与君主的统治"这两类,以代表公共权益的"君权"来突显后者的公共政治权威,在此基础上不仅强调法律对君主的观念限制,而且提出了议会对君主的制度限制。这些主张,为 17 世纪近代宪政思想的酝酿提供了思想营养。

　　但总的来说,15 世纪的英国君主政治,并没有告别传统的统治模式,这决定了福特斯鸠不可能用新的思维与话语方式来进行思考。作为一个正统的中世纪政治思想家,福特斯鸠一方面对"王在法下""法大于王"之传统十分向往,因此他强调法律对君主的限制,并将其引申为议会对君主的限制。另一方面,作为亲身经历了血腥内战和王朝变革的王国大臣,福特斯鸠也深刻体会君权孱弱所引发的动荡纷争与严重后果,这使他在总结历史教训的同时,也看到了维护君主权威的必要性。他提出在经济上开源节流,以削弱大贵族的实力,巩固君权的物质基础,对此有史家认定,福氏在这里阐述了一个"基本的原理",即"财政上的优势是国王权力的基础"。大贵族的财政实力大于国王将会让"他们拥有反叛的欲望和手段",而福氏这一主张就是"告诉国王怎样去做"。[①] 在政治层面,福特斯鸠力倡重组"御前会议",希望通过君主对这一中枢机构的控制来有效地处理要政,并为议会准备议案,以削弱议会的立法权。对此,也有史家作出这样的分析,"如果被实施的话,福特斯鸠改革方案中最重要的部分将使英国的宪政发展陷入衰退"。[②] 这样看来,他所描绘的"有限君权"的政治图景,其主旨其实并不在于限制君权,而是聚焦在这个目的上,那就是,促使君权走出内战困境,确保王国的长治久安。

---

[①] John Watts, *Henry VI and the Politics of Kingship*, Cambridge, 1999, p. 46.

[②] S. B. Chrimes, *English Constitutional Ideas in the Fifteenth Century*, Cambridge, 1936, p. 332.

# 第二章　学校教育与"异端"思想

　　诺曼征服后的数个世纪中,基督教在英国教育领域处于支配地位,学校教育包括修道院学校、大教堂学校和堂区学校。修道院学校的学生多系贵族子弟,分为两类,一类是准备充当僧侣的儿童,称为"自愿献身者",一律住校,故又称"内学"或"内舍生";另一类是不准备当僧侣的,称为"外来者",他们都是走读,所以又称"外学"或"外舍生"。学生入学年龄为 10 岁左右,学习期限约 8—10 年,教育目的是培养学生"服从、贞洁、安贫"的品质。"服从"指虔敬上帝,尊崇院长;"贞洁"指终生不婚;"安贫"指安于贫穷的生活。教育内容是读、写、算、音乐和宗教常识,有些学校除此之外还教"三艺"(文法、修辞、逻辑),少数学校教"七艺"(文法、修辞、逻辑、算术、几何、天文、音乐),不过神学是最重要的学科。大教堂学校设在各主教管区的教堂之中,由主教直接管理,威廉一世时,著名的坎特伯雷大主教兰弗兰克就是其教区学校的校长(master)。这类学校在学生来源、组织形式与课程设置上与修道院学校相似,不过学校条件较好,目的是培养较高级别的教士。堂区学校设在村落教堂的门房或者神父的家中,设备简陋,以一般居民的子弟为对象,用拉丁语教授读书、识字和初步宗教知识,以及唱赞美诗等,不重视算术。所有这些学校皆由神职人员担任教师,施行严酷的纪律,盛行体罚。

到了 12 世纪,随着王国事务日益复杂,对官员文化素质要求增加,市民阶层对新知识产生渴望,英国的教育出现新变化。由于文化水平成为从政、经商和担任教职的重要条件,世俗贵族与城市市民开始重视知识的学习,于是在英国出现了所谓的"12 世纪的文艺复兴",公共学校在城市出现。这些学校有的依附于显赫的大臣,有的依附于宗教团体,在伦敦就有三所著名的学校,分别隶属于圣·保罗、圣·玛利勒波、圣马丁勒格兰德三个教堂。城市学校除了要学习语法、修辞外,还要学习数学、几何、法律、天文、音乐等。在重要节日,这类学校高年级学生还要举行公共辩论与武术、舞蹈等比赛。[1] 此外,一些人不满足在本国学习,而将目光转向文化比较发达的大陆,赴法国、意大利等地学习甚至任教。他们中的不少人在学习的过程中,还将古希腊和阿拉伯的哲学、数学、天文学、医学著作翻译过来,促进了英国世俗教育的兴起。不过,在当时,学校教育不可能完全世俗化,它们在不同程度上为神权所控制,或为神学所覆盖。

12 世纪,中世纪两所著名的学府——牛津大学和剑桥大学在英国诞生,并得到发展。

牛津大学建校时间并不确定,它经历了一个酝酿的过程。牛津本是一个小镇。诺曼征服后,王室会议常在这里举行。安茹王朝建立之初,亨利二世在这里修建国王的行宫,为求得国王保护,不少学者和学生来到牛津,学校由此勃兴。1096—1102 年或更晚一些,提奥波德在牛津讲学时,曾自称为"牛津学士"。1129 年在牛津建立了奥古斯丁教派的圣弗里德斯怀德修道院和奥尼修道院,这些修道院成了做学问的地方。1133 年神学家罗伯特(Robert)在牛津做了一系列关于《圣经》的演讲。1149 年一位意大利学者在此讲授罗马法。1167 年,大主教贝克特与国王冲突流亡大陆,获得英国的宿敌法国的庇护,英王亨利二世于是下令禁止英国人赴巴黎等地求学,牛津遂成为英国人聚集求学的地方。1188 年,威

---

[1] F. Barlow, *The Feudal Kingdom of England*, p. 249.

尔士的历史学者杰拉尔德(Gerald)在牛津举办了一个公共阅读课,颇受欢迎。两年后,牛津接受了来自海外的第一个学生。1209年,因学生和镇民发生械斗,冲突剧烈,一些学者深感恐慌,逃离了牛津,迁往巴黎、雷丁和剑桥。为抗议国王处死动乱中的两名学生,牛津学者罢教五年,但这引起了教会的不满,教会迫使约翰王屈服,牛津才得以重启学门,并于1213年从罗马教皇的使节那里得到了第一张拥有合法地位的特许状。1214年,牛津已经有了一个教育社团。1231年,管理人被认可为牛津的大学校长。至此,牛津大学已呈雏形。

从13世纪中期开始,牛津大学迅速发展。此时,由于镇民与学生之间的冲突时有发生,在学生的居住地兴起了学院,以便于授课和学习。1249—1264年之间,牛津大学最古老的两所学院——巴利奥尔和默顿学院相继成立。学院最初是为那些贫穷学生提供免费食宿的场所,之后发展成师生共同生活和学习的地方,后来又成为自治或半自治的学术团体,设有图书馆、食堂和宿舍等。同时,一些博学的修士,如圣方济各会修士罗杰·培根等,来到大学任教,强化了师资力量,教学内容也扩及文科、罗马法和教会法、神学和医学等。到14世纪时,牛津大学已经成为一所名闻遐迩的高等学府,曾获得爱德华三世的高度赞扬。

但学生和镇民的冲突也始终困扰着牛津大学,城镇里骤然涌进数量众多、桀骜难驯的年轻人,而且他们享有国王给予的某种特权,其中的富家子弟更是时常酗酒滋事,由此而与镇民的关系十分紧张。在1228年、1236年、1248年、1272年、1298年都发生过暴力冲突,而在1355年,这种冲突则达到高峰,持续数日,有60多名学生被乱箭射杀,学堂也被劫掠一空。此次冲突后,王家法庭进行调查,给牛津大学以更多的保护,并判定牛津镇民需连续500年缴付大学罚金。

冲突导致部分牛津师生外流,促成了英国另一个著名大学剑桥大学的兴起。剑桥镇靠近河流,依剑河(River Cam,也译作"康河")而建,水路和陆路畅通。在中世纪早期,剑桥就已经有诺曼人、撒克逊人和丹麦人定居。12世纪时,剑桥城里设有语法学校,在其周围是伊利大教堂和克娄兰修道院、巴恩威尔修道院。12 世纪 90 年代,这里开始有教授神学、法学和医学等高级科目的教学机构出现,不时有学者、教士到这里讲学,其中可能包括一个叫约翰·格林(John Green)的学者在 1201 年执掌了这些学习机构的领导权。随着牛津大学外流师生的到来,剑桥的教学得到明显发展,并逐渐取得了法人社团的地位,大学开始呈现雏形。大约在 1225 年前后,剑桥的教师就从他们当中选出了一位校长,其权力得到了英王亨利三世的认可,大学有了自主管理权。1233 年,教皇格列高利九世(Pope Gregory Ⅸ)发布特许令,给予剑桥"校长及大学学者"以特别豁免权。建校之初,剑桥更多地模仿巴黎大学,开设的课程主要是语法、修辞、逻辑以及一些数学、几何、天文和音乐课程。在此基础上,也加设了文科、法科、神学和医学。1284 年,伊利主教巴尔沙姆(Hugh Balsham)仿牛津大学的办学模式,创建了剑桥大学的第一所学院——彼得豪斯学院。[①] 1318 年,教皇约翰二十二世(John XXⅡ)正式颁布令状,承认该校为大学。此后,学院不断创立,到了 1370 年前后,剑桥共有 8 所学院。1381 年,剑桥大学受到起义农民的攻击,财产损失严重,学校的档案也被毁。经过这次大劫,它过了好长时间才恢复元气。

刚刚兴起的英国中世纪大学,最初由教皇承认,随后得到国王的某些特权恩赐。大学有着相当大的自治权,不过教会仍操控大学事务,一般而言,最初的大学教师主要是教士,教会授予教师以执教的权力以及一些特别的豁免权。大学的主要管理权在具有教士身份的教师手中,教师管理课程、收费等事务。以剑桥大学为例,13 世纪早期,校长由授课的大学教师推举,但校长的选举必须由主教认定,同时校长须宣誓效忠教会。从 13 世纪中期开始,牛津大学和剑桥大学在各自校长的带领下对伊利主教、林肯主教和坎特伯雷大主教进行斗争,斗争的焦点是大学校长的任命权以及主教对学校的司法干预权。在斗争中,两所大学最终求

---

① A. B. Cobban, *The Medieval English Univrsities*: *Oxford and Cambridge to 1500*, London,1969,pp. 113 - 114.

助于罗马教皇而获胜，1401 年，剑桥大学得到了卜尼法斯九世（Pope Boniface Ⅸ）的授权，从此校长不必再经主教认可。1433 年，剑桥大学又获得教皇犹金四世（Pope Eugne Ⅳ）的训谕而完全摆脱了伊利主教和坎特伯雷大主教的管辖。牛津大学则在 1479 年因教皇西克斯图斯四世（Sixtus Ⅳ）的训谕获得同样的权利。①

在牛津、剑桥两所大学之兴起的影响下，一些教会团体也创建规模较小的宗教学院，教授神法、语法、修辞等。著名的格拉斯尼（Glasney）学院就在 1266 年的约克郡的豪顿设立，不久又在康沃尔郡、切斯特等地建立，这类学院完全受控于教会。随着教育的发展，一些为社会各阶层开设且独立于教会的学院也逐渐出现，如 1382 年建立的温切斯特学院，1440 年建立的伊顿公学等，这类学院主要从事于适应于世俗各阶层求知兴趣的教学，获得国王批准而享有完全的"自我管理"的权利②，学校气氛也比较活泼。当时还兴起了具有学校和社会团体双重特征的法学院（Inn），专事民法教学，其中以林肯法学院（Lincoln's Inn）、中寺法学院（Middle Temple）、内寺法学院（Inner Temple）和格雷法学院（Gray's Inn）最为有名。这类法学院是世俗法律人士的专业团体，从事法律问题的研究与教学，有自己的管理机构，教师多为法律学者，还有王家法官，他们既从事教学，也担任律师参与司法案件的审理。入学者要学习法律文书、案例分析与相关的审判程序，毕业后再从政府那里获得从业证书而成为律师，有的还担任王家各类法庭的法官。15 世纪著名的法学家和政治家福特斯鸠，就曾经在 1420 年进入林肯法学院学习和任教，并在 1424—1430 年间担任院长。

在中古西欧，罗马教会的神学思想将教、俗统治秩序神圣化，成为占据统治地位的意识形态。但"异端"思潮在大约 10 世纪后期开始出现，受巴尔干半岛鲍格米勒派主张的影响，英国在 13 世纪也开始酝酿。

---

① A. B. Cobban, *The Medieval English Univrsities：Oxford and Cambridge to 1500*，pp. 278 - 294.

② A. F. Leach, *The School of Medieval English*，London，1915，p. 218.

英国的宗教"异端"思想有一个明显的趋势，那就是从哲学层面逐渐向政治层面发展，最终从哲理的争辩走向对教会神权的批判，从对经验性真理的捍卫演变为建构民族的、廉价的教会的诉求，这样的流变是从经院哲学内部开始的。在11世纪，英国曾经产生一位著名神学家安瑟伦（Anselm，1033—1109年），他是经院哲学正统派别"唯实论"的主要代表之一，有"最后一位教父和第一位经院哲学家"之称。他26岁进入本笃会，先后任法国柏克隐修院副院长、院长，又曾为英国坎特伯雷大主教，任内曾因主教续任权与英王亨利一世争执，两次遭驱逐。安氏撰有《论信仰》《独白》《神何以成人》等著，他认为信仰高于理性，是理性的基础，提出了关于上帝存在的本体论论证，即上帝是最完美者，而不存在者不是最完美者，故上帝必然存在。到了13世纪，对经院哲学"唯实"论的质疑和批判逐渐兴起，"唯名"论应运而生，而以罗杰·培根（Roger Bacon，1214—1294年）为代表。培根曾经在牛津大学学习，是方济各派僧侣，后到巴黎留学，回国后到牛津任教，撰写有《著作主集》等著作。罗杰·培根对亚里士多德等古代哲学家的思想和自然科学都有精深的探讨，具有强烈的独立思考精神。他冲破经院哲学的樊篱，反对盲从权威，提出知识必从对事物的感觉经验中产生，只有特殊性才是个体的真实性，周密观察客观事物才是达到真理的唯一途径。培根的学说在当时被教会看做是异端邪说而加以禁止，但对后世却产生很大影响，他是英国经验哲学和近代实验科学的先驱。

在培根之后，奥卡姆的威廉（William of Occam）是又一位具有反叛精神的学者。威廉是方济各会修士，曾在牛津大学和巴黎大学求学，能言善辩，被人称为"驳不倒的博士"，著有《逻辑大全》《辩论集七篇》等。他曾在《箴言书注》2卷15题说"切勿浪费较多东西，去做用较少的东西同样可以做好的事情"，人们就把这句话称为"奥卡姆剃刀"（Occam's razor）。不过，最值得注意的是，他既反对神学干预知识领域，也反对教权高于王权，主张政、教分离。这一思想被教皇判为异端而将他投入监狱。威廉的思想后来发生变化，即突破哲理论证的壁垒，向社会政治领域发展。这一趋势到了稍后的威克里夫那里,形成了市民阶级的异端政治思想。

约翰·威克里夫(John Wycliffe)生活的时代,是整个西欧社会都急剧变动的时代。此时,罗马教廷被日益崛起的法国王权所扼制,经历了屈辱的"阿维农之囚",其神权权威一落千丈,接踵而来的是三个教皇鼎立的局面,教廷权威面临着空前的大分裂和大危机。但另一方面,罗马教廷又十分腐败,教皇和神职人员生活腐化,其在广大信众中的尊严形象日益消失,反教廷的"异端"思想层出不穷。就英国而言,威克里夫的出现表明反对正统教会的"异端"思潮逐渐在英国酝酿。

威克里夫出身于约克郡的小贵族家庭,大约在 1345 年,进入牛津大学默顿学院就读,后来短时间任该大学巴略勒学院院长,1371 年还获得神学博士学位。这期间,他还先后供职于林肯主教区菲林汉(Fillingham)堂区和坎特伯雷大主教区。70 年代以后,威克里夫开始涉足政界,曾为王室内府官员,也曾参与议会议政。1374 年他被国王爱德华三世任命为卢特沃斯的教区长,同年夏,他作为外交使团的成员,前往布鲁日同教皇代表谈判有关教皇在英的征税和英国教职的任命权问题。这一时期,威克里夫撰写了《教会》《论教皇》等论文,开始倡导反教皇的宗教改革学说,这些学说得到国王的支持,也为觊觎教会财富的兰开斯特公爵冈特所利用。1376 年威克里夫支持冈特发动的没收教会财产的运动,并同一些保守的主教们展开斗争。为此,1377 年他被教会传召到伦敦的圣保罗教堂进行审讯,但由于冈特等人的保护而安然无恙。罗马教皇格列高利十一世对此颇为震怒,连续发五道教谕命英国教会对威克里夫采取行动。但这些教谕在六个月之后才到达伦敦,并未产生效果。威克里夫此时已经名闻遐迩,虽然在 1378 年又一次被教会传讯受审,但因王室、贵族保护和市民的支持而再次免受惩罚。

"阿维农之囚"后罗马教会大分裂出现三个教皇,促使威克里夫公开抨击教皇职位和教皇制度。1380 年他发表反对"化体"说的理论,否定面饼和酒变成基督的肉和血,提出基督是一个精神体,并不是以肉体的形式存在于经过祝圣的面饼和酒之中。这一学说马上遭到教会的谴责和禁止,但威克里夫仍然坚持己见,宣称"长官以及任何他的同伴都不能驳倒他的看法"①,并拒绝了冈特要求他保持沉默的命令。1381年的农民大起义改变了威克里夫的命运,国王和教会为镇压起义而联合,原来迫害过他的伦敦主教考特尼被任命为坎特伯雷大主教,并于1382年5月在伦敦黑衣修士法庭召开宗教会议,传讯威克里夫,判定威克里夫的主张是异端。之后,考特尼又取得一个议会的法令,授予长官们权力,可以应一个教士的要求发布命令给郡守或者王国的其他官员,监禁任何一个鼓吹威克里夫错误学说的传教士。应考特尼的要求,国王发出了一个专令,让主教有权监禁任何一个未经许可的传教士或者一个异端思想者,直到他屈服或政府另有决定为止。在政府和教会的双重压力下,牛津大学也对威克里夫的著作发布禁令。威克里夫于1381年离开牛津,此后他一直在卢特沃斯隐居,期间他把圣经译成英文,并完成神学著作《三人对话录》,直到1384年12月去世。后来,威克里夫的学说一直受到教会打压,1415年5月的康斯坦茨宗教会议不但谴责他的"异端"罪行,而且下令将他在卢特沃斯的骸骨挖出,抛在教会墓园之外。

威克里夫是一位学识深厚的神学家,他不仅精通神学,而且也熟悉古典时代亚里士多德等大师的思想,对同时代的经院哲学更是多有研究。不过,他的思想主要来自基督教的神学传统,他对古代教父奥古斯丁(St. Augustine)的上帝"本体"说十分推崇,信奉上帝万能和灵魂得救,同时他也反对奥卡姆主义的唯名论和正统教会的唯实论,认为它们都以孤立的方式来对待神。他通过对神学的深层体悟,建构起在当时颇具异端色彩的宗教理论。

首先,威克里夫认为,自称是基督之代表的罗马教皇,其实悖逆了基督的榜样。基督从降临到受难都远离世俗的富裕,终身贫穷,而教皇则贪求财富,设法敛财;基督素来逆来顺受,并要信徒也这样,而教皇则为

---

① L. J. Daly, *The Political Theory of John Wyclif*, Chicago,1962, p.51.

世界上最骄傲的人，甚至让国王吻他的脚；基督忙于传播福音，为了让大众超脱苦难，而教皇却制定法律，以便让信徒崇拜和敬畏自己；基督有博爱之心，甚至为他的敌人祈祷，并教育使徒不要报复，而教皇则通过恐怖措施和诅咒，来对所有人加害报复。此外，红衣主教也是一拨奢华和懒惰的人，他们甚至从事肮脏的圣职买卖，并通过欺骗手段诱骗人们。威克里夫进而指责教会为榨取财富而征收什一税，并猛烈抨击教皇的所谓"赦罪"权；他指出，尘世上赦免罪恶的任何事都应在天堂里进行，而且这种赦免"仅仅限于彼得和那些追随彼得的人"；教皇并不符合上帝的意愿，伪装和基督一致，因此他的赦免是无用的。①

在批判罗马教皇神权的基础上，威克里夫阐发了统治权皆由上帝"恩典"的思想，他批驳教权高于王权的说教，为世俗王权作辩护。

"没有上帝的恩典，就没有真正的统治权。"②依据这一命题，威克里夫认为，所有的权力来自上帝的"恩典"，只有被上帝"恩典"的人，才真正拥有统治权。在他看来，统治权可以分为三种类型：神的统治权、天使的统治权和人的统治权。后者又细分为教会统治权和世俗统治权，教会统治权是指基于福音来统治教士，世俗统治权是指基于强制性的世俗方式来统治俗人。威克里夫进而强调，上帝是所有统治权的终极源头，世俗统治权同其他权力一样来自于上帝的恩赐，君主是上帝授权"管理者"。国王有上帝的影像，他代表上帝统治王国。不过，他又强调，上帝的恩典只给予公正的人，只有"公正"的君主才真正行使"神授"的统治权。为此，君主必须使法律与神法一致，公正地治理国家。③ 不过，威克里夫并不主张抵抗暴君，而要求人们对暴政忍耐服从。

在论证世俗王权的合法与神圣时，威克里夫还大力主张王权高于教权，期以通过改革来组建从属于世俗君主的民族教会。在他看来，不管罗马教皇拥有多高的神权，其本质上仍然是一个坐落在特定地理方位中

---

① A. R. Myers, ed. , *English Historical Documents*, 1327 - 1485, p. 838.

② L. J. Daly, *The Political Theory of John Wyclif*, p. 70.

③ Ibid. , p. 109.

的单独的教会,是众多教会中的一个,罗马教会被称为罗马,恰恰因为它是一个意大利的教会。因此,它没有理由凌驾于其他教会之上,对英格兰也是如此,因此,教皇也要同其他的外国主教一样臣服于英格兰的法律。① 世俗君主则不同,他拥有自己的领土、臣民与教会,对王国的教士拥有统治权。为了对此作出有力论证,威克里夫对"君士坦丁赠礼"这一文献作尖锐的批判。他指出,古罗马的君士坦丁通过独断的赠予,使罗马教会不仅占有帝国地产,而且让教皇错误地认为他们的神权可以统治帝国。正因为如此,教士迄今还占有三分之一的英格兰土地,并将其转换为财产所有权。②

他声称,这一状况不合理,因为按照《圣经》精神,财产所有权属于世俗君主,教会只有在世俗君主许可下方可使用,而君主可以剥夺。

基于上述理念,威克里夫认为,应该进行一次大改革,使英国教会回到它的质朴条件下,恢复它的最初的、真实的身份,成为听命并服务于国王的教会。③ 他强调,"依圣经之言,英王国应是一个整体,教士、领主和平民都是它的成员"。④ 因此,君主有权任命主教,有权向教士征税,有权要求教士向他誓忠,有权对犯罪教士进行审判,有权收回他对教士财产的赠予。

威克里夫的政治学说在英国乃至西欧的政治思想史上都具有重要地位,他对《圣经》有独到解读,对基督教的"王权神授"做了创造性的解释。他有力批判了教会高于王权的"教皇权威"论,否定了教皇作为基督教世界的大一统神权权威,同时着力阐发了君主权威的神圣性和至尊性,提出了建构由君主控制的民族教会或国家教会的政治构想。这些思想反映了英国市民阶层乃至整个民族的愿望,威克里夫是欧洲第一个有理论深度、能反映民族国家需要的市民思想家,他被誉为中世纪后期的

---

① M. Wilks, *Wyclif*: *Political Ideas and Practice*, Oxford, 2000, p. 137.
② Ibid., pp. 161 - 163.
③ Ibid., p. 140.
④ G. M. Quwilliam, *England in Wyclif Time*, London, 1920, p. 82.

"大异端"(great heresiarch)。[1] 更有史家认定威克里夫"向所有建构进西方基督教世界的改革力量打开了世俗的秩序",由此而有益于促成"一次意识形态上的革命"。[2] 正因为如此,他的学说对 16 世纪西欧宗教改革思想的酝酿产生了深远的影响。

---

[1] A. Kenny ed., *Wyclif in His Times*, Oxford, 1986, p. 146.

[2] H. Kaminsky, '*Wyclifism as Ideology of Revolution*,' in *Church History*, xxxii, 1963, pp. 57 - 74.

# 第三章　语言与英语文学

中世纪既是中古英语形成的时期，也是英国文学创作走向多元化的时期，这一特征，从一个侧面反映英国思想文化发展的状况。

1066 年诺曼征服，不仅对英国的经济和政治影响深远，而且使英国语言发生重要变化。在此后的两个世纪中，英国有三种语言并存：本地英语、诺曼底的法语和拉丁语。最初，本地英语在底层社会通用，绝大多数英国人特别是农民和城镇商人、手艺人都讲英语，而在外来的诺曼贵族社会中则使用法语。拉丁语为教会使用，也是政府的官方语言，同时用于学术领域。在此情况下，英国丧失了它的文学语言，但并没有丧失它的民族语言，英国人在外族统治下仍说英语，作为口语的英语不仅没有消失，而且生气勃勃地继续发展。随着诺曼人与英国人的融合加强和王室统治的需要，语言之间的交流也日趋加强。在这样的背景下，本土英语开始表现出前所未有的张力，在亨利二世统治时期，人们已很难通过语言而辨别诺曼出身和英吉利出身的人，上流社会都能听懂英语，而且用英语交谈，虽然他们同时也说法语。在 12 世纪末，英语已成为英国各阶层人们共同的口语。从 13 世纪开始，用英语创作的文学作品在各地区陆续出现，而英语也部分地恢复了它作为行政语言的地位。亨利三世在 1258 年 10 月颁布的王室公告，是诺曼征服后国王首次用英语发布的公告,虽然这个公告同时也使用拉丁语和法语。但这时的英语已与古英语完全不同,繁复的词形变化开始消失,英语由综合性语言渐渐变为分析性语言,吸收了数千法国词汇,增强了语言的表现力。到 14 世纪后期,真正的英国语文即中古英语正式形成,"成为大多数人口头表达和写作的语言"。①

英语地位的提升反映了英国民族性的增长,1300 前后,英语文学作品中开始出现"英格兰民族"的词汇,1336 年,官方文书中首次使用"英格兰民族"。② 百年战争爆发后,法语被视为敌国语言,上层阶级不再以操持法语为身份标志。1376 年,出现了第一份用英语书写的财产契约,14 世纪 70 年代,英国主教会议的记录更多用英语书写。1387 年出现最早的英语遗嘱。③ 从诺曼征服到黑死病之前,上层人士从小学习法语,到 1385 年,全国所有文法学校都使用英语授课了。④ 13 世纪末,英语在官方场合已普遍使用,并在某种程度上成为英格兰民族的象征。亨利三世曾用英语和法语发表声明,这是诺曼征服以来第一份用这两种语言发表的正式文件。⑤ 1295 年,爱德华一世在模范议会上用语言来煽动反法情绪,指责法王"试图要将英语从地球上清除掉"。⑥ 14 世纪中期,议会讨论已经使用英语。1362 年,爱德华三世破天荒使用英语在议会上发言。⑦ 同年,议会通过法令,宣告法语为"本国所不习知的语言",要求法院的辩护与宣判一律使用英语,而记录文本则使用拉丁语。⑧ 就司法而言,伦敦郡法庭政府在 1356 年开始使用英语,而王家法庭则自 1362 年

---

① V. H. H. Green, *The Later Plantagernts*, p. 385.

② 计秋枫、冯梁等:《英国文化与外交》,世界知识出版社,2002 年,第 16—17 页。

③ 约翰·吉林厄姆、拉尔夫·A. 格里菲斯:《中世纪英国:征服与同化》,沈弘译,外语教学与研究出版社,2007 年,第 326 页。

④ 屈勒味林:《英国史》,钱端升译,东方出版社,第 264 页。

⑤ 温斯顿·丘吉尔:《英语国家史略》上卷,薛力敏等译,新华出版社,1985 年,第 248 页。

⑥ 计秋枫:《漫漫长路:近代国际体系的萌芽与确立》,人民出版社,2001 年,第 86—87 页。

⑦ A. Dasent, *The Speakers of the House of Commons*, London, 1911, p. 49.

⑧ 屈勒味林:《英国史》,钱端升译,东方出版社,2012 年,第 264 页。

开始就一直使用英语。①

　　伴随着中古英语的形成,中世纪英国文学创作也呈现出多元化走向。在诺曼征服后的一段时期,教会神学支配着思想文化领域,竭力宣扬神学禁欲主义和来世思想,因此,文学创作成为神学的婢女,一些作品如宗教诗歌《道德颂》、宗教箴言《论赎罪》《良心的责备》等,都劝诫人们忏悔,抛弃尘世幸福,以现世的忍耐、受苦、修行,来换取来世的极乐。到了12、13世纪,文学上也出现了新风尚,盛行用韵文写作的骑士传奇,它们歌颂对领主的忠诚和对高贵妇人的爱,其中艺术性高的有《高文爵士与绿衣骑士》。它用头韵体诗写成,内容是古代亚瑟王属下一个"圆桌骑士"的奇遇,有关亚瑟王的故事到13世纪首次在英语写的诗歌中出现。14世纪后半叶,中古英语文学达到了高峰,这一时期,既产生了著名诗人乔叟及其传世之作《坎特伯雷故事集》,也产生了像《农夫皮尔斯》那样的盛行于民间的优秀作品。到了15世纪,有关罗宾汉的传说,更是借助于英语文学的想象和描绘,流传于千家万户。

　　中世纪前期,骑士传奇是英国文学中的主要表现形式,它的出现与诺曼征服密切关联。诺曼征服引入了大陆的封君封臣制,按照封建的习惯,封臣需效忠封君,要为之服骑士军役。而当时的教会,也要求封建骑士纯正信仰、扶助孤寡,不得恃强凌弱。由此,忠君、护教、行侠就成为封建贵族的精神准则与道德规范,并逐渐在文学中得到体现。另一方面,自12世纪开始,由于买卖、继承和转赠等原因,封建地产呈现割裂与碎化的现象,面积狭小的骑士领迅速增多,封建等级制中最低一级的骑士阶层日益成型。同时,随着商品经济的发展,国王以钱代役征收"盾牌钱",一些军功贵族开始转向实业经营。这两个阶层受文化复苏的影响,开始注重温雅和情感,这样又为原有的骑士精神注入了崇尚爱情的内涵。此外,当时的十字军东侵不仅提高了骑士的社会地位,而且也激发其冒险、骁勇的气质。正是在这样的情况下,描写骑士爱情和冒险故事、

---

① V. H. H. Green, *The Later Plantagernts*, p. 385.

宣传骑士精神的骑士文学应运而生。

骑士文学可分为骑士抒情诗和骑士传奇,在当时的英国,最流行的是骑士传奇。骑士传奇中通行的诗体是法国古诗体中常见的形式:每行八个音节或四个重读音节的两联韵体。盎格鲁撒克逊诗歌的头韵体逐渐让位给韵律复杂的模式,在长约 1 000—6 000 行的叙事诗里,诗人描写了骑士为荣誉或宗教信仰,尤其是为爱情而冒险游侠的故事。能取得冒险的胜利,能赢得贵妇人的欢心,就是骑士最大的荣誉。

亚瑟王的传奇是围绕传说中的古代克尔特王亚瑟的故事发展起来的,主要写亚瑟王和他的圆桌骑士。据传亚瑟是 6 世纪不列颠岛上威尔士和康沃尔一带克尔特人的领袖,曾英勇抵抗盎格鲁撒克逊人的入侵。诺曼人占领诺曼底后,吸收并发展了邻近的布列塔尼克尔特人关于亚瑟的传说,在征服英国后,又把这些传说带回英国。1137 年威尔士主教杰弗里(Geoffrey)在拉丁文的《不列颠君主史》里提到了亚瑟王,不久以后教士瓦斯(Wace)用诺曼法语转译杰弗里的《君主史》,为亚瑟王增添了骑士传奇的色彩,他还创造了"圆桌"聚会的情节,解决了十二骑士座次排列、尊卑高下的问题。到 13 世纪,亚瑟的故事首次在英语写的诗歌中出现,英国僧侣莱雅蒙(Layamon)在他的韵文编年史《布鲁特》的最后 1/3 部分,记载亚瑟王的故事。这以后,亚瑟故事在法国盛行,在英国则直到 14 世纪才又出现,大部分是传奇的改写。

问世于 14 世纪的《高文爵士和绿衣骑士》是英语韵文浪漫诗的杰出代表,全诗共 2 529 行,作者不详。这部作品记录了一位"圆桌骑士"高文的奇遇:亚瑟王和他的骑士们正在欢庆圣诞,一位高大魁梧的绿衣骑士闯入挑战,声言谁敢用斧头砍下他的头,明年此日就要到绿教堂接受他的同样回报。高文爵士挺身应战,砍下了绿衣骑士的头。绿衣骑士提头驰马而去。次年冬天,高文前去践约,他登山涉水,遇到蛇、狼、野人、熊等各种危险,于圣诞前夕投宿于绿教堂附近的古堡中。高文与热情的主人商定在他逗留期间每晚相互交换白日得到的物品,主人外出狩猎时,女主人便来诱惑高文。高文夜晚只能以吻与主人的猎物交换。第三天主妇赠给高文一条据说有刀枪不入之魔力的绿腰带,夜晚交换时,高文隐匿了腰带。新年日高文冒着暴风雪去与绿衣骑士决斗,决斗后他才明白绿衣骑士就是古堡主人,整个计划是由亚瑟王的敌人女妖安排的,想使亚瑟及其宫廷蒙羞。高文由于暗自接受了主人的腰带,受到了脖颈被擦伤的惩罚。这部传奇故事完整,有悬念,有跌宕,有叙事,具备了传奇的各种成分——宫廷生活、游历冒险、风流韵事、离奇想象。对狩猎场景和高文受诱惑的场景的描写,富有人情味。

在 14 世纪下半叶的英国,阶级矛盾的加剧和社会的动荡不安,酝酿了反映下层疾苦和诉求的民间文学作品。《皮埃尔的农人》中有很多道德说教,利用了寓言手法,但却真实地反映了现实生活的图景。正如学者所指出:这"这首诗作为社会史的资料的价值,或许比它的诗意更丰厚"。[1] 它不仅揭露了贵族的懒惰腐败、神职人员的贪婪堕落、商人的寄生恶习,而且也寄寓了对下层穷苦大众悲惨生活的同情。这首长诗还充分肯定劳动的价值,认定正直、勤劳的农夫最接近真理,劳动才是通往真理和正义的路。这首诗对 1381 年农民起义有推动作用,对日后乔叟乃至 16 世纪的文学创作都有深刻影响。

14 世纪后半叶,英国本土文化日臻成熟,产生了伟大的作家杰弗雷·乔叟(Geoffrey Chaucer),乔叟的时代常常被称为"乔叟时代"。

乔叟的人生阅历比较复杂,这使他能够以广阔的视野来审视与描述丰富的社会生活。乔叟出生于伦敦的一个富裕酒商家庭,1357 年,受其父安排到王室充任宫廷侍僮。两年后他从军到法国参加百年战争,被俘后不久被国王爱德华三世重金赎回。1366 年,乔叟与王后的侍女菲莉帕(Philippa)结婚。1367 年后的十年,乔叟多次出使欧洲,并曾走访佛罗伦萨等地,接触到了文艺复兴萌发之初的新思想。从 1373 年起,乔叟开始活跃于王国政坛,1374 年被任命为伦敦羊毛、皮革和酒类的税务督察,1385 年升任为肯特郡的治安法官,次年又成为该郡的下院议员,出席议

---

[1] May Mckisack,*The Fourteenth Century 1307—1399*,p. 527.

会议政。不久因其所依附的兰开斯特公爵在宫廷斗争中失势,乔叟失去了督察一职,经济上也趋于拮据。在 1389 年兰开斯特公爵重新得势后,乔叟又得到任命,负责修缮王室建筑,1391 年他改任萨默塞特郡王室猎场的管理官员。[①] 不过在后来的几年中,兰开斯特家族在王室争斗中再度失势,乔叟深受影响,被剥夺了年金。1399,安茹王朝被推翻,在兰开斯特王朝新君主亨利四世的加冕日,乔叟写了《致空囊》的短诗献给他,诉说自己穷困,得到恩赐,除恢复旧有年金外,还获得新的年金。但在次年,乔叟就与世长辞。他被葬于威斯敏斯特大教堂一角,后来其他的名诗人或者葬于此,或者立碑在这里,人们把这里称为"诗人角"。

乔叟一生经历丰富,对伦敦的社会从王室家族、宫廷贵族到市民阶层、平民大众都有广泛接触和深入了解,由此而养成了特别敏锐的观察和解剖人性的能力。此外,因担任过多种公职,屡次出使国外,他视野开阔,受域外各种思想文化的熏陶。所有这些,都为他的诗歌创作铺垫了深厚的社会与文化土壤。

乔叟的创作大致上分为三个时期:1373 年前为第一时期。此时他有相当长的时间往来于法国和意大利,曾经和意大利人文主义作家彼得拉克(Petrarch)、薄伽丘(Boccaccio)有接触,但主要还是在法国文学影响下写作,首先用英文翻译出《玫瑰传奇》,在这一基础上,他用《玫瑰传奇》所使用的梦境手法创作出《公爵夫人书》《声誉之宫》《百鸟议会》等作品。第二时期(1373—1385 年)乔叟创作了三部长诗:《荣誉之宫》《特洛伊勒斯和克丽西达》《好妇人的故事》,在继续模仿法国作品的同时,汲取了来自意大利的新文化营养。1385 年以后为乔叟创作的第三个时期,在他生命的最后 15 年,乔叟摆脱了外国文学作品的影响,撰写出真正的英国题材的作品,创造了个人的独特风格,留下了取材于英国社会的写实名著《坎特伯雷故事集》(*Canterbury Tales*)。

《坎特伯雷故事集》大约撰写在 1393—1400 年之间,讲述了在伦敦

---

① May Mckisack,*The Fourteenth Century 1307—1399*,p. 530.

泰晤士河南岸的一个叫纹章战袍的小旅馆里,有 31 个英国人要去坎特伯雷朝圣,在朝圣的途中,为了减少寂寞,旅馆老板建议每个人讲故事,一共讲了 24 个故事,但其中有两三个故事没有讲完。这些故事,加上序言和后语等,共有 2.65 万行,可谓洋洋洒洒,蔚为大观。书中的朝圣者来自社会各个阶层,有骑士、修士、修女、修道院长、托钵僧、商人、海员、律师、医生、地主、磨坊主、管家、店铺老板、伙房采购、农夫、厨师、差役、卖赎罪卷的教士等等,除了王室成员和高等贵族及奴隶之外,可以说囊括了当时英国所有阶层和主要行业,构成了英国社会的全面缩影。该书中最精彩的故事有:骑士讲的爱情悲剧故事、巴斯妇讲的骑士的故事、卖赎罪券者讲的劝世寓言故事、教士讲的动物寓言故事、商人讲的家庭纠纷的故事、农民讲的感人的爱情和慷慨义气故事。

揭露教会的腐败和堕落,是《坎特伯雷故事集》的一个鲜明主题。在该书中,除了一个穷教士是廉洁、助人外,其他的神职人员都被以讥刺的笔调来描写:长满吓人疮疹的教会法庭差役专门送传票召人到宗教法庭应审,让孩子们望而生畏;教士们携带宗教性物品到处招摇撞骗,以赦罪为名连诱带吓地敛取金钱;修道士寻欢作乐,拈花惹草;监管寺院田产的僧侣喜欢打猎,讲究穿着,酷爱吃烤肥鸭;女修道院长衣着华丽,金扣针上刻着拉丁文:"爱征服一切",一副贵妇人派头。对商品经济中其他阶层的利己行为也不乏讥讽色彩:医生熟谙占星术,在疫疠中赚大钱;为了获利,律师把法律文牍记得烂熟,磨坊主精于克扣粮食,管家中饱私囊,商人债务缠身也装成财大气粗等等。同时,该书通过反讽,也透现出富裕起来的市民中所增长的自尊意识:5 个伦敦来的人随身带着厨师,他们收入丰厚,妻子们喜欢别人喊她们"夫人"。贩卖呢料的巴斯妇在教区活动中总抢在前头。该书颂扬了信仰坚定、充满荣誉感和美德的骑士,家产丰厚、用钱慷慨的地主,虔敬、诚实、热爱劳动和邻人的农夫。而在讲述有关爱情婚姻方面的故事时,该书也反映了对妇女地位和自由爱情之肯定:已经 5 次嫁人、还怀着第 6 次结婚念头的巴斯妇,认为只有妇人掌权的家中才有安宁幸福;磨坊主和商人的故事都讲到年轻的妻子背叛年老的丈夫,寻求婚外爱情。这些都表明作者蔑视禁欲主义,向往世俗爱情的心境。

《坎特伯雷故事集》的叙事手法十分丰富,几乎借鉴了中古文学的各种体裁:骑士传奇、教会圣徒传、劝善的布道书、动物寓言、寓言、传说、歌谣、故事诗等。作品始终立足于现实生活,将幽默和讽刺相结合,人物个性突出、形象鲜明,语言生动活泼,喜剧色彩浓厚,这对于英国文学的现实主义发展方向深有影响。这一作品使用的语言是伦敦通用的东区中部方言,稍微掺入了一点肯特方言成分,奠定了以后英国文学以伦敦方言为标准语的基础。在表达中,他首创的英雄双韵体为以后的英国诗人所广泛采用,因而乔叟被誉为"英国诗歌之父"。书中大多数故事用双韵诗体写成,为后来的英国文学创作所效法。乔叟被后世看做是第一位伟大的英国诗人、"英国文学之父",对此,史家这样评论道:"比起他的时代的其他作家来,他的语言更多地是整个时代的语言,他为理解一个消失的世界开辟了一道大门。"①

在中世纪英国流行着不少民间传说,罗宾汉(Robin Hood)是其中一个家喻户晓的"侠盗"式英雄。最早的罗宾汉传说以民谣的形式出现,大约在 13 世纪,但有关的故事应形成于 14 世纪,记载于一些民歌和叙述体著作中。真正构筑传说雏形的是 15 世纪的三部民歌集,分别是 1450 年前后的《罗宾汉和修士》(*Robin Hood and the Monk*)、《罗宾汉和陶瓦匠》(*Robin Hood and the Potter*),以及被认为年代稍晚一点的《罗宾汉诗一则》(*A Geste of Robyn Hode*)。这些诗集间接或非间接地来自同一种材料,由于时间久远且源于民间,其编辑者已无从知晓。

在民间传说中罗宾汉是一个绿林好汉式人物,他保持着对宗教信仰的绝对忠诚,痛恨腐化堕落的主教、修道院长、地方官员,他带领同伴们占林为王、劫富济贫,为底层人民所拥戴。

早期诗歌反映出的罗宾汉还只是一个有一些传奇经历的普通人,唯

---

① May Mckisack,*The Fourteenth Century 1307—1399*,p. 532.

一的特殊性在于他的"强盗"身份。作为一个森里"强盗"的首领,罗宾汉理应有不少同伙,《罗宾汉和修士》中提到"有 12 个身手最好的跟随了罗宾汉",《罗宾汉诗一则》中说罗宾汉的同伙"超过 140 人"①,后者远超出了史料关于中世纪强盗团伙规模的记载。尽管如此,这些人当中能叫出姓名的寥寥无几,除了出现率极高的小约翰(Little John)之外,只有威尔·斯卡利特(Will Scarlett)和米勒之子马齐(Much)。

在有关罗宾汉的诗歌中,《罗宾汉诗一则》虽然不是年代最早的,却是最重要的,它是在四部民歌的基础上编撰而成的,它们分别是:《罗宾汉与骑士》《罗宾汉、小约翰和郡守》《罗宾汉与国王》以及《罗宾汉之死》。四个故事既相对独立,又有一些关联。全书的开头,罗宾汉就向随从们申明他的"森林法则":不伤害农夫、手工业者等平民阶层,对待主教、修道院长、郡守这类为富不仁者却要毫不留情。行动的方式是将人拦下后请到森林里"做客",然后由他来决定如何处置。被修道院霸占了土地和所有家产的落魄骑士理查在路过巴恩斯戴尔(Barnesdale)森林时与罗宾汉相识,并在其帮助下赢回了自己的财产,从此成为罗宾汉的盟友。后来,始终抓不到罗宾汉的郡守迁怒于理查并将其逮捕,尽管被随后赶到的罗宾汉成功营救,但其家产再一次被没收。罗宾汉的行径甚至惊动了国王爱德华,假扮成修道院院长的国王在森林里见到了罗宾汉,本打算将之抓捕归案,却不想被罗宾汉及其手下的精湛箭术所折服,当即决定赦免罗宾汉,条件是罗宾汉团伙必须离开森林,前往王宫为国王服务。惊喜之下的罗宾汉答应了国王的要求,跟随国王回到了王宫。在《罗宾汉诗一则》里,王宫并不是罗宾汉终老之地,短暂的停留之后,他最终还是回到了巴恩斯戴尔森林,重新干起了老本行,直到 22 年后死去。②

其他几部诗歌内容大部分都是关于罗宾汉的打斗和奇遇,而故事主题以解救强盗同伙最为普遍。《罗宾汉与陶瓦匠》讲的是陶瓦匠如何联

---

① 研究罗宾汉的学术网站,http://www.boldoutlaw.com/robages/robages2.html#ballads

② M. Keen,*The Outlaws of Medieval Legend*,Routledge,2000,pp. 101 - 115.

手将郡守引诱入森林,逼迫他释放一名强盗。成文于 1475 年前后的《吉斯伯恩的团伙》(Guys of Gisborne)讲的是罗宾汉如何战胜了老对手吉斯伯恩的团伙,并伪装成后者的样子让郡守误以为罗宾汉被这一团伙所杀,并最终杀死了郡守,解救了被其抓获的小约翰。《罗宾汉与修士》的故事与前两者大同小异,略有不同的是这次被郡守抓去的是罗宾汉本人,而小约翰和马齐设计把他救了出来。[①] 解救的行动一旦完成,故事也就结束了,留给读者众多疑问。

有关罗宾汉的民间传说通过颂扬一个虔诚正直、除暴安良的武侠英雄,反应了穷苦民众对黑暗现实的不满与抗争,但也在一定程度上表达了乡绅和骑士的利益诉求。这些传说在 15 世纪甚至被编成剧本上演,为民间喜闻乐见。有资料显示,1427 年在埃克塞特郡的一场有关罗宾汉的喜剧表演中,参与的演员每人得到 20 便士作为报酬。[②] 1470 年左右,诺福克郡的男爵约翰·帕斯顿(Sir John Paston)在写给兄长的家书中哀叹他的一个十分信任的家仆威廉·伍德(William Wood)离开了他,他提到伍德这三年都参与表演罗宾汉与诺丁汉郡守的故事,而这次是要"回巴恩斯戴尔(的森林)去了"。[③]

从诺曼征服到玫瑰战争结束,是英国的封建时期,封建社会的最大特点是土地的分封及由此形成的政治与社会结构。政治上,国家权力因土地分封而被分解,分散到诸多庄园和领主手中,封君—封臣关系编织出一张复杂的政治权力之网。尽管英国的王权比西欧其他地区如法国、德国都更强大,但封建制度却决定了政治力量的分散,贵族与王权、教权与俗权之间冲突频发,战争与动乱是政治的特点。在社会方面,贵族与平民、自由人与不自由人之间的界限是非常清楚的,土地的归属权在社会等级分界方面起关键的作用。农奴制是封建社会的特征,但农奴制的

---

① M. Keen, *The Outlaws of Medieval Legend*, pp. 118 - 123.

② Thomas Hahn, *Robin Hood in Popular Culture*, *Violence*, *Transgression and Justice*, Cambridge, 2000, p. 161.

③ Ibid., p. 162.

解体又预示着封建社会的终结;城市与商业的壮大,慢慢腐蚀了封建社会,不过在封建时期,它们基本上依附于封建权利。人们的生活和思想都受制于等级制度,衣食住行依身份区别,财产与等级大体上是相当的。这样一个基于领地而又以等级为区分的社会本质上也是分裂的,与政治领域一样,社会、文化领域呈现出更多的非同一性。到封建社会晚期,同一性逐步增加,一个民族共同体缓慢形成,建立民族国家的任务已经提上日程了。不过,这个过程属于下一个历史时期,也是在下一卷书中需要讲述的故事。

# 附　录

# 一　地图 *

## 1. 1066—1087 年的诺曼统治

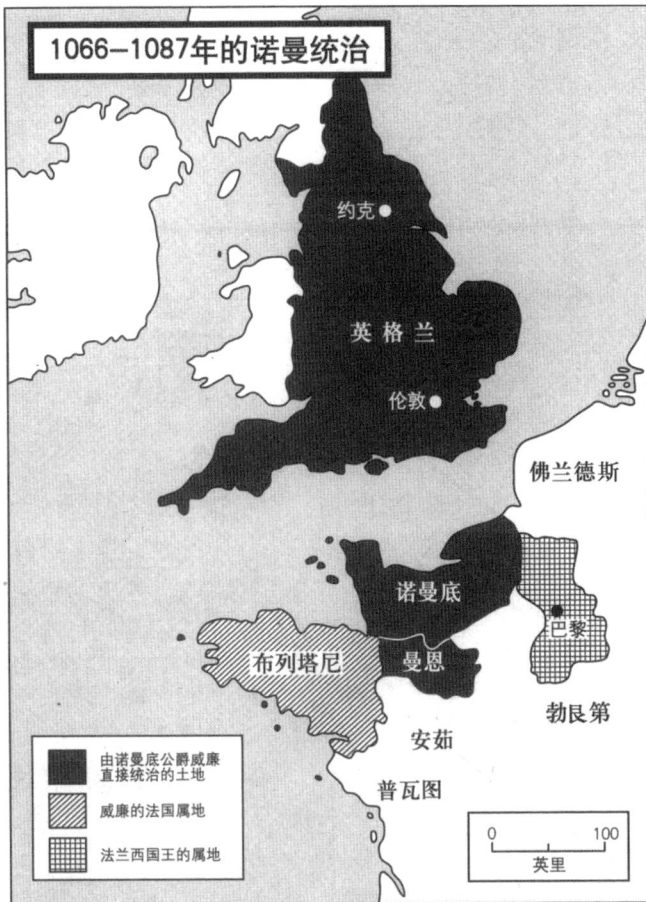

1066-1087年的诺曼统治

约克

英格兰

伦敦

佛兰德斯

诺曼底

巴黎

布列塔尼　曼恩

勃艮第

安茹

普瓦图

由诺曼底公爵威廉
直接统治的土地

威廉的法国属地

法兰西国王的属地

0　　　　100
英里

---

\* 本书地图引自［英］马丁·吉尔伯特著《英国历史地图》(第三版)，王玉菡译，中国青年出版社，2009 年。

## 2. 1068—1200 年诺曼人对威尔士的征服

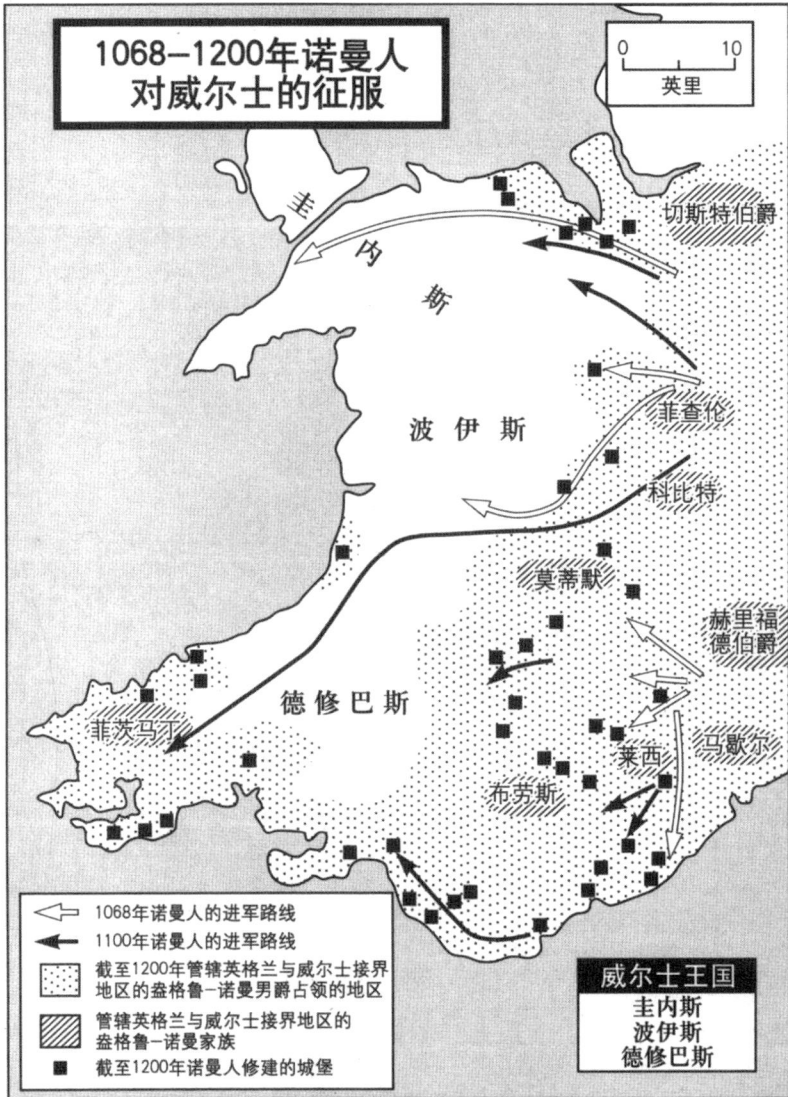

1068–1200年诺曼人
对威尔士的征服

0   10
英里

切斯特伯爵

圭
内
斯

菲查伦

波 伊 斯

科比特

莫蒂默

赫里福
德伯爵

德修巴斯

马歇尔

莱西

菲茨马丁

布劳斯

⇦ 1068年诺曼人的进军路线
⬅ 1100年诺曼人的进军路线
截至1200年管辖英格兰与威尔士接界
地区的盎格鲁–诺曼男爵占领的地区
管辖英格兰与威尔士接界地区的
盎格鲁–诺曼家族
■ 截至1200年诺曼人修建的城堡

威尔士王国
圭内斯
波伊斯
德修巴斯

## 3. 1189 年的英法两国

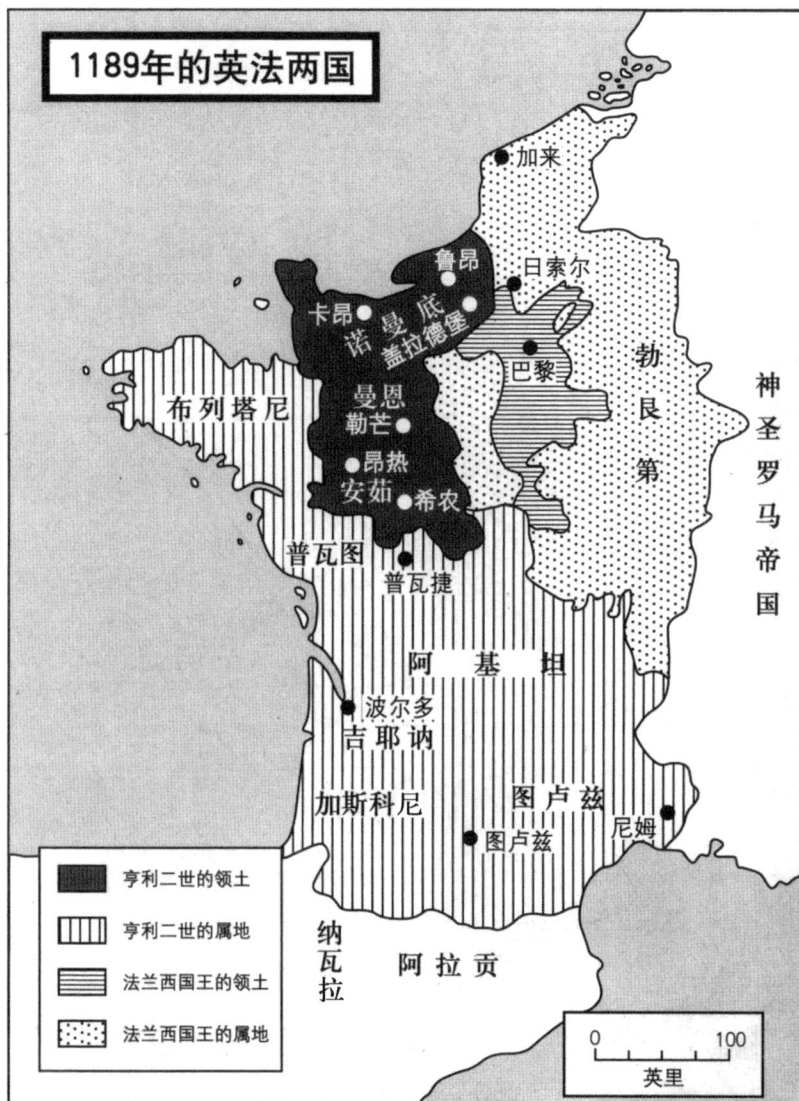

1189年的英法两国

加来

鲁昂　日索尔

卡昂　曼底　　　巴黎

诺　　盖拉德堡　　　　　　勃

布列塔尼　　曼恩　　　　　　　　良　　神

　　　　勒芒　　　　　　　　第　　圣

　　　　昂热　　　　　　　　　　　罗

　　　　安茹　希农　　　　　　　　马

普瓦图　　　　　　　　　　　　　帝

　　　普瓦捷　　　　　　　　　　国

阿　基　坦

波尔多

吉耶讷

加斯科尼　　图卢兹

　　　图卢兹　尼姆

■ 亨利二世的领土

‖ 亨利二世的属地　　纳瓦

≡ 法兰西国王的领土　拉　阿拉贡

⋮ 法兰西国王的属地

0　　　　100

英里

## 4. 1400—1500 年的英格兰

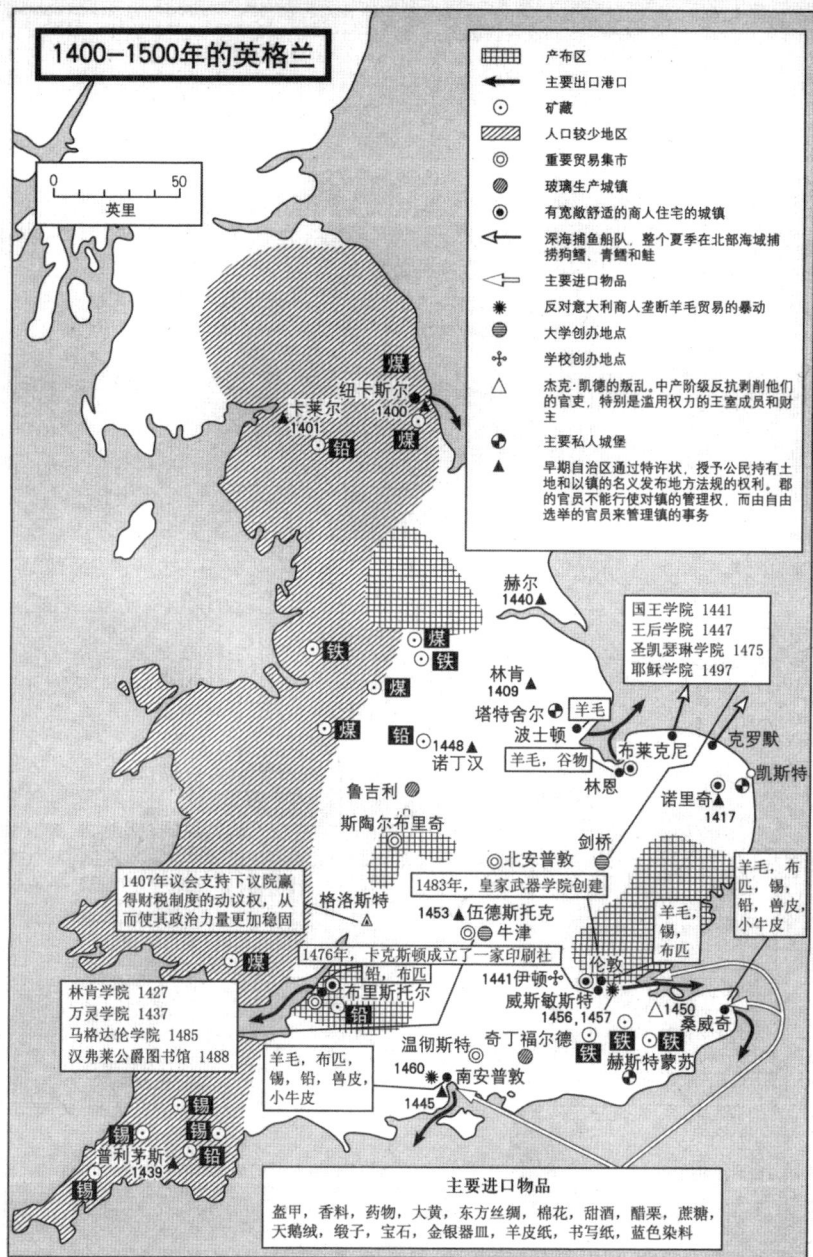

**1400—1500年的英格兰**

| | |
|---|---|
| ▦ | 产布区 |
| ← | 主要出口港口 |
| ⊙ | 矿藏 |
| ▨ | 人口较少地区 |
| ◎ | 重要贸易集市 |
| ◍ | 玻璃生产城镇 |
| ⦿ | 有宽敞舒适的商人住宅的城镇 |
| ← | 深海捕鱼船队,整个夏季在北部海域捕捞狗鳕、青鳕和鲑 |
| ⇐ | 主要进口物品 |
| ✳ | 反对意大利商人垄断羊毛贸易的暴动 |
| ⊜ | 大学创办地点 |
| ✚ | 学校创办地点 |
| △ | 杰克·凯德的叛乱。中产阶级反抗剥削他们的官吏,特别是滥用权力的王室成员和财主 |
| ⊕ | 主要私人城堡 |
| ▲ | 早期自治区通过特许状,授予公民持有土地和以镇的名义发布地方法规的权利。郡的官员不能行使对镇的管理权,而由自由选举的官员来管理镇的事务 |

比例尺 0 — 50 英里

煤
纽卡斯尔 1400
卡莱尔 1401
铅
煤

赫尔 1440 ▲

国王学院 1441
王后学院 1447
圣凯瑟琳学院 1475
耶稣学院 1497

铁
煤
铁
林肯 1409 ▲
煤
塔特舍尔 羊毛
波士顿
布莱克尼 克罗默
凯斯特
诺里奇 1417

铅 1448
诺丁汉 羊毛,谷物 林恩
鲁吉利
斯陶尔布里奇
北安普敦
剑桥

1483年,皇家武器学院创建

羊毛,布匹,锡,铅,兽皮,小牛皮

羊毛,锡,布匹

1407年议会支持下议院赢得财税制度的动议权,从而使其政治力量更加稳固

格洛斯特 △
1453 ▲ 伍德斯托克
◎ 牛津

1476年,卡克斯顿成立了一家印刷社
铅,布匹
布里斯托尔
铅

林肯学院 1427
万灵学院 1437
马格达伦学院 1485
汉弗莱公爵图书馆 1488

伦敦
1441 伊顿 ✚
威斯敏斯特
1456,1457 △ 1450 桑威奇

温彻斯特 奇丁福尔德
1460 铁 铁
✳ 南安普敦 赫斯特蒙苏
1445

羊毛,布匹,锡,铅,兽皮,小牛皮

煤
锡
锡 铅
锡
普利茅斯 1439 ▲

**主要进口物品**

盔甲,香料,药物,大黄,东方丝绸,棉花,甜酒,醋栗,蔗糖,天鹅绒,缎子,宝石,金银器皿,羊皮纸,书写纸,蓝色染料

## 5. 1429—1453 年英格兰在法国统治的瓦解

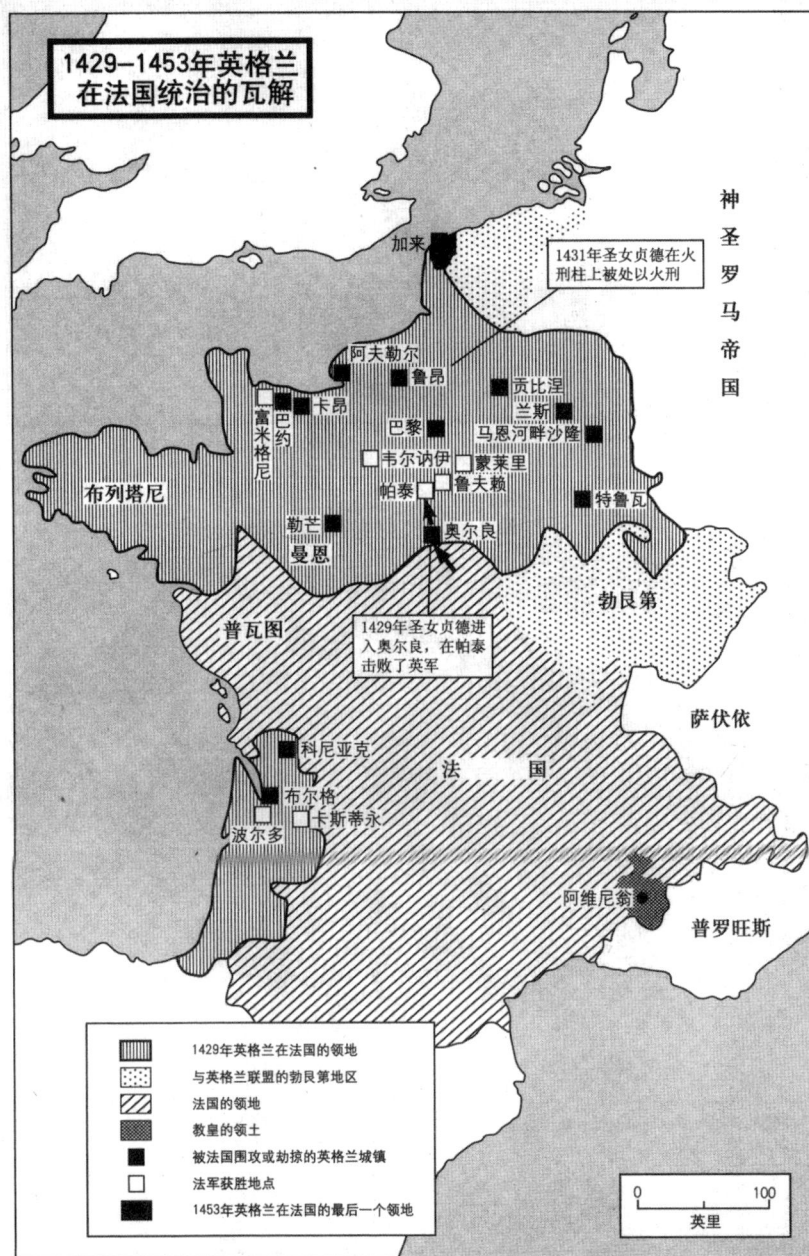

1429—1453年英格兰
在法国统治的瓦解

神圣罗马帝国

1431年圣女贞德在火刑柱上被处以火刑

加来
阿夫勒尔
鲁昂　贡比涅
卡昂　　兰斯
富米格尼　巴约　巴黎　马恩河畔沙隆
韦尔讷伊　蒙莱里
布列塔尼　帕泰　鲁夫赖　特鲁瓦
勒芒　奥尔良
曼恩
勃艮第

普瓦图

1429年圣女贞德进入奥尔良，在帕泰击败了英军

萨伏依

科尼亚克
布尔格　法　国
卡斯蒂永
波尔多

阿维尼翁
普罗旺斯

1429年英格兰在法国的领地
与英格兰联盟的勃艮第地区
法国的领地
教皇的领土
被法国围攻或劫掠的英格兰城镇
法军获胜地点
1453年英格兰在法国的最后一个领地

0　　100
英里

387

6. 玫瑰战争:1450 年的领土划分

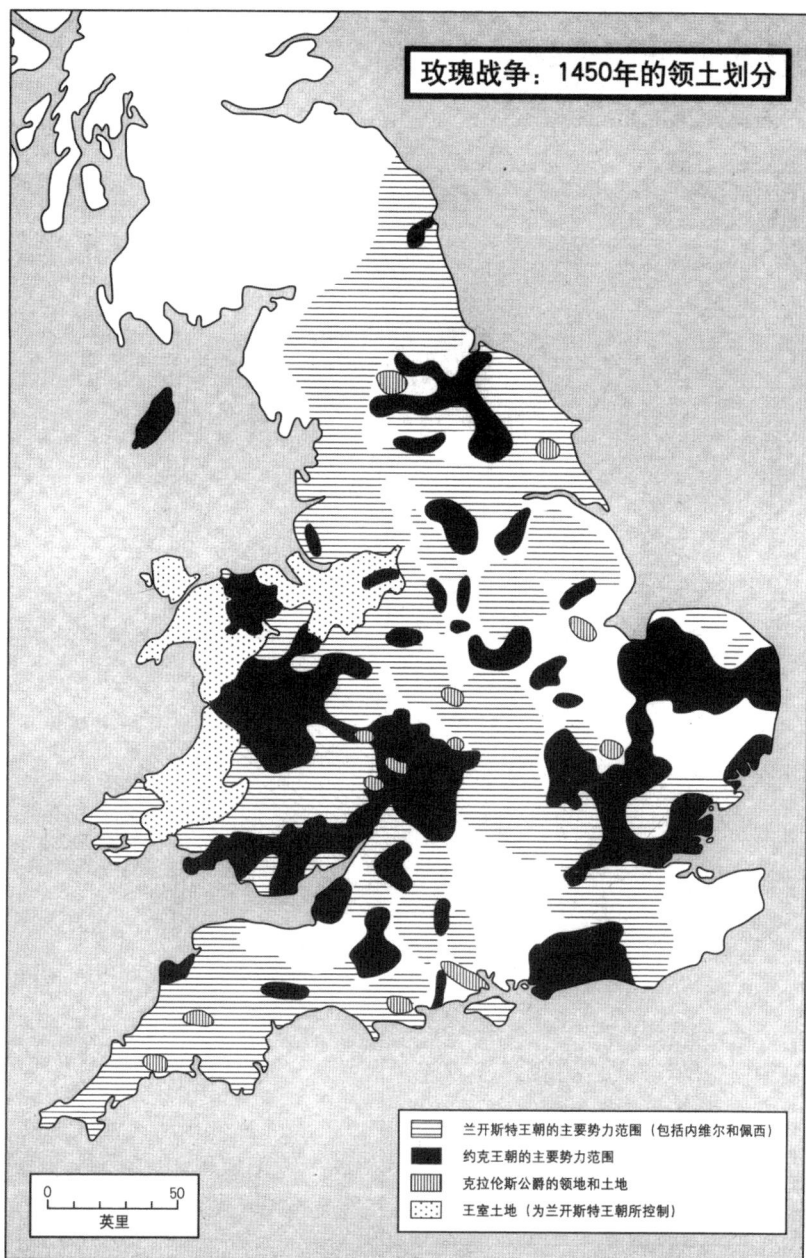

玫瑰战争:1450年的领土划分

兰开斯特王朝的主要势力范围（包括内维尔和佩西）
约克王朝的主要势力范围
克拉伦斯公爵的领地和土地
王室土地（为兰开斯特王朝所控制）

0       50
英里

# 二　大事年表

911 年　《埃彼特河畔的圣克莱条约》，诺曼底公爵领建立

1003 年　丹麦入侵不列颠

1016 年　克努特成为整个英格兰的国王

1028—1035 年　诺曼底公爵罗伯特一世在位

1041—1066 年　英王忏悔者爱德华在位

1047 年　瓦埃·迪内斯战役

1053 年　莫特梅尔战役

1066—1071 年　诺曼征服

1066—1087 年　英王威廉一世在位；诺曼王朝开始

1066 年 1—10 月　英王哈罗德在位

1066 年 9 月　斯坦福特桥战役

1066 年 10 月　黑斯廷斯战役

1070—1071 年　坎特伯雷大教堂修建

1076 年　瓦尔索夫伯爵被处死

1086 年　"索尔兹伯里誓约"；《末日审判书》编纂

1087—1100 年　英王威廉二世在位

1088 年　诺曼底公爵罗伯特叛乱

1089—1093 年　坎特伯雷大主教区教职空缺

1093 年　安瑟伦任坎特伯雷大主教

1097 年　坎特伯雷大主教安瑟伦出走罗马

1100—1135 年　英王亨利一世在位

1105 年　坦什布雷战役，英国恢复统一

1107 年　亨利一世和教会达成教职任授权协议

1120 年　白船失事

1125 年　巡回法庭制度肇始

1135—1154 年　斯蒂芬王在位；英格兰内战时期

1141 年　林肯战役，斯蒂芬王被俘

1154—1189 年　英王亨利二世在位；安茹王朝开始

1154 年　《温切斯特和约》；亨利二世即位

1159 年　亨利二世开始征收"盾牌钱"；索尔兹伯里的约翰撰成《论政府原理》

1162 年　贝克特任坎特伯雷大主教

1164 年 2 月　《克拉伦敦宪章》

1167 年　牛津大学初立

1169—1172 年　英格兰对爱尔兰的征服开始

1170 年　贝克特被杀

1178 年　普通法诉讼法庭肇始

1179 年　王座法庭肇始

1181 年　《武器装备法令》颁布

1189—1199 年　英王理查德一世在位

1190—1194 年　理查德一世率军参加第三次十字军东征

1199—1216 年　约翰王在位

1200 年　大卢埃林建立对威尔士的统治

1207 年　教皇英诺森三世对英实施"禁教令"

1209 年　约翰王被开除教籍；剑桥大学初立

1213 年　约翰王向教皇妥协，成为教皇"封臣"

1214 年 7 月　布汶战役

1215 年　英国贵族反叛

1215 年 6 月 19 日　《大宪章》签署

1216—1272 年　英王亨利三世在位

1218 年　亨利三世与大卢埃林签订《沃切斯特条约》

1236 年　《默顿法规》

1237 年　《约克和约》

1240 年　大卢埃林去世

1254 年　亨利三世接受教皇赠送的西西里王位

1258 年　《牛津条例》

1259 年　《威斯敏斯特条例》

1264 年　刘易斯战役；亨利三世被俘；西蒙·德·孟福尔主政

1265 年 1—3 月　"西蒙议会"；市民代表参加国家政治性会议的肇始

1265 年 8 月　伊夫舍姆战役；孟福尔被杀

1267 年　亨利三世与小卢埃林签订《蒙哥马利协定》

1272—1307 年　英王爱德华一世在位

1277 年　爱德华一世征讨威尔士；《康韦条约》

1282—1283 年　爱德华一世征服威尔士

1284 年　《罗德兰法令》颁布

1285 年　《温切斯特法令》颁布

1294—1295 年　威尔士叛乱

1295 年　苏格兰和法国结盟；"模范议会"；议会君主制的开端

1296 年　爱德华一世入侵苏格兰

1301 年　爱德华一世封王储为威尔士亲王

1306 年　苏格兰贵族罗伯特·布鲁斯起义并自立为王

1307—1327 年　英王爱德华二世在位

1314 年　班诺克本战役

1322 年　兰开斯特伯爵托马斯被处死

1327—1377 年　英王爱德华三世在位

1328 年　爱德华三世宣称法国王位

1337—1453 年　英法百年战争

1337 年　百年战争开始；康沃尔公爵领创立

1338 年　《瓦尔登法令》颁布

1340 年　斯鲁伊斯海战，英格兰控制英吉利海峡

1346 年 8 月　克勒西战役

1347 年　英军占领加来

1348 年　黑死病开始袭击英国

1349 年　《劳工法令》颁布

1356 年　普瓦提埃战役；法王约翰二世被俘

1360 年　《布勒丁尼和约》

1361 年　黑死病再次袭击英国

1377—1399 年　英王理查德二世在位

1381 年　瓦特·泰勒起义

1382 年　威克里夫的神学主张被判为异端

1386 年　"无情议会"

1394—1395 年　理查德二世征讨爱尔兰

1399—1413 年　英王亨利四世在位；兰开斯特王朝开始

1413—1422 年　英王亨利五世在位

1415 年 10 月　阿让库尔战役

**1419—1420 年**　英军征服诺曼底

**1420 年**　《特鲁瓦和约》

**1422—1461 年**　英王亨利六世在位

**1428 年**　英军围攻奥尔良

**1431 年**　贞德被处以火刑

**1435 年**　勃艮第公爵转而拥戴法王查理七世

**1450 年**　杰克·凯德起义

**1453 年**　英法停战,百年战争结束

**1455—1485 年**　玫瑰战争

**1455 年 5 月**　圣·阿班斯战役,约克派取胜;玫瑰战争开始

**1461—1483 年**　英王爱德华四世在位;约克王朝开始

**1461 年**　爱德华四世登基;陶顿战役;亨利六世被废黜

**1465 年**　亨利六世被俘,因于伦敦塔

**1469 年**　沃威克伯爵理查和克拉伦斯公爵乔治的叛乱;爱德华四世被俘

**1470 年**　亨利六世复位

**1471 年**　爱德华四世复位;沃威克伯爵阵亡;亨利六世被处死

**1475 年**　《皮克奎格尼协定》

**1483 年**　英王爱德华五世继位,随即被废黜和去世;格洛斯特公爵理查德继位,称理查德三世

**1485 年 8 月**　博斯沃斯荒原战役;理查德三世战死;玫瑰战争结束

**1485 年 10 月**　亨利七世加冕;都铎王朝开始

# 三　参考书目

## 一、英文部分

1. Printed Sources

Douglas, D. C. & Greenaway, G. W. ed. （1953）, *English Historical Documents*, V. 2, *London*.

Given Wilson, C. ed. （2005）, *The Parliament Rolls of Medieval England 1275—1504*, V. 6, London.

*Glanville*, （1980）, A Translation of Glanville by Beames, J. , Colorado.

Hector, L. C. & Harvey, B. F. ed. （1982）, *The Westminster Chronicle 1381 - 1394*, Oxford.

Myers, A. R. ed. （1969）, *English Historical Documents*, V. 4, London.

Rothwell, H. （1975）, *English Historical Documents*, V. 3, London.

Sir John Fortescue, （1942）, *De Laudibus Legun Anglie*, ed & Translated by Hazeltine, H. D. , Cambridge.

Sir John Fortescue, （1997）, *On the Laws and Governance*, Cambridge.

Stephenson, C. & Marcham, F. G. ed. （1937）, *Sources of English Constitutional History: A Selection of Documents from A. D. 600 to the Present*, New York.

Tanner, J. R. （1951）, *Tudor Constitutional Documents*, *A. D. 1485—1603 with an historical commentary*, Cambridge.

Vitalis, O. （1975—1983）, *The Ecclesiastical History of Orderic Vitalis*, edited and translated by Chibnall, M. 6vols, Oxford.

2. Literature

Adams, G. B. (1925), *Constitutional History of England*, New York.

Alexander, M. V. C. (1981), *The First of The Tudors*, London.

Aston, J. H. ed. (1987), Landlords, *Peasants and Politics in Medieval England*, London.

Baldwin, J. F. (1913), *The King's Council in England during the Middle Ages*, Oxford.

Barlow, F. (1955), *The Feudal Kingdom of England*, London.

Barlow, F. (1983), *The Norman Conquest and Beyond*, London.

Barrow, C. W. S. (1983), *Feudal Britain*, London.

Bean, J. M. W. (1989), *From Lord to Patron*, Pennsylvania.

Bevan, B. (1990), *King Richard II*, London.

Brawn, R. A. (1985), *The Normans and The Norman Conquest*, Suffolk.

Brown, A. L. (1989), *The Governance of Late Medieval England 1272—1461*, London.

Butt, R. (1989), *A History of Parliament: The Middle Ages*, London.

Carlyle, R. W. and Carlyle, A. J. (1903—1936), *A History of Mediaeval Political Theory in the West*, 6 vols, London.

Chrimes, S. B. (1936), *English Constitutional Ideas in the Fifteenth Century*, Cambridge.

Chrimes, S. B. (1984), *Henry VII*, London.

Clanchy, M. T. (1979), *From Memory to Written Record England 1066—1307*, London.

Cobban, A. B. (1969), *The Medieval English Universities: Oxford and Cambridge to 1500*, London.

Cronne, H. A. (1970), *The Reign of Stephen 1135—1154*, London.

Daly, L. J. (1962), *The Political Theory of John Wyclif*, Chicago.

Dasent, A. (1911), *The Speakers of the House of Commons*, London.

Dyer Christopher (1989), *Standards of Living in the Later Middle Ages: Social Change in England c. 1200—1520*, Cambridge.

Dyer C. (1980), *Lords and Peasants in a Changing Society: The Estates of the Bishopric of Worcester, 680—1540*.

Dyer Christopher, *Everyday Life in Medieval England*.

Dickinson, J. C. (1979), *An Ecclesiastical History of England in the Middle Ages*, 2 vols, London.

Dobson, R. B. ed. (1970), *The Peasants' Revolt of 1381*, London.

Douglas, D. C. (1983), *The Conqueror William*, London .

Dunn, A. (2002), *The Great Rising of 1381*, Tempus.

Edwards, S. G. (1979), *The Second Century of the English Parliament*, Oxford.

Gies, F. (1984), *The Knight in History*, New York.

Given Wilson, C. (1987), *The English Nobility in the Middle Ages: The Fourteenth Century Political Community*, London.

Green, J. A. (1986), *The Government of England under Henry I*, Cambridge.

Green, V. H. H. (1966), *The Later Plantagenets*, London.

Hahn, T. (2000), *Robin Hood in Popular Culture, Violence, Transgression and Justice*, Cambridge.

Harding, A. (1973), *Law Courts of Medieval England*, Oxford.

Harriss, G. L. ed. (1985), Henry V: *The Practice of Kingship*, Oxford.

Harriss, G. L. ed. (1975), King, *Parliament and Public Finance in Medieval England to 1369*, Oxford.

Hilton, R. H. &. Aston. T. H. ed. (1984), *The English Rising of 1381*, Cambridge.

Hilton, R. H. (1973), *Bond Men Made Free—Medieval Peasant Movements and the English Rising of 1381*, London.

Hilton, R. H. (1975), *The English Peasantry in the Later Middle Ages*, Oxford.

Holdsworth, W. S. (1922), *A History of English Law*, 2 vols, Boston.

Hollister, C. W. (1986), *Monarchy, Magnates and Institutions in the Anglo Norman World*, London.

Howell Cicely , *Land, Family and Inheritance in Transition*, Kibworth Harcourt, 1280—1700, Cambridge, 1983.

Leach, A. F. (1915), *The School of Medieval English*, London.

Lennard, R. (1997), *Rural England, 1086—1135*, Oxford.

Jacob, E. F. (1961), *Oxford History of England: The Fifteenth Century, 1399—1485*, Oxford.

Jenks, E. (1919), *Law and Politics in the Middle Ages*, London.

Jones, J. A. P. (1971), *King John and Magna Carta*, London.

Justice, S. (1994), *Writing and Rebellion: England in 1381*, Press of California University.

Keefe, T. K. (1983), *Feudal Assessments and the Political Community under*

*Henry Ⅱ and His Sons*，University of California Press．

Keen，M. H.（1990），*English Society in the Later Middle Ages*，*1348—1500*，London．

Keen，M. H.（2000），*The Outlaws of Medieval Legend*，Routledge．

Kenny，A. ed.（1986），*Wyclif in His Times*，Oxford．

Lindsay，P. & Groves，R.（1950），*The Peasants' Revolt 1381*，London．

Loyn，H. R.（1984），*The Governance of Anglo Saxon England*，London．

Lyon，B.（1980），*A Constitutional and Legal History of Medieval England*，New York．

Maitland，F.（1946），*The Constitutional History of England*，Cambridge．

McFarlane，K. B.（1973），*Nobility of Later Medieval England*，Oxford．

Mckisack，M.（1959），*The Fourteenth Century*，*1307—1399*，Oxford．

Newman，C. A.（1986），*The Anglo Norman Nobility in the Reign of Henry I*．Philadelphia．

Oman，C.（1906），*The Great Revolt of 1381*，Oxford．

Ormrod，W. M.（2011），*Edward Ⅲ*，Yale．

Painter，S.（1980），*Studies in the History of English Feudal Barony*，New York．

Painter，S.（1949），*The Reign of King John*，Hopkings．

Painter，S.（1964），*Rise of the Feudal Monarchies*，London．

Palmer，Robert C.（1984），*Context of Marriage in Medieval England*：*Evidence from the King's Court circa 1300*，Speculum，volume 59，issue 1．

PetitDutaillis.（1936），*Feudal Monarchy of England and France*，London．

Peter Cross and Maurice Keen，eds.（2002），*Heraldry*，*Pageantry*，*and Social Display in Medieval England*，Woodbridge．

Pollard，A. J.（1988），*The Wars of the Roses*，London．

Pollock，F. & Maitland，F.（1898），*The History of English Law*，1 vols，Cammbridge．

Pollock，F. & Maitland，F.（1978），*The History of English Law*，2 vols，Cammbridge．

Poole，A. L.（1955），*From Domesday Book to Magna Carta*，Oxford．

Pounds，N. J. G.（1990），*The Medieval Castles in England and Wales*，Cambridge．

Powicke，M.（1962），*Oxford History of England*：*The Thirteenth Century*，*1216—1307*，Oxford．

Prestwich，M.（1980），*The Three Edwards*，*War and State in England*

*1272—1377*,London.

Prestwich, M. (2005), *Plantagenet England*, *1225—1360*, Oxford.

Quwilliam, D. M. (1920), *England in Wyclif Time*, London.

Ramsay, J. H. (1925), *History of the Revenue of the Kings of England*, Oxford.

Reynolds, B. (1977), *An Introduction to the History of English Medieval Town*, Oxford.

Richardson, H. G. & Sayles, G. O. (1974), *The Governance of Medieval England*, Edinburgh.

Roskell, J. S. (1981), *Parliament and Politics in Late Medieval England*, London.

Ross, C. D. (1974), *Edward Ⅳ*, London.

Round, J. H. (1979), *Feudal England*, London.

Sayles, G. O. (1974), *The King's Parliament of England*, New York.

Steel, A. (1941), *Richard Ⅱ*, Cambridge.

Stenton, F. M. (1929), *The First Century of English Feudalism*, Oxford.

Stephenson C. (1933), *Borough and Town: a Study of Urban Origins in England*, Cambridge, Mass: The Medieval Academy of America.

Stubbs, W. (1891), *The Constitutional History of England*, 3 vols, Oxford.

Stubbs W. (1957), *Select Charters and other Illustrations of English Constitutional History from the Earliest Times to the Reign of Edward I*, Oxford.

Taylor, H. O. (1925), *The Medieval Mind*, 2 vols, London.

Taylor er al, J. ed. (1990), *Politics and Crisis in Fourteenth Century England*, Gloucester.

Tout, T. F. (1919), *Medieval Town Planning*, *The Town Planning Review*, Vol. 8, o. 1.

Tuck, A. (1985), *Crown and Nobility: 1272—1461 Political Conflict in Late Medieval England*, London.

Warren, W. L. (1983), *Henry Ⅱ*, London.

Watts, J. (1999), *Henry Ⅵ and the Politics of Kingship*, Cambridge.

Wilkinson, B. (1958), *Constitutional History of Medieval England*, *1216—1399*, V. 3, London.

Wilkinson, B. (1964), *Constitutional History of England in the Fifteenth Century*, Barnes & Noble.

Wilks, M. (2000), *Wyclif: Political Ideas and Practice*, Oxford.

Woodbine, G. E. ed. (1968), *Bracton on Laws and Customs of England*,

Harvard.

Zacour，N.（1978），*An Introduction to the Medieval Institution*，London.

## 二、 中文部分

詹姆斯·C. 霍尔特：《大宪章》，中译本，北京大学出版社，2010 年版。

迈克尔·V. C. 亚历山大：《英国早期历史中的三次危机：诺曼征服、约翰治下及玫瑰战争时期的人物与政治》，中译本，北京大学出版社，2008 年版。

约翰·吉林厄姆、拉尔夫·A. 格里菲斯：《中世纪英国：征服与同化》，中译本，外语教学与研究出版社，2007 年版。

奥古斯丁：《道德论集》，石敏敏译，三联书店，2009 年。

菲利浦·阿利埃斯，乔治·杜比主编：《私人生活史》，北方文艺出版社，2007 年。

《盎格鲁-撒克逊编年史》，寿纪瑜译，商务印书馆，2004 年。

比德：《英吉利教会史》，陈维振、周清明译，商务印书馆，1991 年。

安德烈·比尔基埃等主编：《家庭史：现代化的冲击》，袁树仁等译，三联书店，1998 年。

阿萨·勃里格斯：《英国社会史》，陈叔平等译，中国人民大学出版社，1991 年。

布莱克斯通：《英国法释义》，游云庭、缪苗译，上海人民出版社，2006 年。

马克·布洛赫：《封建社会》，张绪山等译，商务印书馆，2004 年。

亨利·斯坦利·贝内特，：《英国庄园生活：1150—1400 年农民生活状况研究》，龙秀清等译，上海人民出版社，2005 年。

J. H. 伯恩斯主编：《剑桥中世纪政治思想史：350—1450 年》（上、下卷），程志敏等译，生活·读书·新知三联书店，2009 年。

哈罗德·J. 伯尔曼：《法律与革命：西方法律传统的形成》，贺卫方等译，中国大百科出版社，1993 年。

M. M. 波斯坦主编：《剑桥欧欧洲经济史：中世纪的农业生活》，（第一卷），郎立华等译，经济科学出版社，2002 年。

M. M. 波斯坦、爱德华·米勒主编：《剑桥欧洲经济史：中世纪的贸易和工业》，钟和等译，经济科学出版社，2004 年。

克里斯托弗·戴尔：《转型的时代：中世纪晚期英国的经济与社会》，莫玉梅译，社会科学文献出版社，2010 年版。

乔治·杜比：《骑士、妇女与教士》，周媛译，上海世纪出版集团，2008 年。

保罗·M. 霍恩伯格-林恩·霍伦·利斯：《都市欧洲的形成》，阮岳湘译，商务印书馆，2009 年。

约翰·吉林厄姆、拉尔夫·A. 格里菲思：《中世纪英国：征服与同化》，沈弘译，外语教学与研究出版社，2007 年。

彼得·克拉克、保罗·斯莱克：《过渡期的英国城市：1500－1700 年》，薛国中译,中国劳动出版社,1992年。

兰格伦:《农夫皮尔斯》,沈弘译,中国对外翻译出版公司,1999年。

里斯贝罗:《西方建筑:从远古到现代》,陈健译,江苏人民出版社,2001年版。

杰弗里·雷根:《愚昧改变历史》,陈海宏译,山东画报出版社,2007年。

罗素:《婚姻的革命》,靳建国译,东方出版社,1988。

密尔松:《普通法的历史基础》,李显冬等译,中国大百科全书出版社,1999年。

奈特编:《帕斯顿信札:一个望族的兴衰》,田亮译,广西师范大学出版社,2005年。

亨利·皮雷纳:《中世纪的城市》,陈国樑译,商务印书馆,2009'年。

乔叟:《坎特伯雷故事》,方重译,上海译文出版社,1983年。

萨哈:《第四等级:中世纪妇女史》,林英译,广东人民出版社,2003年。

特洛依茨基:《基督教的婚姻哲学》,吴安迪译,河北教育出版社,2002年。

E. A. 韦斯特马克:《人类婚姻史》(三卷)李彬等译,商务印书馆,2002年版。

迈克尔·亚历山大:《英国早起历史中的三次危机》,林达丰译,北京大学出版社,2008年。

薄洁萍:《上帝作证:中世纪基督教文化中的婚姻》,学林出版社,2005年。

冯泽民:《服装发展史教程》,中国纺织出版社,1998年。

冯泽民、刘海清:《中西服装发展史》,中国纺织出版社,2008年版。

郭守田主编:《世界通史资料选辑·中古部分》,商务印书馆,1981年版。

蒋孟引主编:《英国史》,中国社会科学出版社,1988年。

金志霖:《英国行会史》,上海社会科学出版社,1996年。

李云飞:《中古英国庄园制度与乡村社会研究》,暨南大学出版社,2014年。

李增洪:《13－15世纪伦敦社会阶层分析》,中国社会科学出版社,2005年。

刘城:《英国中世纪教会研究》,首都师范大学出版社,1996年。

刘景华:《西欧中世纪城市新论》,湖南人民出版社,2000年。

刘启戈、李雅书选译:《中世纪中期的西欧》,三联书店,1957年。

马克垚:《英国封建社会研究》,北京大学出版社,1992年。

孟广林:《英国封建王权论稿》,人民出版社,2002年。

齐思和:《英国封建土地所有制形成的过程》,《历史研究》,1964年第1期。

施诚:《中世纪英国财政史》,商务印书馆,2010年。

张云鹤:《1290年买地法令研究》,《历史研究》,1985年第3期。

刘城:《中世纪天主教信仰的仪式化》,《首都师范大学学报》,2002年第4期。

刘城:《中世纪西欧基督教文化环境中"人"的生存状态研究》,北京师范大学出版社,2012年。

# 四 译名对照与索引

## A

阿宾顿（Abingdon） 8,247

阿德尔伯罗（Adalbero of Laon） 242,296

阿德拉（Adela） 47

阿伦德尔（Arundel） 9,48,157

埃德蒙（Edmund） 3,70,157,207,235,247

埃克塞特（Exeter） 58,100,141,142,205,212,227,235,349,353,379

埃塞尔雷德（Ethelred） 3,27

埃塞克斯（Essex） 48,130,131,133—136,139,192,236,282,311,319

《爱德华四世的家庭黑皮书》（Black Book of Edward IV's Household） 323

爱德华一世（Edward Ⅰ） 69,74—76,80,84—86,88,94,97,102,103,105,108,110,115,123,150—152,155,159,160,224,225,273,318,371,388,389

安茹（Anjou） 16,47—49,57,69,90,101,136,137,206,304,309,352,360,375,388

安瑟伦（Anselm） 39,40,42,364,387

奥卡姆的威廉（William of Occam） 364

奥卡姆剃刀（Occam's Razor） 364

奥克汉普顿（Okehampton） 215,306

奥维兰齐斯（Avranches） 55

## B

巴恩斯戴尔（Barnesdale） 378,379

巴思（Bath） 39

《巴特利牧师会员土地恩准令》（Confirmation of lands of the Canons of Butley） 50

巴约（Bayeux） 5,8,10,17,271

白金汉（Buckingham） 48,141,146

百户长（hundredman） 5,131

百户官助理（sub-bailiff） 101

百户区（hundred） 37,46,53,61,68,75,84,85,99—102,131,165,174,178,182,216

拜兰（Byland） 246

镑（pound）　10,11,14,16,18—20,22,
　24,31,56,57,61,75,79,82,84,90,
　92,96,98,102,113,123—125,130—
　132,138,146,159,160,174—176,
　186,195,213,218,221,224—228,
　248,257,275,276,290,291,293,306,
　326,348

《北安普敦敕令》(The Assize of
　Northampton)　52

贝德福（Bedford）　90,91,127,222,282

彼得伯勒（Peterborough）　8

彼得金（Peter's pence）　29

变态封建主义（bastard feudalism）　17,
　21,22,24,79,83,87,137,352

便士（pence）　16,56,83,85,96,113,
　132,134,166,170—172,175,176,
　186,187,194,195,197,215,248,266,
　274,279,286,290—292,306,310,379

伯克翰姆斯特（Berkhamstead）　9

伯克郡（Berkshire）　166,171,236

伯里圣埃德蒙斯（Bury St Edmunds）
　7,8

博蒙特（Beaumont）　42,141

布克法斯特（Buckfast）　246

布拉克顿（Henry De Bracton）　193,
　302,347,349—351

布里斯托尔（Bristol）　104,210,225,
　227,233,235

布列塔尼（Brittany）　26,49,85,125,
　145—147,218,306,373

布伦（Boulogne）　42,47

布伊尔德法斯（Buildwas）　246

**C**

财政署（exchequer）　44,51,87,90,93,
　95—97,104,218

《财政署对话集》(Dialogue of the Exchequer)
　340

财政署法庭（court in the treasury）
　46,99

财政署男爵（exchequer barons）　96

柴郡（Cheshire）　81

忏悔者爱德华（Edward the Confessor）
　3,16,387

敞田制度（open field system）　169,
　170,331

朝臣（curiales,counrtier）　28,38,40—
　42,44,46,47,50,51,55,80,92,98,
　356

臣服礼（ceremony of homage）　6,7,
　18,159,194

承蒙上帝的恩典（by the grace of God）
　339,348

城市法庭（borough court）　103,104,
　216

城市土地保有权（burgage tenure）　215

城守（prepositi,reeves）　219

船长（skippers）　85

次分封（subinfeudation）　7,11,21

次级封臣（subtenants）　30,45,51

次级合同（sub-contract）　83

从骑士（esquire）　18,22,23,243,273,
　290,293,323

村规（bylaws）　169—173,282

**D**

达勒姆（Durham）　39,150,174,251,
　260,261

大法官布莱恩（Brian, C. J.）　200

大法官丹比（Danby, C. J.）　200

大贵族（magnate）　4,11,17,31,38,39,
　41,42,44,47—51,59,70—72,74,76,

78—83,85,87—90,94,99—101,121,
124,126,128,130,135,137,141,143,
144,148,150,151,154,272,317,352,
353,358

大宪章(Magna Carta) 14,19,56,59—
63,68—73,75,118,251,307,308,
388,396

大异端(great heresiarch) 368

大御玺(Great Seal) 108

大主教区(province) 39,40,58,241,
242,365,387

戴尔城堡(Dale Castle) 147

丹麦金(Danegeld) 34

德比(Derby) 48,100

德文(Devon) 3,48,87,99,100,139,
168,236,327,353

第二次农奴化(second serfdom) 130

《调查郡守令》(inquest of sheriff) 52

调查陪审团(jury of inquisition) 165

丁特恩(Tintern) 246

动产税(movables tax) 57,97,104,
113,124,132

盾牌钱(scutage) 14,19,20,51,56,
59,61,75,82,372,388

E

《恩拉替卡斯》(Entheticus) 341

F

法警(coroners) 219

法律审判期(law terms) 99

法人(legal corporation) 169,222,362

《反奢侈服装法令》(Sumptuary Law )
289

菲林汉(Fillingham) 365

封臣制(vassalage) 10,13,22,82,103,

150,346,372

封建主义(feudalism) 1,3,8—10,13—
15,17,19—22,24,32,33,237,407

冯塞特(Forncett) 175,187

佛莱明人(Flemings) 134

弗兰巴德(Flambard) 39

弗坦斯(Foutains) 246

福尔科克(Falkirk) 151

福尔纳斯(Furness) 246

复活节(Easter) 21,33,95,96,99,
250,253,261,264,265

G

冈特的约翰(John of Gaunt) 22,89,
186

高丘和堡院(motte and bailey) 270

戈德温家族的哈罗德(Harold of Godwin)
3

搁置权(suspending power) 117

格拉斯尼(Glasney) 363

格拉斯通伯里(Glastonbury) 8,251

格雷法学院(Gray's Inn) 363

格雷斯蒂马(Grace Dieu) 86

格洛斯特(Gloucester) 9,73,74,90—
92,103,139,146,157,205,235,329,
330,390

个人令状(individual writ) 108,112

个人请愿书(private petition) 110

公簿租地保有权(copyhold tenure)
196

公簿租地农(copyholder) 196,197,
200,201

公共请愿书(general petition) 110

公共议案(public bill) 116

宫室(chamber) 87,95,355,356

宫室长(master chamberlain) 34,95

共同家庭（joint household）　316

共同提案（common petition）　115

国库（treasury）　33，35，90，95，146，248

国库长（treasurer）　54，71，88，91，95，96，106，340，357

国库卷档（pipe roll）　100，306

国王内府（royal household）　41，88

**H**

哈费尔福德威斯特（Haverfordwest）214

哈罗德（Halord）　3，6，25，26，387

哈墨林（Hamelin）　306

哈姆威克（Hamwic）　205

哈维奇（Hawich）　86，131

海德（Hide）　7，32，328

海角诸港（cinque ports）　85，86

汉普郡（Hampshire）　9，100，139，236，282

好人修会（monasteries of bonhommes）246

合理的合作（reasonable co operation）121

合同军（contract army）　83，85，87

和平守护者（keepers of the peace）　102

核心家庭（nuclear family）　315，316，319—323，327—329

赫里福德（Hereford）　8，35，36，48，214，230，237，271

赫特福德（Hertford）　48，130，195

黑斯廷斯（Hastings）　3，26，85，387

黑太子（Black Prince）　86，89，125，126

亨利二世（Henry II）　8，16，19，49—56，68，82，84，95，98，100，103，104，150，154，155，158，165，214，215，217，221，222，224，248，255，264，306—

308，313，340，341，344，348，351，360，370，388

亨利三世（Henry Ⅲ）　16，63，68—70，72—74，123，150，159，248，279，286，349，362，370，371，388

亨利一世（Henry I）　16，19，24，41—47，59，95，103，149，150，158，207，213，214，216，221，242，256，300，304，306，307，309，339，364，387

亨廷顿（Huntingdon）　35，42，48，150，171，282

候补骑士（esquire）　83

扈从合同（indenture of retinue）　22，23

豁免权（dispensing power）　103，117，362

**J**

基督降临节（Advent）　260

《基尔肯尼法令》（Statutes of Kilkenny）156

吉尔伯特（Gilbert）　246，381

吉尔弗科斯（Jervaux）　246

《吉斯伯恩的团伙》（Guys of Gisborne）379

继承金（relief）　14，19，20，30，41，56，61，97，306，356

《加冕誓词》（Coronation Charter）　41，59

加维斯通（Gaveston）　89

甲胄封土（feudum loricae）　14，15

甲胄骑士（miles loricatus）　14，15

监护权（wardship）　19，21，30，61，91，305—307

监守（castellan）　50

剑桥（Cambridge）　17，131，135，138，178，183，198，218，225，236，251，281，

282,360—363,388

教皇格列高利七世(Pope Gregory VII) 29

教皇格列高利一世(Pope Gregory the Great) 299

教皇亚历山大三世(Pope Alexander III) 257,311

教皇亚历山大四世(Alexander Ⅳ) 72

教皇英诺森三世(Pope Innocent III) 58,69,388

教皇犹金三世(Pope Eugenius III) 341

教会法庭(Consistory(Court) 264, 299,313,330,376

教区(parish) 40,42,57,58,84,97, 209,232,241,244,260,263,266,267, 312,318,319,341,359,365,376

金斯林(King's Lynn) 86

锦衣库(wardrobe) 87,97,291

警吏(sergeants at mace) 220

决斗法(trial by battle) 45,53

绝对臣服(liege homage) 18

军事内府(Military Household) 80,81

君权(crown) 13,17,32,33,60,73,79, 97,121,126,138,144,347,349,350, 352,354—358

郡长(sheriff) 100,101,103,108,109, 124,311

郡长助理(under sheriff) 101

郡政会议(county court) 100,101

**K**

克努特国王(King Canute) 3

坎特伯雷(Canterbury) 3,26,28,29, 34,38—40,54,55,57—59,72,100, 109,110,121,133,134,204,233,235, 241,247,251,259,260,264,270,

276—278,284,293,294,312,313, 330,341,347,359,362—366,376, 387,388

《坎特伯雷故事集》(Canterbury Tales) 372,375—377

康斯坦茨(Constance) 306,366

康沃尔(Cornwall) 35,48,50,100, 101,182,236,363,373,389

考特尼(Hugh Courtenay) 366

考文垂(Coventry) 104,141,225,232, 235

克尔克斯托尔(Kirkstall) 246

克拉伦敦(Clarendon) 6,52,53

《克拉伦敦宪章》(Constitutions of Clarendon) 50,52,54,388

克赖斯特切奇(Christchurch) 205

克里克拉德(Cricklade) 205

克里特西洛(Clitheroe) 9

克林顿(Clinton) 42,306

狂暴议会(Mad Parliament) 70

扩大的家庭(extended family) 274, 315,316,328

**L**

拉昂(Laon) 242,296

拉特兰(Rutland) 244—247,264,267, 304,312

莱斯特(Leicester) 62,117,118,167, 170,171,178,198,209,221,223,225, 236,248,320,348

兰顿(Langton) 58—60

兰弗兰克(Lanfranc) 28,34,35,38, 359

兰开夏郡(Lancashire) 348

朗斯顿(Launceston) 9

雷金纳德(Reginald) 50,58,85

雷利，威廉（William Raleigh）　349

雷纳夫（Ranulf）　42，49

里弗勒克斯（Rievaulx）　246

里奇费尔德（Lichfield）　209

理查德（Richard）　51，55，56，89，101，
　　155，258，293，330，340，388—390

连祷文（Laudes Regiae）　27

林肯（Lincoln）　9，10，29，39，48，49，
　　58，68，99，103，111，167，204，214，
　　215，218，222，232，234，236，248，271，
　　274，307，317，332，362，365，388

林肯法学院（Lincoln's Inn）　353，363

刘易斯（Lewes）　72，159，221，388

炉灶金（hearthpeny）　310

鲁昂（Rouen）　35，125，339

鲁弗斯（Rufus）　38，39

路易九世（Louis IX）　72

伦敦（London）　3，26，42，43，48，50，
　　51，57，59—61，70，73，85，90，103—
　　106，108，122，126，134，135，139，140，
　　142，144—146，192，204—207，210，
　　213，216—218，221，226，228，232，
　　233，235，237，262，276，277，285，286，
　　290，293，337，352，360，365，366，371，
　　374—377，390

《论政府原理》（Policraticus）　341，345，
　　388

《论自然法的本质》（De Natura Legis
　　Nature）　353

罗宾汉（Robin Hood）　372，377—379

《罗宾汉和陶瓦匠》（Robin Hood and the
　　Potter）　377

《罗宾汉和修士》（Robin Hood and the
　　Monk）　377，378

《罗宾汉诗一则》（A Geste of Robyn
　　Hode）　377，378

罗伯特（Robert）　5，31，38，39，41，42，
　　47—51，59，152—154，197，200，258，
　　299，302，306，332，360，387，389

《罗德兰法令》（Statute of Rhuddlan　）
　　160，389

罗姆尼（Romney）　85

罗切斯特（Rochester）　29，32，48，79，
　　236，270

罗歇（Roche）　246

## M

玛蒂尔达（Matilda）　47—49，150

马克（mark）　10，12，15，17，19，56，57，
　　59，70，83，84，92，98，157，178，193，
　　195，200，217，218，228，229，237，248，
　　290，306，333，396

马姆斯伯里亚（Malmesburia）　8

马齐（Much）　378，379

《买地法令》（1290 年）（Statute of Quia
　　Emptores）　20，21，75

麦克法兰（K. B. Mcfarlane）　17，21，22

玫瑰战争（Wars of the Roses）　69，92，
　　137，141，143，147，148，157，353，379，
　　390，396

梅特兰（F. W. Maitland）　7，76，107，
　　197，203，208，300，303，325

蒙特卡特（Montacute）　9

米迦勒节（Michaelmas）　71，95—97，
　　99，180，261

秘密婚姻（clandestine marriage）　301，
　　311，312

《面包和啤酒法令》（Assize of Bread and
　　Beer, de assisa panis）　230

民军（fyrd）　36

《末日审判书》（Domesday Book）　5，
　　11，33，34，56，99，178，209，387

莫特梅尔(Mortemer) 387

默顿法规(Statute of Menon) 70,388

默尔坦的罗伯特(Robert of Mortain) 5,9,17

牧师会(chapter) 42,58,339

幕墙(curtain wall) 273

**N**

男爵(baron) 5,61,62,73,76,78,83,94,96,107,114—116,118,271,291,323,379

男爵领(barony) 14,19,61

男子均分制(gavelkind) 332

南安普敦(Southampton) 86,222,227,233

内府(king's household) 33,34,38,43,44,47,51,52,54,80,81,95,117,135—137,272,365

内府宠臣(familia) 80

内府骑士(household knight) 55,80,81

内府司宫(chamberlain) 110

内府总管(steward of the household) 107

内寺法学院(Inner Temple) 363

《年鉴》(Year Book) 119

牛津(Oxford) 10,48,67—73,75,89,106,115,147,155,196,205,215,217,222,228,229,236,251,256,311,327,347,353,360—366,388

诺丁汉(Nottingham) 9,104,147,214,215,264,271,379

诺福克(Norfolk) 35,48,99,141,142,145,167,187,190,207,236,248,282,284,289,332,379

诺里奇(Norwich) 9,233,235,259,271,296

诺里奇的朱莉安(Julian of Norwich) 259

诺曼底(Normandy) 3,6,14,16,25—28,30,33—36,38—42,49,55,57,58,85,95,127,139,154,268,299,370,373,387,389

诺曼征服(Norman Conquest) 3,9—13,17,25,26,43,44,68,69,80,81,85,92,95,98—100,103,123,128,129,158,205,206,208,209,221,242,247,270,273,299,320,339,359,360,370—372,379,387,396

诺森伯里亚(Northumbria) 25,26,35,150

**P**

帕斯顿,约翰爵士(Sir John Paston) 277,289,324,379

叛逆国君罪(Lese Majeste) 343

陪审团、誓证团(jury) 37,53,101,146,165,166,192,194,216

培根,罗杰(Roger Bacon) 364

佩恩,托马斯(Thomas Payn) 195

彭布罗克(Pembroke) 142,217,306

彭特弗拉克特(Pontefract) 215

彭沃瑟姆(Penwortham) 9

普卢默,查尔斯(Charles Plummer) 21

普通令状(general writ) 101,108,112

普通诉讼法庭(common pleas) 54,98,99

普瓦提埃的威廉(William of Poitiers) 4,29

**Q**

奇切斯特(Chichester) 9,73,222,227,

233,324

骑士(knight) 5—11,14—20,22—26,
30,40,41,45,51,53,61,67—69,71—
73,75,76,79,81—84,87,100—102,
108,111—114,124,125,136,138,
139,150,154,181,242,243,246,248,
256,272,273,290,299,307,312,322,
323,338,372—374,376—379

骑士领(knight's fee) 7,11,14,18,19,
56,61,75,82,372

乔布翰的托马斯(Thomas de Chobham)
302

乔叟,杰弗雷(Geoffrey Chaucer) 258—
260,276,278,284,293,294,312,330,
372,374,375,377

切斯特(Chester) 28,29,33,35,39,
40,42,48,49,58,94,95,100,101,
159,164,174,186,204,205,207,210,
215,225,230,233,235,242,255,256,
282,363,388

**S**

萨里(Surrey) 48,282,331,332

萨默塞特(Somerset) 36,139—141,310,
375

萨维尼(Savigny) 246

三一修会(Trinitarian Houses) 246

桑威奇(Sandwick) 85,227

膳食长(master bulter) 272

商人行会(gildam marcandam) 217,
221—223,230,237,275

上帝的代表(vicar of the God) 339

上议院(House of Lords) 80,81,91,
95,110—112,114,117,119

摄政(vice regent) 34,39,44,90—92,
127,140,141,324

摄政王(regent) 69,109

神判法(trial by ordeal) 45,53

圣奥尔本斯(St. Albans) 72,247

圣拉扎鲁斯修会(The Order of St
Lazarus of Jerusalem) 248

圣灵降临节(St. Pentecost) 6,253,
261,264

圣体节(St. Trinity) 99,261

圣希拉里节(St. Hilary) 99

《十二郡妇女、男孩和女孩卷档》(Rotuli
de Dominabus et Pueris et Puellis de
XII Comitatibus) 307

食物王国(land of cockaygne) 278

市长(majorem) 103,135,139,216,
218,220,285

市场或集市(forum vel nundinas) 217

市政官(bailiffs, ballivi) 60,218,219,
222,234

市政议员(capital portmen) 219

弑君罪(crime of Laese Majesty) 52

首席朝臣(capitalis consiliarius) 357

署证(attestation) 33,41,42,44,50,
91,92

司法罚金(fines) 35,46,102,104

司法权(ordinary jurisdiction) 16,35,
44—46,52—54,74,98,117,119,130,
165,166,216,348,350

司库(chamberlain) 71,220

斯蒂芬(Stephen) 20,42,47—50,54,
95,150,271,306,340,388

斯蒂芬森,卡尔(Carl Stephenson)
203,208

斯卡利特,威尔(Will Scarlett) 378

斯塔特福德(Stratford-upon-Avon)
209

斯坦利勋爵(Lord Stanley) 147

四旬斋节(Lent)　253,261

苏格兰(Scotland)　22,25,40,48,50,
　56,80,85,87,94,115,124,142—144,
　149—155,207,348,353,356,389

苏塞克斯(Sussex)　9,26,35,236

索尔兹伯里(Salisbury)　17,32,39,44,
　48,139,141,208,209,227,235,301,
　306,324,387

索尔兹伯里的约翰(John of Salisbury)
　242,341,351,352,388

索尔兹伯里盟(Oath of Salisbury)　15,
　32,33

索姆努尔,托马斯(Thomas Somenour)
　194

**T**

特权城市,选邑(borough)　208,210,
　211,214,218,220

特沃克斯伯雷(Tewkesbury)　69

特许状(charter)　8,60,103,206—208,
　210—223,228—230,248,307,361

提奥波德(Theobald)　341,360

天使(angelic)　261,288,295,367

涂油加冕典礼(coronation)　27,29,
　40—42,127,339,340

土地税(carurage)　34

托斯蒂格(Tostig)　3,25,26

**W**

瓦尔登法令(Walton Ordinance)　94,
　389

瓦尔瑟夫(Waltheof)　35

瓦尔特,休伯特(Hubert Walter)　58,
　59,320

瓦灵福德(Wallingford)　205,222

王家统治(dominium regale)　354

王室总管(lord high steward)　118,139

王室总管法庭(court of the lord high
　steward)　118

王田监守(escheator)　102

王廷大会议(magna curia)　71,80

王廷会议(curia regis)　32—34,43,44,
　47,50—52,54,67—69,98,353

王廷小会议(lesser curia)　80,95

"王之和平"(the king's peace)　35,45,
　98,102

王族(royal family)　31,34—36,40,42,
　50,55,79,138,289

王座法庭(King's Bench)　54,87,88,
　95,97—99,146,349,353,388

王座之诉(plea of the crown)　45,46,
　52—54,98

威尔特郡(Wiltshire)　100,139,141,
　180,194,236

威卡利亚(Vacarius)　347

威克里夫,约翰(John Wycliffe)　268,
　365—369,389

威廉二世(William ll)　17,38—41,
　207,304,387

威廉一世(William 1)　4,5,7,8,11,
　17,27—30,34—36,38,41,81,99,
　149,158,207,221,270,299,308,320,
　359,387

威姆斯沃德(Wimeswold)　170

威塞克斯(Wessex)　149

韦勒姆(Wareham)　205

维尔格特(virgate)　171,182,283,310

维兰(villeins)　10—12,33,166,176—
　182,192—194,196—199,214,273,
　332

维兰制(villeinage)　176,177,179,181,
　187,194,196,198

维塔利斯,奥德里克（Ordericus Vitalis）
16,39,268

委任司法权（delegated jurisdiction）
350,351

温切尔西（Winchelsea）　86,209

温切斯特法令（Statute of Winchester）
75,84,389

温莎（Windsor）　72

文书长（master of writing office）　44

沃里克（Warwick）　87,139,141—146,
160,348,353

无情议会（Merciless Parliament）　121,
389

伍斯特（Worcester）　141,159,218

《武器装备法令》（Assize of Arms）　51,
84,104,388

**X**

西敏寺（Westminster Abbey）　27,29,
40,41,43,50,51,54,69,94,95,97,
98,101,106,122,133,146,147,151

西妥派（Cistercian order）　57

下议院（House of Commons）　102,
109—112,114—116,118,137,143

下议院的代理人（procurator）　112

下院议长（speaker）　112,120,140

贤人会议（witan）　3,25

小关税（nova custuma）　113

小吏（beadles）　93,219

效忠礼（fealty）　6,43,54

鞋匠行会（Cordwainers Guild）　229

行政长官（sheriffs vicecomitem）　36,
100,218,219

休（Hugh）　5,8,14,26,29,31,69,117,
118,120,140,157,159,169,170,250,
253,255,259,265,292,313,315,316,

333,339

巡回法官（itinerant justiciar）　52,53

巡回法庭（circuit judges）　16,46,53,
68,85,98,104,255,349,388

巡回区（circuits）　46,53

**Y**

验尸官（coroners）　102,219,316

羊毛补助金（wool subsidy）　97,113

伊德默尔（Eadmer）　40

伊夫舍姆（Evesham）　6,73,388

伊利（Ely）　8,26,174,247,341,361—
363

伊普斯威奇（Ipswich）　103,135,205,
219,226,233,235

伊莎贝尔（Isabel）　121,306,308,313

议长声明制（protestanion）　112

议会贵族（parliamentary peerage）　78,
120

议会书记官（clerk of the parliament）
109—111

《佚名英国特权恩赐状》（Unknown
Charter of English Liberties）　59

《英国法律颂》（De Laudibus Legun Anglie
）　353

永久租期（fee farms）　187

幼子继承制（Borough English,
Ultimogeniture）　327,331,332

御前会议（king's council）　34,51,52,
54,67,69—72,79,81,87—92,94,99,
116—120,141,142,146,357,358

约翰二世（John II）　389

**Z**

宰相（chief justiciar）大宰相）　44,47,
50,51,54,69,71,80,92—96,348

掌旗官（banneret） 83

长子继承制（primogeniture） 195，327，328，331，332

朕已确认（Teste me ipso） 93

征服者威廉（William the Conqueror） 15，16，47，149，206，268，270，299

政法官（justiciar） 218

政治的和君主的统治（dominium political et regale） 354，355

政治共同体（political community） 128，355

支助金（aids） 35，97

执事（archdeacon） 58，222，223，243，266，267

直属封臣，总封臣（tenant in chief，tenant in capite） 5—7，20，21，119，249

指控陪审团（jury of presentment） 165

治安法官（justice of peace） 85，102，103，374

中书令（chancellor） 34，44，88，91—96，106，107，109，110，133，137，142，353，357

中书省（chancery） 44，51，87，88，92—94，102，108，110

中寺法学院（Middle Temple） 363

诸子分割继承制度（partible inheritance） 327

主干家庭（stem family） 315，316，328

主教区（diocese） 8，31，39，54，55，57，58，93，135，150，241，242，254，309，312，365

主君（liege lord） 18

主事（master） 45，93，110

庄头（reeve） 165，186，190—192

子爵（viscount） 36，107，141，323

宗主（suzerain） 30，32，33，35，45，88，98，102，113，124，149，151，155，159，353，354，356

# 后　记

　　本卷作者分工如下：孟广林撰写第一篇"英国封建主义"中第2—3章，及第二篇"议会君主制统治"、第五篇"思想、文化与教育"；黄春高撰写第一篇"英国封建主义"中的第1章，及第三篇"乡村与城市"、第四篇"社会生活"。钱乘旦做了统稿工作，并对结构作了部分调整。